U0919525

高职高专改革创新示范教材

DIANQI SHEBEI GOUZAO YU JIANXIU

汽车电气设备构造与检修

广州合赢教学设备有限公司 组织编写

刘存山 主 编

张红伟 王升平 副主编

朱 军 主 审

人民交通出版社

China Communications Press

内容提要

本书以汽车电气中常见的故障检修项目为线索，在阐述其基本工作原理的同时，着重介绍汽车电气系统故障的检修内容和方法。全书共分为11个项目，主要介绍车身电器维修设备的使用、车身电路的识读与检测、汽车电源系统的使用与检测、起动系统和点火系统的故障与检测、照明与信号系统、仪表与报警系统、辅助电器、安全防盗等方面的知识。每个项目都是按照“学习目标—任务导入—学习指引—相关知识—任务实施”的形式进行安排以突出本书知识内容的实用和市场新技术的接轨。

本书依据教育部高职高专示范院校教材建设要求，紧紧围绕高端技能型专业人才的培养目标，以能力为本位，以工作过程为导向，确定编写思路和特色。可作为高职高专院校汽车运用技术专业和汽车维修与检测技术专业的教材，也可供从事汽车维修和管理工作的技术人员参考。

图书在版编目(CIP)数据

汽车电气设备构造与检修 / 刘存山主编. —北京 ：人民交通出版社，2012.8

高职高专改革创新示范教材

ISBN 978-7-114-09929-8

Ⅰ. ①汽… Ⅱ. ①刘… Ⅲ. ①汽车 - 电气设备 - 构造 - 高等职业教育 - 教材②汽车 - 电气设备 - 车辆修理 - 高等职业教育 - 教材 Ⅳ. ①U472.41

中国版本图书馆 CIP 数据核字(2012)第159103号

高职高专改革创新示范教材

书　　名：**汽车电气设备构造与检修**
著 作 者：刘存山
责任编辑：于志伟
出版发行：人民交通出版社
地　　址：(100011)北京市朝阳区安定门外外馆斜街3号
网　　址：http://www.ccpress.com.cn
销售电话：(010)59757969,59757973
总 经 销：人民交通出版社发行部
经　　销：各地新华书店
印　　刷：北京交通印务实业公司
开　　本：787×1092　1/16
印　　张：16.75
字　　数：370千
版　　次：2012年8月　第1版
印　　次：2012年8月　第1次印刷
书　　号：ISBN 978-7-114-09929-8
定　　价：31.00元

高职高专汽车运用技术专业和汽车检测与维修技术专业改革创新示范教材编委会

（排名不分先后）

前言 FOREWORD

《国家中长期教育改革和发展规划纲要(2010—2020年)》中提出:大力发展职业教育,把职业教育纳入经济社会发展和产业发展规划,把提高质量作为重点;以服务为宗旨,以就业为导向,推进教育教学改革。实行工学结合、校企合作、顶岗实习的人才培养模式;满足人民群众接受职业教育的需求,满足经济社会对高素质劳动者和技能型人才的需要。

高等职业教育的发展是国家当前教育发展的战略重点之一。我们认为,当前我国高等职业教育需要解决"三个改革"和"三个建设"两大问题。三个改革,即课程体系改革、教学模式改革和教学内容改革;三个建设,即师资队伍建设、教学设施建设、教材建设。

目前,高等职业院校汽车运用技术专业所使用的教材普遍存在以下几个方面的问题:

(1)专业定位不明确,受本科教育的影响较大,学生反映难,教师反映不好教;

(2)职业特征不明显,企业反映脱离实际,与他们的需求距离很大;

(3)教学方式落后,不适应新一轮教学改革的需要,不利于长远发展;

(4)立体化程度薄弱,教学资源质量不高,教学方式相对落后。

针对以上问题,结合人民交通出版社汽车类专业教材的出版优势,我们开发了《高等职业教育改革创新示范教材》。本套教材以"积极探索教学改革思路,提升学生职业素质"的指导思想,采用职教专家、行业一线专家、学校教师、出版社编辑、教学设备研发企业"五结合"的编写模式。教材内容的特点是:明确高等职业教育定位,准确体现职业教育特点(以工作岗位所需的知识和技能为出发点);理论内容"必需、够用";实训内容贴合工作一线实际;选图讲究,易懂易学。

该套教材将先进的教学内容、教学方法与教学手段有效地结合起来,形成课本、课件(部分课程配)和习题集(部分课程配)三位一体的立体教学模式。

本书由东莞职业技术学院刘存山主编,广州科技贸易职业学院张红伟、中山职业技术学院王升平任副主编。全书共分11个项目,刘存山编写项目2、3、4、5、6、7、8，张红伟编写项目1、9，王升平编写项目10、11。刘存山负责对全书文字、插图、结构等全部内容进行修正、定稿。

限于编者的经历和水平，书中难免有不妥或错误之处，敬请广大读者批评指正，提出修改意见和建议，以便再版修订时改正。

职业教育改革创新示范教材编委会

2011年7月

目录 CONTENTS

项目一 车身电器维修设备的使用

学习任务一　理论知识学习

学习目标

◎　了解汽车电工电子技术的基础知识；

◎　掌握欧姆定律以及电磁感应现象。

能力要求

◎　能阐述电流的产生过程和原理；

◎　能灵活运用欧姆定律和楞次定律。

任务导入

汽车上都采用了各种电气设备来确保车辆的正常运行。汽车的动力性、经济性、安全性等都离不开电气设备所发挥的作用。随着电子技术的迅速发展，电气设备在汽车上的应用更为广泛，所发挥的作用也更为重要。所以，对于汽车行业的从业者来说，学习与掌握电气设备的相关理论知识和维修设备的使用方法显得尤为重要。

学习指引

电是一种自然现象，是一种能量，是自然界四种基本相互作用之一。电或电荷有两种，一种是正电，另一种是负电，带电物体同性相斥、异性相吸。电是个一般术语，包括了许多种由于电荷的存在或移动而产生的现象。这其中有许多容易观察到的现象，如闪电、静电等，

还有一些比较抽象的概念，如电磁场、电磁感应现象等。学好与电相关的基础知识，是学好这门课程的关键。欧姆定律和楞次定律是其中的重中之重，要理解和掌握这两个定律。

1 电的构成元素

我们周围的物质都是由许多不同的原子和分子组合构成的。原子是由质子（携带一个正电荷）、中子（不携带电荷）和电子（携带一个负电荷）构成的，如图 1-1 所示。

位于原子中心的原子核由质子和中子构成。由于质子携带正电荷，而中子不带电荷，因此中子本身也被赋予正电荷。携带负电荷的电子沿轨道围绕原子核旋转，就像太阳系中的行星沿轨道围绕太阳旋转一样。

同性电荷相斥，异性电荷相吸。由于受正电荷的吸引，负电荷保持沿其轨道旋转。这种吸引力就如同当两块磁铁的正极和负极靠得很近时就会相互吸引一样。

2 导体与绝缘体

原子随物质的不同而有所区别。一种物质的价电子越多，外部电子越难以通过。相反，价电子的数量越少，该物质越有利于电子的流过。不言而喻，导体与绝缘体之间的区别就在于其价电子的数量，导体、绝缘体、半导体的价电子示意图如图 1-2 所示。

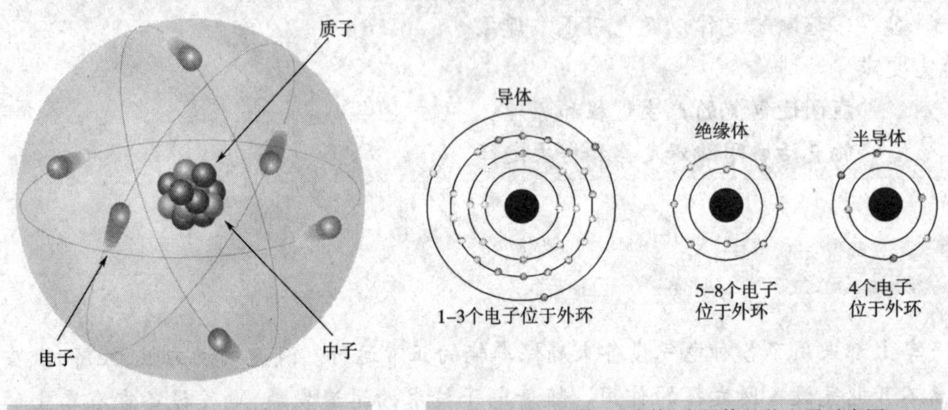

图 1-1　原子结构示意图

图 1-2　导体、绝缘体、半导体的价电子示意图

❶ 导体

壳层外拥有少于 4 个电子的大部分物质都是良好的导体。铜是应用在汽车导线上的一种常用导体，因为它强度高，而且对电子流的阻力非常小。其他的良好导体还有银、金、铝、钨、铁（按照导电良好性排列）。

虽然银和金是优良导体，但由于其价格昂贵，因此不适于广泛应用，而只将其应用于关键的部位上。因为金还具有很强的耐腐蚀性，所以某些汽车元件的插头是用金制成的。

2 绝缘体

壳层外拥有4个以上电子的物质大多数是绝缘体。绝缘体是可以防止或阻止电流流动的物质。采用该种材料包裹导线可以起到绝缘、保护导线和防止电击等作用。具有良好绝缘性的物质有塑料、玻璃、橡胶、陶瓷等。

3 半导体

壳层外恰好拥有4个电子的物质大多数是半导体。半导体只有在特定的条件下才导电。计算机、收音机、电视机等印刷电路板上的元件一般是由硅、锗半导体制成的。

3 欧姆定律

1 电压

电压,也称作电势差或电位差,是衡量单位电荷在静电场中由于电势不同所产生能量差的物理量。此概念与水位高低所造成的"水压"相似,如图1-3所示。需要指出的是,"电压"一词一般只用于电路中,"电势差"和"电位差"则普遍应用于一切电现象中。可以将电压与水塔中所形成的水压做一个比较,来说明这个原理。水塔顶部(相当于12V)与低部或地面(相当于0V)之间的势差形成水压。

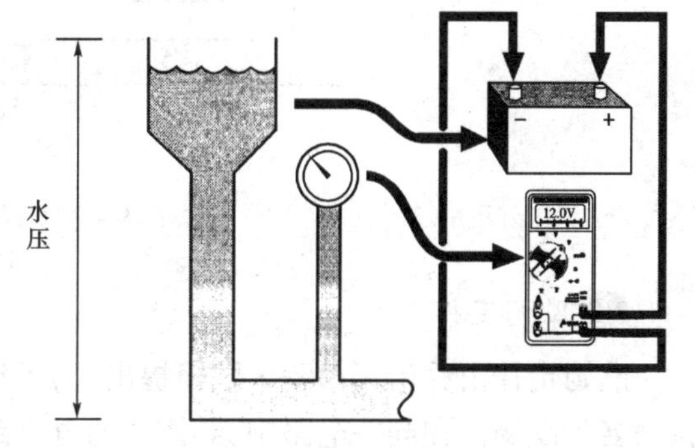

图1-3 电压与水压的比较

电压的单位是伏特,符号为V。绝大多数汽车电路均由蓄电池或发电机来提供电源,通常为12V的电气系统。旧式车辆使用6V系统,而货车多为24V系统。在蓄电池正极接线柱与底盘搭铁线之间的势差,使电流流过电路,其势差值为12V。如果没有电压以及一个连同搭铁线的完整回路,电流就不可能流动。电压和电流共同作用产生了电力,进而作功,例如点亮一个灯泡或使一台电机运转。

2 电流

电流,是指电荷的定向移动。电源的电动势形成了电压,继而产生了电场力,在电场力的作用下,处于电场内的电荷发生定向移动,形成了电流。电流的大小称为电流强度(简称电流,符号为I),是指单位时间内通过导线某一截面的电荷量,每秒通过1库仑的电量称为1安培。安培是国际单位制中所有电性的基本单位,符号为A。常用的单位还有毫安(mA)、微安(μA)。

我们仍以水塔为例,可以将电流与从水塔流到水龙头的水流进行比较,如图1-4所示,水从水塔到地面的实际流动就类似于电流的流动,而且只有在电压(压力)的作用下,电流才会流动。

3 电阻

电阻阻碍或限制电路中的电流流动,所有电路均存在一定的电阻。所有的导体例如铜、银和金等同样也对电流具有一定的阻碍作用。电阻的单位是欧姆，符号是Ω。并非所有的电阻都是一种负面的影响，在照明电路中，灯泡就是利用电阻的阻碍作用来发光的。灯丝的阻力限制电流的流动，进而使发光点升温、发光。一个电路中的无用电阻会消耗电流，使负荷增加，从而导致设备的不良运行或停止运转。一个电路中的电阻越大，电流就越小。电阻就像水管中的瓶颈一样，降低或限制电流的流动。影响电阻的三因素是温度、导线长度和直径。

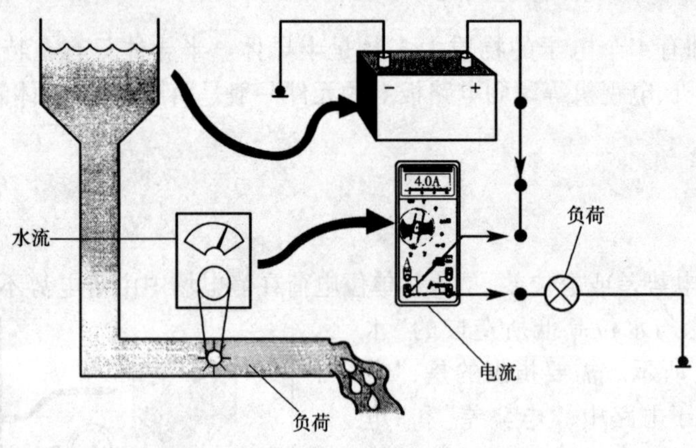

图1-4　电流与水流的比较

❹ 欧姆定律

欧姆定律由乔治·西蒙·欧姆提出，为了纪念他对电磁学的贡献，物理学界将电阻的单位命名为欧姆。在同一电路中，导体中的电流跟导体两端的电压成正比，跟导体的电阻值成反比，这就是欧姆定律，公式是：

$$I = U/R$$

式中：I——电流(A)；

R——电阻(Ω)；

U——电压(V)。

4 交、直流电与整流

❶ 直流电流(DC)

当蓄电池一个接线柱处的电子过剩时，就会导致其向缺乏电子的另一个接线柱流动，这样就会形成直流电流。直流电流只沿一个方向流动。

❷ 交流电流(AC)

当改变极性(正极或负极)，电流来回流动时，即产生交流电流(AC)。交流电流总是在不断地改变其流动的方向，先沿正极方向流动，然后由沿相反的负极方向流动，这被称为一个循环。由于其符合正弦函数曲线的特点，因此通常使用一个正弦波来表示一个循环。一个循环就是形成完整波形的过程。使用赫兹(Hz)来计量每秒钟的循环次数，也被称作交流电流的频率，我们日常生活所用的就是工频50Hz、电压220V的交流电。

3 整流

由于汽车电气系统使用的是直流电压，因此必须将发电机所产生的交流电压转换成直流电压。整流是将交流电流转换成直流电流的过程。为将交流电流整流成直流电流，需要使用半导体二极管进行整流。二极管是一种只允许电流沿一个方向（正极或负极）流过的电气元件，在随后的章节中，我们将详细介绍。

5 电磁感应

1 电磁感应定律

1820 年 H·C·奥斯特发现电流磁效应后，许多物理学家便试图寻找它的逆效应，提出了“磁能否产生电，磁能否对电作用”的问题。1831 年 8 月，M·法拉第在软铁环两侧分别绕两个线圈，其一为闭合回路，在导线下端附近平行放置一磁针；另一与电池组相连，接开关，形成有电源的闭合回路。实验发现，合上开关，磁针偏转；切断开关，磁针反向偏转，这表明在无电池组的线圈中产生了感应电流。这种现象为电磁感应现象，如图 1-5 所示。

电磁感应本质是指因磁通量变化产生感应电动势的现象。电磁感应现象的发现，是电磁学领域中最伟大的成就之一。它不仅揭示了电与磁之间的内在联系，而且为电与磁之间的相互转化奠定了基础。

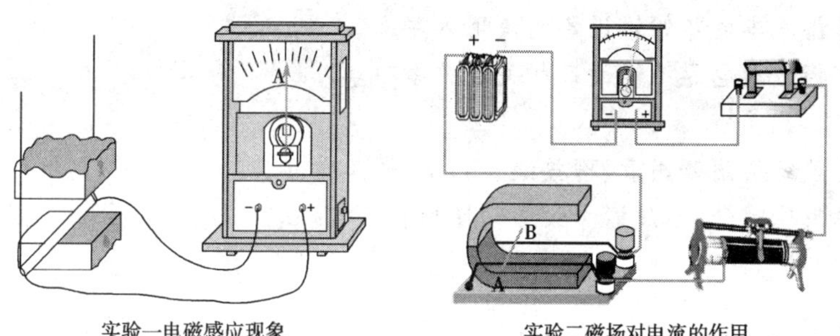

图 1-5　电磁感应与磁场对电流的作用

实验一：

磁铁插入线圈中，使线圈中的磁通量发生变化，从而在线圈中产生感应电动势。

实验二：

内线圈通、断电的变化产生一个变化的磁场，在外线圈中便产生了感应电动势，其中没有任何移动的部件，这样产生的电动势称为感生电动势。

实验表明，导体回路中产生的感应电动势（ε）的大小与穿过回路的磁通量的变化率（$\mathrm{d}\Phi/\mathrm{d}t$）成正比。

$$\varepsilon = -\frac{\mathrm{d}\Phi}{\mathrm{d}t}$$

2 楞次定律

楞次定律（Lenz law）是一条电磁学的定律，它是由俄国物理学家海因里希·楞次（Hein-

rich Friedrich Lenz)在1834年发现的。楞次定律是能量守恒定律在电磁感应现象中的具体体现。楞次定律的内容为:因为磁通量的改变而产生感应电流的方向,总是在阻碍磁通量的改变。楞次定律公式:

$$E=-\frac{\mathrm{d}}{\mathrm{d}t}(N\Phi)$$

式中:E——感应电动势;

N——线圈圈数;

Φ——磁通量。

感应电流的磁场总是要阻碍引起感应电流的磁通量的变化。注意:"阻碍"不是"相反",感应电流的磁场在原磁通量增大时方向与之相反,在原磁通量减小时方向与之相同;"阻碍"也不是阻止,电路中的磁通量还是变化的。

学习任务二　汽车电器维修设备的使用

学习目标

◎　了解汽车电器维修设备的工作原理;

◎　掌握汽车电器维修设备的使用方法;

◎　掌握汽车电器维修设备相关注意事项。

能力要求

◎　能熟练使用万用表、跨接线、测试灯等工量具;

◎　熟悉密度计、示波器等设备的使用。

故障现象:一辆奥迪A6汽车,每次起动都要打4~5次起动机才能着车;起动时运转轻快,起动后怠速、加速正常;无故障码。

故障检修:首先,准备汽车诊断仪、燃油压力表、万用表等检修设备;然后,开始检查水温传感器,发现水温数据不太正常,拆下传感器检查电阻与温度的变化关系并无异常;之后检测起动时的静态油压,发现油压不稳,随后检查油压调节器、油泵单向阀、喷油等部件,最后发现油泵单向阀密封不严,更换后故障排除。

汽车专用万用表、汽车解码器、燃油压力表、跨接线、测试灯、示波器、发动机综合测试仪等是汽车检测与维修必备的工具,要做一名合格的汽车电气设备维修人员,必须熟练掌握这些仪器工具的使用。

相关知识

1 跨接线、测试灯的使用

汽车上使用众多的电器和电控类元件均由导线连接。长期使用或多次线路检查可能导致接线端的折断或损坏。正确、快速地修复导线是汽车维修人员的基本技能之一，另外，汽车电器的维修也需要制作跨接线以辅助检测仪器来提取信号。在汽车维修中电信号的测量、电子元件的测量、导线的测量有时需要断开连接导线才能接上测试仪器。为了在不影响电路工作和不损坏原导线的情况下，且又能获得所需要的数据，我们需要自制连接导线。

❶ 跨接线

跨接线作为故障诊断的辅助工具，可用于替代跨过某段被怀疑已断开的导线，直接向某一部件提供电，也可用于替代不依赖于电路中的开关或导线而向电路中加上电池电压。它可配上与通导性测试笔相同的探针和夹子，也可设计成各种特殊形式，如图1-6所示。要定期用欧姆表对跨接导线本身进行通导性的测试，导线自身接头产生的电阻将影响故障诊断的正确性。

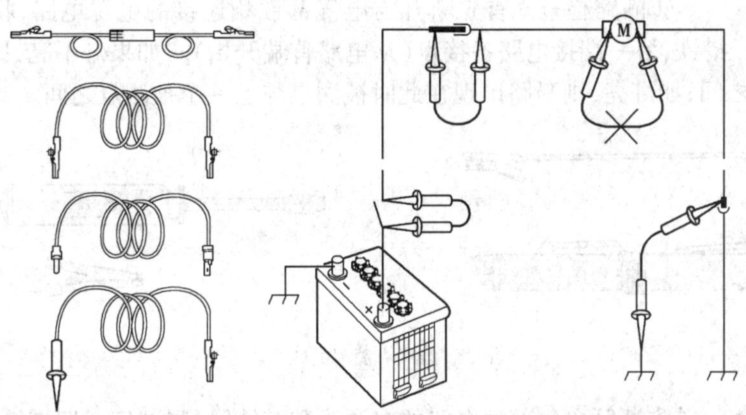

图1-6 跨接导线

跨接导线的制作需要以下制作材料和工具：剥线钳、压线钳、电烙铁、非焊接连接端子、导线及导线插接件。制作步骤如下：

①选择适当长度的导线，用剥线钳剥去两端的塑料绝缘皮，打开接线器后端防水胶套；

②选择与插接件相应的非焊接连接端子；

③将导线芯放在连接端子的夹片端；

④将连接端子与导线放到压线钳上合适的压线槽内；

⑤将连接端子的夹片开口侧置于成型槽内，压线钳砧背抵住连接端子的夹片圆弧侧；

⑥夹紧压线钳，使夹片端与导线压紧；

⑦选择与被测插接件对应的导线与插座；

⑧摘下插接件的防水胶套或胶垫；

⑨使用自制一字拨片工具插到插接座孔内，压回插接端的防松片，同时向后轻拉取出导线；

⑩用同样的方法从另一插接件取出另一段导线与插座，连接后完成了跨接线的制作。

2 测试灯

(1)12V 无源测试灯，它是由 12V(2～20W)灯泡、导线和各种型号的插头组成，如图 1-7 所示。

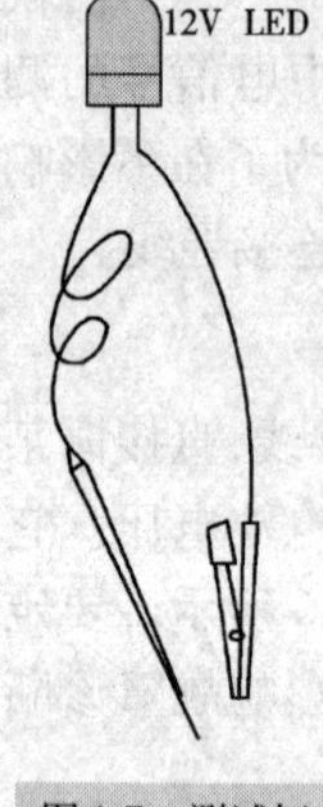

图 1-7　测试灯

测试灯可以用来检查电源电路各线端是否有电源。将 12V 测试灯一端搭铁，另一端接电气部件电源接头，如灯亮，说明电气部件的电源电路无故障；如灯不亮，顺电源方向找出第二接点接测，如灯亮，则电路在第二接点与电源接头间有断路故障。如灯仍不亮，再顺电源方向接测第三接点，直到灯亮为止。若故障在最后一个被测接头与上一个被测接点间的电路上，大多为断路故障。

(2)12V 有源测试灯。12V 有源测试灯与 12V 无源测试灯基本相同，它只是在手柄内加装两节 1.5V 干电池，如图 1-8 所示。

它用来检查电气电路断路和短路故障。

①断路检查。首先断开与电气部件相连接的电源电路，将测试灯一端搭铁，另一端接电路各接点(从电路首端开始)。如果灯不亮，则断路出现在被测点与搭铁之间；如灯亮，则断路出现在此时被测点与上一个被测点之间。

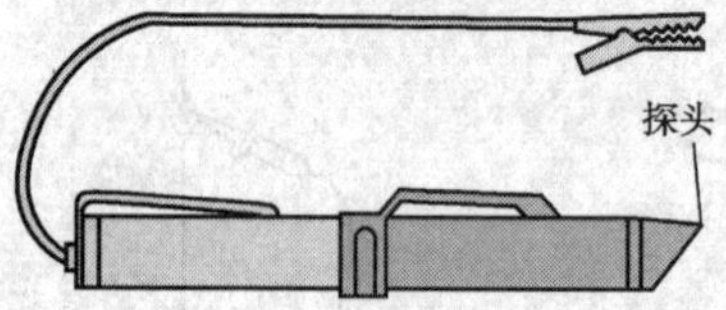

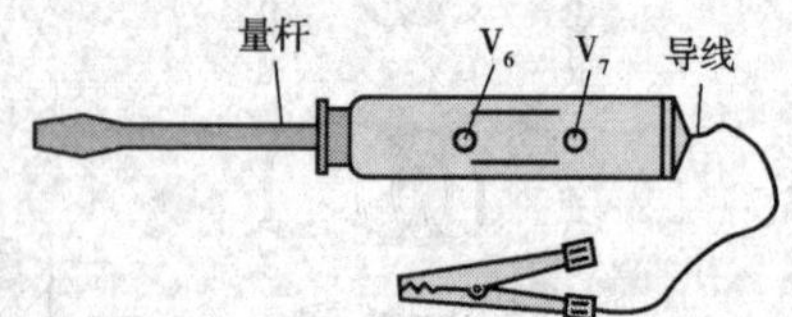

图 1-8　有源测试灯

②短路检查。首先断开电气部件电路的电源线和搭铁线，测试灯一端搭铁，一端与余下电气部件电路相连接。如灯亮，表示有短路故障(搭铁)存在。然后逐步将电路中连接器拨开，开关打开，拆除各部件，直到灯灭为止，则短路出现在最后开路部件与上一个开路部件之间。

需要注意的是不可用测试灯检查发动机微机控制系统，除非维修手册中有特殊说明。

3 汽车专用电笔

汽车专用电笔不仅可以用于汽车电路测试，而且可以直接从电笔的灯光指示上判断发电机、调节器的工作是否正常。在这方面，它甚至比万用表更实用，其电路组成如图 1-9 所示。

其中，稳压管 V_1 为 2CW21D 或其他参数为 8.5V/0.5W 的二极管，V_2～V_4 为 2CP6A 二极管，V_6、V_7 分别为两只三色发光二极管。

汽车专用电笔分A型、B型两种，A型用于12V电源检测，B型用于24V电源检测。

使用时，根据电源电压，将电笔负极用鳄鱼夹与搭铁可靠地相接（12V电气系统时用A_1接负极，24V电气系统时用A_2接负极），将电笔头逐次碰触被测点，这时电笔上的两只双色二极管可组合指示6种颜色，分别对应不同的电压值。各种颜色对应的电压值见表1-1所示。

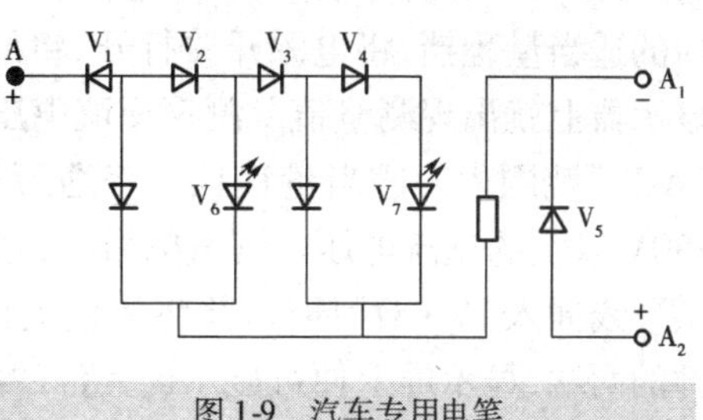

图1-9 汽车专用电笔

汽车专用电笔显示色与电压状态对应表 表1-1

对应电压显示情况		12V电系(V)	24V电系(V)	备注
V_6	红	11	23	V_7不亮
	橙	12	24	
	橙绿	12.6	24.6	
V_7	红	13	25	V_6显示橙绿色
	橙	14	26	
	橙绿	15	27	

2 万用表的使用

1 普通数字万用表

汽车电气设备维修中使用最多的是数字式万用表。数字式万用表工作可靠，其最大的优点就是可以直接显示测量数据，相关功能说明如图1-10所示。

（1）量程开关的使用。在面板中央的量程开关配合各种指示盘，可完成不同测试功能和量程的选择。在测量之前一定要保证量程开关正确，以免外电路受损。有些高档万用表设有自动量程模式（如FLUKE-15B）。在自动量程模式内，万用表会为检测到的输入量程选择最佳量程，这样可以方便工作人员转换测试点时无需重置量程。

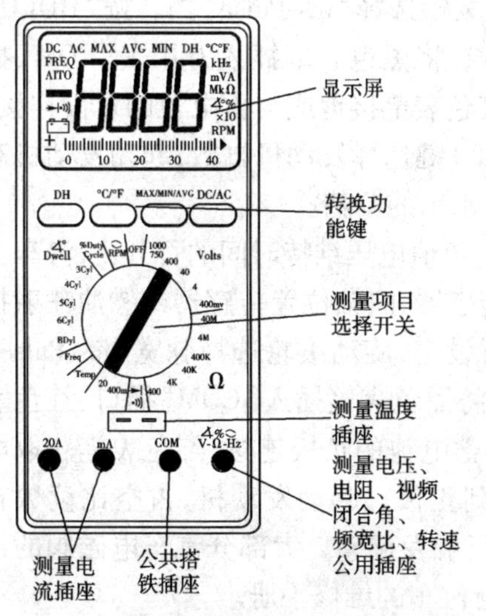

图1-10 数字万用表

（2）HFE插口。HFE插口是测量晶体管直流放大倍数的，上面标有B、C、E字母，使用时将晶体管的B、C、E管脚插入相应的插口内。输入插口在面板的下部，标有“COM”、“V·Ω”、“mA”和“10A”。使用时，黑表笔插入“COM”插孔，红表笔根据被测量的种类和大小，插入“V·Ω”、“mA”或“10A”的插孔中。

（3）数字式万用表的使用方法（图1-10）。

测量直流电压时，应将红表笔插入“V·Ω”插口，黑表笔插入“COM”插口，将量程开关拨至“DCV”范围

内的适当量程挡，将电源开关打开，将红表笔接正极，黑表笔接负极，并联于电路测试点上，显示器上就出现测量值。测量交流电压方法，类同于直流电压测量，只是要把量程开关拨至"ACV"范围内的适当量程挡。普通万用表，不得接高于1000V的直流电压或有效值高于750V以上的交流电压。测量电阻时，将量程开关拨至"Ω"挡范围内的适当量程。将红色测试导线插入"V·Ω"插口，并将黑色测试导线插入"COM"端子。将测量表笔接触到被测元件的两端，显示屏上便可显示此元件的电阻值。当把量程开关调至通断挡，若被测元件或导线不超过50Ω，蜂鸣器则会发出连续报警音，表明短路。

❷ 汽车专用万用表

汽车专用万用表具有测量电压、电阻和电流等普通数字万用表的功能，另外还能对汽车的喷油脉宽、点火闭合角、占空比和频率等项目进行检测。下面以汽车专用万用表，如OTC3545为例，进行以下检测。

(1)喷油脉宽测量。脉宽就是执行器打开的时间长度。例如，发动机控制单元发出脉冲电流控制喷油器打开的时间。测量脉宽首先要设定好万用表，旋动滚轮选择脉宽"ms-Pulse"挡。按"TRIG"键2s，使"±TRIG"显示在屏幕左下方。喷油器通常为负极触发，设定时一般可以直接使用默认状态，不必专门调整。如图1-11所示，将黑色表笔插入万用表"COM"插口，红色表笔插入"RPMVΩ"插口。跨接喷油器的连接线时，万用表的黑色表笔与喷油器的负极或蓄电池的负极连接，红色表笔与燃油喷射电磁阀的正极连线跨接。起动发动机，脉宽将以ms的单位显示。测试过程中，如果读数过高或不稳定，按TRIG键可以调整触发范围。

(2)点火闭合角测量。闭合角是指分电器分火头触点闭合的角度。万用表可以测量多缸发动机的闭合角，因此在测量发动机闭合角时需要先选择发动机的缸数。在闭合角测量模式下，万用表默认的是四缸发动机，如果要选择其他的缸数，按"CYL"(RANGE)键进行缸数选择。测量闭合角之前要对万用表进行设定，旋动滚轮选择"ms-Pulse"挡。按"HOLD"(DWELL)键直到屏幕显示"DWLCYLTRIG"。如图1-12，将黑色表笔插入万用表"COM"插口，红色表笔插入"RPMVΩ"插口。在表笔的另一端，红色表笔接地或与蓄电池的负极连接。黑色表笔和点火模块低压正极连接。按"CYL"(RANGE)键选择发动机缸数，起动发动机观察读数，如果读数过高或不稳定，按"TRIG"键进行触发水平的调整。

(3)测量占空比。占空比是指正值电压维持时间与负值电压维持时间的百分比，汽车上的许多信号都需要进行占空比的测量，如凸轮轴位置传感器、曲轴位置传感器或燃油喷射控制电磁阀的信号等。测量闭合角之前要对万用表进行设定，旋动滚轮选择脉宽"ms-Pulse"挡，按"HOLD"(DUTY%)键直到"%"显示在屏幕上。将黑色表笔插入"COM"插口，红色表笔插入"RPMVΩ"插口。连接时，将黑色表笔接地或与蓄电池的负极连接，红色表笔获取电磁阀信号(图1-13)。按"TRIG"键2s，使触发由负极到正极。起动发动机，占空比读数在50%左右。如果读数过高或者不稳定，按"TRIG"键进行触发调整。大部分汽车电磁阀的占空比数值在50%～70%，每个元器件的具体数据要查看汽车的维修手册。

(4)发动机转速的测试。

①如图1-14所示，将专用的测试感应器导线插到万用表"COM"与"V/Ω"的插口上；

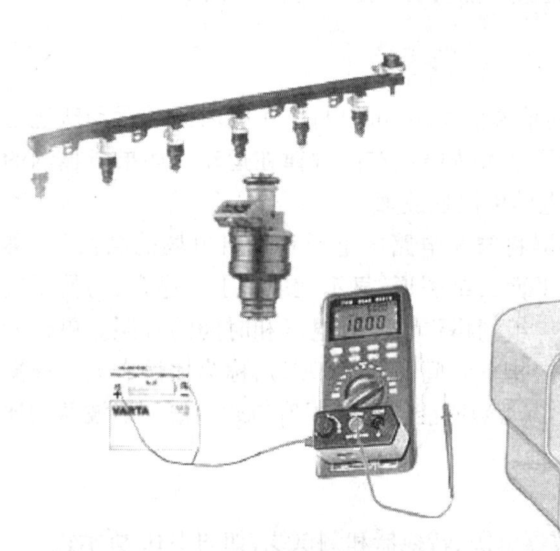

图 1-11　喷油脉宽测量的连接示意图

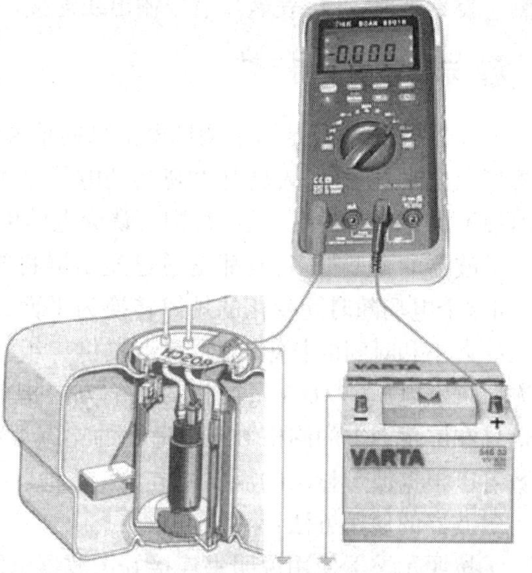

图 1-12　点火闭合角测量的连接示意图

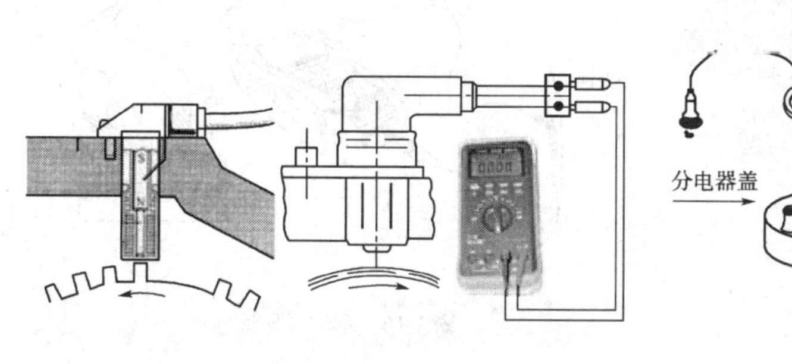

图 1-13　占空比测量的连接示意图

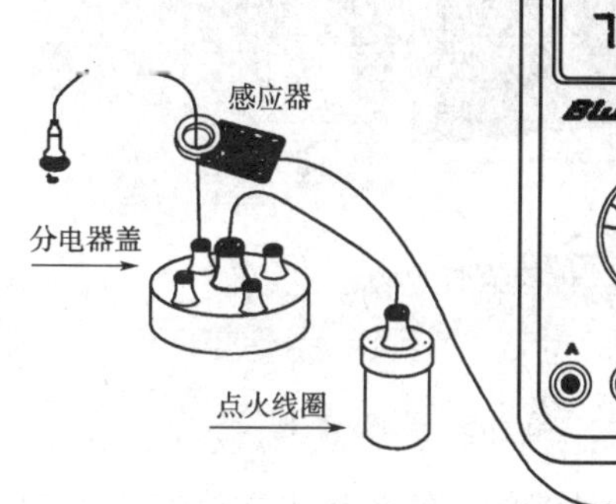

图 1-14　汽车专用万用表测试转速

②将测试感应器夹到一缸高压线上，将选择旋钮转至“转速挡”；

③按照说明书要求，正确选择与发动机合适的汽缸数与冲程；

④起动发动机，观察显示的发动机转速。

(5)频率的测量。万用表一般有两种频率测量模式：非汽车频率测量模式(触发水平约1500mV)用于一般的频率测量，汽车频率测量用于测量汽车空气流量计等传感器的频率。对非汽车频率的测量，万用表在下列四个范围内自动适应量程：199.99Hz、1999.99Hz、19.99kHz和199.99kHz。如果输入信号低于触发水平，频率信号将不被拾取。如果读数不稳定，输入信号水平与触发水平接近。按RANGE键选择低量程即可解决问题。如果读数比预计的大好多倍，说明输入信号失真或被干扰，如电机控制信号的干扰。在这种情况下，选择汽车频率测量模式就可修正读数。测量频率之前需要设置万用表，旋动滚轮选择频率Hz挡。将黑色表笔插入万用表COM插口，红色表笔插入“RPMVΩ”插口。在与传感器连接时，

将黑色表笔接地，红色表笔与信号输出线连接。然后着车运行进行频率测试。

3 示波器的使用

示波器（图1-15）是用来测试电信号的重要仪器，其可以将电子随时间的运动轨迹通过屏幕显示出来，使维修人员可以观察到电子是否按照应有的规律在运动。如果所显示的运动轨迹不满足应有的运动规律，则可认为电路中出现故障。

示波器的类型很多，但都是通过显示屏将被测电路中电子移动时电场的高低（又称电压）和这个电场随时间变化的规律转换为平面二维图形，显示在屏幕上。通常，为便于观察电压的大小和时间的长短，显示屏上提供一组网格作为计算电压和时间的参照。单格的垂直方向指示电压（V/DIV），单格的水平方向指示时间（TIME/DIV），称为比例常数。根据被测信号在屏幕上占的网格数乘以适当的比例常数既能得出电压值与时间值。示波器的比例常数可以根据波形显示的需要调节大小。

示波器的使用方法：

①按照示波器使用说明书连接好示波器电源、转换器和测试线，如图1-16所示；

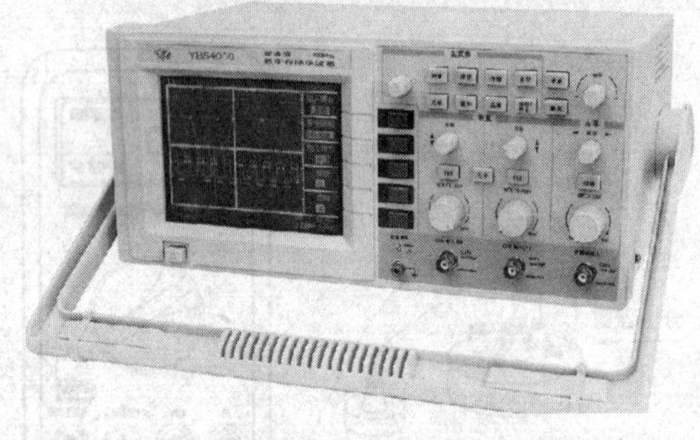

图1-15　普通示波器

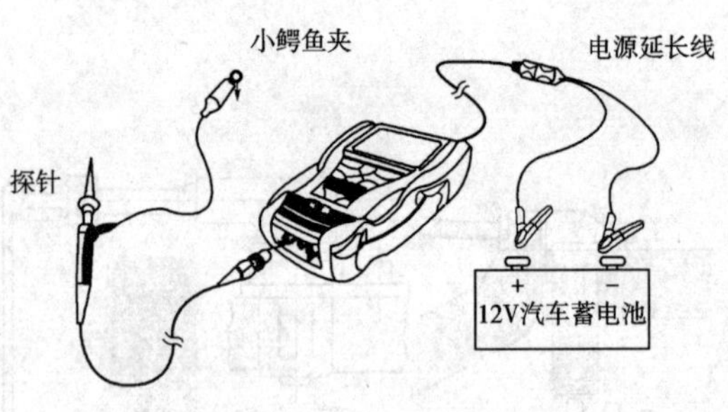

图1-16　示波器导线连接

②将测试线的小鳄鱼钳卡在汽车或发动机搭铁端；

③打开示波器开关，观察屏幕，用“上下”键选择通用示波器功能，用“左右”键选择好测试通道；

④将探针接到汽车或发动机电源线上，观察示波器屏幕的显示波形变化，如观察不到波形变化，可通过上下选择键2调节单格电压的比例常数（V/DIV），直到出现波形；

⑤将探针离开电源线，观察显示波形变化；

⑥将探针反复接通、断开电源线，观察显示波形变化，并在试验报告上画变化图形；

⑦调节上下选择键2，观察波形的变化。

4 密度计的使用

在汽车维修中要经常检测各种液体的密度，如电解液密度、冷却液及喷洗液密度等。电解液密度在1.25～1.28g/cm^{3}之间，随环境温度及蓄电池放电量的变化而变化。现在以检测蓄电池电解液密度为例介绍一下密度计的使用方法，如图1-17所示。

(1)测量电解液密度时,取少许电解液涂于密度计观测口上。注意不要将电解液滴在身上、衣服上等,因为电解液为稀硫酸溶液,有很强的腐蚀性。

(2)用眼睛直接观测密度计,在观测口中将显示电解液密度。观测口中有明显的蓝白分界线,下部为蓝色,上部为白色,分界线对应的刻度即为测量液体的密度。

(3)密度计使用完毕后必须清洁干净,保存于干净的容器内。清洁密度计使用的纸巾、棉纱等不可再用作其他物品的清洁,要及时处理掉。

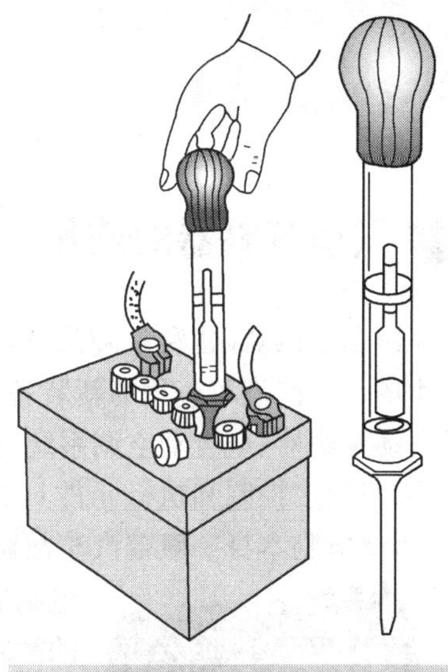

图1-17 测量电解液相对密度

5 火花塞套筒的使用

火花塞套筒专用于火花塞的拆卸与更换,采用薄壁结构以避免与其他部分干涉,现在的车型主要使用16mm类型。套筒内部装有磁铁或橡胶圈,因为大多数火花塞都是朝下布置的,必须从火花塞孔深处朝上取出,所以采用橡胶圈或磁铁来防止火花塞掉落,如图1-18所示。

火花塞保持在套筒中时,要小心操作,防止其坠落、损坏电极。装复火花塞时,为了确保火花塞能正常地装入缸盖中,首先要用手仔细地旋转套筒,使火花塞螺纹带入后,再用配套手柄将其紧固。火花塞紧固力矩要参考车辆维修手册,一般在17.6~19.6N·m范围内。

6 剥线钳的使用

剥线钳是快速、便捷地去除导线绝缘层的专用工具,但很多汽车维修技术人员不能正确使用或者干脆使用尖嘴钳等代替。禁止使用尖嘴钳代替剥线钳,因为使用尖嘴钳很容易造成导线内金属丝的损坏。使用时,应根据导线的粗细、型号选择相应的剥线刀口,如图1-19所示。将准备好的导线放在剥线工具的刀刃中间,选择好要剥线的长度。握住剥线工具手柄,将导线夹住,缓缓用力使导线外表皮慢慢剥落。松开工具手柄,取出电缆线,这时导线的金属整齐地露在外面,其余绝缘塑料完好无损。一定要选择好合适的刀口,如果导线过粗,而刀口小,会损坏到内部的金属导体;如果导线过细,而刀口大,将无法把绝缘层剥离导线。

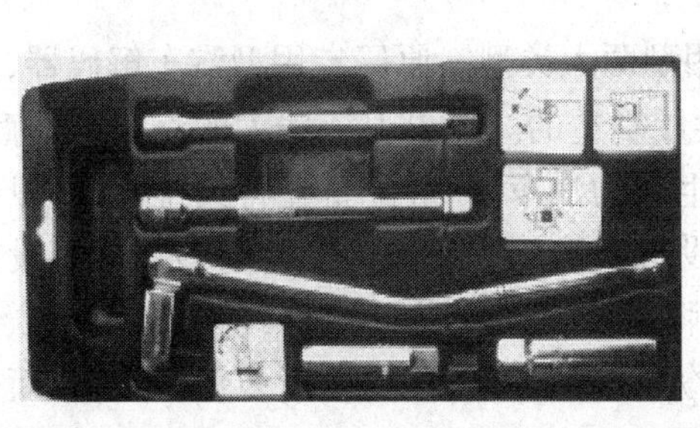

图1-18 火花塞套筒工具

图1-19 剥线钳

一 汽车解码器的使用

汽车解码器（也称故障阅读器、汽车电脑检测仪）是随着电子新技术在汽车中的应用而诞生的。目前汽车应用的新装备如电控汽油喷射系统、安全气囊、ABS防抱死制动系统、电控自动变速器、全自动空调系统、汽车巡航系统及主动悬架等都采用电脑控制。由于控制参数多，且很多控制和执行元件具有不可拆卸检查修理等特点，导致电路故障分析与判断困难，因此电脑本身一般带汽车故障自诊断系统，如图1-20所示。汽车解码器通过连接汽车电脑的自诊断输出接口，就可以轻松地判断出电子元件及线路的故障或可能发生故障的范围，为进一步确定电器故障奠定了基础。

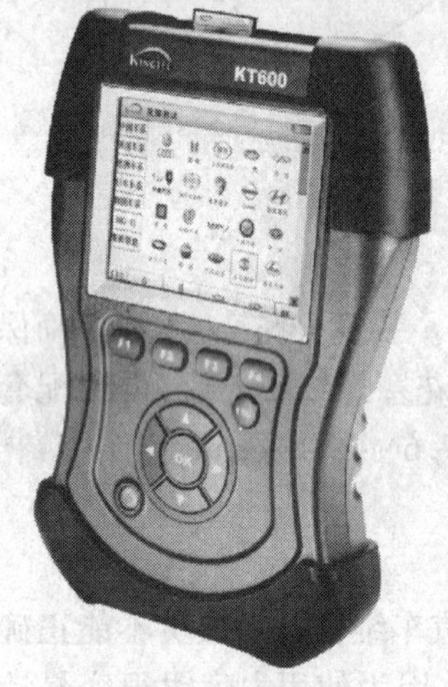

图1-20　汽车解码器

1 汽车解码器的功能

①可以方便地读取诊断代码，而不必再通过发动机故障报警灯的闪烁读取；②可以方便地清除诊断代码，使发动机故障报警灯熄灭，而不必再通过拆卸熔丝或蓄电池负极的方法达到清除诊断代码的目的；③能与电子控制器ECU中的计算机直接进行交换，显示数据流，即显示静态或动态电子控制器ECU的工作状况和多种数据输入、输出的瞬时值，使电控系统的工作状况一目了然，为诊断提供依据；④能在静态或动态下，向电控系统各执行器发出检修作业需要的动作指令，以便检查执行器的工作状况；⑤行车时或路试中能监测并记录数据流和诊断代码，以便回到汽车修理厂后能够调出，进行分析和判断；⑥可以和PC机相连，进行资料的更新与升级；⑦能对车上ECU进行某些数据的重新输入和更改。

2 汽车解码器类型

汽车解码器，一般可分为原厂专用型和通用型两大类型。原厂专用型汽车解码器，是汽车制造厂为检测诊断本厂生产的汽车而专门设计制造的。世界上一些大的汽车制造商，都有专用型汽车解码器，其只适应检测诊断本厂生产的汽车，一般配备在特约维修站，以提供良好的售后服务。通用型汽车解码器，是检测设备制造厂为适应检测诊断多车型而设计制造的。其往往存储有几十种甚至几百种不同厂牌、不同车型汽车电控系统的检测程序、检测数据和诊断代码等资料，并配备有各种车型的检测接头，可以检测诊断多种车型，因而适应综合性维修企业使用。目前国内维修企业使用最多的通用型汽车解码器有431ME电眼睛、修车王、车博士等。

3 汽车解码器的使用方法

①学习大众公司专用解码器 VAG1552 或其他国产解码器的使用方法,初步掌握解码器的操作要领。

②在汽车或发动机上找到 OBDII 诊断接口(不同的车型,OBDII 诊断接口的位置可能有所不同)。

③用通讯线将 VAG1552 或国产解码器与诊断口连接,起动发动机。

④根据显示提示进入“输入地址码(adressworteingeben)”,输入 01 数码,确认后进入发电机控制系统;在“功能选择(funktionan wahlen XX)”输入 02 数码,确认后进入故障码显示。

⑤观察有无故障码显示,如有故障码,按“→”键继续下一个故障码显示,直至退出故障码显示,回到在“功能选择(funktion anwahlen XX)”。

⑥在“功能选择(funktion anwahlen XX)”输入 05 数码,确认后进入“清除故障存储器功能,按“Q”键确认。

⑦再次在“功能选择(funktion anwahlen XX)”输入 02 数码,进入故障码显示,查看有无故障码。

⑧拔下空气流量计接线器,观察发动机转速有无变化,重复④、⑤的步骤,观察有无故障码显示。

⑨插好接线器,重复④、⑤、⑥的步骤,观察还有无故障码显示。

⑩关闭发动机,拔下通讯线。

二 发动机综合测试仪的使用

发动机综合测试仪是一种新型的发动机综合诊断设备,如图 1-21 所示。其采用计算机控制,能在不解体的情况下,对汽油机(包括白金点火或电子点火系统)和柴油机诸多参数进行自动检测,具有完备的查询、统计报表功能,可以将测量结果按需要存储、重显和打印输出,可调出标准异响波形与实测波形进行比较、分析,并且能实现自动单缸断火等。作为汽车维修行业“重量级”的高端设备,发动机综合分析仪是汽车检测设备中功能最多、检测项目和涉及系统最广的装置,其结构也较复杂,技术含量较高。

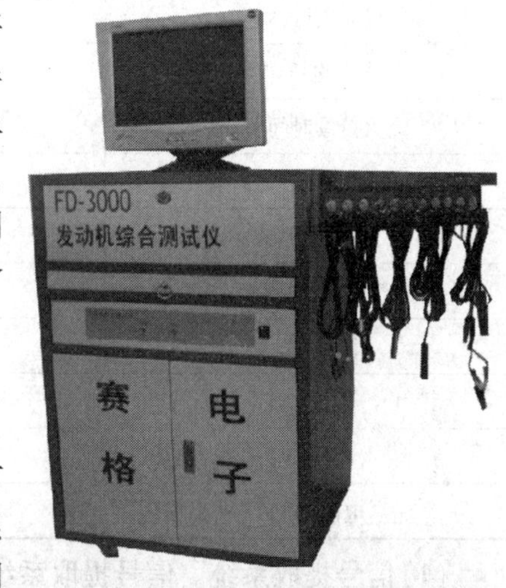

图 1-21 FD-3000 发动机综合测试仪

1 发动机综合测试仪的结构和功能

发动机综合分析仪的基本功能主要有以下几方面:①无外载测功功能,即加速测功法。②检测点火系统,初级与次级点火波形的采集与处理;平列波、并列波与重叠和重叠角的处理与显示;断电器闭合角和开

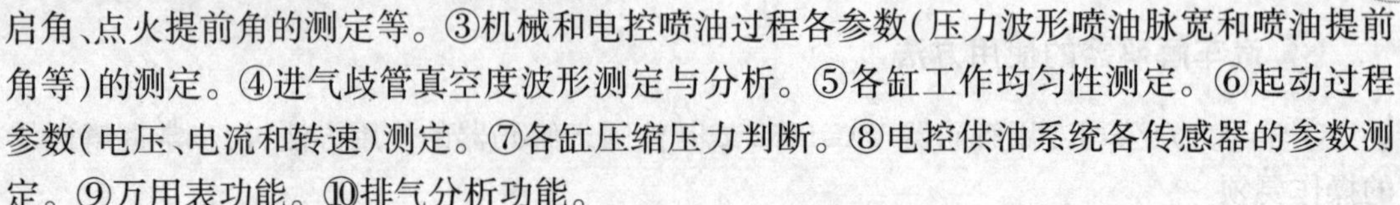

启角、点火提前角的测定等。③机械和电控喷油过程各参数(压力波形喷油脉宽和喷油提前角等)的测定。④进气歧管真空度波形测定与分析。⑤各缸工作均匀性测定。⑥起动过程参数(电压、电流和转速)测定。⑦各缸压缩压力判断。⑧电控供油系统各传感器的参数测定。⑨万用表功能。⑩排气分析功能。

2 发动机综合测试仪的类型

发动机综合测试仪,是以示波器为核心的测试仪器。当配合以多种传感器(包括夹持器、测试探头和测针等),能实现对多种电量、非电量参数(温度、压力、真空、转速等)的检测、分析与判断。

如果按使用方式,发动机综合测试仪可分为台式移动式和便携式两种类型;如果按示波器形式,可分为模拟示波器式和数字示波器式两种类型;如果按示波器显示器形式,可分为阴极射线管显示器式和液晶显示器式两种类型;如果按控制方式,可分为电子控制式、微机控制式和模块控制式三种类型;如果按使用的电源,可分为交流220V式、直流12V式和直流电池式三种类型。

3 基本结构与工作原理

目前发动机综合分析仪千差万别形式各异,但就一台配置齐全性能良好的发动机综合分析仪而言,概括起来不外乎由信号提取系统、信息处理系统和采控显示系统三大部分组成,其主要性能如表1-2所列。

国产FD-3000型分析仪主要性能指标　　表1-2

参　数	量　程	精　度
转速(r/min)	0~8000	1%
点火提前角(°)	0~60	1%
点火电压(kV)	0~40	5%
火花电压(V)	0~4000	5%
点火持续时间(ms)	0.04~9.99	0.04
起动电流(A)	0~900	5%
充电电流(A)	0~40	3%
进气管真空度(kPa)	0~105	2%
温度(℃)	-20~120	2%
电流(A)	0~4	1%
电压(V)	0~400	1%
电阻(MΩ)	0~40	1%

(1)信号提取系统。信号提取系统的作用,是拾取测量点的信号。因此,必须配备多种传感器(包括夹持器、测量探头和测针等),直接或间接地与被测点接触。

该系统由12组拾取器组成，每1组拾取器根据任务不同，由相应的传感器、夹持器、测量探头或测针，通过电缆与其适配器或接插头构成。适配器的作用，是对采集的信号在进入前端处理器之前，进行预处理。

(2)信号预处理系统。信号预处理系统，也称为前端处理器，能对所有或部分采集来的信号进行预处理。即进行衰减、滤波、放大、整形等处理，并能将所有脉冲信号和数字信号直接输入CPU的高速输入端。从发动机采集来的信号千差万别，不能被分析仪中央控制器直接使用，必须经过预处理，转换成标准数字信号后，才能送入计算机。

(3)采控与显示系统。现代发动机综合测试仪多为计算机控制式，能高速采控信号。为了捕捉喷油爆震等高频信号，分析仪采集卡一般都具有高速采集功能，采样速率可达10～20MsPs，采样精度不低于10bit，并行2通道，有存储功能以使波形回放或锁定，供观察、分析或输出、打印之用。

复习思考题

1. 使用数字万用表时应注意什么问题？
2. 电磁感应中电生磁与磁生电各需什么条件？
3. 汽车电器维修设备都有哪些？
4. 跨接线、测试灯等的使用方法。
5. 密度计、示波器等设备的使用方法。

项目二 车身电路的识读与检测

学习任务一　理论知识学习

学习目标

◎　了解汽车电气系统的基本组成；

◎　掌握汽车电气系统的特点。

能力要求

◎　能够识别汽车电气系统的各个元件；

◎　能够阐述汽车主要电气元件的作用；

◎　能够找出汽车电气系统各元件的所在位置。

任务导入

故障现象：一辆捷达 CIF 汽车行驶 73000km 后，出现怠速发抖、加速无力和点火缺缸的现象。

故障检修：首先，检查发动机的电控系统并未发现故障；之后拆开火花塞进行检查，发现四个火花塞的燃烧状况各有不同，其中一缸的火花塞燃烧比较黑，更换其火花塞后故障依旧；之后又怀疑是该车的电路出了故障，经查阅该车电路图等资料后，检查发现此车的负极线与车身的搭铁不良，把线清洁紧固后故障排除。

学习指引

汽车电路图是汽车维修的重要资料，特别是随着现代汽车工业的不断发展，汽车上电气设备越来越多且电路设计日益复杂。对于汽车维修人员来说,有很多故障必须通过仔细阅读电路图并根据其相应的功能和工作原理对故障进行分析,才能准确地查出故障的部位并排除。

汽车电路图是利用各种符号和线条构成的图形,电路图清楚地表示了电路中的各组成元件、电源、继电器、开关、连接器、电线、搭铁等,有些电路图还标示出了电器元件的安装位置、连接器的形式及接线情况、电线的颜色以及线束在汽车上的布置等。

一 汽车电气系统的组成和特点

1 组成

汽车电气设备由以下几个部分组成,如图 2-1 所示。

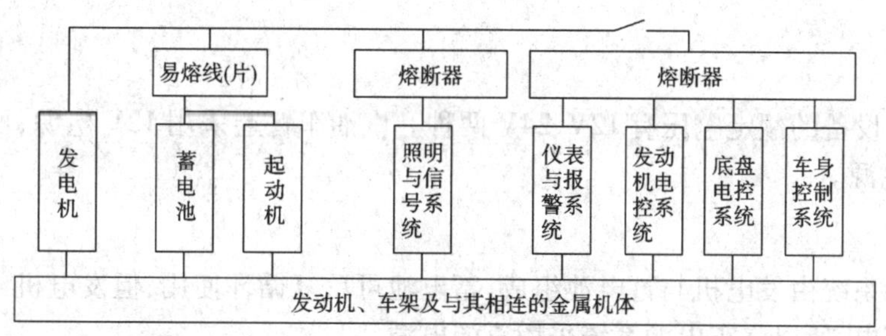

图 2-1 汽车电气设备组成图

1 电源部分

电源部分包括蓄电池和发电机。当发电机工作时,由发电机向全车用电设备供电,同时给蓄电池充电;蓄电池的主要作用是起动发动机时向起动机供电,同时当发电机不工作时向用电设备供电。

2 用电设备

汽车上的用电设备很多,但基本的用电设备大致可分为起动系统、点火系统、照明与信号系统、仪表、报警与电子显示系统、辅助电器系统及电子控制系统等。

(1)起动系统:其作用是用来起动发动机,由起动机、起动继电器及起动开关组成。

(2)照明与信号系统:照明装置包括车内外各种照明灯及提供夜间安全行驶必要的灯光,其中前照灯最为重要;信号装置包括电喇叭、闪光器、蜂鸣器及各种信号灯,主要用来提供安全行车所必需的信号。

(3)仪表、报警与电子显示系统:仪表包括机油压力表、水温表、燃油表、车速里程表等仪表;报警装置及电子显示装置是用来监测汽车各系统的工况,比仪表更方便、直观,显示的信息量更大。

(4)发动机电控系统:包括电控燃油喷射装置、电控点火装置、进排气控制及怠速控制等。

(5)底盘电控系统:防抱死制动装置、自动变速器、电控悬架系统及自动巡航控制系统等。

(6)车身电控系统:包括电动刮水器、风窗洗涤器、风窗加热器、汽车空调、汽车音响、安全气囊、电子仪表与综合信息显示系统、导航系统、中控门锁与防盗报警系统、电动车窗、电动天窗、电动后视镜、电动座椅及防撞雷达系统等。

3 配电装置

配电装置包括中央接线盒、电路开关、熔断器、插接器和导线等。随汽车电气装置增多,继电器和熔断丝的数量不断增加,为了便于在装配和使用中检查与更换,往往将各种控制继电器与熔断器安装在一起,成为一个中央配电盒。它的正面装有继电器和熔断丝插座,背面是插座,用来与线束的插头相连。

2 特点

1 低压

汽车用电设备的额定电压有12V、24V两种。汽油车普遍采用12V电源,而大型柴油车多采用24V电源。

2 直流

汽车电源系统由发电机与蓄电池组成,蓄电池可反复循环使用,但发电机给蓄电池充电时必须用直流电,所以汽车电源系统采用直流电源。

3 单线制

汽车上所有用电设备都是并联的,这样电源正极到用电设备只用一根导线连接,用电设备利用本身的金属外壳直接与汽车车身相接,汽车的金属车身作为公共回路,回到电源负极,这种连接方式称为单线制。单线制节省导线、线路清晰、安装与检修方便,并且用电设备不需与车体绝缘,因此被广泛采用。

4 负极搭铁

采用单线制时,蓄电池的一个电极需接到车架上,俗称“搭铁”。若将蓄电池的负极接到车架上,就称为“负极搭铁”。目前各国生产的汽车基本上都采用“负极搭铁”。

二 汽车电路的基本元件

1 电路连接器件

电路连接器件包括导线、插接器和线束。

❶ 导线

汽车电气系统所用的导线有低压线、屏蔽线和高压线三种，如图 2-2 所示。

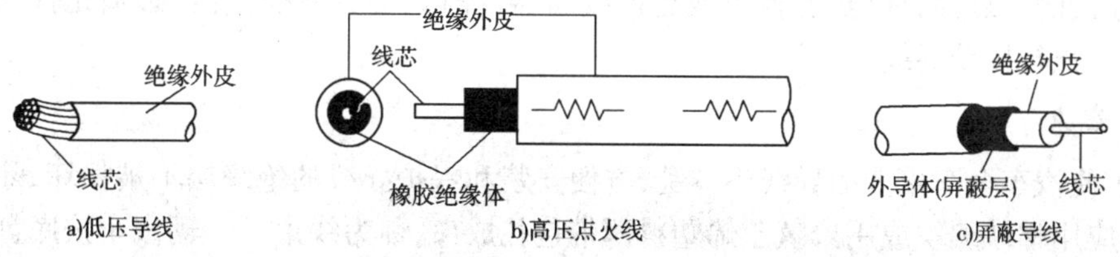

图 2-2　各种导线的结构

(1)低压导线。低压导线中又包括普通导线、起动电缆线和蓄电池搭铁电缆线。

①普通低压导线为铜质多丝软线，根据外皮绝缘包层的材料不同又分为 QVR 型(聚氯乙烯绝缘包层)和 QFR 型(聚氯乙烯—丁腈复合绝缘包层)两种。

②导线截面的选择：主要根据用电设备的工作电流进行选择，但是对功率很小的电器，仅从工作电流的大小来选择导线，其截面将太小，机械强度差，易于折断，因此汽车电气系统中所用的导线截面不得小于 $0.5mm^2$。

③低压导线的颜色：随着汽车电器的增多，导线数量也不断增加，为了便于维修，低压导线常以不同的颜色加以区分。其中截面积在 $4mm^2$ 以上的采用单色，而 $4mm^2$ 以下的均采用双色。

(2)屏蔽导线。屏蔽导线也称铠装电缆，主要用作各种传感器和电子控制装置的信号线等。这种导线内只有电压很低的微弱信号电流通过，为了不受外界的电磁感应干扰(或火花塞点火时、电器开关开闭时产生的干扰)，在其线芯外除了有一层绝缘材料外，还覆有一层屏蔽用的导体，最外层为保护用外皮。

(3)高压点火线。用来传送高电压，耐压一般在 15kV 以上，电流强度较小，因此高压导线的绝缘包层很厚，但线芯截面积很小。国产汽车用高压点火线有铜芯线和阻尼线两种，为衰减火花产生的电磁干扰，目前广泛使用高压阻尼点火线。

❷ 插接器

插接器的作用主要是为了便于线束的布置、拆装和线路维修。目前线束之间的连接广泛使用插接式连接器(简称插接器)。插接器的种类很多，可供连接几条到数十条线路用，有圆柱体、长方体、正方体等不同形体。插接器的插接件由阴阳两部分组成，分别称插座和插头。图 2-3 为插接件的结构图。

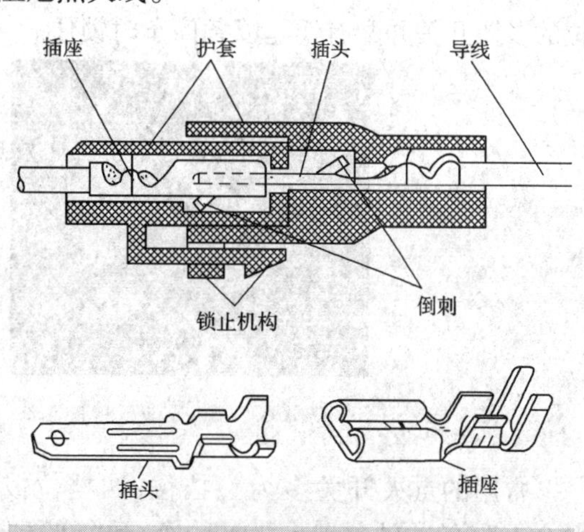

图 2-3　插接件的结构图

插座和插头均由接头(插接脚或端子)和护套(外壳)组成。接头由表面镀锡(镀银)的黄铜制成，采用冷铆压合与导线挤压在一起，有柱状(针状)和片状(平端)两种；护套由塑料或橡胶制成，设有多个孔位，用以放置导线接头。导线接头上带有倒刺，当嵌入护套后自动锁止；护套的一侧带有锁止装置，当插头与插座接合后自行锁止，防止使用中自动脱开，保证线路连接的可靠性（注意：在检查或更换线路器件时如要分开插接器，必须先打开锁止装置，切不可强行拉动导线）。

3 线束

为了使汽车全车繁多的导线不零乱，方便安装和保护导线的绝缘层不被损坏，除高压线以外，都应用棉纱编织或用聚氯乙烯塑料薄带包扎成束，称为线束。一辆汽车按底盘部分和车身部分可以有多个线束，分为发动机线束、仪表线束、车身线束等。近年来国外汽车为了检修电线方便，用塑料制成开口的软管，将线束裹于其中，检修时将开口撬开即可。

线束与线束之间，线束与用电设备之间、线束与开关之间的连接采用插接器。插接器不能松动、腐蚀。为保证插接器的可靠连接，其上都有锁紧装置，而且为了避免安装中出现差错，插接器还制成不同的规格、形状。

2 汽车开关

汽车上用来控制电器设备的开关，有机械式和电磁式两类。在汽车电路中，各用电设备或独立的电气系统中一般都设有单独的控制开关，如灯光开关、变光开关、刮水器开关、洗涤器开关、转向开关、紧急报警开关、空调开关、倒车开关、刹车开关、喇叭开关等，各种开关的结构相似，可分别安装在驾驶室内的不同位置。

1 电源总开关

电源总开关用来接通或切断电源电路，有闸刀式和电磁式两种。前者靠手动、后者则靠电的磁场吸力作用来实现。

2 点火开关（图 2-4）

点火开关主要用来控制常用电器的电源电路和点火电路，另外还控制发电机磁场电路、仪表电路、预热与起动电路以及一些辅助电器等。点火开关一般都是具有自动复位起动挡位的多挡开关并配有钥匙以备停车时锁住。

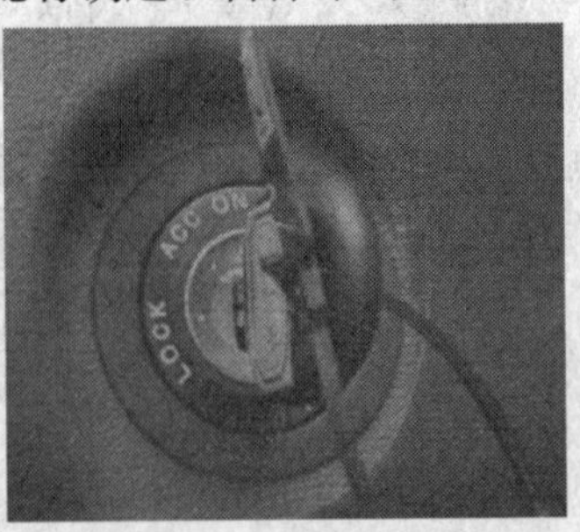

图 2-4　点火开关

常用的点火开关多为三挡位、四挡位或五挡位。三挡位点火开关有“OFF”（断）或“LOCK”（锁住转向盘）、“ON”（通）和“ST”（起动）3 个挡位；四挡位点火开关则在“OFF”和

"ON"之间增加了一个"ACC"(专用辅助电器,如收音机、点烟器)挡;而五挡点火开关则在"ON"和"ST"之间加了一挡"HEAT"(预热)挡,用于柴油发动机冷车起动前的预热。其中起动、预热挡因为工作电流很大,开关不宜接通过久,所以这两挡在操作时必须用手克服弹簧力,扳住钥匙,一松手就弹回点火挡,不能自行定位,其他挡均可自行定位。点火开关在电路图上通常采用触刀挡位图法和表格法来表示,点火开关的端子说明如表2-1所示。

点火开关的端子说明 表2-1

端子号	接线情况	工作情况
1	为常火线,输入端子,来自于电源	常火线
2	到预热器	在预热挡(HEAT)与起动挡(START)时,有电压输出
3	到专用用电设备	在专用挡(ACC)与点火挡(ON或IG)时,有电压输出
4	到起动电路	在起动挡(START)时,有电压输出
5	到仪表	在点火挡时,有电压输出

❸ 组合开关

组合开关是将各种不同功能的电器开关组装在一个组合体内的多功能开关,安装在汽车的转向柱上,能够对转向信号灯、远近变光、超车信号、灯光、喇叭按钮、刮水器、洗涤器等常用的电器进行独立控制,具有操作灵活,使用方便的特点,因此在各种车型广泛采用。如图2-5所示为汽车常用的组合开关,其具有变光开关、转向灯开关、危险报警灯开关、超车信号开关、刮水器开关、洗涤器开关和喇叭电刷等功能。

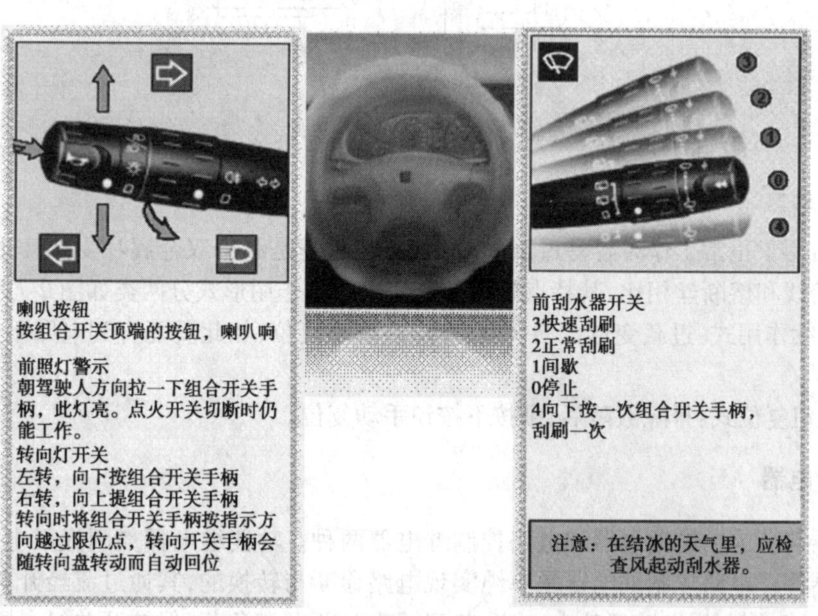

图2-5 汽车常用的组合开关

3 汽车电路保护装置

为防止电路中导线或电气设备过载，在每个用电设备的电路中都需要电路保护装置。当电路中的电流超过规定值时，保护装置可自动将电路切断，防止烧坏电路中导线和电气设备。常用的电路保护装置有熔断器和断路器两种。

1 熔断器

熔断器的主要组成部分为熔断丝，熔断丝俗称保险丝，用于对局部电路进行保护，能长时间承受额定电流负载，但在超过额定负载25%的情况下，约3min熔断，而在超过额定负载100%时，则不到1s即会熔断。结构一定时，流过熔断丝电流越大，熔断时间越短。

熔断丝的主要组成部分是熔体（熔片或熔丝），材料是锌、锡、铅、铜等金属的合金，装置在一定形状的支架上。

熔断丝按结构形式可分为金属丝式、管式、片式和平板式等多种形式，如图2-6所示。

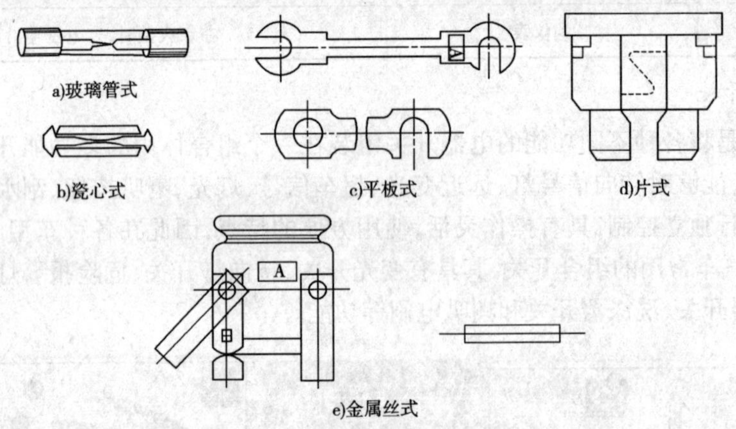

图2-6　熔断丝的结构形式

2 断路器

断路器用于正常工作时容易过载的电路中，其原理是利用双金属片受热变形使触点分离。与易熔线和熔断丝相比，其特点是可重复使用。按作用形式分两类如图2-7所示。

（1）断续作用式：过载变形自动切断，冷却后自动复位，如此反复直到电路不过载（报警与限流）。

（2）按钮复位式：排除故障后，须按下按钮手动复位。

4 继电器

继电器可分为功能继电器和电路控制继电器两种。功能继电器如闪光继电器、刮水器间歇继电器等。电路控制继电器是单纯实现电路通断与转换的，其通过流经开关和继电器线圈的小电流，控制用电装置的大电流，起到减小开关电流负荷、保护开关触点不被烧蚀或实现电路的转换等作用。

继电器通常由电磁线圈、铁芯、衔铁和触点等组成，如图2-8所示。

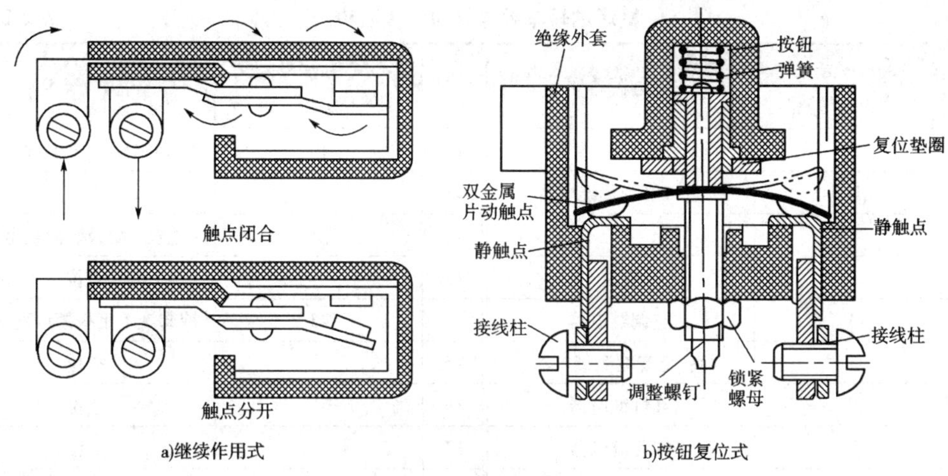

图 2-7 断路器结构

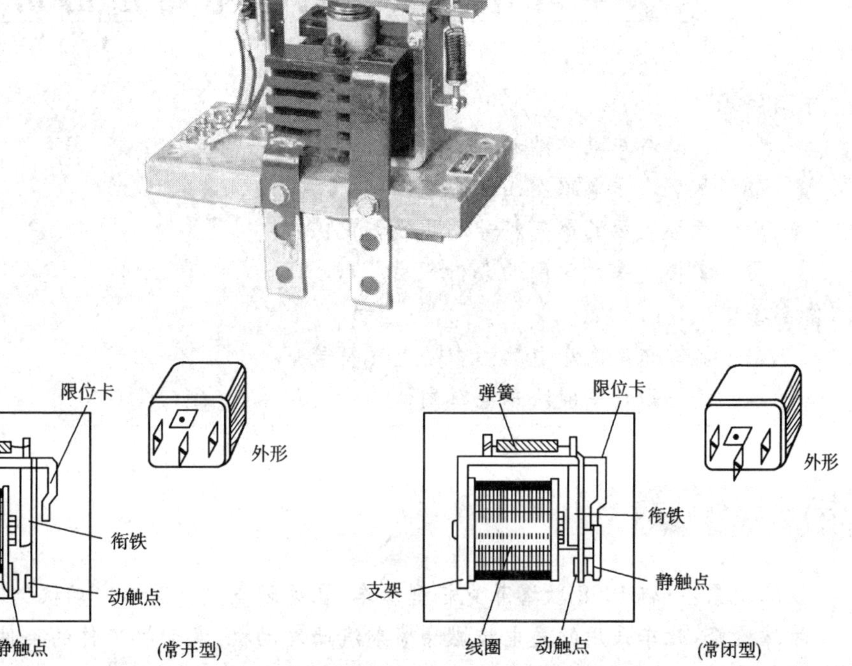

图 2-8 继电器结构

继电器按触点状态的不同,可分为常开型、常闭型和开闭混合型三类。常开型继电器动作后接通控制电路;常闭型继电器动作后切断控制电路;开闭混合型继电器平时常闭触点接通,常开触点断开,如果继电器线圈通电,则变成相反的状态。

继电器的检查:在线圈两端加上规定电压,正常时应能听到吸合声,然后用万用表检查触点对应接点的通断情况,表 2-2 所示为桑塔纳轿车继电器的位置名称。

桑塔纳轿车继电器的位置名称　　表 2-2

序号	产品序号 （外壳上的号码）	继电器名称	序号	产品序号 （外壳上的号码）	继电器名称
1		空位	10	19	前风窗雨刮、清洗继电器
2	1	进气管预热继电器	11		空位
3		空位	12	21	危险报警及转向继电器
4		空位	13		空位
5	13	空调继电器	14	43	冷却液不足报警灯继电器
6	53	高、低音喇叭继电器	15		空位
7	15	雾灯继电器	16		空位
8	17	卸荷继电器	17		空位
9		空位	18		空位

学习任务二　汽车电路图的识读

学习目标

◎　了解汽车电路图的基本构成；

◎　掌握汽车电路图的读图规则；

◎　掌握主要的电气符号与导线标记；

◎　掌握汽车电路图的分析方法。

能力要求

◎　能够识别汽车电路图中的电气符号；

◎　能够识读一般汽车电路图。

任务导入

故障现象：一辆 1998 款塔菲克轻型客车，在关闭点火开关后发动机仍不能熄火。

故障检修：此车采用的是电控燃油喷射汽油发动机，发动机工作的条件必须具备油、火、气和控制四项。该车不能熄火，说明这四个条件在关闭点火开关以至拆下蓄电池线的情况下始终存在。分析该车的电路图可知，油泵继电器控制电源，点火动力模块以及电脑电源均为主继电器供给。主继电器的控制主要是由点火开关提供电源，主继电器的火线接在蓄电池上。

我们知道，蓄电池正极与发电机输出是并联连接，当发电机工作时，即使拆下蓄电池线，发动机仍有发电机提供电源。根据以上分析，首先从主继电器入手。拆下发动机前部通风口装置，可以见到其下方有两个大继电器，黑色为主继电器，灰色为油泵继电器。拔下主继电器，发动机立即熄火，说明问题就出在主继电器或点火开关上，串线的可能排除。随后取下继电器护罩，发现电力触点始终接合在一起，至此即可确认故障所在。更换一只新的主继电器，试车后一切正常。

掌握汽车电路图的读图规则以及看懂电路图是汽车检修的重要技术支持，同时也为日后其他项目的学习奠定理论基础。

一 电路图的基本构成

基本回路

(1)简单闭合回路，如图2-9所示。
(2)简单继电器控制电路，如图2-10所示。
(3)电子继电器控制电路，如图2-11所示。

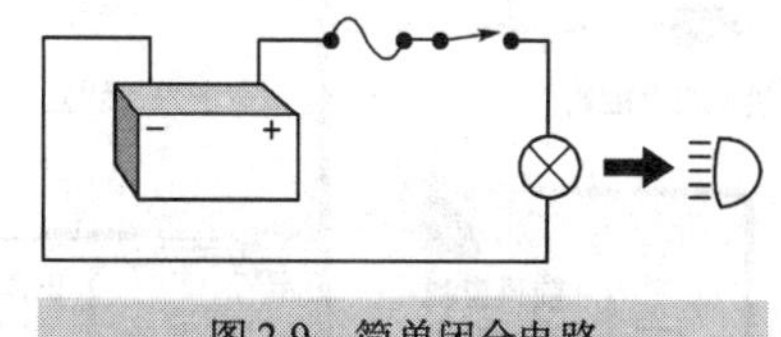

图2-9 简单闭合电路

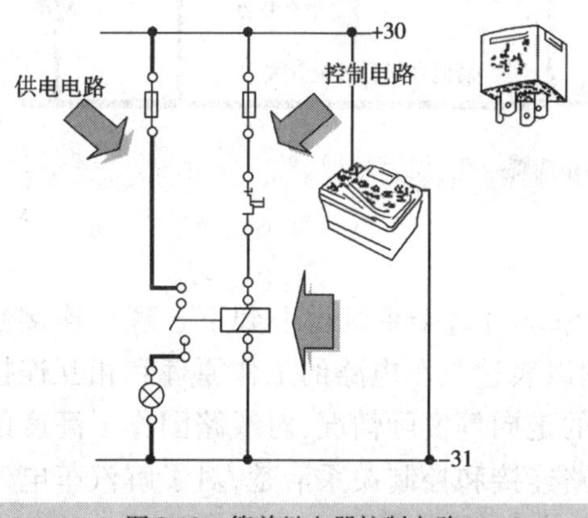

图2-10 简单继电器控制电路

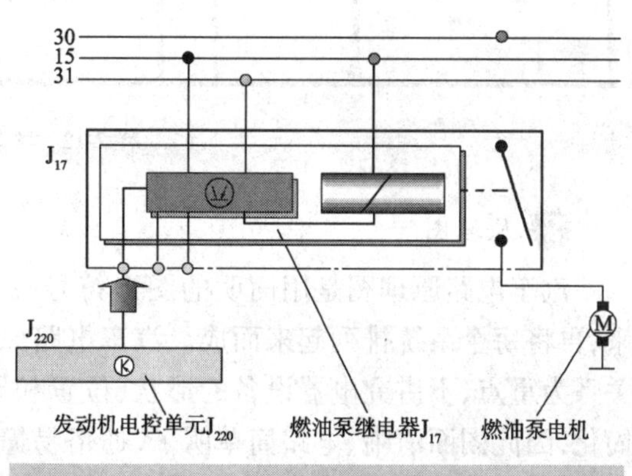

图2-11 电子继电器控制电路

二 电路图及其基本标识

1 汽车电路图

汽车电器线路是将车上所有电器和电子设备按照它们各自的工作特性以及相互间的内在联系，用各种导线、开关等配电装置连接起来的一个完整的供电、用电系统。汽车电路图

的基本表达方法有布线图、原理图和线束图3种。

❶ 布线图

传统布线图是把汽车电器在汽车上的实际位置用线从电源到开关至搭铁一一连接起来所构成的电路图。其优点是电气设备的外形、安装位置都与实际情况基本一致，从图2-12中可看出导线的走向、分支、接点等情况，便于制作线束。缺点是图中线束密集、纵横交错、识读和查找、分析故障不便，并且随着日益增多的电气设备，无法在一张图上表示出各电气设备的相对位置。

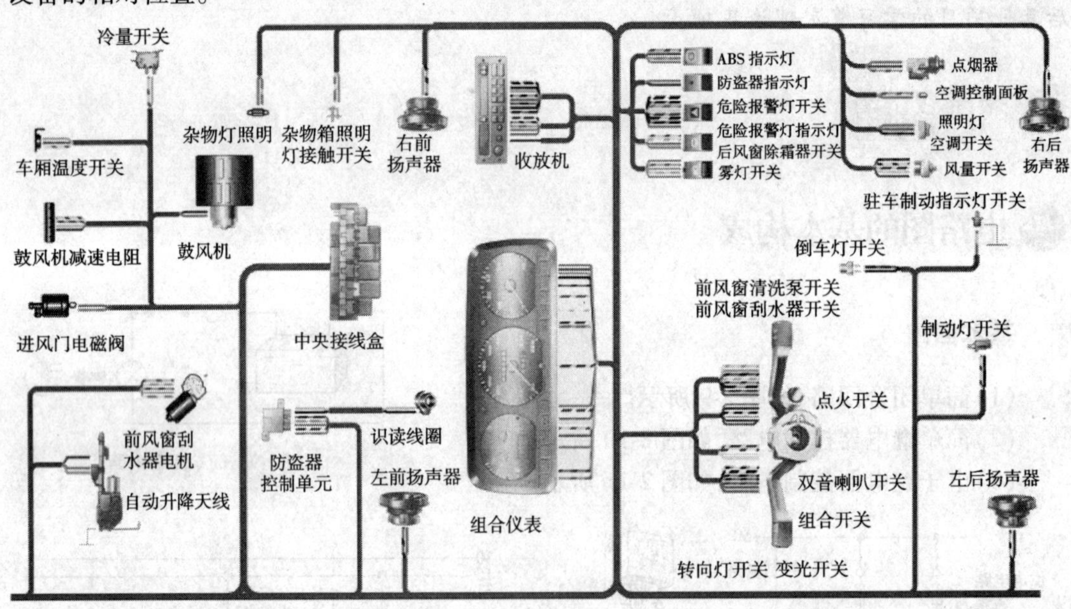

图2-12 整车电器布线图

❷ 原理图

汽车电路原理图是用简明的图形符号按电路原理将每个系统由上到下合理地连接起来，再将每个系统排列起来而成。汽车电路原理图以表达汽车电路的工作原理和相互连接关系为重点，不讲究电器设备的形状、位置和导线的走向等实际情况，对线路图作了高度的简化，因此图面清晰、电路简单明了、通俗易懂、电路连接和控制关系清楚，对了解汽车电气设备的工作原理和迅速分析排除电气系统的故障十分有利，如图2-13所示。

电路原理图是参考原车线路图、相关资料和实物改画而成的。这样各个系统由主到次、由表及里、由上到下合理排列，然后再将各个系统连接起来，使电路原理变得简明扼要、准确清晰。各电器的电流路线看起来十分清楚，各局部电路的工作原理一目了然。电路原理图可由原车的线路图改画而成。

❸ 线束图

线束图是根据汽车线束在汽车上的布置、分段以及各分支导线端口的具体连接情况而绘制的电路图，其重点反映的是已制成的线束外形，组成线束各导线的规格大小、长度和颜色，各分支导线端口所连接的电气设备的名称、连接端子和护套的具体型号，线束各主要部分的长度等，因此主要用于汽车线束的制作和较方便地连接电气设备，汽车线束图如图 2-14 所示。

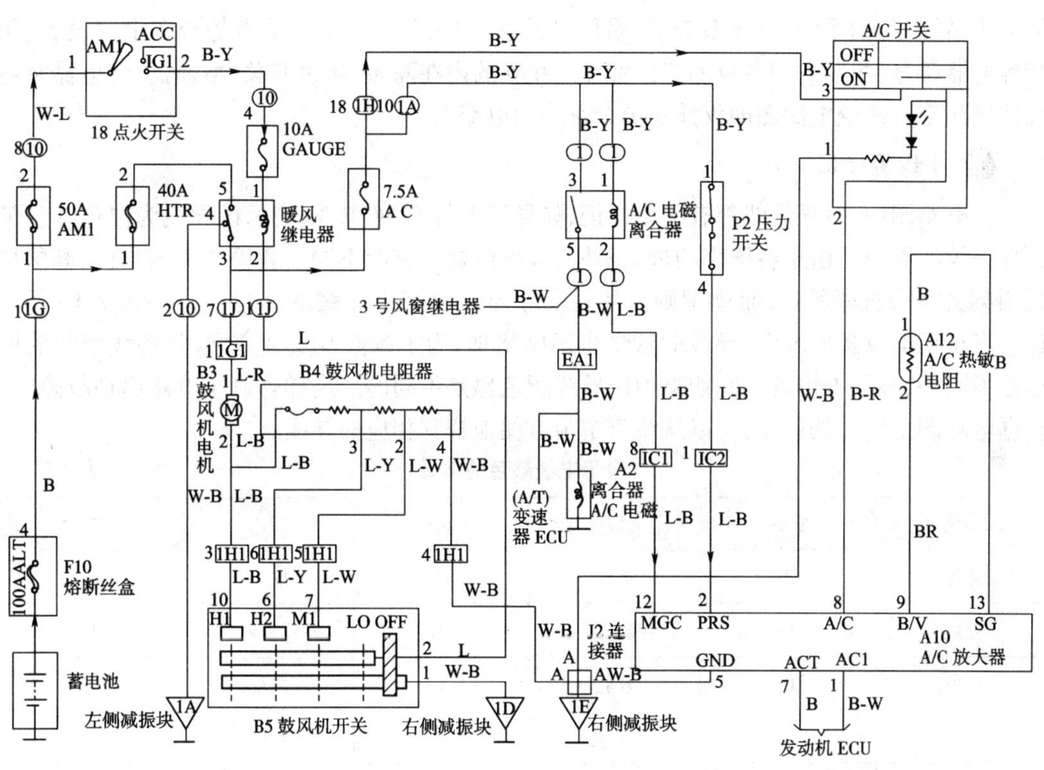

图 2-13　丰田 VIOS 轿车空调系统原理图

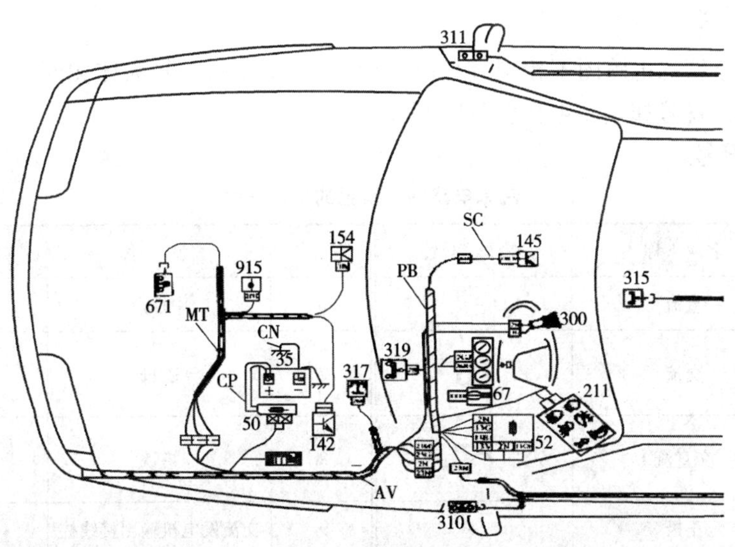

图 2-14　汽车线束图

2 汽车电路图的基本标识

汽车电路图又可按照整体局部关系分为全车电路图和系统电路图。全车电路图，就是将电源系统、起动系统、点火系统、照明信号系统、仪表与电子显示装置等全车电气设备，用标准电器符号，按照它们各自的工作特性及相互的内在联系，通过开关、熔断器、继电器及导线连接起来。系统电路图即仅涉及单个系统的电路图。

1 导线的标记

在电路图中，每根导线都有线束标记，如导线上标有 W/R，则表示该导线为白色基色带红色条纹的导线。由于各国家的母语不同，故线束标记有所不同。我国与美国、日本等国均采用英文字母缩写形式，而德国则采用德文字母。电路中导线的颜色代号如表 2-3 所示。随着汽车用电设备的增多，导线的数量也不断增加，为了维修及安装方便，除各线束间的插接器不同外，各用电设备之间线束中的导线颜色也是不同的。这样当汽车电路出现故障时，根据电路图上导线的标注，可以从线束中很方便地找到相应的导线。

表示电线颜色的字母　　表 2-3

颜色	字母	颜色	字母	颜色	字母
黑色	B	褐色	BR	绿色	G
蓝色	L	浅绿色	LG	橘黄色	O
红色	R	紫色	V	白色	W
灰色	GR	粉红色	P	黄色	Y
红/黑	R-B	蓝/白	L-W	白/红	W-K

2 电气符号

虽然不同车型的电路图不相同，但汽车电路图所采用的符号大体相同。汽车电路图中使用的各种电器符号如表 2-4 至表 2-11 所示。

(1)限定符号

汽车电路图中常见的电气符号　　表 2-4

序　号	名　　称	图 形 符 号	序　号	名　　称	图 形 符 号
1	直流	—	6	中性点	N
2	交流	∿	7	磁场	F
3	交直流	$\widetilde{\overline{\ \ }}$	8	搭铁	⊥
4	正极	+	9	交流发电机输出接线柱	B
5	负极	—	10	磁场二极管输出端	D +

(2)导线、端子和导线的连接符号

表2-5

序号	名称	图形符号	序号	名称	图形符号
1	接点	●	10	插头和插座	
2	端子	○	11	多极插头和插座(示出的为三级)	
3	可拆卸的端子	ϕ			
4	导线的连接		12	接通的连接片	
5	导线的分支连接				
6	导线的交叉连接		13	断开的连接片	
7	导线的跨越		14	边界线	
8	插座的一个极		15	屏蔽(护罩)	
9	插头的一个极		16	屏蔽导线	

(3)触点与开关符号

表2-6

序号	名称	图形符号	序号	名称	图形符号
1	旋转、旋钮开关		7	旋转多挡开关位置	0 1 2
2	液位控制开关		8	推位多挡开关位置	0 1 2
3	机油滤清器报警开关	OP	9	钥匙开关(全部定位)	0 1 2
4	热敏开关动合触点	t°	10	多挡开关、点火、起动开关、瞬时位置为2能自动返回到1(即2挡不能定位)	0 1 2 0,1
5	热敏开关动断触点	t°	11	动合(常开)触点	
6	热继电器触点		12	动断(常闭)触点	

续上表

序号	名　称	图形符号	序号	名　称	图形符号
13	先断后合的触点		25	热执行器操作	
14	中间断开的双向触点		26	温度控制	t
15	双动合触点		27	压力控制	p
16	双动断触点		28	制动压力控制	BP
17	单动断双动合触点		29	液位控制	
18	双动断单动合触点		30	凸轮控制	
19	一般情况下手动控制		31	联动开关	
20	拉拔操作		32	手动开关的一般符号	
21	旋转操作		33	定位(非自动复位)开关	
22	推动操作		34	按钮开关	
23	一般机械操作		35	能定位的按钮开关	
24	钥匙操作		36	拉拔开关	

(4)电器元件符号

表 2-7

序号	名　称	图形符号	序号	名　称	图形符号
1	电阻器		13	极性电容器	
2	可变电阻器		14	穿心电容器	
3	压敏电阻器		15	半导体二极管一般符号	
4	热敏电阻器		16	单向击穿二极管,电压调整二极管(稳压管)	
5	滑线式变阻器		17	发光二极管	
6	分路器		18	双向二极管(变阻二极管)	
7	滑动触点电位器		19	三极晶体闸流管	
8	仪表照明调光电阻		20	光电二极管	
9	光敏电阻		21	PNP 型三极管	
10	加热元件、电热器		22	集电极接管壳三极管(NPN 型)	
11	电容器		23	具有两个电极的压电晶体	
12	可变电容器		24	电感器、线圈、绕阻、扼流图	

续上表

序号	名　　称	图形符号	序号	名　　称	图形符号
25	带磁芯的电感器		32	两个绕组电磁铁	
26	熔断器				
27	易熔线		33	不同方向绕组电磁铁	
28	电路断电器				
29	永久磁铁		34	触点常开的继电器	
30	操作器件一般符号				
31	一个绕组电磁铁		35	触点常闭的继电器	

(5)仪表符号

表 2-8

序号	名　　称	图形符号	序号	名　　称	图形符号
1	指标仪表	*	8	转速表	n
2	电压表	V	9	温度表	t°
3	电流表	A	10	燃油表	Q
4	电压电流表	A/V	11	车速里程表	v
5	欧姆表	Ω	12	电钟	
6	瓦特表	W	13	数字式电钟	
7	油压表	OP			

(6)传感器符号

表 2-9

序号	名　称	图形符号	序号	名　称	图形符号
1	传感器的一般符号	*	8	空气流量传感器	AF
2	温度表传感器	t°	9	氧传感器	λ
3	空气温度传感器	t°a	10	爆震传感器	K
4	水温传感器	t°w	11	转速传感器	n
5	燃油表传感器	Q	12	速度传感器	v
6	油压表传感器	OP	13	空气压力传感器	AP
7	空气质量传感器	m	14	制动压力传感器	BP

(7)电器设备符号

表 2-10

序号	名　称	图形符号	序号	名　称	图形符号
1	照明灯、信号灯、仪表灯、指示灯		6	电喇叭	
2	双丝灯		7	扬声器	
3	荧光灯		8	蜂鸣器	
4	组合灯		9	报警器	
5	预热指示器		10	元件、装置、功能元件	

续上表

序号	名　称	图形符号	序号	名　称	图形符号
11	信号发生器	G	22	过电流保护装置	I >
12	脉冲发生器	G	23	加热器(除霜器)	
13	闪光器	G	24	振荡器	
14	霍尔信号发生器		25	变换器、转换器	
15	磁感应信号发生器		26	光电发生器	G
16	温度补偿器	t° comp	27	空气调节器	
17	电磁阻一般符号		28	滤波器	
18	常开电磁阀		39	稳压器	U const
19	电磁离合器		30	点烟器	
20	用电动机操纵的怠速调整装置	M	31	热继电器	
21	过电压保护装置	U >	32	间歇刮水继电器	

续上表

序号	名称	图形符号	序号	名称	图形符号
33	防盗报警系统		45	转速调节器	
34	天线一般符号		46	温度调节器	
35	发射机		47	串激绕组	
36	收音机		48	并激或他激绕组	
37	内部通讯联络及音乐系统		49	集电环或换向器上的电刷	
38	收放机		50	直流电动机	
39	天线电话		51	串激直流电动机	
40	传声器一般符号		52	并激直流电动机	
41	点火线圈		53	永磁直流电动机	
42	分电器		54	起动机（带电磁开关）	
43	火花塞		55	燃油泵电动机、洗涤电动机	
44	电压调节器		56	晶体管电动燃油泵	

续上表

序号	名　　称	图形符号	序号	名　　称	图形符号
57	加热定时器	H T	71	蓄电池组	
58	点火电子组件	I C	72	蓄电池传感器	B
59	风扇电动机	M	73	制动灯传感器	BR
60	刮水器电动机	M	74	尾灯传感器	T
61	天线电动机	M	75	制动器摩擦片传感器	F
62	直流伺服电动机	SM	76	燃油滤清器积水传感器	W
63	直流发电机	G	77	三丝灯泡	
64	星形连接的三相绕组		78	汽车底盘与吊机间电路滑环与电刷	
65	三角形连接的三相绕组		79	自记车速里程表	υ
66	定子绕组为星形连接的交流发电机	G 3~	80	带电钟自记车速里程表	υ
67	定子绕组为三角形连接的交流发电机	G 3~	81	带电钟的车速里程表	υ
68	外接电压调节器与交流发电机	G 3~ U	82	门窗电动机	M
69	整体式交流发电机	G 3~ U	83	座椅安全带装置	
70	蓄电池				

(8)仪表板上常用控制符号

表 2-11

车灯 一般指前照灯	小灯 尾灯	熔断丝	电源总开关	左右转向	停车灯 转向灯
风窗玻璃 刮水器冲洗器	风窗玻璃除霜	灯光总开关	仪表板灯开关	扣紧座椅皮带	收音机调谐
暖风 电机通风机	风挡玻璃 刮水器	风挡玻璃 冲水器	车门钥匙	危险闪光警告	发动机冷 却液温度
收音机音量	点烟器	喇叭	发动机机油	燃油(汽油 或柴油)	蓄电池要保 持充电状态
前雾灯开启 后雾 近光灯开启 远光灯开启			车门提示 手刹提示 安全带提示 发动机自检 润滑油检查 ABS 系统检测 安全气囊检测 蓄电池检查 燃油量检查 另一种样式		

三 汽车电路图的识读

汽车全车电路图一般来说较为复杂,在利用全车电路图进行系统分析时,首先应对全车电路有个大概了解后,再根据各个系统的工作原理分析电路故障,这样才能准确及时地将故障点找出并排除。

1 回路原则

对于全车电路来说，所有用电设备都是并联的，任何一个电路系统都是一个完整的电气系统，即闭合回路。它包括电源、开关、熔断丝、用电设备、导线等，并从电源正极→熔断器→开关→用电设备→搭铁，最后到电源负极。

2 注意火线与搭铁线

同一电路中可能有多条火线，但有的火线与蓄电池正极直接相连；而有的火线由点火开关控制，只有点火开关接通后，该火线才能有“火”；还有的火线经继电器等控制。在电路图中有很多搭铁线，但搭铁部位不同。

3 注意继电器和用电设备的开关

多数开关控制火线，而有些开关则控制搭铁线。有些继电器和开关的触点是常开的，而有些继电器和开关的触点是常闭的。

四 线路分析的基本方法

正确识读和分析汽车电路图是了解整个汽车电气系统的基本组成、工作原理、电路的结构特点以及各电器装置之间相互连接关系的主要途径，也是分析和判断汽车电气系统故障的主要依据，因此，掌握汽车电路图的正确识读和分析方法，对于汽车技术和维修人员迅速分析电气系统故障原因、准确查找故障所在、最终解决问题是十分重要的。汽车电路图识读和分析的基本方法如下：

(1)识记汽车电路图所用图形符号的意义以及各种标记、字母等图注的含义，这是识读和分析汽车电路图的基础，否则就无从下手，更谈不上分析了。

(2)具备一定的电工电子基础知识，掌握直流电路、交流电路的一般规律，例如电磁感应定律、整流滤波电路、稳压电路、晶体管放大电路、晶体管开关电路与可控硅电路等。

(3)熟悉汽车电气与电子设备的结构原理。在分析某个电路系统前，要清楚该电路中所包括的各部件的功能和作用以及技术参数等，例如电路中的各种自动控制开关在什么样条件下闭合或断开等。

(4)将布线图按系统改画成不同单元的电路原理图。对仅有布线图的电路图，由于线条密集、纵横交错，分析电路工作原理较为困难，可参考有关资料和实物改画成各单元电路原理图。

(5)先从比较熟悉的车型入手，由简到繁，先易后难，整理归纳，逐步深入，以至充分把握，再举一反三，互相比较，掌握汽车电路的一些共性规律及寻找各种车型之间的差异，触类旁通。例如，掌握了解解放牌汽车电路的特点，就可以大致了解了东风汽车电路；掌握了桑塔纳轿车的电路，就可以了解奥迪、捷达等德国大众公司汽车电路的特点等。如此反复，不断积累，从而获得读析各种汽车电路图的能力。

(6)善于利用汽车电路特点,把整车电路化整为零。按整车电路系统的各功能及工作原理把整车电气系统划分成若干个独立的电路系统,分别进行分析。这样化整体为部分,有重点地进行分析。

(7)掌握和正确运用回路原则。回路是一个最基本、最重要,也是最简单的分析工具,电气设备工作必须形成一个完整的电流回路。由于汽车电路单线并联,"回路原则"的一般形式是:电流由电源正极流出,经用电设备后,搭铁回到同一电源的负极。也可逆着电路的流向,由电源负极或搭铁开始,经用电设备到电源正极。分析时应注意把握同一电源和电位差,形成真正意义上的电流回路。

(8)抓住开关和继电器的作用并注意它们的状态。特别注意继电器,其不但是控制开关也是被控制对象。大多数电器或电子设备都是通过开关(包括电子开关)或继电器的不同状态而形成回路的,当开关或继电器的触点状态改变时,其所控制的电器装置或回路将改变,从而实现不同的控制功能。在汽车电路图中,各种开关、继电器都是按初始状态画出的,即开关未接通,继电器线圈未通电,其触点处于原始状态。分析电路图时,把含有线圈和触点的继电器,看成是由线圈工作的控制电路和触点工作的主电路两部分。主电路中的触点只有在线圈电路中有工作电流流过后才能动作。

(9)正确判断接点标记、线型和色码标记。

(10)进口汽车一般只配有接线图,其原理图往往是有关人员为研究、使用与检修而收集和绘制的。由于这些图的来源不同,收集时间不同以及符号变更等,在画法上可能出现差异,所以在分析该类电路原理图时应注意这一点。

一 任务实施准备

(1)汽车电器实训室;

(2)德国大众捷达轿车的部分电路图、维修手册与示教板;

(3)各种开关、继电器、熔断器及熔断器插座、导线、试灯、稳压电源(或蓄电池)、可变电阻器;

(4)跨接线、万用表等汽车电气专用维修工具一套。

二 任务实施步骤

一)电路图的识读

对德国大众捷达轿车的部分电路图进行识读,德系车电路图的特点是:所有电路都是纵向排列,互不交叉;整个电路以继电器盒为中心,如图2-15所示。

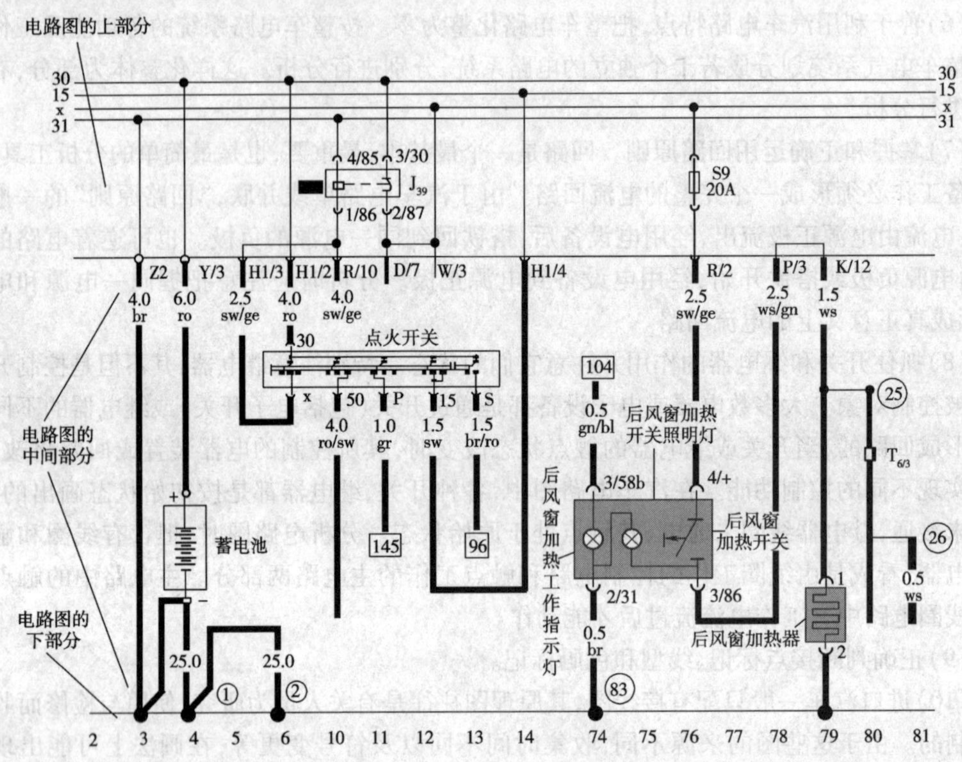

图 2-15　捷达轿车部分电路图

其中：ws＝白色，sw＝黑色，ro＝红色，br＝棕色，gn＝绿色，bl＝蓝色，gr＝灰色，ge＝黄色

1 电路图的上部分

电路图的上部分主要指中央继电器盒的接线部分，包括继电器、熔断器及插接器等，中央继电器盒的正面如图 2-16 所示，熔断器的控制内容如表 2-12 所示，继电器的位置与控制内容如表 2-7 所示。

熔断器的控制内容　　表 2-12

序号	控制内容	序号	控制内容
1	左近光灯（10A）	12	双音喇叭（10A）
2	右近光灯（10A）	13	倒车灯（10A）
3	仪表及牌照照明灯（10A）	14	自动阻风/进气预热（10A）
4	雨刷及清洗设备（15A）	15	仪表板（15A）
5	鼓风机（30A）	16	遇险警报灯（10A）
6	右停车灯和尾灯（10A）	17	燃油泵（20A）
7	左停车灯和尾灯（10A）	18	风扇/空调继电器（30A）
8	后风窗加热（20A）	19	制动灯（10A）
9	前雾灯（15A）	20	车内灯/数字钟（15A）
10	左远光灯（10A）	21	收录机/点烟器（10A）
11	右远光灯（10A）		

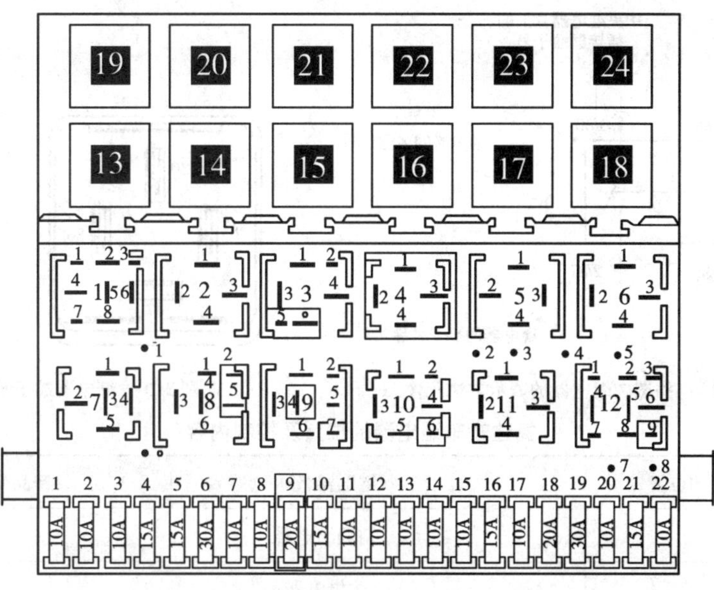

图 2-16 捷达轿车中央继电器盒的正面图

❶ 全车电路总线

在电路图中全车电路总线的表示方法及含义如图 2-17 所示。全车电路总线还有一个 50 号线(点火开关起动挡输出的火线),本图中没有涉及,因此没有画出。

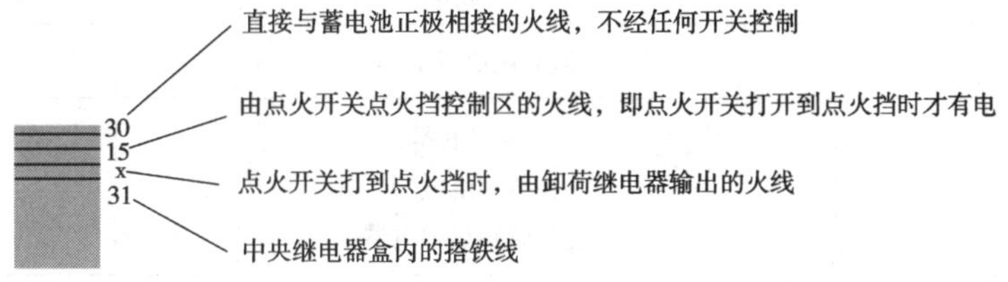

图 2-17 全车主线的表示方法及含义

❷ 熔断器

电路图中的熔断器表示方法如图 2-18 所示,熔断器代号及控制内容见中央继电器盒正面图 2-16 及表 2-12。

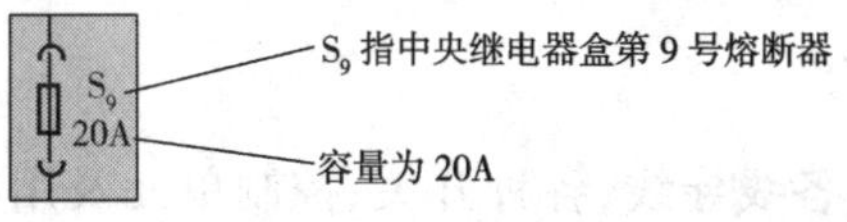

图 2-18 电路图中的熔断器表示方法及含义

❸ 继电器

电路图中继电器的表示方法及含义如 2-19 所示,继电器端子示意图如图 2-20 所示。继电器的位置及控制内容见中央继电器盒正面图 2-16 及表 2-13。

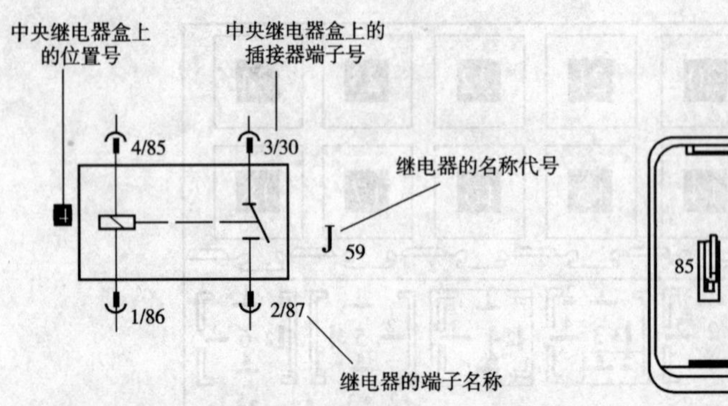

图 2-19　电路图中继电器的表示方法及含义

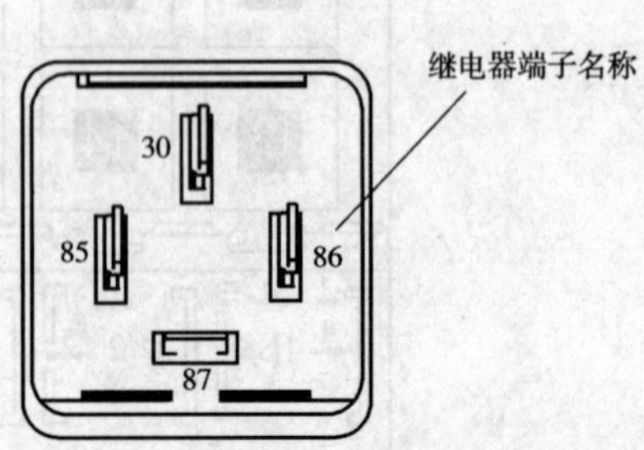

图 2-20　继电器端子示意图

捷达轿车继电器的位置及控制内容　　表 2-13

中央继电器盒上的位置号	继电器名称	产品号(外壳上的号码)
1	空调继电器	13
3	主继电器	109
4	X 触点卸荷继电器	18
6	遇险警报继电器	21
8	雨刷间歇挡继电器	19
10	雾灯继电器	53
11	双音喇叭继电器	53
12	油泵继电器、 预热塞继电器 进气管预热继电器	67 167 1
13	散热器起动控制单元	31
16	电动窗继电器 (风扇二挡起动继电器:在风扇护风圈壳体上)	53
17	挡位锁止及倒车灯继电器	175
18	空调继电器(仅 5V 发动机)	147

2 电路图的中间部分

电路图的中间部分包括各线导线、各种开关、控制单元及用电设备,电路图中间部分的说明如图 2-21 所示。

3 电路图的下部分

电路图的下部分主要由电路编码及搭铁点组成,电路图的下部分含义及说明如图 2-22 所示。

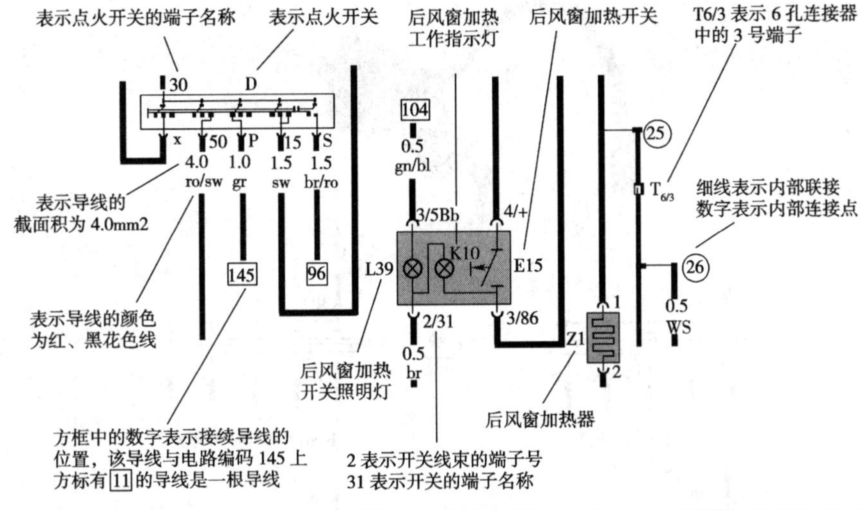

图 2-21　电路图中间部分的含义

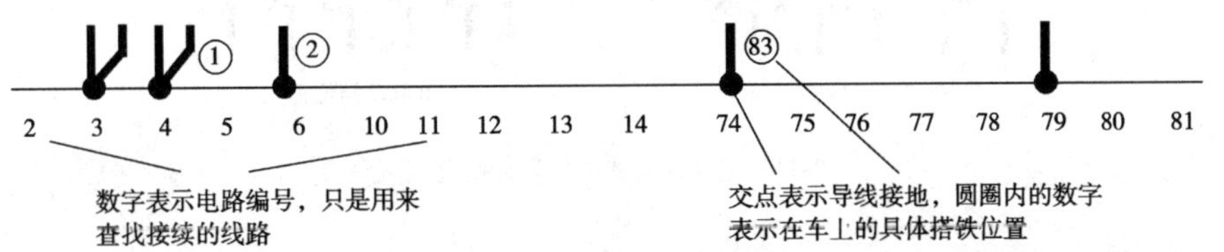

图 2-22　电路图的下部分含义

二）汽车电路元件检测

1 点火开关的测试

准备一个实物点火开关，测试点火开关各挡位的导通情况，即在不同的挡位分别测试输入端 30 与输出端子的导通情况。点火开关导通原理如图 2-23 所示。将测试结果填写表 2-14 中，并分析结论是否正确。

点火开关测试情况　　表 2-14

端子／导通情况／挡位	30	50	P	15	X	S
点火开关内无钥匙						
钥匙插入点火开关内						
点火挡位						
起动挡位						
测试结果分析：						

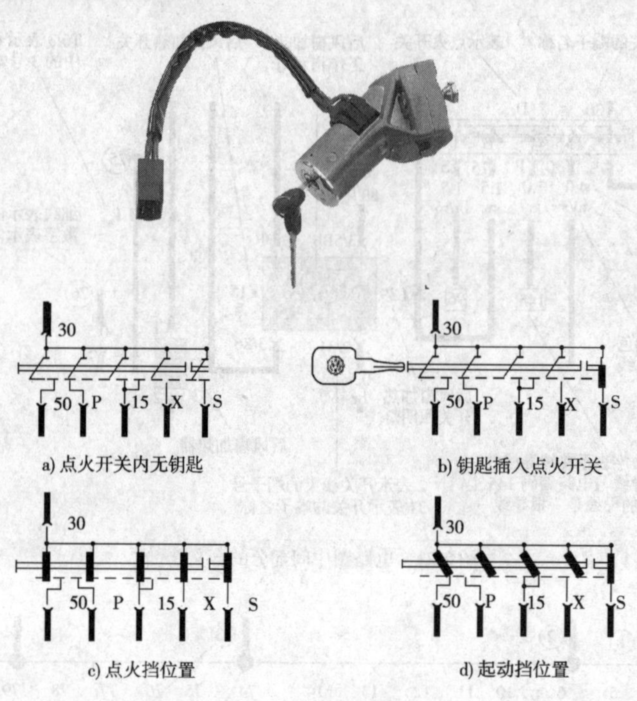

图 2-23　点火开关的挡位导通情况测试

2 继电器的测试

继电器如图 2-24 所示，在 85、86 两端子间加直流可调电压，电压逐渐增大，当继电器闭合时的电压为继电器闭合电压，然后逐渐减小电压，当继电器触点断开时的电压为继电器释放电压。继电器的实物如图 2-24 所示，将测试结果填写于表 2-15 中，并分析测试结果。

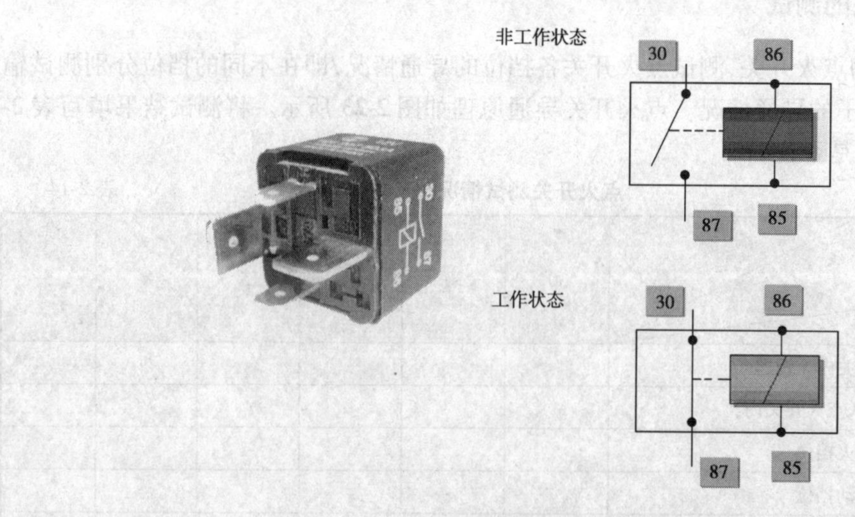

图 2-24　继电器实物与工作原理图

继电器的测试结果

表 2-15

状态＼端子	30	87	85	86	电压	
非工作状态						
工作状态					吸合电压	
					释放电压	

3 线束连接器的测试

如图 2-25 所示，直接测试线束连接器的导通状态，并将测试结果填写在表 2-16 中。

a) 实物图

b) 示意图

图 2-25　线束连接器的测试

插接器的测试结果

表 2-16

测试＼导线	导线一	导线二	导线三	导线四
导通情况				

4 熔断器的测试

熔断器的好坏可以将其从车上取下来，通过肉眼观看即可判断。但在诊断故障时，可以就车测试熔断器的好坏，如图 2-26b) 所示，在一个熔断器的两端分别测试，若一端有高电位，而另一端没有高电位，则该熔断器有故障。将测试结果填写在表 2-17 中。

a) 实物图

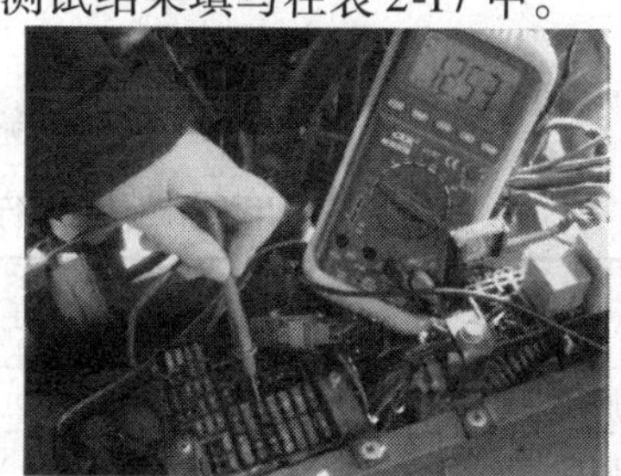

b) 示意图

图 2-26　熔断器的测试

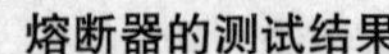

熔断器的测试结果　表 2-17

熔断器 / 测试	S1	S2	S3	……
导通情况				

三）汽车线路故障诊断

1 设计汽车电路

设计是一个完整的闭合回路（图 2-27），电路中要有点火开关、继电器、导线连接器及灯泡等用电设备，并确保用电设备能工作，以便进行电路故障测试使用。

2 电路的诊断方法

1 短路故障诊断方法

例如，使电路的火线搭铁（短路）时，电路的熔断器（保险丝）将被烧坏，用电设备不工作。这种情况可用“断路法”进行故障诊断。

如图 2-28 所示，当发生短路故障熔断器烧坏时，可用一个试灯并联于熔断器，按图中①—②—③顺序逐次断开插接器，直到灯灭为止，便可确定故障部位。将测试结果填写在表 2-18 中。

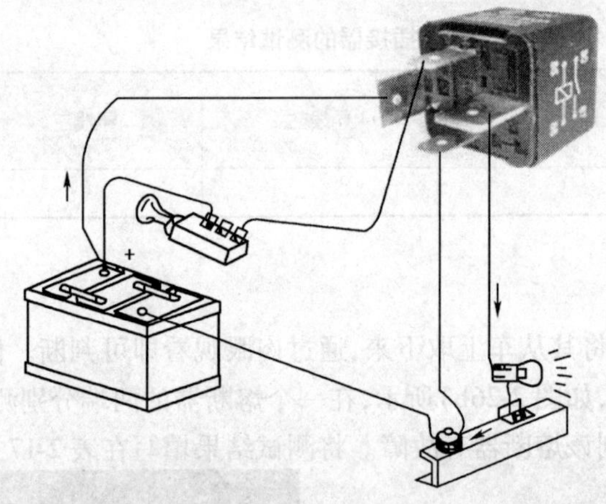

图 2-27　简单的闭合电路

用“断路法”进行电路故障诊断　表 2-18

试灯 / 诊断步骤	试灯亮	试灯灭
断开①-插接器		
断开②-插接器		
断开③-插接器		
测试结果分析		

❷ 断路故障诊断方法

例如，当开关、继电器或插接器有断路故障（不导通或接触不良）时，用电设备不工作，这种情况可应用“短路法”进行故障诊断。

如图2-29所示，检测时，先将与灯泡连接的插接器①断开，用一根导线直接给灯泡送电，通过灯泡是否工作可判断灯泡的好坏，然后按着①—②—③顺序逐次断开插接器，可判断故障的具体部位。将测试结果填写在表2-19中。

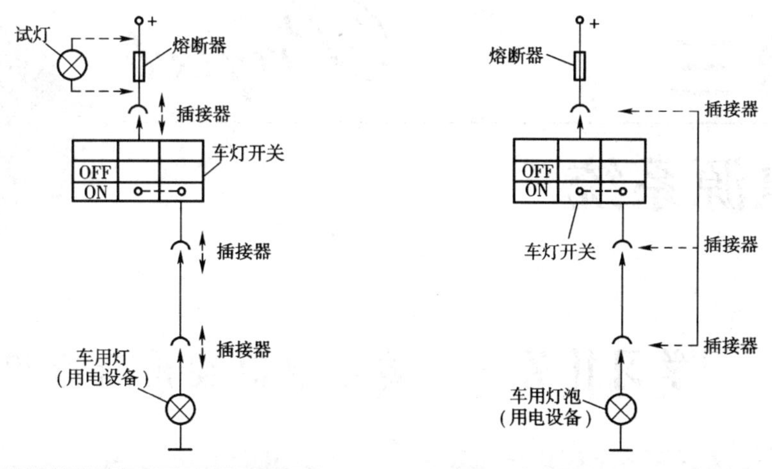

图2-28 用“断路法”进行电路故障诊断

图2-29 用“短路法”进行电路故障诊断

用“短路法”进行电路故障诊断 表2-19

诊断步骤 \ 试灯	试灯亮	试灯灭
断开①-插接器后送电		
断开②-插接器后送电		
断开③-插接器后送电		
测试结果分析		

复习思考题

1. 更换熔断器时应注意什么问题？
2. 电路中的继电器有什么作用？
3. 汽车电气设备有什么特点？
4. 如何阅读汽车电路图？

项目三

电源系统

学习任务一　蓄电池的使用与维护

学习目标

◎ 了解蓄电池的结构及作用；

◎ 了解蓄电池的充放电过程及其工作原理；

◎ 掌握蓄电池的使用与维护注意事项；

◎ 掌握蓄电池出现故障的现象和排除方法。

能力要求

◎ 能够对蓄电池进行日常的使用与维护；

◎ 能够对蓄电池进行正确的充电操作；

◎ 能够对蓄电池进行检查与故障排除。

任务导入

故障现象：一辆通用雪弗兰手动1.6轿车，停车后再起动有时要多打几次火才能着车。

故障检修：首先，用故障诊断仪就车检测，发现防盗系统有偶然故障记忆，清除后未能排除故障；之后怀疑可能是防盗系统出现了故障，经过检查及更换有关备件，故障依旧；随后在多次起动发动机后，蓄电池出现无电不能起动的现象，多并联一个电池后，故障没再出现，就此找到故障所在，我们更换原车蓄电池后，故障排除。

学习指引

汽车上都装有蓄电池与发电机两个电源，蓄电池与发电机并联，共同向全车用电设备供电。在发动机正常工作时，由发电机向全车用电设备供电，与此同时，蓄电池处于充电状态，由发电机给蓄电池充电。

相关知识

蓄电池是一种将化学能转变为电能的装置，蓄电池放电时，将其储存的化学能转变为电能；蓄电池充电时，将电能转变为化学能储存起来，直到存满充电结束。汽车上所使用的蓄电池主要是为了满足起动机工作的需要，通常称为起动型蓄电池。起动型蓄电池在短时间内可提供强大的起动电流（一般为 200 ~ 600A，最大可达 1000A），最大输出功率近 10kW。

一 蓄电池的作用与分类

1 蓄电池的作用

（1）在发动机起动时，由蓄电池给起动机提供大电流，同时向点火系统、燃油喷射系统及发动机其他用电设备供电。

（2）在发电机不发电时，由蓄电池向用电设备供电。

（3）当取下汽车钥匙时，由蓄电池向时钟、全车各电控系统的电控单元（ECU）及防盗报警系统等供电。

（4）当发电机超载时，蓄电池协助发电机供电。

（5）当发电机正常发电时，蓄电池可将发电机产生的电能转变为化学能储存起来（即充电）。

（6）蓄电池相当于一个大容量电容器，在发电机转速和负载变化较大时，能够保持汽车电源电压的相对稳定。同时，还可吸收电路中产生的瞬间过电压，保护汽车电子元件不被损坏。

2 蓄电池的分类

目前，汽车上使用的蓄电池有两大类，即铅酸蓄电池和镍碱蓄电池。铅酸蓄电池又分为普通蓄电池、免维护蓄电池、干荷蓄电池及胶体蓄电池等；镍碱蓄电池有铁镍蓄电池及镉镍蓄电池。铅酸蓄电池具有价格便宜、内阻小等特点，被广泛应用于汽车上；镍碱蓄电池具有容量大、使用寿命长、维护简单等优点，但价格昂贵，目前只在少数汽车上采用。

二 铅蓄电池的构造

普通铅蓄电池主要由极板、隔板、电解液、壳体、联条、极桩等部分组成。蓄电池由单格组成,12V 蓄电池由 6 个单格串联而成,每个单格电池电压为 2.1V,如图 3-1 所示。

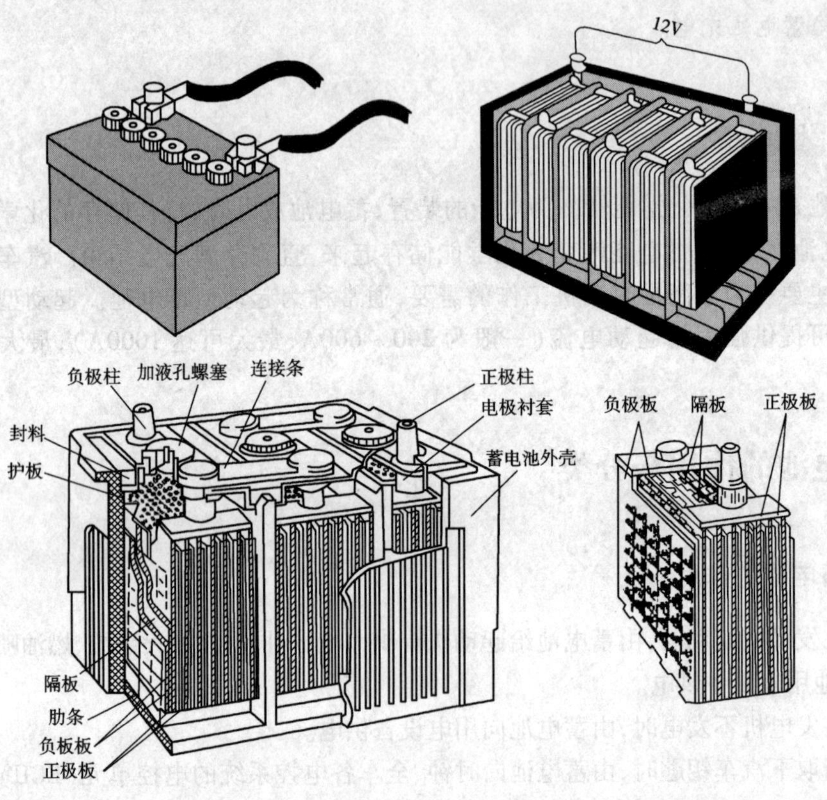

图 3-1 蓄电池的构造

1 正、负极板

极板分为正极板和负极板两种,均由栅架和填充在其上的活性物质构成,如图 3-2 所示。蓄电池充、放电过程中,电能和化学能的相互转换就是依靠极板上活性物质和电解液中硫酸的化学反应来实现的。正极板上的活性物质是二氧化铅(PbO_2),呈深棕色;负极板上的活性物质是海绵状纯铅(Pb),呈青灰色。

栅架的作用是容纳活性物质并使极板成形,一般由铅锑合金浇铸而成。铅锑合金中,含锑 5% ~7%,加入锑是为了提高栅架的机械强度并改善浇铸性能,但加锑有引起蓄电池自放电的副作用。

国产负极板的厚度为 1.8mm、正极板为 2.2mm。进口蓄电池普遍采用薄型极板,厚度为 1.1 ~1.5mm。薄型极板在相同体积的情况下可以提高蓄电池的容量,改善蓄电池的起动

性能。

为增大蓄电池的容量，将多片正、负极板分别并联，组成正、负极板组，装在单格内，如图3-3 所示。由于正极板的机械强度差，所以，在每个单格中，负极板组比正极板组多一片，这样每一片正极板都处于两片负极板之间，使其两侧放电均匀，防止正极板拱曲变形。

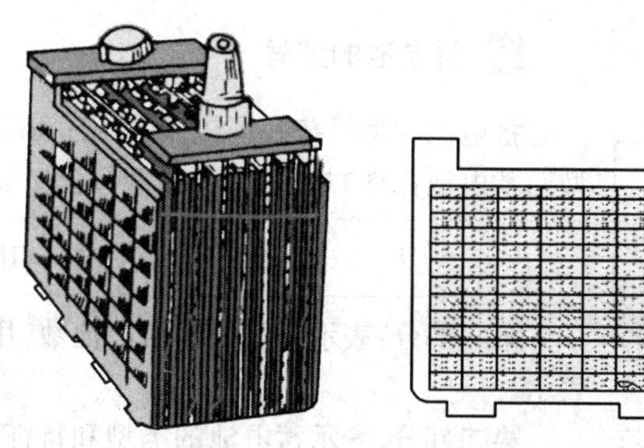

图 3-2 极板

2 隔板

为了减小蓄电池的内阻和尺寸，蓄电池内部正负极板应尽可能地靠近，但为了避免彼此接触而短路，正负极板之间要用隔板隔开。隔板材料应具有多孔性和渗透性，且化学性能要稳定，即具有良好的耐酸性和抗氧化性。常用的隔板材料有木质隔板、微孔橡胶、微孔塑料、玻璃纤维和纸板等。

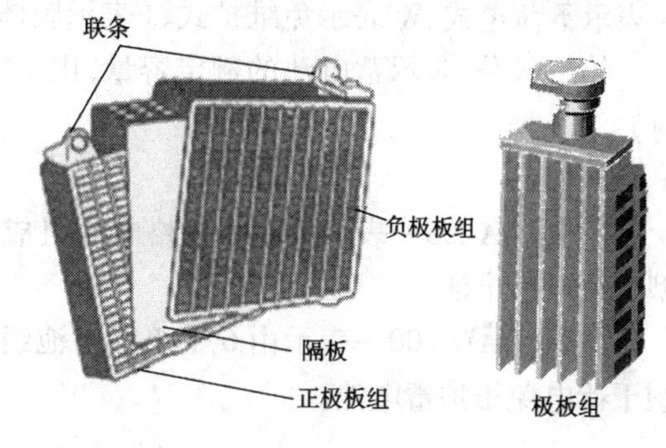

图 3-3 单格电池极板组

3 电解液

电解液由专用硫酸和蒸馏水按一定比例配制而成，密度一般为 1.24 ~ 1.30g/cm^3（温度为 25℃）。配制电解液必须使用耐酸的器皿，切记要将硫酸慢慢地倒入蒸馏水中，并要不断地搅拌。

4 壳体

蓄电池的壳体是用来盛放电解液和极板组的，应由耐酸、耐热、抗震、绝缘性好且有一定机械强度的材料制成，一般采用橡胶或塑料制成。壳体为整体式结构，壳体内部由 6 个互不相通的单格组成，底部有突起的肋条以搁置极板组。肋条之间的空间用来储存脱落下来的活性物质，以防止在极板间造成短路，极板装入壳体后，上部用与壳体相同材料制成的电池盖密封。每个单格的顶部有一个加液孔，用于添加电解液和蒸馏水，也用于检查电解液液面高度和测量电解液密度等。加液孔盖上设有通风孔，供蓄电池化学反应中产生的气体(H_2 和 O_2 等)能随时逸出。

5 连接条

连接条的作用是将单格电池串联起来，提高整个蓄电池的端电压。普通电池连接条的串接方式一般是外露式，而新型蓄电池连接条的串接方式是穿壁式，如图3-4所示。

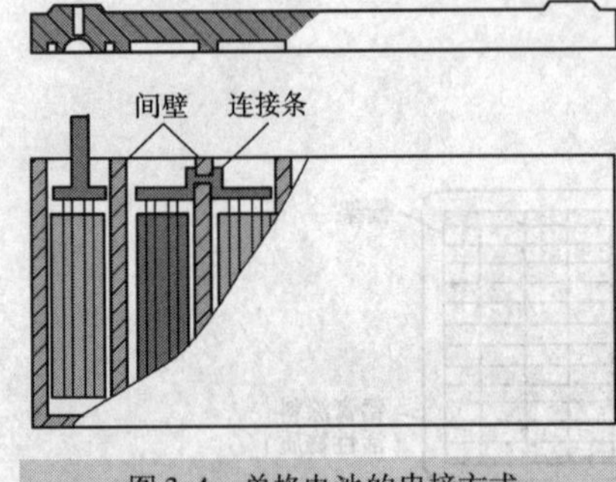

图3-4　单格电池的串接方式

6 蓄电池的型号

蓄电池的型号按我国机械工业部JB2599-85《起动型铅蓄电池标准》规定，其产品型号含义如下：

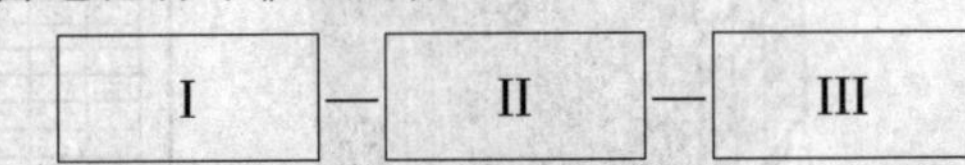

第一部分：表示串联的单格电池数，用阿拉伯数字表示。

第二部分：表示蓄电池的类型和特征，用汉语拼音字母组成。一般第一个字母用Q，表示起动型蓄电池；其他字母表示蓄电池的结构特征，如A表示干荷电式、W表示免维护式、J表示胶体电解液。

第三部分：表示蓄电池的额定容量，用20h率额定容量来表示，单位为A·h(安培·小时)。

例如：

(1)6-QA-l05—表示由6个单格电池组成，额定电压12V，额定容量为105A·h的起动型干荷电蓄电池。

(2)6-QAW-100—表示由6个单格电池组成，额定电压12V，额定容量为100Ah的起动型干荷电免维护蓄电池。

二 蓄电池的工作原理

1 电动势的建立

当极板浸入电解液时，在负极板处，一方面金属铅Pb有溶解于电解液的倾向，因而有少量铅进入溶液，生成Pb^{2+}，在极板上留下两个电子(2e)，使极板带负电；另一方面，由于正、负电荷的吸引，Pb^{2+}有沉附于极板表面的倾向。当两者达到平衡时，溶解便停止，此时负极板具有负电位，约为-0.1V。

正极板处，少量PbO_2溶入电解液，与水生成$Pb(OH)_4$，再分离成四价铅离子和氢氧根离子，即：

$$PbO_2 + 2H_2O \rightarrow Pb(OH)_4$$

$$Pb(OH)_4 \rightarrow Pb^{4+} + 4OH^-$$

由于Pb^{4+}沉附于极板的倾向大于溶解的倾向，因而沉附在正极板上，当溶解达到平衡

时，正极板呈正电位，约为+2.0V。

因此，当外电路未接通时，蓄电池的静止电动势约为2.1V。

2 蓄电池的放电

当蓄电池接上负载后，在电动势的作用下，电流 J_f 从正极经过负载流往负极（即电子从负极到正极）。放电时的化学反应过程，如图3-5所示。

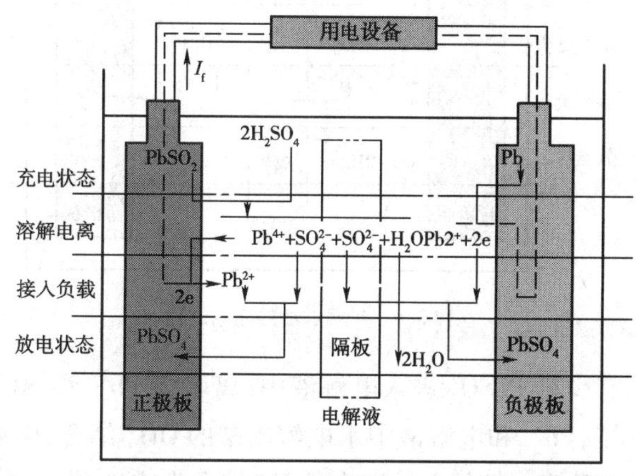

图3-5 铅蓄电池的放电过程

(1)在正极板处，Pb^{4+} 和电子结合，变成二价铅离子 Pb^{2+}，Pb^{2+} 与电解液中的 SO_4^{2-} 结合生成 $PbSO_4$ 沉附于正极板上，即：

$$Pb^{4+}+2e \rightarrow Pb^{2+}$$

$$Pb^{2+}+SO_4^{2-} \rightarrow PbSO_4$$

(2)在负极板处，失去两个电子的Pb变为 Pb^{2+}，与电解液中 SO_4^{2-} 的结合也生成 $PbSO_4$ 沉附在负极板上，即：

$$Pb-2e \rightarrow Pb^{2+}$$

$$Pb^{2+}+SO_4^{2-} \rightarrow PbSO_4$$

(3)在电解液中，H_2SO_4 电离为 SO_4^{2-} 和 H^+，而 H^+ 与溶液中的 OH^- 结合生成水，即：

$$H^{+}+OH^{-} \rightarrow H_2O$$

结论：在放电过程中，正负极板上的活性物质转化为 $PbSO_4$，同时，电解液中的 H_2SO_4 转化为水，电解液的密度不断下降。

理论上，放电过程应进行到极板上的活性物质全部变为硫酸铅为止，而实际上是不可能的，因为放电过程生成的 $PbSO_4$ 沉附于极板表面，电解液不能渗透到活性物质的内层。使用中，所谓放完电的蓄电池，实际上只有20%~30%的活性物质变成了 $PbSO_4$，因此采用薄型极板，增加极板的多孔性，可提高蓄电池的容量。

3 蓄电池的充电

充电时，应将蓄电池接直流电源（充电机）。当电源电压高于蓄电池电动势时，在电源电

压作用下，电流从蓄电池正极流入，负极流出（外电路是电子从正极流向负极），其化学反应过程如图 3-6 所示。

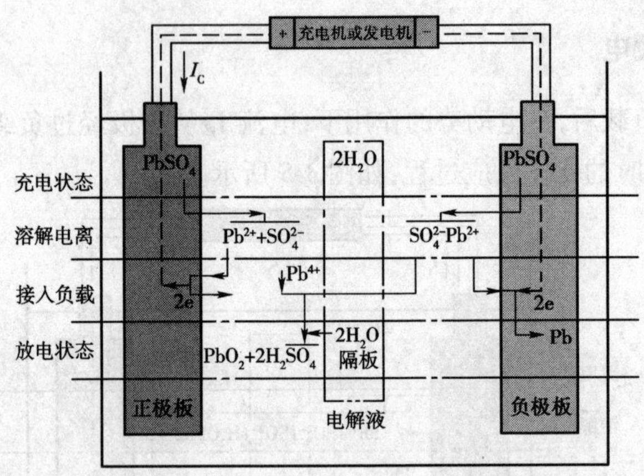

图 3-6 铅蓄电池的充电过程

(1)在正极板处，有少量 $PbSO_4$ 进入电解液中，离解为 Pb^{2+} 和 SO_4^{2-}，Pb^{2+} 在电源作用下失去两个电子变为 Pb^{4+}，Pb^{4+} 和电解液中水电解出来的 OH^- 结合，生成 $Pb(OH)_4$，$Pb(OH)_4$ 又分解为 PbO_2 和 H_2O，而 SO_4^{2-} 又与电解液中的 H^+ 结合生成硫酸。

其反应式如下：

$$PbSO_4 \rightarrow Pb^{2+} + SO_4^{2-}$$

$$4H_2O \rightarrow 4H^+ + 4OH^-$$

$$Pb^{2+} - 2e \rightarrow Pb^{4+}$$

$$Pb^{4+} + 4OH^- \rightarrow Pb(OH)_4$$

$$Pb(OH)_4 \rightarrow PbO_2 + 2H_2O$$

(2)在负极板处，有少量的 $PbSO_4$ 进入电解液中，离解为 Pb^{2+} 和 SO_4^{2-}，Pb^{2+} 在电源的作用下获得两个电子变为金属 Pb，沉附在极板上，即：

$$PbSO_4 \rightarrow Pb^{2+} + SO_4^{2-}$$

$$Pb^{2+} + 2e \rightarrow Pb$$

(3)在电解液中，SO_4^{2-} 则与电解液中的 H^+ 结合，生成硫酸，即：

$$SO_4^{2-} + 2H^+ \rightarrow H_2SO_4$$

结论：在充电过程中，正负极板上的 $PbSO_4$ 分别转化为 PbO_2 和 Pb，电解液中硫酸成分逐渐增多，电解液的密度逐渐上升。

当充电接近终了时，正负极板上的 $PbSO_4$ 分别都转化为 PbO_2 和 Pb，这时，如果继续充电，将引起电解水生成氢气和氧气，有发生爆炸的可能性，即：

$$2H_2O \rightarrow 2H_2\uparrow + O_2\uparrow$$

蓄电池在充放电时总的化学反应过程可用下式表示，即：

$$PbO_2 + Pb + 2H_2SO_4 \underset{\text{充电}}{\overset{\text{放电}}{\rightleftharpoons}} 2PbSO_4 + 2H_2O$$

四 蓄电池的工作特性

1 内阻

蓄电池的内阻由极板电阻、电解液电阻、隔板电阻及联条电阻四部分组成。一般来说，起动型铅蓄电池的内电阻是很小的(单格电池的内电阻约为0.011Ω)，这有利于提高蓄电池的起动性能，否则在大电流放电时，若内阻过大，会引起蓄电池内部发热和蓄电池的端电压大幅下降，从而影响起动性能。

2 放电特性

蓄电池的放电特性是指在恒流放电过程中，蓄电池的端电压 U_f 和电解液密度随时间变化的规律。图 3-7 为 6-QA-60 型干荷蓄电池以 20h 放电率进行恒流放电的特性曲线。

放电开始时，其端电压从 2.1V 迅速下降，这是由于极板孔隙内的硫酸迅速消耗，密度迅速降低的缘故。随着极板孔隙外的电解液向极板孔隙内渗透，当极板孔隙内与孔隙外的电解液密度平衡时，端电压将随整个容器内电解液密度的降低而缓慢地下降到 1.85V。接着电压又迅速下降至 1.75V，此时应停止放电，如继续放电，称为过度放电。过度放电对蓄电池是有害的，易使蓄电池极板硫化，容量下降。

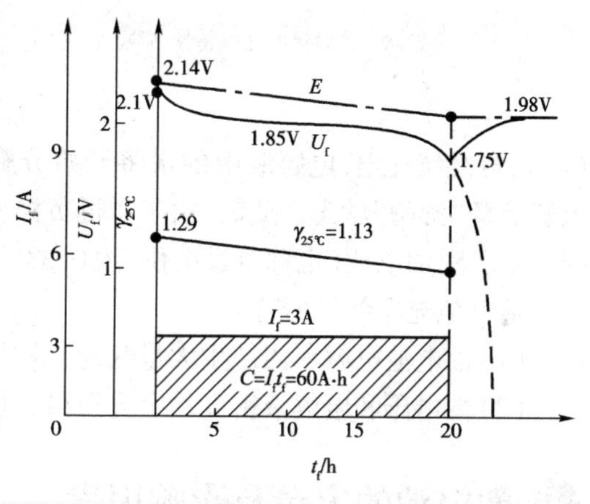

图 3-7 蓄电池的放电特性曲线

停止放电后，由于极板孔隙内的电解液和孔隙外的电解液相互渗透，当密度趋于平衡时，蓄电池的端电压将有所回升。

蓄电池放电终了的特征是：

(1)电解液密度下降到最小许可值；

(2)单格电池的端电压下降至放电终止电压；

允许的放电终止电压与放电电流强度有关，放电电流越大，放电的时间则越短，则允许的放电终止电压越低，如表 3-1 所示。

放电电流与终止电压的关系 表 3-1

放电电流(A)	$0.05C_{20}$	$0.1C_{20}$	$0.25C_{20}$	$1C_{20}$	$3C_{20}$
连续放电时间	20h	10h	3h	30min	5.5min
单格电池终止电压(V)	1.75	1.70	1.65	1.55	1.50

3 充电特性

蓄电池的充电特性是指在恒流充电过程中,蓄电池的端电压 U_c 和电解液密度随充电时间变化的规律。图3-8所示为6-QA-60型蓄电池以3A的充电电流进行充电时的特性曲线。

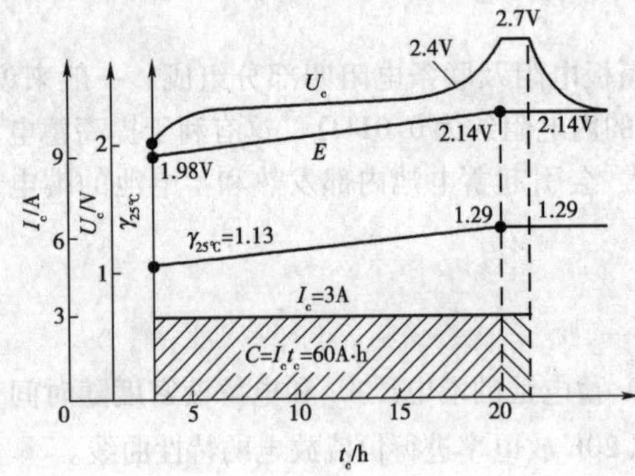

图3-8 蓄电池的充电特性曲线

在充电开始阶段,蓄电池的端电压 U_c 迅速上升,这是因为充电时活性物质和电解液的作用。首先是在极板的孔隙内进行,使孔隙内的电解液相密度迅速增大所致。随着生成的硫酸量增多,硫酸开始不断地向极板孔隙外扩散,当极板孔隙内硫酸的生成速度与扩散速度达到平衡时,蓄电池的端电压就不再迅速上升,而是随着整个容器内电解液密度的上升而缓慢提高。

当蓄电池单格端电压将达到2.4V时,电解液中开始冒气泡,正负极板上的 $PbSO_4$ 基本上还原成为二氧化铅(PbO_2)和海绵状铅(Pb),再继续充电,电解液中的水将开始分解而产生氢气和氧气,以气泡的形式释放出来,电解液呈"沸腾"状态。此时,由于靠近负极板聚积了较多的正离子"H^+",使溶液和极板之间产生了附加电位(也称氢过电位,约0.33V),因此,单格电池的充电电压急剧升至2.7V。

蓄电池充电终了的特征:

(1)蓄电池电解液内产生大量气泡,呈"沸腾"状;

(2)端电压和电解液密度均上升至最大值,且2~3h内不再增加。

五 蓄电池的容量及影响因素

1 蓄电池的容量

蓄电池的容量是标志蓄电池对外放电能力、衡量蓄电池性能的优劣以及选用蓄电池的最重要指标。

蓄电池的容量是指在规定的放电条件下,完全充足电的蓄电池所能输出的电量,用"C"表示,单位为A·h(安·时)。即容量等于放电电流与持续放电时间的乘积:

$$C = I_f t_f$$

式中:C——蓄电池容量(A·h);

I_f——放电电流(A);

t_f——放电持续时间(h)。

蓄电池的容量分为20h率额定容量、起动容量及储备容量等。这里只介绍常用的20h率额定容量,简称额定容量。

完全充足电的蓄电池，在电解液温度为25℃时，以20h放电率（放电电流为0.05C_{20}）连续放电，直至单格电压降到1.75V时为止，蓄电池所输出的电量称为额定容量，用C_{20}表示。额定容量是设计容量，是蓄电池性能的重要标志之一。例如，6-Q-100型蓄电池，其“100”就是额定容量，是在电解液平均温度为25℃时，以5A的电流连续放20h后，单格端电压降至1.75V时得到的。

2 影响蓄电池容量的因素

蓄电池的容量与很多因素有关，包括结构因素和使用因素。在结构方面，如增大极板的面积、提高活性物质的多孔率等都可提高蓄电池的容量。而蓄电池在使用过程中，不同的使用条件对蓄电池容量的影响尤为明显。影响蓄电池容量的使用因素有以下几个方面：

1 放电电流

放电电流越大，蓄电池的容量减小越多，如图3-9所示。因为放电电流越大，极板孔隙内消耗的硫酸越快；同时，放电电流越大，单位时间内产生的硫酸铅越多，硫酸铅堵塞极板孔隙现象越明显，阻碍电解液向极板内层渗透，以上两种因素使极板孔隙内的电解液密度急剧下降，于是端电压也迅速下降，从而极大地缩短了放电时间，使蓄电池容量下降。

图3-10是6-Q-135型蓄电池在不同放电电流情况下的放电特性。从图中可以看出，放电电流越大，端电压下降越快，放电时间越短，故蓄电池的容量越小。

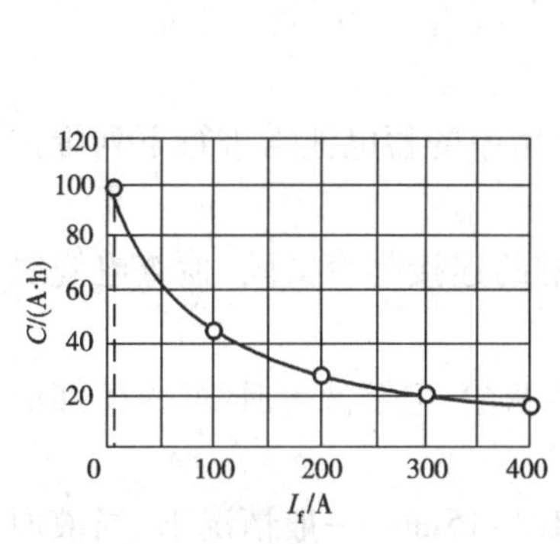

图3-9 放电电流与蓄电池容量的关系

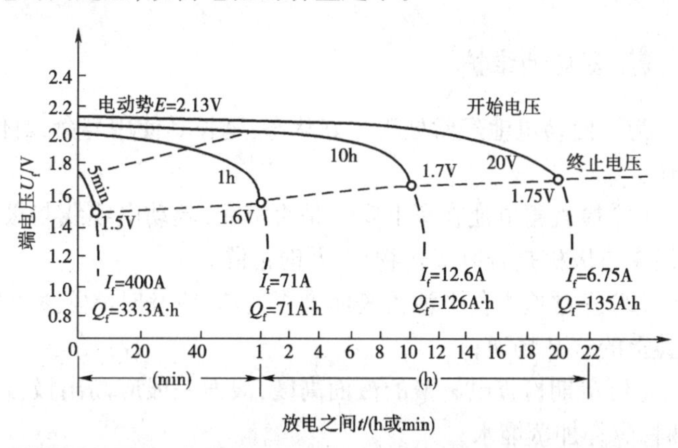

图3-10 蓄电池在不同放电电流情况下的放电特性

2 电解液温度

温度降低，容量减小，如图3-11所示。这是由于温度降低时，电解液的黏度增加，渗入极板内部困难；同时温度低时，电解液电阻也增大，使蓄电池内阻增加，蓄电池端电压降低。因此，温度降低，容量减小。由实验证明：温度每下降1℃，缓慢放电时的容量约减少1%，迅速放电时容量约减少2%。

由于温度对蓄电池的容量影响较大，因此，冬季在寒冷地区使用蓄电池时，应特别注意蓄电池的保温。

❸ 电解液密度

适当增加电解液的密度，可以减小内阻，提高电解液的渗透速度，使蓄电池的容量增大。但密度超过某一数值时，由于电解液黏度增大使渗透速度降低，内阻增大，因此又会使蓄电池的容量减小。电解液相对密度和容量的关系，如图 3-12 所示。

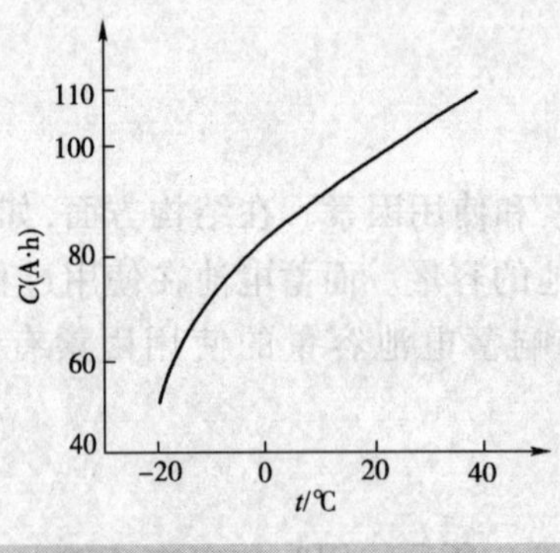

图 3-11　电解液温度与蓄电池容量的关系

蓄电池容量C(A·h)
O
1.23
相对密度

图 3-12　电解液相对密度和容量的关系

实践证明，电解液密度稍低有利于提高蓄电池的放电电流和容量，有利于延长蓄电池的使用寿命。因此冬季在保证电解液不结冰的前提下，也应尽可能使用密度稍低的电解液。

六 蓄电池的使用与维护

1 蓄电池维护

为了使蓄电池经常处于完好状态，延长其使用寿命，对使用中的蓄电池需进行下列维护工作：

(1)检查蓄电池在车上安装是否牢靠，起动电缆线与极桩的连接是否紧固，检查电缆线的线夹与极桩是否有氧化物，并及时清除；

(2)经常检查蓄电池盖表面是否清洁，应及时清除盖上的灰尘、电解液等脏物，保持加液孔盖上的气孔畅通；

(3)定期检查电解液的液面高度，液面一般应高出极板 10～15mm，一般情况下，当液面低时，应补加蒸馏水；

(4)定期对蓄电池进行补充充电，以保证蓄电池始终保持充足电的状态。

(5)经常检查蓄电池的放电程度，超过规定时立即进行补充充电。

2 蓄电池使用中技术状况的检查

❶ 电解液液面高度的检查

电解液液面应高出极板 10～15mm，液面高度可用玻璃管测量，如图 3-13 所示。目前使用的新型蓄电池都是采用塑料透明壳体，可以从蓄电池侧面观察液面高度，蓄电池容器侧面有液面高度指示线，电解液不足时应加注蒸馏水。注意：除非确知液面降低是由于电解液溅

出所致，否则不允许加入硫酸溶液。

❷ 放电程度的检查

放电程度可以通过测量电解液密度得到。根据实际经验，密度每下降 $0.01\mathrm{g/cm^3}$，相当于蓄电池放电 6%，所以根据所测得的电解液密度就可以粗略估算出蓄电池的放电程度。如图 3-14 所示，电解液的密度用吸式密度计测量，注意在测量密度时，一定要同时测量电解液温度，并将测得的电解液实际密度值换算为25℃时的相对密度，换算公式如下：

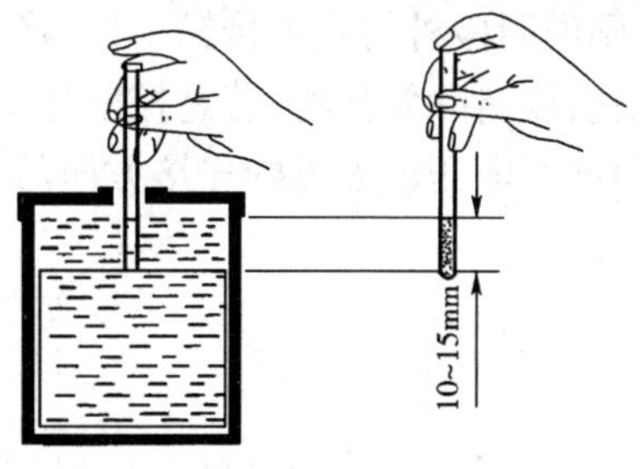

图 3-13 用玻璃管测量电解液液面高度

$$\rho_{25℃} = \rho_t + \beta(t - 25)$$

式中：$\rho_{25℃}$——相对 25℃时的电解液密度，又称相对密度；

ρ_t——实际测得的电解液密度；

t——实际测得的电解液温度；

β——密度温度系数 A = 0.00075，即每温升 1℃，相对密度将下降 $0.00075\mathrm{g/cm^3}$。

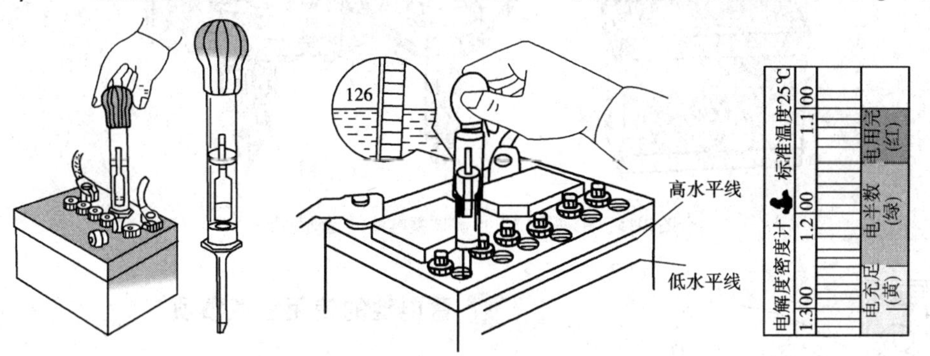

图 3-14 吸式密度计测量电解液的密度

❸ 起动性能的测试

蓄电池的主要作用是给起动机提供大电流，所以蓄电池的主要性能也就是起动性能。高率放电计是模拟接入起动机负荷，测量蓄电池在大电流（接近起动机起动电流）放电时的端电压，用以判断蓄电池的起动能力和放电程度，如图 3-15 所示。

测试时，用力将放电计触针压紧正负极，保持 5s，若蓄电池端电压能保持在 9.6V 以上，说明该蓄电池性能良好，但容量不足；若稳定在 11.6 ~ 10.6V，说明蓄电池是充满电状态；若蓄电池端电压迅速下降，则说明蓄电池已损坏。

❹ 蓄电池极桩连接状态的测试

为保证蓄电池在车上能给起动机提供大电流，除蓄电池本身的技术状况良好外，蓄电池极桩与电缆线的连接非常重要，极桩与电缆线的连接是否可靠可通过测量二者之间的电压降来确定。如图 3-16 所示，将电压表正表笔接到蓄电池的正极桩上，负表笔接到正极桩电缆线的线夹上，接通起动机，使起动机带动发动机工作，这时电压表的读数不得大于 0.5V，否则说明极桩与线夹接触不良，将产生起动困难。当极桩与线夹接触不良时，若是极桩表面氧化，要清除氧化物；若是接触松动，应重新紧固线夹。测量负极极桩与负电缆线线夹的电压降时，电压表表笔的连接方向与上述相反。

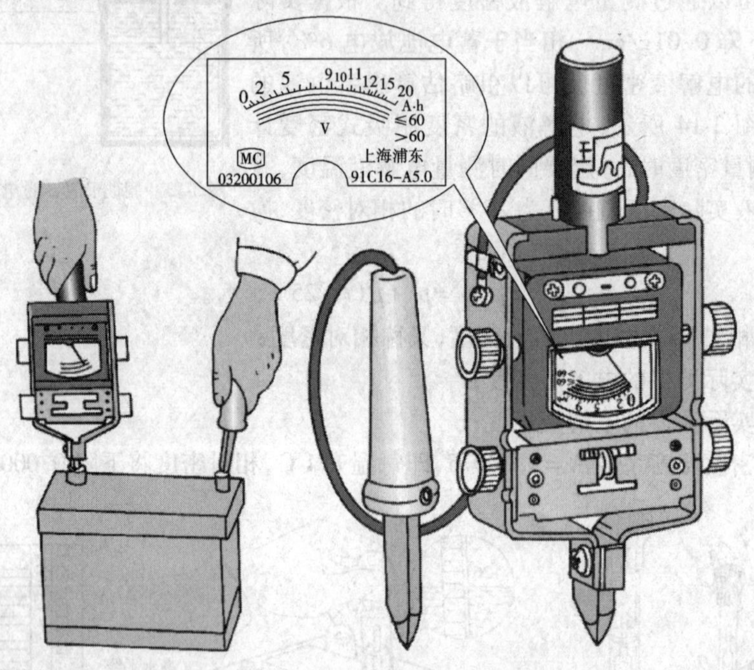

图 3-15 用高率放电计测试蓄电池的起动性能

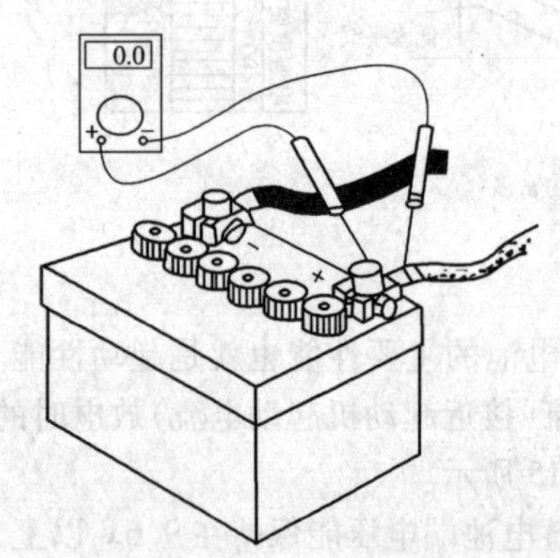

图 3-16 蓄电池极桩与线夹接触电压降的测试

3 蓄电池的使用注意事项

1 蓄电池的选择

选择蓄电池时，主要根据蓄电池的外形尺寸和额定容量。外形尺寸及极柱位置应与蓄电池的安装位置相符，容量不能大也不能小，小了易导致起动困难，大了易导致蓄电池长期充电不足。

2 电解液的选择

现今蓄电池所使用的电解液一般都是购买配制好的标准电解液，无需维修站自己配制电解液。在给蓄电池加注电解液时，要选择电解液的密度，一般情况下应该选择密度偏低的电解液。寒冷地区选择电解液的前提应该是保证电解液不结冷，电解液密度与冰点的关系如表 3-2 所示。

电解液密度与冰点的关系 表 3-2

电解液密度（g/cm^3）	1.10	1.15	1.20	1.25	1.30	1.31
冰点（℃）	−7	−14	−25	−50	−66	−70

3 冬季使用蓄电池的注意事项

冬季使用蓄电池,应经常保持蓄电池处于充足状态,因为放电后的蓄电池电解液密度会降低,增大了结冰的危险。冬季给蓄电池补加蒸馏水时,只能在给蓄电池充电前进行,通过充电使水较快地和电解液混合,减少电解液结冰的危险。由于冬季蓄电池容量降低,因此,要注意对蓄电池的保暖,或起动之前对发动机进行预热,以便使发动机容易起动。

4 新蓄电池的使用

一般情况下,新蓄电池在使用之前应参考说明书,以说明书为准。非干荷蓄电池在使用之前应进行初充电;干荷电池在使用之前不需要初充电,加注电解液后 30min 即可使用。

5 蓄电池的储存

使用中的蓄电池暂不使用时,有两种储存方式,即湿储存和干储存。短期不使用的蓄电池应该选择湿储存。湿储存的方法是先将蓄电池充足电,液面调至正常高度,密封加液孔盖上的通气孔,然后将蓄电池放置室内。储存的时间不宜超过 6 个月,其间应定期检查电解密度或用高率放电计检查其容量,若容量下降 25% 时应立即充电。

存放时间较长的蓄电池,应该采用干储存。方法是先将蓄电池以 20h 放电率完全放电,倒出电解液,用蒸馏水多次冲洗至水中无酸性,将水全部倒出,晾干后旋紧加液孔盖密封储存。启用前的准备和新蓄电池相同。

七 铅酸蓄电池的常见故障与排除

蓄电池在使用中所出现的故障,除材料和制造工艺方面的原因外,在很多情况下是由于维护和使用不当造成的。蓄电池的常见故障可分为外部故障和内部故障两种。常见外部故障有:如极桩腐蚀、桩头接触松动、壳体开裂和封口胶干裂等,常见内部故障有:极板硫化、活性物质脱落、自行放电、极板短路和蓄电池反相、极板翘曲、活性物质大量脱落等。熟悉蓄电池常见故障的产生原因,有利于维护和使用好蓄电池,延长其使用寿命。

1 极板硫化

蓄电池如长期充电不足或放电后长时间未充电,会使极板上生成一层白色坚硬粗晶粒的硫酸铅,在正常充电时无法除去,这种现象称为“硫酸铅硬化”,简称“硫化”。这种粗而坚硬晶粒的硫酸铅导电性差、体积大,会堵塞活性物质的细孔,阻碍了电解液的渗透和扩散,使蓄电池的内阻增加,起动时不能供给大的起动电流,以致不能起动发动机。

(1)故障现象:蓄电池充电时,电解液温度和端电压上升过快,而且过早出现“沸腾”现象,电解液相对密度却增加很慢,而且达不到规定值。放电时端电压迅速下降,硫化严重的蓄电池,可以通过加液孔看到极板顶部有白色物质。

(2)产生原因:

①蓄电池完全放电或半放电状态下长期存放,由于昼夜温差大而使硫酸铅发生再结晶。

②蓄电池在使用期间,长期处于充电不足或放电后未及时充电,有部分硫酸铅就会从电

解液中析出，再次结晶生成大晶粒硫酸铅附着在极板表面上。

③长期过量放电或小电流深放电，在极板深层的活性物质转变为硫酸铅，充电时又得不到恢复，久而久之也将导致硫化。

④液面高度过低，暴露在空气中的极板上部与空气接触而强烈氧化（主要是负极板）以及由于车身颠簸震动，液面以上的极板时干时湿，也会形成大晶粒的硫酸铅硬层，使极板的上部硫化。

⑤电解液相对密度过高，成分不纯，温度变化剧烈等，也将促进硫化。

(3)故障排除：对轻微硫化的蓄电池，可采用过充电法或用快速充电机充电，对硫化较严重的采用去硫化充电法消除，对硫化很严重的则更换极板或整体报废。

2 极板短路

(1)故障现象：开路电压较低，大电流放电时端电压迅速下降，甚至到零；充电过程中，电压与电解液相对密度上升缓慢，甚至保持很低的数值就不再上升了，充电末期气泡减少，但电解液温度却迅速升高。

(2)产生原因：

①隔板质量不高或损坏使正负极板相接触而短路；

②活性物质在蓄电池底部沉积过多；

③金属导电物落入正负极板之间也将造成蓄电池内部极板短路。

(3)故障排除：更换破损的极板，清除沉积物，更换弯曲的极板等。

3 自行放电

(1)故障现象：完全充足电的蓄电池，放置一个月不用会逐渐失去电量，若每昼夜电能自行损失平均大于0.7% Qe，称为自行放电。

(2)产生原因：

①蓄电池盖上积存有尘土等污物或洒有电解液时，会使正、负极桩导通。

②极板上活性物质同栅架的材质不同或者材料纯度不同，会在电解液中产生不同的电位而形成局部电池，以微电池形式造成自行放电。

③电解液杂质含量过多，这些杂质在极板周围形成局部电池而产生自行放电，例如当电解液中含铁量达1%时，一昼夜的时间就会将蓄电池全部放电。

④隔板破裂、穿孔以及极板活性物质大量脱落而沉于极板下部，使极板短路。

⑤蓄电池组装过程中操作不慎，铅液流人极板组造成正、负极板间短路。

⑥蓄电池长期存放，硫酸密度不均匀，使极板上、下部位产生电位差。

(3)故障排除：对于长期不用而逐渐失去的放电属正常放电，应补充充电；对于有自放电严重的，完全放电后，倒出电解液，用蒸馏水冲洗，加新的电解液重新充电。

4 活性物质大量脱落

(1)故障现象：其特征为电解液中有沉淀物，充电时，电解液混浊，并有褐色物质自底部

上浮，端电压上升过快，“沸腾”现象比正常蓄电池出现得早，充电时间大大缩短，相对密度达不到规定值；放电时，电压下降迅速，容量不足，活性物质脱落多发生于正极板。

(2)产生原因：

①充电电流过大，电解液温度过高，使活性物质膨胀疏松而脱落。

②长时间过充电，使极板孔隙中产生大量气泡，在极板内部造成压力，而使活性物质脱落。

③使用起动机时间过长，使放电电流过大，致使极板拱曲而造成活性物质脱落。

④蓄电池组装不良，极板组松旷，或蓄电池在汽车上安装不牢，汽车行驶过程中受到剧烈震动而引起活性物质脱落。

(3)故障排除：对脱落物质较小的，可清除后继续使用；对于脱落物较多的，应更换新极板和电解液。

5 极板翘曲

(1)故障现象：蓄电池内部短路或出现活性物质大量脱落的故障现象，极板翘曲多发生于正极板。

(2)产生原因：

①长时间地大电流放电，使极板表面各部分电流密度不同而造成弯曲。

②蓄电池过量放电时，使极板内层深处中生成硫酸铅，充电时得不到恢复造成内部膨胀而导致极板拱曲。

③极板在制造过程中铅膏涂填不匀，使充、放电时极板各部分所引起的电化学反应强弱不匀而致使极板膨胀和收缩不一样。

④电解液中含有杂质，在引起局部电化学作用时，仅有小部分活性物质转变为硫酸铅，致使整个极板的活性物质体积变化不一致也会造成极板翘曲。

八 蓄电池的充电

1 充电方法

通常蓄电池的充电方法有定流充电、定压充电及脉冲充电三种方法，不同的充电种类应根据具体情况正确选择充电方法。

1 定流充电

在充电过程中，充电电流保持恒定的充电方法，称为定流充电。由于充电过程中蓄电池电动势逐渐升高，因此，定流充电过程中要不断调整充电电压。当单格电池的端电压上升到2.4V时，电解液开始有气泡冒出，这时，应将充电电流减半，直到蓄电池完全充足电为止。

采用定流充电时，被充电的多个蓄电池可串联在一起充电，如图3-18所示。充电时，每个单格需要2.7V，故串联电池的单格总数不应超过 $n = U_c/2.7$（U_c 为充电机的额定电压）。

此外,所串联的蓄电池最好容量相同,否则充电电流的大小必须按照容量最小的蓄电池来选定。

如图 3-17 中的定流充电特性曲线可以看出,一般定流充电过程分为两个阶段:第一阶段以规定的电流进行充电,在这一阶段中,正负极板上的硫酸铅基本上还原成活性物质;第二阶段,充电电流减半,一直到充电终了。充电电流减半,是为了防止电解水。

定流充电具有较大的适应性,可以任意选择和调整充电电流,如蓄电池的初充电、补充充电及去硫化充电等均可采用这种方法。但其缺点是充电时间长,并且需要经常调节充电电压。

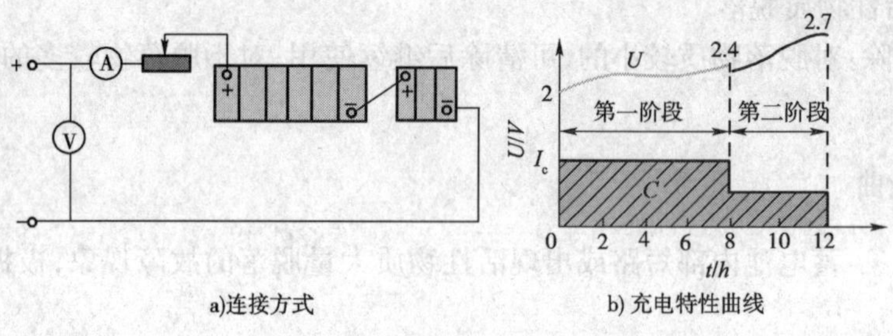

图 3-17 定流充电

2 定压充电

充电过程中,电源电压始终保持不变的充电方法称为定压充电,如图 3-18 所示。在定压充电开始时,充电电流很大。此后随着蓄电池电动势的增大,充电电流逐渐减小,至充电终了时,充电电流降到最低值。如果充电电压调整得当,当充满电时,充电电流为零。

由于定压充电过程,充电时间短,充电过程中不需调整充电电压,因此适合于蓄电池的补充充电。但定压充电过程,不能调整充电电流的大小,所以不能用于蓄电池的初充电及去硫化充电。定压充电时,要求所有充电的蓄电池电压必须相同。

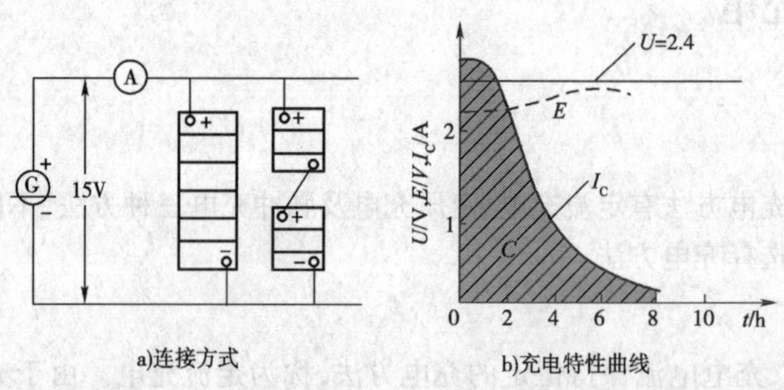

图 3-18 定压充电

采用定压充电时,要选择好充电电压。若充电电压过高,则充电初期充电电流过大,且易发生过充电现象;若充电电压过低,则蓄电池充电不足。在汽车上,发电机给蓄电池的充电是定压充电,这样发电机的电压要选择适当,过高过低对蓄电池都不利。

3 脉冲快速充电

由前面内容所知,在充电过程的后期,蓄电池两极板间电位差会高于两极板活性物质的平衡电极电位(每单格为2.1v),这种现象称之为极化。极化阻碍了蓄电池充电过程化学反应的正常进行,是造成充电效率低及充电时间长的主要因素。

脉冲快速充电,克服了充电过程中所产生的极化现象,有效地提高了充电效率。脉冲快速充电首先利用充电初期极化现象不明显、蓄电池可以接受大电流充电的特点,初期采用0.8~1.0C_{20}的大电流对蓄电池进行定流充电,使蓄电池的容量在短时间内达到60%左右的额定容量。当单格电池电压达2.4v,电解液开始冒气泡时,控制电路使充电转入脉冲充电阶段:先停止充电25ms左右,接着再反向脉冲充电,反向充电的脉宽一般为150~1000μs,脉幅为1.5~3C_{20}的充电电流,接着再停止充电25ms,然后再用正脉冲进行充电,周而复始,直到充满电为止,其充电电流波形如图3-19所示。

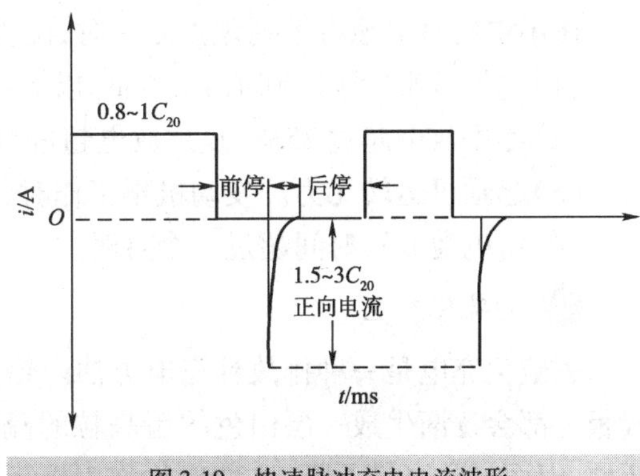

图3-19 快速脉冲充电电流波形

脉冲快速充电的优点是:

(1)充电时间大为缩短,一般初充电不多于5h,补充充电1~2h。而采用定电流进行初充电需要60~70h,采用定电压进行补充充电需要13~16h。

(2)可以增加蓄电池的容量。由于脉冲快速充电能够消除极化现象,因此,充电时化学反应充分,加深了反应深度,使蓄电池容量有所增加。

(3)去硫化作用显著。

2 充电种类

1 初充电

新蓄电池或修复后的蓄电池在使用之前的首次充电称为初充电。初充电的特点是充电电流小、充电时间长。初充电的过程如下:

(1)按规定将电解液加注到蓄电池中,加入电解液的温度不得超过35℃,加入电解液后应静置3~6h,电解液应高出极板10~15mm。

(2)接通充电电源。因为新蓄电池的极板表面已被空气氧化,充电时易于过热,因此,初充电一般应选用较小的充电电流。初充电通常分两个阶段:第一阶段的充电电流约为额定容量的1/15,充电至电解液中产生气泡,单格电池端电压达2.4V为止。第二阶段将充电电流减半,继续充电到蓄电池充满电为止,全部充电时间约为60~70h。

(3)初充电完毕后,应测量电解液的相对密度,如不合规定,应用蒸馏水或相对密度为1.40的电解液进行调整。

在初充电过程中,如果温度上升至40℃,可将电流减半或停止充电,待温度下降后再继

续充电。

2 补充充电

蓄电池在车辆上使用时，常有电量不足的现象（如起动困难等），这时应对蓄电池进行补充充电。补充充电可以采用定电流充电，也可采用定电压充电。如采用定电流充电，其充电过程与初充电相似，但充电电流可提高一些。第一阶段的充电电流为 $1/10C_{20}$，充电至单格电压达到2.4V时，充电电流减半，直至充满电为止。

使用中的蓄电池有下列现象之一时，说明蓄电池容量不足，应进行补充充电：

(1)电解液密度下降到1.15g/cm^3 以下。

(2)冬季放电超过25%，夏季放电超过50%。

(3)起动机运转无力。发动机不工作时，开大灯、灯光暗淡，按喇叭、喇叭声音小。

(4)蓄电池放置时间超过一个月时。

3 去硫化充电

去硫化充电是一种排故性充电方法。铅蓄电池长期充电不足或放电后长时间放置，在极板上都会逐渐生成一层白色的粗晶粒的硫酸铅，这种硫酸铅晶粒很难在正常充电时溶解还原，因而导致容量下降，这种现象称为极板硫化。铅蓄电池发生硫化故障后，内电阻将显著增大，充电时温度升高也较快。硫化严重的铅蓄电池只能报废，硫化程度较轻时，可采用去硫充电进行故障排除。去硫化充电具体操作步骤是：

(1)倒出原电解液，并用蒸馏水冲洗两次，然后再加足够的蒸馏水。

(2)接通充电电路，将电流调节到初充电的第二阶段电流值进行充电，当电解液相对密度上升到1.15g/cm^3 时，倒出电解液，换加蒸馏水，再进行充电，直到相对密度不再增加为止。

(3)进行一次以10h放电率放电，再将蓄电池充足电，电解液相对密度调整到标准值即可。去硫化充电的铅蓄电池，其容量应恢复到额定容量的80%以上。

不论是那一种充电方法，都必须严格遵守以下几点：①严格执行充电规范。②监控单格电池的电压、电解液相对密度和温度，及时了解充电情况。③初充电必须连续进行，不可长时间断开。④配制和灌入电解液时，严格遵守安全操作规则和器皿的使用规则。⑤充电时，应经常备有冷水、10%的苏打水溶液或10%的氨水溶液。⑥室内充电时，打开电池的孔盖，使氢气、氧气顺利逸出，以免发生事故。⑦充电室严禁明火，并且通风良好。⑧充电时应先接牢电池线，停止充电时，先切断交流电源，然后拆下其他连接线。

一 任务实施准备

(1)汽车电气设备实训室。

(2)汽车起动用铅酸蓄电池、密度计、万用表、温度计、高率放电计、充电机。

二 任务实施步骤

一)蓄电池的检测

1 外部检查

(1)检查蓄电池封胶有无开裂和损坏,极柱有无破损、氧化,壳体有无破裂、泄漏,否则应修复或更换。

(2)用温水清洗蓄电池外部的灰尘泥污,再用碱水清洗。

(3)疏通加液盖通气孔,用钢丝刷或极柱接头清洗器除去极柱和接头的氧化物并涂一层薄薄的工业凡士林或润滑脂。

(4)将检查情况填入实训报告并分析。

2 开路电压检测

若蓄电池刚充过电或车辆刚行驶过,应接通前照灯远光 30s,消除"表面充电"现象,然后熄灭前照灯,切断所有负载,用万用表测量蓄电池的开路电压并将检查结果填入实训报告,根据表 3-3 判断放电程度。

蓄电池电压与放电程度对照表　　表 3-3

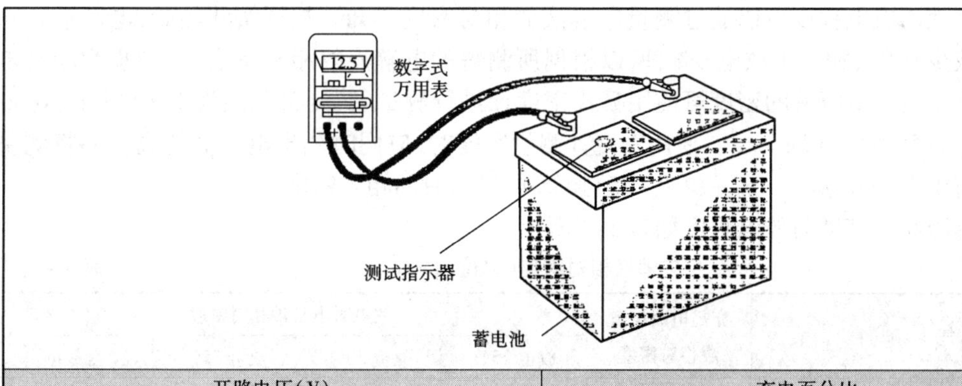

开路电压(V)	充电百分比
11.7 或更低	0%
12.0	25%
12.2	50%
12.4	75%
12.6 或更高	100%

3 电解液液面高度检测

(1)玻璃管测量法。测量时,打开加液孔盖,用一根直径为 3～5mm、长度约 150mm 的空心玻璃管,垂直插入蓄电池加液孔内极板的上平面处,并与防护板接触,用大拇指按紧玻璃管上端,使管口密封,然后提起玻璃管,迅速用尺测量(或目测)管内的液面高度,高度标准要求液面高出隔板上沿 10~15mm(如图 3-20、图 3-21 所示)。若液面过高,用吸管吸至标准液面;若液面过低,一般应添加蒸馏水至标准液面。

(2)观察液面高度指示法。对透明塑壳封装的蓄电池,可通过观察容器壁上的两条高低指示线,判断液面的高度。正常的液面高度应在两指示线之间,如过高或过低应予调整,调整的方法同上。

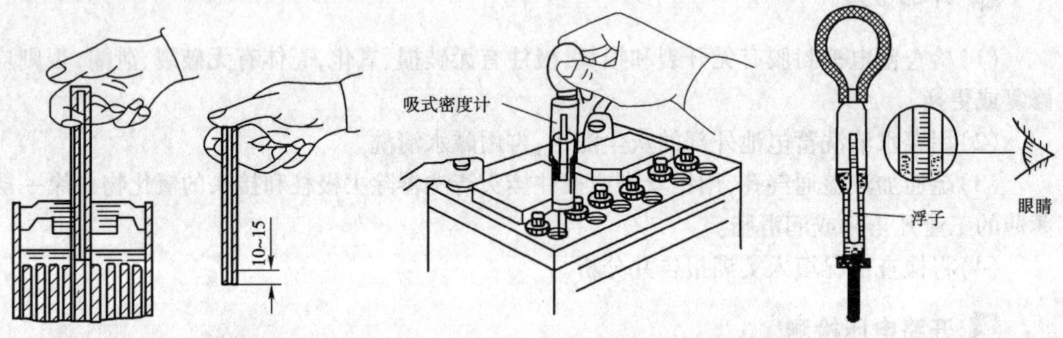

图 3-20 检测电解液液面高度

图 3-21 检测电解液密度

4 蓄电池放电程度的检查

1 使用吸式密度计测量电解液的相对密度

蓄电池的放电程度可以通过测量电解液的相对密度得知。根据实践经验,电解液相对密度每减少 0.01,相当于放电 6%,所以根据所测得的电解液的相对密度,可初步判断蓄电池的放电程度。电解液的密度可使用吸式密度计进行测量,其测量范围为 1.100~1.300g/cm^3,最小刻度为 0.005g/cm^3。使用密度计测量密度时,应同时测出电解液的温度并将测量的密度值根据公式:$\rho_{25℃}=\rho_T+\beta(T-25)$换算成 25℃时的相对密度。

电解液相对密度与放电程度如表 3-4 所示。

电解液相对密度(单位:g/cm^3) 表 3-4

气候条件	充足电时电解液相对密度	放电时电解液相对密度			
		放电 25%	放电 50%	放电 75%	全放电
冬季气温低于 -40℃地区	1.31	1.27	1.23	1.19	1.15
冬季气温高于 -40℃地区	1.29	1.25	1.21	1.17	1.13
冬季气温高于 -20℃地区	1.27	1.23	1.19	1.15	1.11
冬季气温高于 0℃地区(海南)	1.24	1.20	1.16	1.12	1.09
说明:表中相对密度值是指温度为 25℃时的值,环境温度每升高 1℃,应在测得的密度值上加 0.0007,每降低 1℃则应减 0.0007					

测量方法如下：

(1)测量前，捏紧密度计的橡皮球，排除空气。

(2)打开加液孔盖，将橡皮管插入电解液，慢慢放松橡皮球，待吸入的电解液高度达到玻璃管高度的2/3时(密度计内的密度芯漂浮起来)，再慢慢地将密度计提出液面。

橡皮管不得离开蓄电池加液孔上方。

(3)读数并记录。如图3-23所示，按照液柱凹液水平线浮子杆上的刻度指示的数值，即为电解液的密度；也可粗略地根据密度芯的红、绿、黄颜色区域初步判断蓄电池的放电程度，红色区域为1.1～1.15g/cm^3，绿色区域为1.15～1.25g/cm^3，黄色区域为1.25～1.30g/cm^3。

对于免维护蓄电池多数均设有内装式密度计(充电状态指示器)，根据指示器的颜色判定。绿色表示充足电；当变黑和深绿色时，说明存电不足，应予以充电；当显示浅黄色或者无色透明时，必须更换蓄电池。

2 使用高率放电计测量

高率放电计是模拟起动机空载状态的强负荷制成的一种检查蓄电池的专用仪表。检测时，清洁蓄电池的极桩上的氧化物，将12V高率放电计的两个叉尖用力紧压在蓄电池正负极桩上，时间不超过5s，观察蓄电池大电流放电时的端电压，如图3-22所示。

(1)蓄电池额定容量<60Ah，若蓄电池端电压能保持在11V以上，说明蓄电池性能良好；若在9～11V之间，说明蓄电池尚可使用，但存电半数；若<9V，则说明蓄电池存电不足需充电；若电压迅速下降或很低，说明蓄电池已损坏。

(2)蓄电池额定容量>60A·h，若蓄电池电压能保持在11.5V以上，说明蓄电池性能良好；若在9.5～11.5V之间，说明蓄电池尚可使用，但存电半数；若<9.5V，则说明蓄电池存电不足需充电；若电压迅速下降或很低，说明蓄电池已损坏。

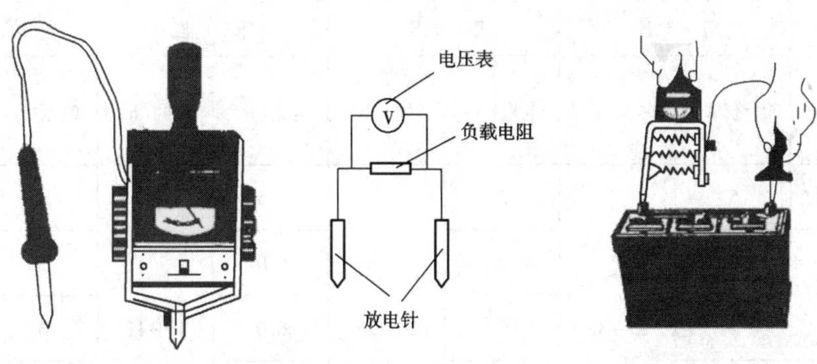

图3-22　12V高率放电计

二）蓄电池的充电

1 蓄电池的初次充电

对新蓄电池或更换极板后的蓄电池要进行初次充电，若干荷蓄电池初次使用，只需按规定加足电解液后，静放 20 ~ 30min 即可装车使用。

2 蓄电池的补充充电

蓄电池如果是初次充电或进行补充充电，一般应选择定电流充电，因为定电流充电可以根据充电过程的进行调节充电电流的大小，这对提高新启用的蓄电池的使用寿命是相当重要的。如果是对蓄电池补充充电，采用定电流不受蓄电池的额定电压、容量的限制，即不同容量不同电压的蓄电池在采用定电流充电时可以同时用一台充电机进行充电，而定电压充电则要求同时充电的蓄电池的额定电压必须相同。采用定电流充电时，每单格电池电压需要 2.7V，故串联的单格电池总数不应超过 $n = U/2.7$（n 取整数，式中 U 为充电机的额定电压），同时所充的电流应按照容量最小的蓄电池来选定，充足电后，先移去容量小的蓄电池，然后调整充电电流继续对容量大的蓄电池进行充电，直至充足电。本实训采用定电流充电，具体步骤如下。

（1）清洁蓄电池外部的脏污以及极柱上的氧化物，疏通通气小孔并拧下加液孔盖；检查电解液液面高度，若不足应补加蒸馏水。

（2）确定充电电流：充电时各只蓄电池的容量应尽可能相同，否则在确定充电电流时应以小容量的蓄电池来计算；充足电后，先移去容量小的蓄电池，然后调整充电电流继续对容量大的蓄电池进行充电，直至充足电。根据表 3-5，确定充电电流。

蓄电池电压与放电程度对照表　　表 3-5

<table>
<tr><th rowspan="3">蓄电池型号</th><th colspan="4">初次充电</th><th colspan="4">补充充电</th></tr>
<tr><th colspan="2">第一阶段</th><th colspan="2">第二阶段</th><th colspan="2">第一阶段</th><th colspan="2">第二阶段</th></tr>
<tr><th>电流（A）</th><th>时间（h）</th><th>电流（A）</th><th>时间（h）</th><th>电流（A）</th><th>时间（h）</th><th>电流（A）</th><th>时间（h）</th></tr>
<tr><td>3-Q-75</td><td>5</td><td rowspan="5">25 ~ 35</td><td>3</td><td rowspan="5">20 ~ 30</td><td>7.5</td><td rowspan="5">10 ~ 11</td><td>4</td><td rowspan="5">3 ~ 5</td></tr>
<tr><td>3-Q-90</td><td>6</td><td>3</td><td>9.0</td><td>5</td></tr>
<tr><td>6-Q-60</td><td>4</td><td>2</td><td>6.0</td><td>3</td></tr>
<tr><td>6-Q-90</td><td>6</td><td>3</td><td>9.0</td><td>4</td></tr>
<tr><td>6-Q-120</td><td>8</td><td>4</td><td>12</td><td>6</td></tr>
</table>

(3)将充电机和要充电的蓄电池之间进行正确连接,如图3-23 所示,同时将充电机上的电压调节旋钮调至最小位置。

(4)接通交流电源至充电机的控制开关,打开充电机上的电源开关,电源指示灯亮;旋转充电机电压调节旋钮,同时观察电流表,使电流表指示出所选定的数值。

(5)在充电过程中,应经常观察蓄电池内部情况,用万用表或电压表测量各蓄电池两端电压,根据情况随时调整充电电流的大小,直至蓄电池充足电。停止充电时,应先将电压调节旋钮逆时针退回原处,然后切断电源开关,再拆除蓄电池的充电连接线。

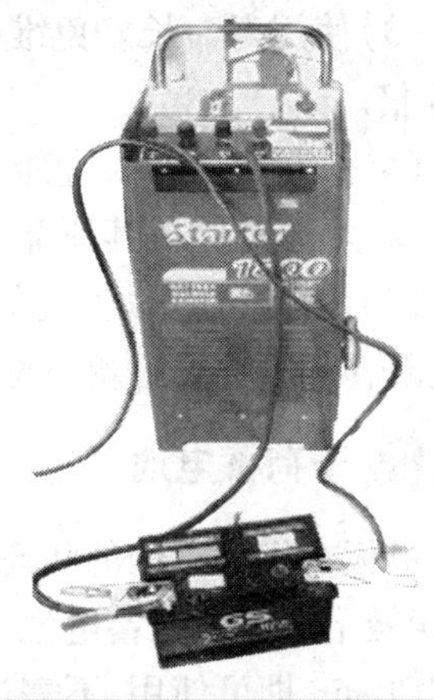

图3-23 蓄电池充电的连接方式

新型蓄电池

目前,在汽车上广泛使用的蓄电池是在普通铅酸蓄电池基础上改进的各种新型蓄电池,如轿车上使用的蓄电池都是干荷免维护蓄电池。

1 免维护蓄电池

免维护蓄电池,也叫 MF 蓄电池,其含义是蓄电池在合理的使用期限内,无需进行日常维护或只需较少维护的蓄电池称之为免维护蓄电池。即在合理的使用期限内不需补加蒸馏水,无需进行补充充电等维护作业。

1 免维护蓄电池的结构特点

(1)与普通铅蓄电池相比,免维护蓄电池主要是在极板栅架的材料上做了重大的改进,采用了铅钙合金或低锑合金作为极板栅架。改进后,其自放电少,耐过充电性能好,减少了电解液中水的消耗。

(2)隔板采用袋式微孔聚氯乙烯隔板,将正极板包住,用来保护正极板上的活性物质不致脱落,防止极板短路,这样可取消壳体内底部的凸筋,使极板上部容积增大,提高了电解液的储存量。

(3)加液孔盖上的通气孔采用新型安全的通气装置和气体收集器,可阻止水蒸气和硫酸气体通过。

2 免维护蓄电池的优点

免维护蓄电池由于在极板材料和结构上做了很大改进,因此,与普通蓄电池相比有如下一些优点:

(1)使用中(1~2 年)不需补加蒸馏水或很少补加蒸馏水。

(2)使用中(1~2 年)不需要进行补充充电。

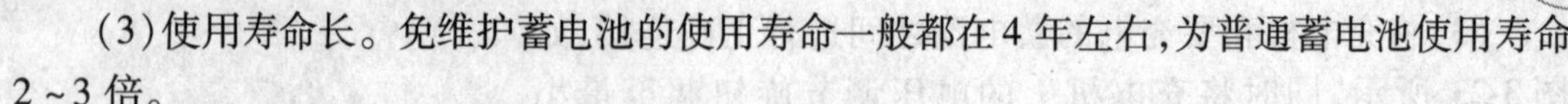

(3)使用寿命长。免维护蓄电池的使用寿命一般都在4年左右,为普通蓄电池使用寿命2~3倍。

(4)极桩腐蚀小。免维护蓄电池由于加液孔盖的改进,不但能阻止电池中的硫酸和水蒸气的通过,还能保持其顶部干燥,因而减少了对蓄电池极桩的腐蚀。

(5)内阻小、起动性能好。免维护蓄电池由于单体电池间采用穿壁式连接,减小了蓄电池内阻,因此,比普通蓄电池具有较好的起动性能。

2 干荷蓄电池

极板在完全干燥的状态下能够长期(一般为两年)保存在化学过程中所得到电荷的蓄电池,叫做干式荷电铅蓄电池,简称干荷蓄电池。这类蓄电池在加入符合规定的电解液之后,静置30min即可使用,不需进行初充电。

干荷蓄电池的结构与普通铅酸蓄电池完全一样,干荷蓄电池之所以具有干式荷电性能,是因在其负极板的铅膏中加入抗氧化剂,在海棉状铅表面形成一层保护膜,可防止活性物质与空气接触而被氧化。

3 胶体蓄电池

在胶体电解质蓄电池中,电解质是用经过净化的硅酸钠溶液与硫酸水溶液混合后,凝结成稠状胶体物质。

这种蓄电池的优点是:电解液不会溅出,活性物质不易脱落,蓄电池使用寿命可延长20%,使用中只需加蒸馏水,无需调密度。

胶体蓄电池的缺点是胶体电解质的电阻较大,使蓄电池内阻增大,容量降低,而且由于电解质与极板接触不均匀,使极板表面易形成电位差,所以胶体蓄电池自放电较严重。

4 碱性蓄电池

碱性蓄电池具有重量轻、使用寿命长、自放电少的优点。但是碱性蓄电池活性物质的导电性差,而且价格比较高。

碱性蓄电池以KOH水溶液或NaOH水溶液为电解液,其中,以KOH水溶液作电解液的应用最为广泛。

碱性蓄电池的典型代表有铁镍蓄电池、镉镍蓄电池、锌银蓄电池等。下面仅介绍常用的铁镍蓄电池。

1 铁镍蓄电池的构成

(1)有极板盒式铁镍蓄电池:由正极板组、负极板组和隔板交错排列,组成极板组,装入壳体中,封底而成。

(2)烧结式铁镍蓄电池:由正极板组和负极板组交错排列,经包膜装人外壳封盖而成。正极板组和负极板组分别由烧结式极板经浸渍而成。

2 铁镍蓄电池的工作原理

电池电解液是KOH的水溶液。KOH水溶液只传导电流,其浓度基本不变,因而不能根据电解液密度大小来判断电池充放电程度。充电状态时，正极板上的活性物质为氢氧化镍$N_i(OH)_3$，负极板为金属铁Fe。放电终止时，正极板活性物质转化为氢氧化亚镍$N_i(OH)_2$，负极板活性物质转化为氢氧化亚铁$Fe(OH)_2$。铁镍蓄电池充放电时的化学反应为：

$$Fe + 2Ni(OH)_3 \underset{充电}{\overset{放电}{\rightleftharpoons}} Fe(OH)_2 + 2Ni(OH)_2$$

对于铁镍蓄电池的比容量，极板盒式蓄电池一般为30W·h/kg，烧结式蓄电池为65W·h/kg；对于电池的使用寿命，极板盒式蓄电池大负荷工作时间为8年，烧结式蓄电池循环次数已超过1000次。

5 电动汽车蓄电池

由于燃油汽车受到排放污染和能源危机的冲击，世界各国都在不断探索和研制电动汽车，电动汽车上使用的蓄电池应当符合以下要求：使用寿命长；比容量高；使用持续里程长；质量小；充放电性能好。

目前，正在研制的新型高能电池很多，如钠硫电池、燃料电池、锌空气电池、锂合金电池、氢镍电池等。本书仅简单介绍钠硫电池。

钠硫电池是一种新型高能电池，其理论比容量可高达760W·h/kg，目前实际上已达到300W·h/kg，而且充满电后持续里程长，循环寿命长。钠硫电池的结构原理如图3-24所示，负极的反应物质是在负极腔内熔融的钠，正极的反应物质是在正极腔内熔融的硫，正极与负极之间用α-Al_2O_3电绝缘体密封，正极腔与负极腔之间有β-$N_aAl_{11}O_{17}$（氧化铝矾土）陶瓷管电解质。电解质只能自由传导离子（Na^+），而对电子是绝缘的。

当外电路接通时，负极不断产生钠离子并放出电子，即

$$Na \rightarrow Na^+ + e$$

电子通过外电路移向正极，而钠离子Na^+通过$\beta - N_aAl_{11}O_{17}$电解质和正极的反应物质硫起作用，生成钠的硫化物，即：

$$2Na + S_X \rightarrow Na_2S_X$$

Na_2S_X 可以是 Na_2S_2、Na_2S_4 或 Na_2S_5。

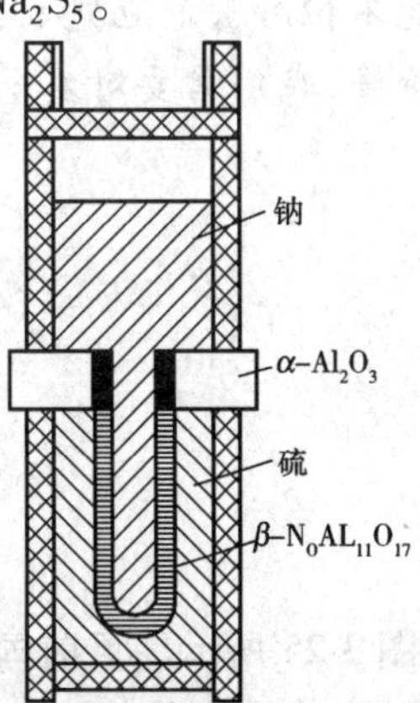

图3-24 钠硫电池的基本结构

学习任务二　发电机的构造与检修

学习目标

◎　了解交流发电机的构造、主要部件的作用；

◎　掌握交流发电机主要部件的工作原理；

◎　掌握交流发电机的故障检测与排除方法。

能力要求

◎　能正确拆装、检测发电机；

◎　能正确诊断充电系统的故障部位并排除故障；

◎　能够正确分析充电系统电路图。

任务导入

故障现象：一辆宝来1.6自动挡轿车，在行驶途中突然熄火。

故障检修：首先检查油路，发现油压正常，检查点火情况，发现火花微弱，再检查蓄电池电压，发现蓄电池电压较低，同时回看仪表盘，发现仪表上的充电指示标志一直亮灯，初步考虑为蓄电池充电系统故障，经进一步检查发现发电机励磁绕组故障导致发电机不发电，致使蓄电池亏电，火花微弱不能点燃混合气，更换发电机，故障排除。

学习指引

由于蓄电池的电量有限，要满足汽车连续供电的需要必须给汽车配备充电系统来产生电能和随时给蓄电池充电。发电机是汽车电器的主要电源之一，其由发动机的动力驱动，当发动机运转时，充电系统产生的电能不但给蓄电池充电，而且向各种电器提供必要的电能。为了能对发电机进行正确的拆装、检修，我们需要对发电机的构造、工作原理以及主要部件进行学习和分析。

相关知识

一　交流发电机的结构

交流发电机在汽车上的位置如图3-25所示。目前国内外生产的汽车交流发电机，其结构基本相同，主要由转子、定子、整流器、前后端盖、风扇、皮带轮等组成。图3-26为JF132型交流发电机的解体图。

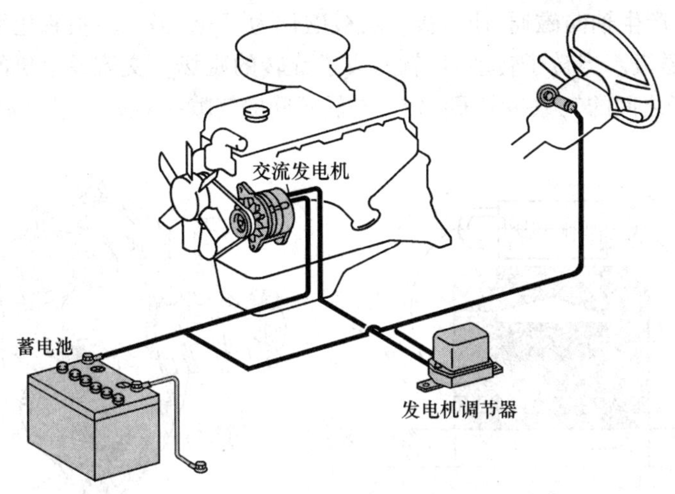

图 3-25　交流发电机的安装位置

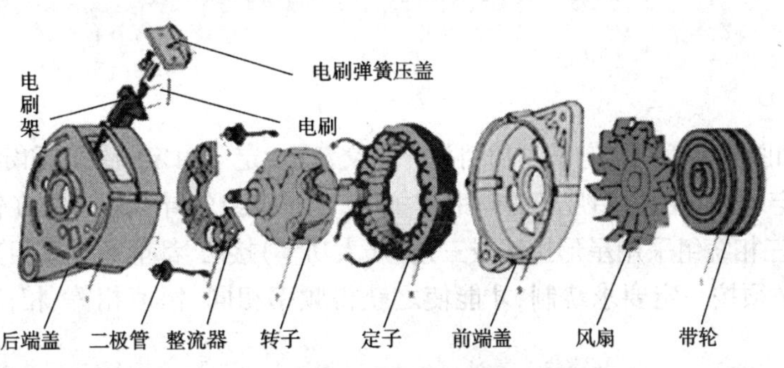

图 3-26　JF132 型交流发电机的解体图

1 转子

转子的功用是产生旋转磁场，主要由爪极、励磁绕组、轴和滑环等组成，如图 3-27 所示。转子轴上压装着两块爪极，两块爪极各有六个鸟嘴形磁极，爪极空腔内装有励磁绕组（转子线圈）和磁轭。集电环由两个彼此绝缘的铜环组成，集电环压装在转子轴上并与轴绝缘，两个集电环分别与励磁绕组的两端相连。当两集电环通入直流电时（通过电刷），励磁绕组中

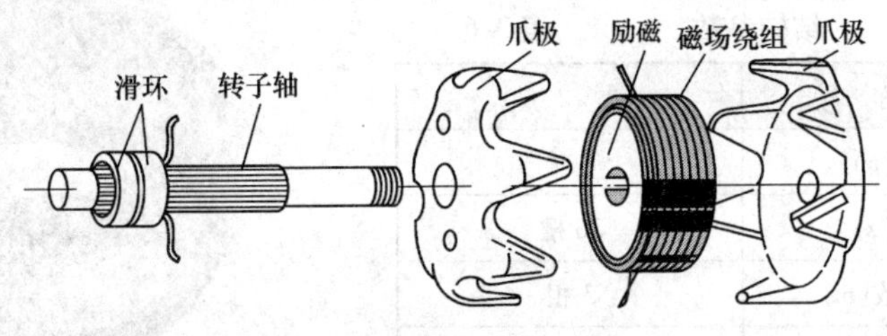

图 3-27　交流发电机的转子

就有电流通过,并产生轴向磁通,使爪极一块被磁化为N极,另一块被磁化为S极,从而形成六对相互交错的磁极。当转子转动时,就形成了旋转的磁场。交流发电机的磁路为:磁轭→N极→转子与定子之间的气隙→定子→定子与转子间的气隙→S极→磁轭(如图3-28所示)。

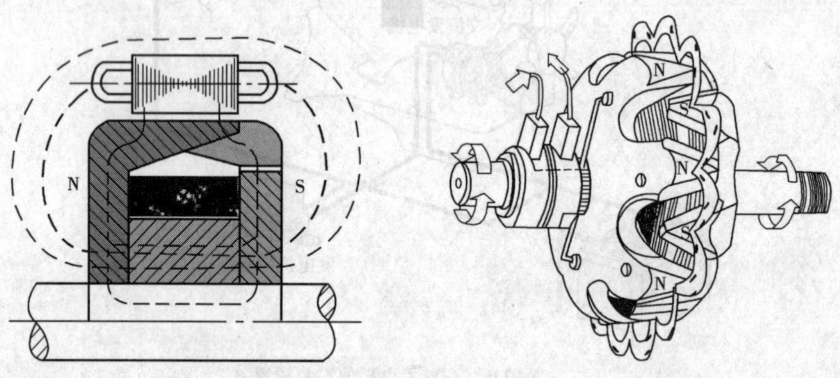

图3-28 转子磁场的磁力线分布与磁场电路原理

2 定子

定子形状如图3-29所示,定子的功用是产生交流电,定子由定子铁芯和定子绕组组成,如图3-30所示。定子铁芯由内圈带槽的硅钢片叠成,定子绕组的导线就嵌放在铁芯的槽中。定子绕组有三相,三相绕组采用星形接法或三角形(大功率)接法,都能产生三相交流电。

三相绕组必须按一定要求绕制,才能使之获得频率相同、幅值相等、相位互差120°的三相电动势。

(1)每个线圈的两个有效边之间的距离应和一个磁极占据的空间距离相等。

(2)每相绕组相邻线圈始边之间的距离应和一对磁极占据的距离相等或成倍数。

(3)三相绕组的始边应相互间隔2π+120°电角度(一对磁极占有的空间为360°电角度)定子绕组的连接方式如图3-30的行星连接和图3-31的三角形连接所示。

(4)三相绕组的首端U、V、W在定子槽内的排列必须间隔120°电角度。例:国产JF13系列交流发电机三相绕组绕制,如图3-32为JF132型交流发电机定子绕组的展开图。

结构参数如表3-6:

交流发电机三相绕组结构参数 表3-6

名 称	数 量
磁极对数(p)	6对
定子槽数(z)	36槽
定子绕组相数(m)	3相
每个线圈匝数(N)	13匝
绕组联结方法	Y型联结

图3-29 定子

在国产 JF13 系列交流发电机中，一对磁极占 6 个槽的空间位置（每槽 60°电角度），一个磁极占 3 个槽的空间位置，所以每个线圈两条有效边的位置间隔是 3 个槽，每相绕组相邻线圈始边之间的距离 6 个槽，三相绕组的始边的相互间隔可以是 2 个槽、8 个槽、14 个槽等。

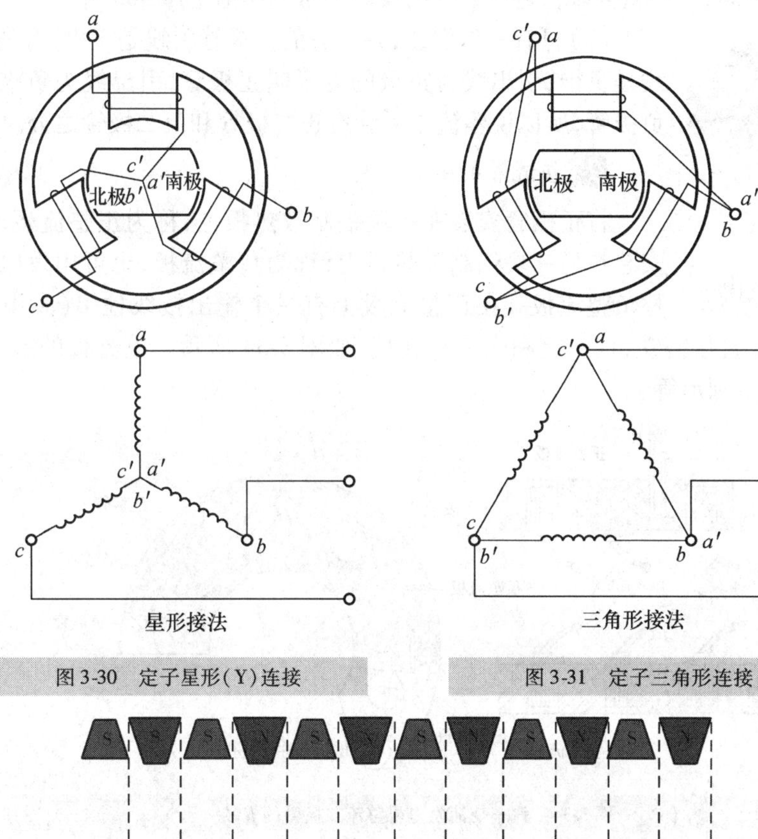

图 3-30　定子星形（Y）连接

图 3-31　定子三角形连接

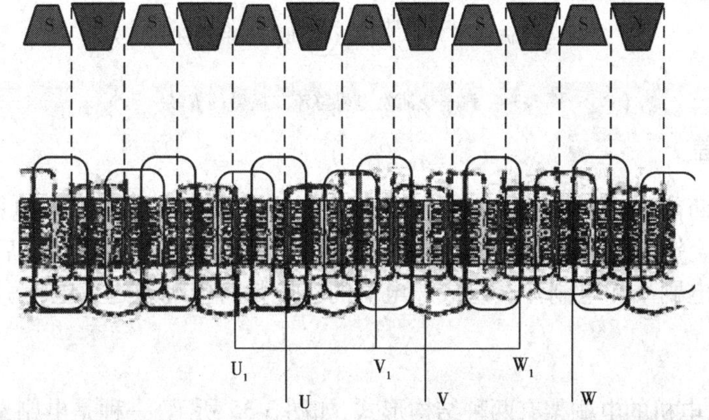

图 3-32　JF132 型交流发电机定子绕组的展开图

3 整流器

交流发电机整流器的作用是将定子绕组的三相交流电变为直流电，6 管交流发电机的整流器是由 6 只硅整流二极管组成三相全波桥式整流电路，6 只整流管分别压装（或焊装）在两块板上如图 3-33。

1 汽车用硅整流二极管特点

(1)工作电流大,正向平均电流50A,浪涌电流600A;

(2)反向电压高,反向重复峰值电压270V,反向不重复峰值电压300V;

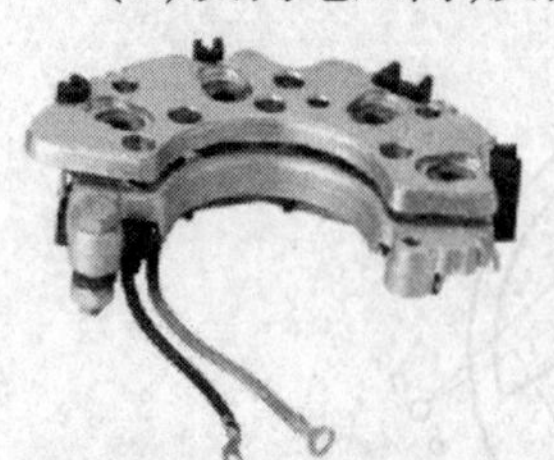

图3-33 整流器引线

(3)只有一根引线,并且有的二极管引线是正极,有的二极管引线是负极,引出线为正极的管子叫正极管,引出线为负极的管子叫负极管,所以说整流二极管有正二极管和负二极管之分。

2 整流管的安装

将正极管安装在一块铝制散热板上,称为正整流板;将负极管安装在另一块铝制散热板上,称为负整流板,也可用发电机后盖代替负整流板。在正整流板上有一个输出接线柱B(发电机的输出端)。负整流板上直接搭铁,且一定和壳体相连接,如图3-34所示。整流板的形状各异,有马蹄形、长方形、半圆形等。

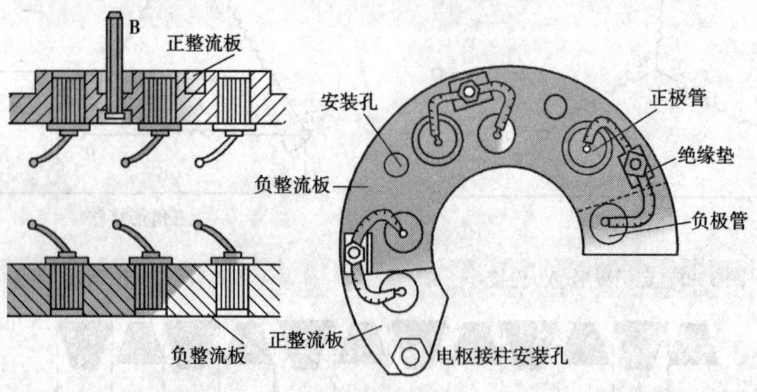

图3-34 汽车交流发电机整流二极管的安装

4 前后端盖

端盖一般分两部分(前端盖和后端盖),起固定转子、定子、整流器和电刷组件的作用。端盖一般用铝合金铸造,一是可有效地防止漏磁,二是铝合金散热性能好。后端盖上装有电刷组件,由电刷、电刷架和电刷弹簧组成。电刷的作用是将电源通过集电环引入磁场绕组。

5 电刷

目前,交流发电机的电刷架有两种结构形式,如图3-35所示,一种是电刷架可以直接从发电机的外部进行拆装,称外装式;另一种是电刷架不可以从发电机的外部进行拆装,称内装式。外装式电刷拆装和更换在发电机外部即可进行,拆装检修十分方便,因此被普遍采用。

二 交流发电机的工作原理

1 发电原理

交流发电机产生交流电的基本原理是电磁感应原理,通过产生磁场的转子旋转,使穿过定子绕组的磁通量发生变化,在定子绕组内产生交流电动势。图 3-36 所示为交流发电机的工作原理图。

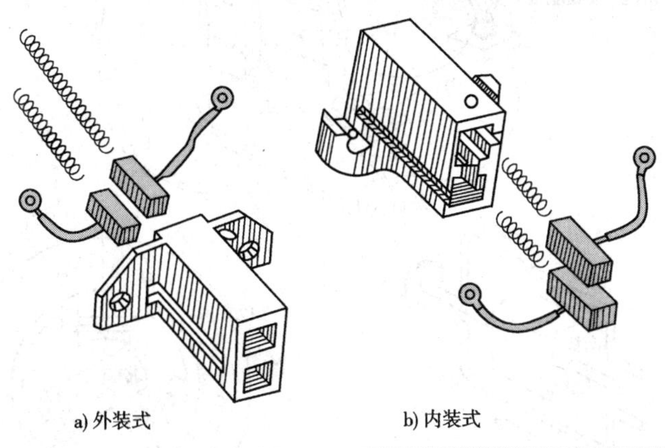

a) 外装式　　b) 内装式

图 3-35　电刷和电刷架

电磁感应原理:当磁通被在磁场里运动的导体切割时,便在导体中产生电动势(感应电动势)。若设法使磁通和导体产生相对的切割运动,在导体中便能产生电动势,这种现象称为"电磁感应"。发电机积蓄由电磁感应产生的电动势,产生电能(电压和电流)。虽然单个导体在磁场里运动能产生电动势,但是非常小。如果把两个导体首尾连接起来,那么将产生二次电动势,结果产生二倍电动势。以线圈形式的导体在磁场中转动时,将产生较大的电动势,从而形成电压和电流。发电机就是根据这个原理,在磁场中转动线圈来产生电能。

2 整流原理

硅二极管具有单向导电性:当给二极管加上正向电压(正极电位高于负极电位)时导通,二极管呈现低电阻状态;当给二极管加一反向电压(正极电位低于负极电位)时截止,二极管呈现高电阻状态。利用二极管的这种单向导电性,制成了交流发电机的硅整流器,使交流电变为直流电。硅整流器实际上是一个由六只硅整流二极管组成的三相桥式整流电路,如图 3-37 所示。

三相桥式整流电路的整流原理如下(图 3-37a)):

(1)由于三个正极管子(VD_1、VD_3、VD_5)的正极分别接在发电机三相绕组的首端(U_1、V_1、W_1),而它们的负极同接在元件板上,因此这三个正极管子导通的条件是:在某一瞬间,哪一相的电压最高(相对其他两相来说正值最大),则该相的正极管子就导通。

(2)由于三个负极管子(VD_2、VVD_4、D_6)的负极也分别接在三相绕组的首端,而它们的正极同接在后端盖上,所以这负极三个管子的导通条件是:在某一瞬间,哪一相的电压最低(相对其他两相负值最大),则该相的负极管子就导通。

(3)在每一瞬间,同时导通的管子只有两个,即正、负管子各一个。

根据上述原则,基整流过程如下:

在 t_1-t_2 时间内,U 相的电压为最高,而 V 相的电压为最低,故 VD_1、VD_4 处于正向电压下而导通,R 两端得到的电压 u_{UV}(为线电压的瞬时值,不计管子导通时的电压降)。

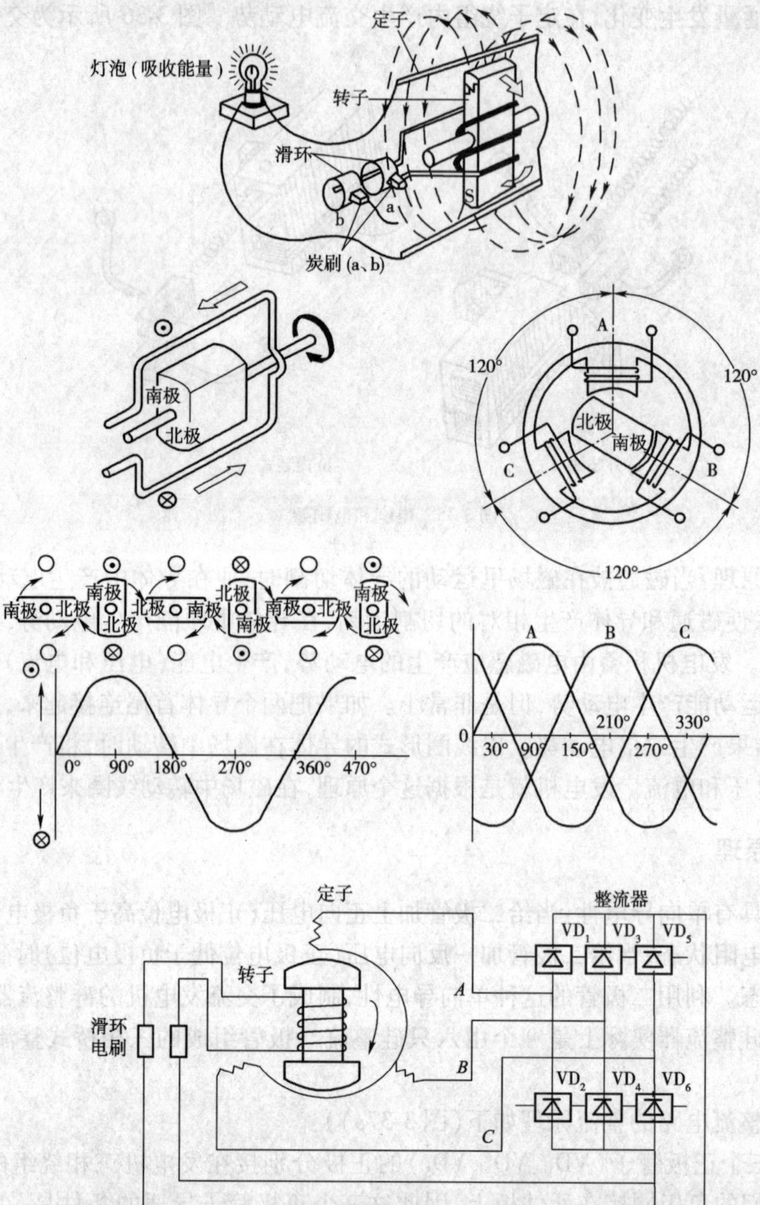

图 3-36 发电机工作原理图

在 t_2—t_3 时间内，U 相的电压仍为最高，而 W 相的电压变为最低，于是 VD_1、VD_6 导通，R 两端的电压为 u_{UW}。

在 t_3—t_4 时间内，VD_3、VD_6 导通，R 两端的电压为 u_{VW}。

这样依此类推，循环反复，就在负载 R 两端得到一个比较平稳的脉动直流电压 U，一个周期内有六个波形，如图 3-37b) 所示。

有的发电机具有中性点接线柱，实践证明，在交流发电机上采用中性点二极管后，输出功率可增加 10% ~15% 。

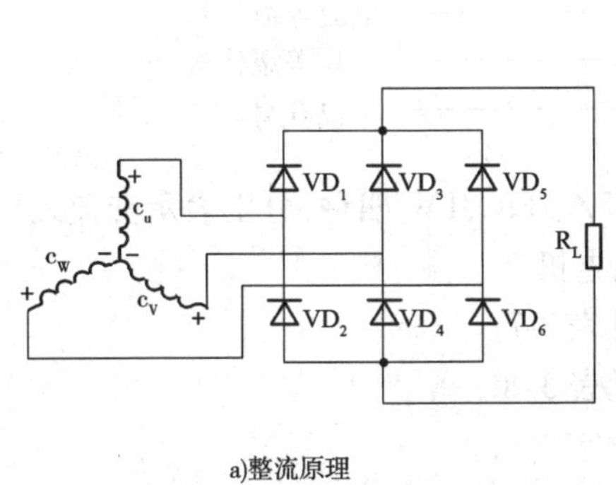

a)整流原理

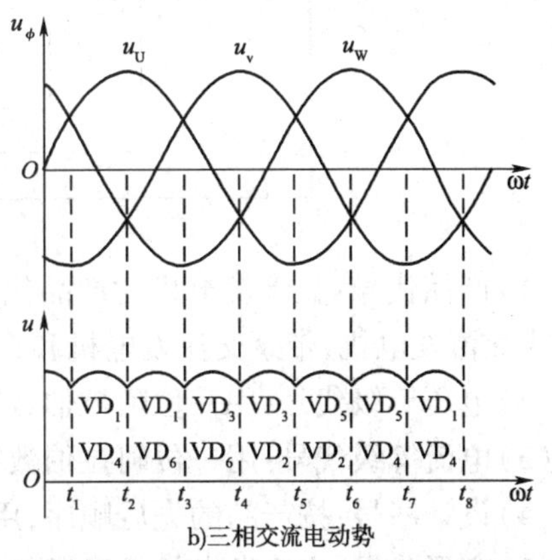

b)三相交流电动势

图 3-37　三相桥式整流器流电路中的电压、电流波形

3 励磁方法

交流发电机在无外接直流电源时，由于转子保留的剩磁很弱，因此在低速时，仅靠剩磁产生的电动势(小于 0.6V)并不能使二极管导通，发电机也就不能发电。为了克服这一缺点，在发电机开始发电时采用了他励方式，即由蓄电池为励磁绕组提供励磁电流，以增强磁场，使发电机在低速转动时电压能够迅速上升，从而实现发动机怠速时发电机便可向蓄电池充电。发电机向蓄电池充电时，励磁方法由他励方式变为自励方式，即励磁电流由发电机自己提供。简单地说，交流发电机的励磁方法是：先他励、后自励。

图 3-38 所示为交流发电机的励磁电路。当点火开关 S 接通时，蓄电池便通过调节器向发电机的励磁绕组提供励磁电流(他励)：

励磁电路为：蓄电池正极→点火开关 S→调节器“火线”接线柱→调节器→调节器的“F”接线柱→发电机的“F”接线柱→发电机励磁绕组→搭铁。

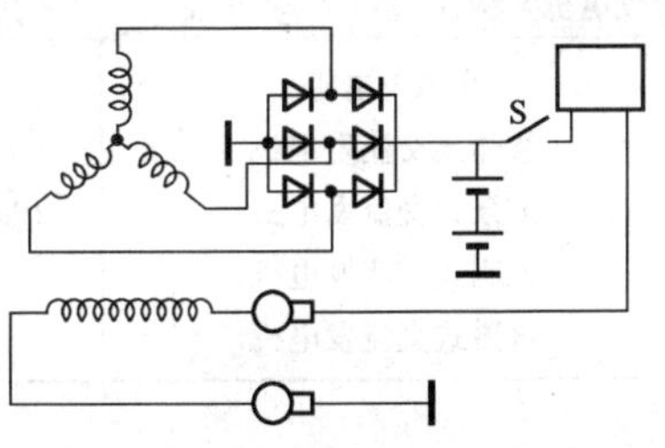

图 3-38　交流发电机的励磁电路

当发动机起动后，发电机的输出电压略高于蓄电池电压时，发电机自己给励磁绕组提供励磁电流(自励)：

励磁电路为：发电机“+”→点火开关 S→调节器“火线”接线柱→调节器→调节器的“F”接线柱→发电机的“F”接线柱→发电机励磁绕组→搭铁，发电机自励发电。

二 交流发电机型号

交流发电机的型号规定如下：根据我国汽车行业标准 QC/T73-93《汽车电气设备产品型号编制方法》的规定，汽车交流发电机的型号组成如下。

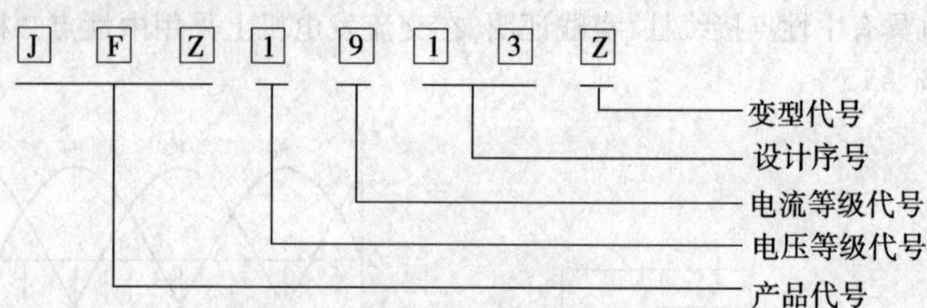

(1)产品代号:交流发电机的产品代号有 JF、JFZ、JFB、JFW 四种,分别表示交流发电机,整体式交流发电机,带泵交流发电机和无刷交流发电机。

(2)电压等级代号:用一位阿拉伯数字表示,见表 3-7。

(3)电流等级代号:用一位阿拉伯数字表示,见表 3-8。

(4)设计序号:按产品的先后顺序,用阿拉伯数字表示。

(5)变形代号:交流发电机是以调整臂的位置作为变形代号。从驱动端看,Y-右边;Z-左边;在中间时不加标记。

例如:桑塔纳、奥迪 100 型轿车所用的交流发电机代号为 JFZ1913Z 型,其含义为:电压等级为 12V、输出电流大于 90A、第十三代设计,调整臂位于左边的整体式交流发电机。

电压等级代号 表 3-7

电压等级代号	1	2	3	4	5	6
电压等级/V	12	24	—	—	—	6

电流等级代号(单位:A) 表 3-8

电流等级代号 / 发电机类型	1	2	3	4	5	6	7	8	9
交流发电机 整体式交流发电机 带泵式交流发电机 无刷式交流发电机 永磁式交流发电机	19	20 ~ 29	30 ~ 39	40 ~ 49	50 ~ 59	60 ~ 69	70 ~ 79	80 ~ 89	≥90

四 交流发电机的工作特性

交流发电机的工作特点是转速变化范围大。对于一般汽油发动机来说,转速变化约为 1:8,柴油机来说约为 1:5,交流发电机的工作特性有输出特性、空载特性和外特性,其中以输出特性最为重要。

1 输出特性

输出特性是指在发电机端电压 U 不变(对 12V 系列的交流发电机规定为 14V,对 24V 系列的交流发电机规定为 28V),其输出电流与转速之间的关系。即 U = 常数时,$I = f(n)$ 的

函数关系，图 3-39 所示为交流发电机的输出特性曲线。

(1)发电机达到额定电压时的转速定为空载转速 n_1，空载转速常用作为选择发电机与发动机速比的主要依据。

(2)发电机达到额定电流时的转速定为满载转速 n_2，额定电流一般定为最大输出电流的 2/3。

(3)当转速 n 达到一定值后，发电机的输出电流不再随转速升高而增加，此时电流又称为发电机的最大输出电流或限流值。由此可见，交流发电机自身具有限制输出电流防止过载的能力，又称为交流发电机的自我保护能力。

2 空载特性

空载特性是研究发电机在空载运行时，其端电压随转速变化的关系，即 $I=0$ 时，$U=f(\mathrm{n})$ 的曲线，如图 3-40 所示。

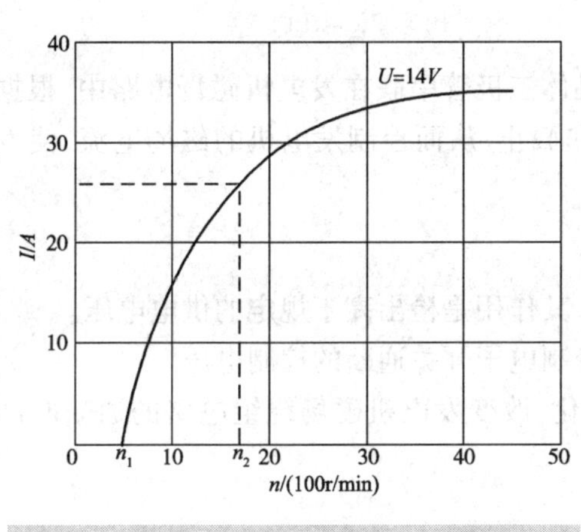

图 3-39　交流发电机的输出特性曲线

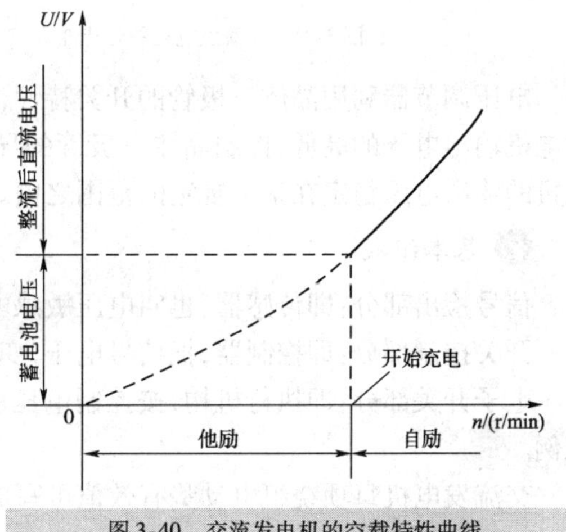

图 3-40　交流发电机的空载特性曲线

3 外特性

外特性是研究当发电机转速一定时，其端电压与输出电流的关系，即 n = 常数时，$U=f(\mathrm{I})$ 的曲线，如图 3-41 所示。

从外特性曲线可以看出发电机电压受负载影响的程度：如果发电机在高速运转时，突然失去负载，发电机电压会突然升高，致使发电机及调节器等内部电子元件有被击穿的危险。

五 交流发电机调节器

1 电压调节器

1 工作原理

电压调节器的功用是在一定的转速范围内使发电机输出电压基本恒定。其设计原理是

在发动机转速变化时，调节器自动调节发电机励磁电流的大小，从而使发电机输出电压保持恒定，电压调节器如图 3-42 所示。

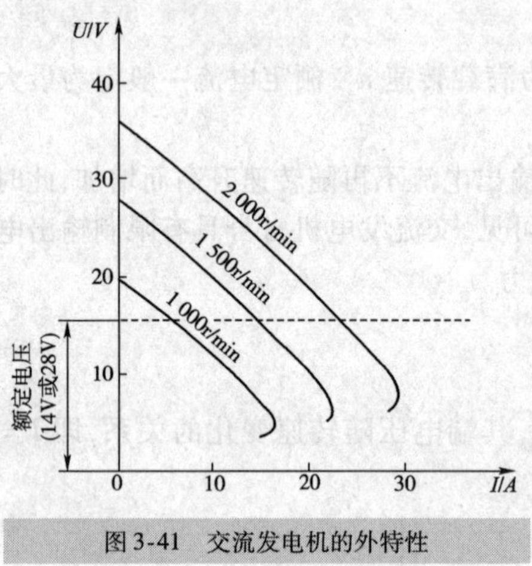

图 3-41　交流发电机的外特性

图 3-42　电压调节器

电压调节器利用晶体三极管的开关特性，将晶体三极管串联在发电机磁场电路中，根据发电机输出电压的高低，控制晶体三极管的导通和截止，从而控制发电机的磁场电流，使发电机的输出电压稳定在某一规定的范围之内。

2 基本组成

信号检出部分：即传感器，也叫电压敏感电路，其作用是检出高于规定的供电电压。

开关控制部分：即控制器，把信号电压，变为控制电子开关通断的控制电压。

电子开关部分：即执行机构，按控制电压的变化，改变发电机磁场绕组电路的通断时间比例。

交流发电机每项绕组电动势有效值可写成：

$$E_{\phi} = \mathrm{C}n\Phi$$

式中，C 为发电机的结构常数，n 为转子转速，Φ 为转子的磁极磁通。也就是说交流发电机所产生的感应电动势与转子转速和磁极磁通成正比。当转速升高时，要想使发电机的输出电压保持恒定，只能通过减小磁通 Φ 来实现。又磁极磁通 Φ 与励磁电流 I_j 成正比，减小磁通 Φ 也就是减小励磁电流 I_j。

所以，交流发电机调节器的工作原理是：当交流发电机的转速升高时，调节器通过减小发电机的励磁电流来减小磁通 Φ，使发电机的输出电压保持不变。

2 晶体管调节器

图 3-43 所示为六管晶体管调节器的基本电路：

VT_2 是大功率管，起开关作用，用来接通与切断发电机的励磁电路；VT_1 是小功率管，用来放大控制信号。稳压管 VS 是感受元件，串联在 VT_1 的基极电路中，并通过 VT_1 的发射结并联于分压电阻 R_1 的两端，以感受发电机的输出电压。

电阻 R_1 和 R_2 组成一个分压器，分压器两端的电压 U_{AC} 为发电机的输出电压，则：

$$U_{AB}=\frac{R_1}{R_1+R_2}U_{AC}$$

U_{AB}电压反向加在稳压管 VS 上，通常把 B 点叫检测点。R_1 的阻值是这样确定的：当发电机输出电压 U_{AC}达到规定的调整值时（如桑塔纳为 13.5 ~ 14.5V），U_{AB}电压正好等于稳压管 VS 的反向击穿电压，R_3 为 VT_1 的集电极负载电阻。

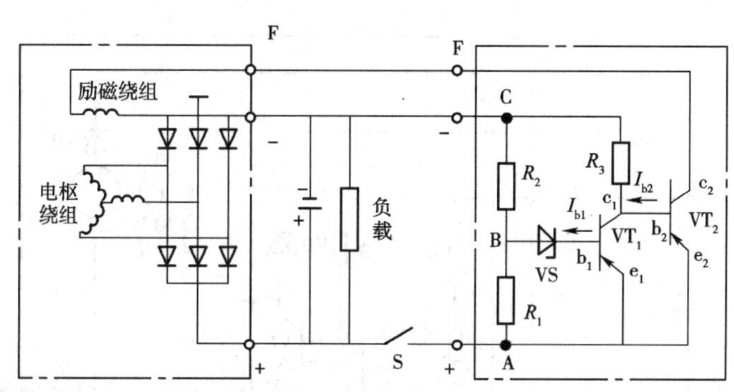

图 3-43　晶体管调节器的基本电路

晶体管调节器的工作原理如下：

点火开关 S 闭合后，蓄电池的电压就加到分压器的 A、C 两端，由于蓄电池电压小于发电机输出电压的调整值，故 U_{AB}电压值也小于稳压管 VS 的反向击穿电压，稳压管 VS 处于截止状态，VT_1 的基极电流 I_{b1} 等于零，VT_1 截止，而 VT_2 由于发射结处于较高的正向电压下而导通饱和，产生励磁电流（他励）。

励磁电路为：蓄电池正极→点火开关 S→调节器“+”接线柱→VT_2→调节器“F”接线柱→发电机“F”接线柱→励磁绕组→蓄电池负极（搭铁）。

发动机起动后，发电机的输出电压将高于蓄电池的电压，发电机的励磁电流由他励转变为自励。

励磁电路为：发电机正极→点火开关 S→调节器“+”接线柱→VT_2→调节器“F”接线柱→发电机“F”接线柱→励磁绕组→蓄电池负极（搭铁）。

随着转速的升高，当发电机输出电压稍高于调整值时，U_{AB}电压达到了稳压管 VS 的反向击穿电压，稳压管 VS 导通，使 VT_1 产生基极电流而导通，同时把 VT_2 的发射结短路，使其由导通状态转化为截止状态，切断发电机的励磁电路，使发电机的输出电压急剧下降，当发电机的输出电压下降到稍低于调整值时，稳压管 VS 又由击穿状态恢复到截止状态。随之，VT_1 也由导通状态化为截止状态，使 VT_2 导通。如此反复，就使发电机的端电压维持在规定的调整值上。

3 集成电路调节器

集成电路调节器也叫 IC 调节器，是根据使用要求，将电路中的若干元件集成在同一基片上，制成一个独立的电子芯片。集成电路调节器装于发电机内部，构成整体式交流发电机。发电机外部有 2 个或 3 个接线柱。

集成电路调节器的工作原理与晶体管调节器的工作原理完全一样，都是根据发电机的输出电压信号，利用三极管的开关特性控制发电机的励磁电流，使发电机的输出电压保持恒定。

集成电路调节器，根据不同的电压检测方法可分为“发电机电压检测法”和“蓄电池电压检测法”两种电路，如图3-44所示。

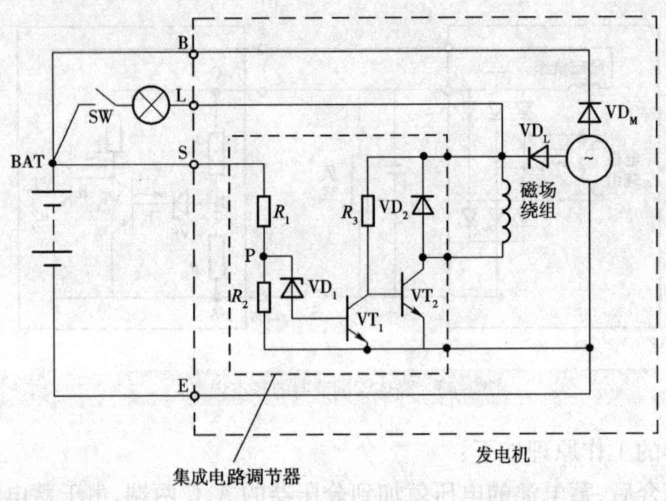

图3-44　集成电路

六 充电系统常见故障现象

目前，汽车充电系统基本上有两大类：一类是交流发电机与调节器各自独立安装，采用的是普通交流发电机；另一类是将集成电路调节器安装在发电机内部，采用的是整体式交流发电机。这样，在进行充电系统故障诊断时，首先要明确发电机是哪种类型的，要明确发电机、调节器、充电指示灯及充电系统线路连接的特点，然后查明故障发生的部位。如果确属交流发电机故障，就将发电机从车上拆下，做进一步检查与修理。

对于大多数汽车来说，充电系统的电路故障现象都是根据充电指示灯来判断，正常情况是：当打开点火开关时，充电指示灯亮，起动发动机后，充电指示灯应熄灭。一般充电系统的故障现象有以下几种情况：

1 发动机起动后，充电指示灯仍亮

这种情况说明发电机没有发电，但是故障不一定在发电机本身。在检查故障时先分清调节器是否单独安装。

1 调节器单独安装的情况

(1)内搭铁式交流发电机，在诊断之前，先检查发电机皮带有无松滑现象，检查调节器的火线是否正常。当上述检查均为正常时，然后再做进一步诊断，具体检查方法如下。

将调节器上的“+”和“F”两接线柱上的导线拆下，并将两线端短接后起动发动机。起动后，如果充电指示灯熄灭，说明调节器有故障，需要更换调节器。如果充电指示灯仍亮，用一根导线将一常火线引至发电机的磁场接线柱“F”，起动发动机，若发电，故障在充电线路，若仍不发电，故障在发电机。

（2）外搭铁式交流发电机，在诊断之前，先检查发电机皮带有无松滑现象，检查调节器的火线是否正常，检查发电机的磁场接线柱“F1”是否有“火”。当上述检查均为正常时，然后再做进一步诊断，具体检查方法如下。

将调节器上的“F”和“E”两接线柱上的导线拆下，并将两线端短接后起动发动机。起动后，如果充电指示灯熄灭，说明调节器有故障，需要更换调节器。如果充电指示灯仍亮，用一根导线将发电机的磁场接线柱 F2 直接搭铁，起动发动机。若发电，故障在充电线路，若仍不发电，故障在发电机。

2 整体式交流发电机

以桑塔纳轿车为例（图 3-24），首先检查发电机皮带有无松滑现象，发电机的外观接线是否脱落。当上述检查均为正常时，然后再做进一步诊断，具体方法如下。

先闭合点火开关，用万用表测量发电机上的“D+”接线柱上（蓝色）电压，如果有电压，说明发电机有故障，这时可先更换调节器，若发电，故障在调节器，若仍不发电，故障在发电机，应从车上拆下发电机进一步检查；如果测量“D+”接线柱没有电压，则说明充电线路有故障，应检查线路。

2 发动机起动后，充电指示灯亮，发动机高速时，充电指示灯熄灭

这种情况说明发电机发电量低。检查时应先检查发电机皮带有无松滑现象、发电机的固定是否牢固。这些情况排除后，故障原因可能是：电刷接触不良、整流器中的个别二极管损坏、定子中的三相绕组或转子中的励磁绕组局部短路等，一般需要将发电机拆下，解体检查。

3 汽车运行时，经常烧灯泡、熔断丝及开关等电气设备

这种情况说明发电机发电量高。在诊断时，用电压表测量蓄电池的两个极桩，测量时将发动机的转速控制在 2000r/min 左右，观察电压表的读数，如果大于 14.5V，说明电压调节器有故障，可直接更换调节器。

4 打开点火开关，充电指示灯不亮

这种情况说明充电指示灯电路有故障。故障可能是：充电指示灯线路有断路的地方，对于桑塔纳轿车来说，这类发电机也可能是发电机的电刷损坏；对于东风、解放汽车来说，这类发电机也可能是组合继电器有故障。

5 汽车运行时，发电机或传动带有异响

交流发电机的异响有可能是发电机轴承或传动带引起的。诊断时先检查传动带状况和

张紧力,必要时可更换。检查轴承异响时,利用一段软管,或一把长一字形螺丝刀,也可以用听诊器,将一端放在靠近轴承的地方,然后将耳朵贴在另一端倾听。在倾听过程中,可提高发动机的转速,随着转速的提高,噪声越来越大,说明异响是轴承的引起的,在听诊过程中,应留心发电机周围的风扇、传动带和其他运动件。更换轴承时,发电机需要拆下解体。在操作过程中,注意操作程序与规范,注意工具的正确使用。

6 交流发电机充电系统常见故障部位

交流发电机充电系统常见故障部位如图3-45所示。

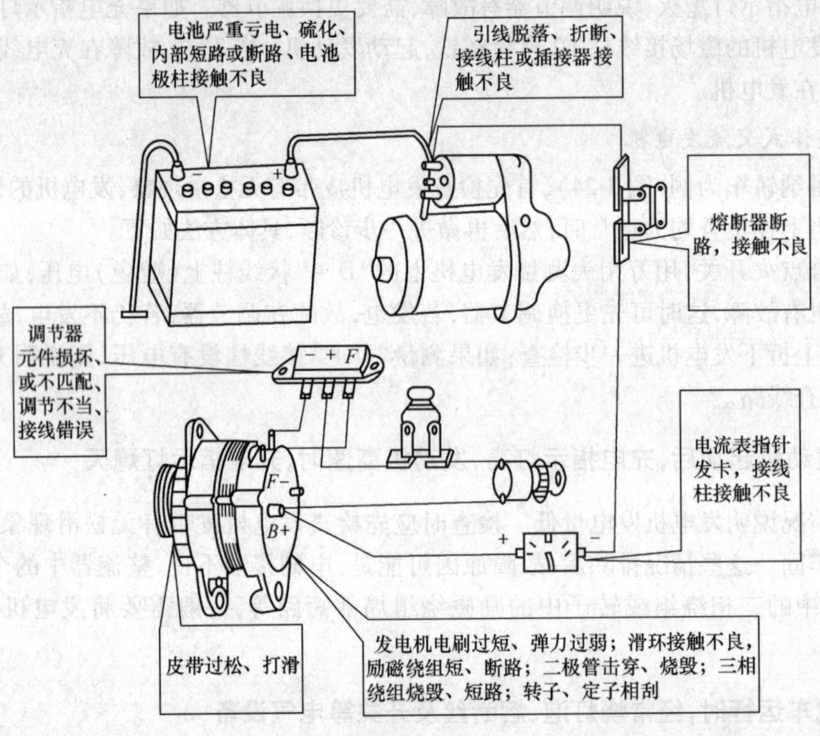

图3-45 交流发电机充电系统常见故障部位

一 任务实施准备

(1)汽车电气设备实训室;

(2)汽车交流发电机、万用表、维修工具;

(3)桑塔纳轿车一台(要求充电系统完好)、各种导线、电工常用的各种钳子、螺丝刀等。

二 任务实施步骤

一）发电机的拆装与检测

1 交流发电机的拆卸

交流发电机零件分解图如图3-46所示。

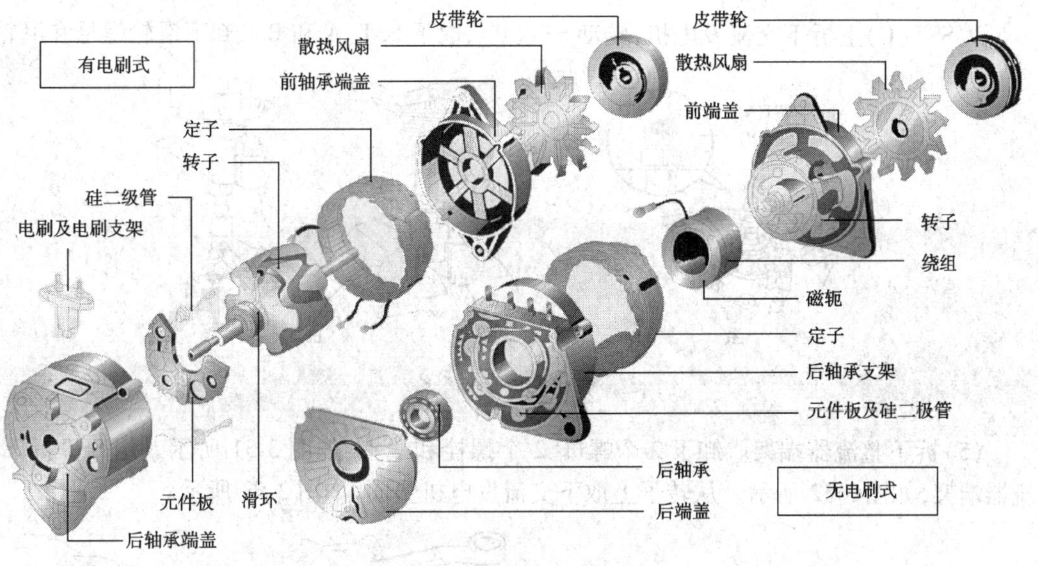

图3-46 交流发电机零件分解图

(1)卸下螺母和接线端绝缘体,卸下3个螺栓和端盖,如图3-47所示。

(2)从电刷架上拆下电刷架盖,拆下电刷架和IC调节器,如图3-48所示。

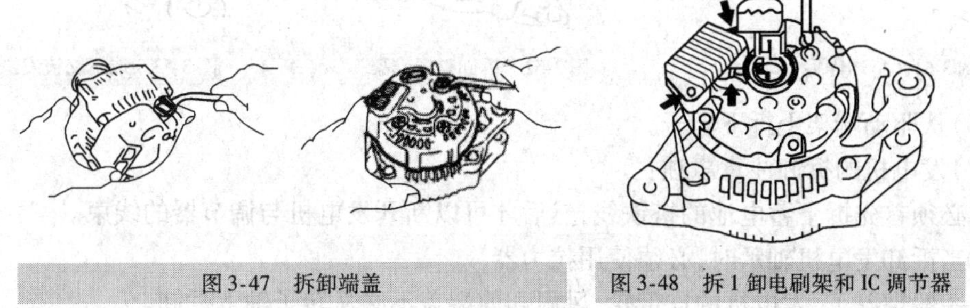

图3-47 拆卸端盖

图3-48 拆1卸电刷架和IC调节器

(3)卸下4个螺钉,用针鼻钳将导线捋直,卸下整流器架,如图3-49所示。

(4)用扭力扳手拿住专用维修工具(A),按顺时针方向将专用维修工具(B)拧紧到规定力矩(力矩:39N·m),检查专用维修工具(A)是否已固定在转子轴上,如图3-50a)所示。如图3-50b)所示将SST(C)装在台钳上,将交流发电机装在SST(C)上。按图示方向转动SST

(A)松开滑轮螺母。特别提醒:为防止损坏转子轴,松开滑轮螺母时不要超过半圈。

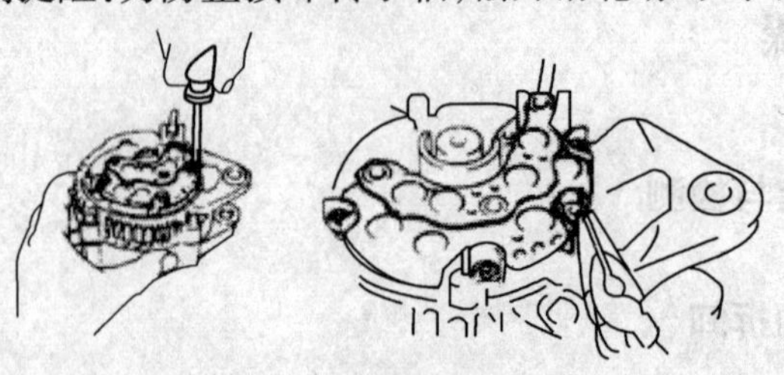

图 3-49 拆卸整流器架

从 SST(C)上拆下交流发电机,转动 SST(B),取下 SST(A 和 B),卸下滑轮螺母和滑轮。

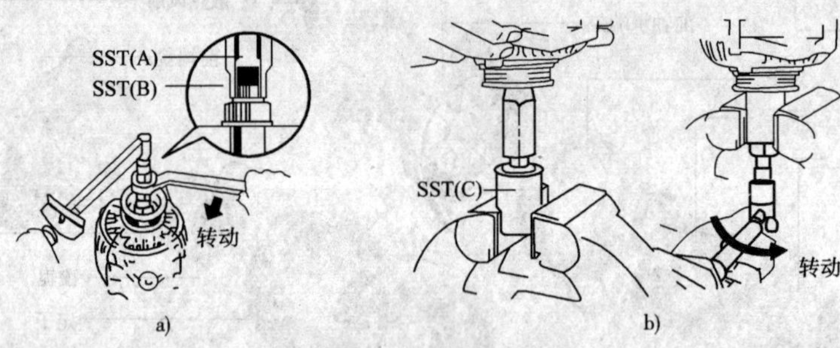

图 3-50 拆卸滑轮

(5)拆下整流器端架。卸下 2 个螺母、2 个螺栓和线夹,如图 3-51 所示。用 SST 拆下整流器端架,如图 3-52 所示。从转子上取下交流发电机垫圈,如图 3-53 所示。

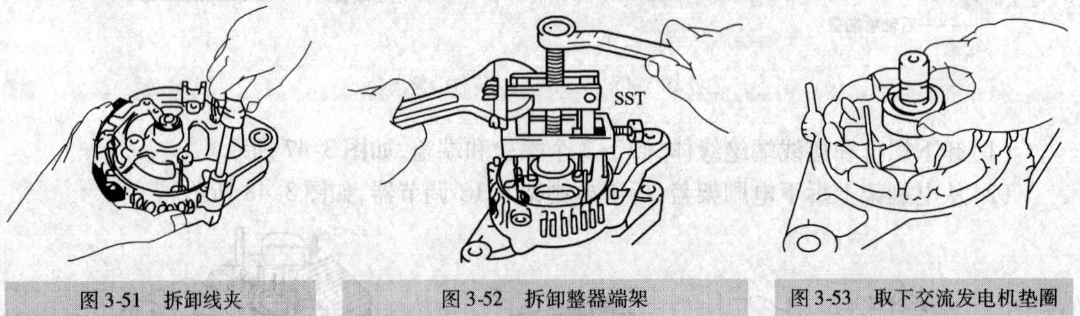

图 3-51 拆卸线夹

图 3-52 拆卸整器端架

图 3-53 取下交流发电机垫圈

(6)从驱动端架上拆下转子。

(7)发电机的拆卸注意事项:

①必须首先拆下蓄电池的搭铁线,然后才可以断开发电机与调节器的线束。

②当拆卸发电机轴承时,必须使用拉力器。

③一般情况下,发电机的皮带轮、风扇和前端盖不必从转子轴上拆卸。

④拆卸整流器及后端盖上的接线柱时,所有绝缘衬套和绝缘垫圈,不得丢失。

(8)就车维修检测时注意事项:

①最好使用专用工具。如美国 SUN 电子公司产的 VAT-40 充电系统检测仪/国产发电机故障试验器 VW1315A 等设备。

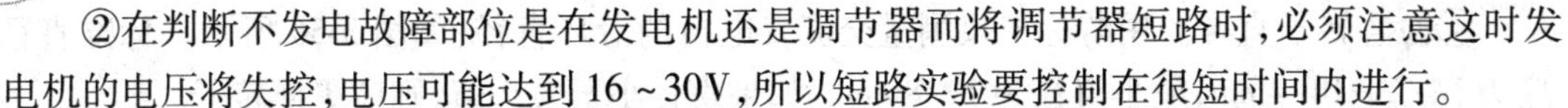

②在判断不发电故障部位是在发电机还是调节器而将调节器短路时，必须注意这时发电机的电压将失控，电压可能达到16～30V，所以短路实验要控制在很短时间内进行。

③当线路故障没有排除时，不要更换新的调节器，这样做可能会损坏新的调节器。

2 发电机的装配

发电机装配过程与分解过程的顺序相反，先拆的后装，装配的每个步骤要参照拆解过程的图释。

(1)将整流器装到后端盖上，拧上3颗固定螺钉，整流器即被固定在后端盖上。

应注意各绝缘垫片不能漏装。装复后用万用表电阻挡测量"B"接线柱与端盖间电阻应为∞。测量两散热板之间及绝缘散热板与端盖之间电阻，均应为∞。若上述电阻较小或者为零，表明漏装了绝缘垫片或套管，应拆开重装。

(2)将定子总成与后端盖结合。将定子绕组上的4个接线端子从后端盖孔中穿出，将接线端分别连接在整流器的接线螺钉上。

(3)将前端盖装到转子轴上。先将前端盖上的轴承、轴承盖安装并紧固好，再将该部分套到转子轴上，若过盈量较大，可用木锤轻轻敲入。

(4)将后端盖、定子装到转子轴上。应注意使前后端盖上发电机安装挂脚位置恰当(符合拆解标记)。上述两大部分结合后，穿上前、后端盖紧固螺栓并分几次拧紧。注意各螺栓的拧紧不可一次完成，而应轮流进行，并且不断转动转子，若转子运转受阻或者内部有摩擦，应调整拧紧力矩。

(5)装配风扇、带轮。在转子轴上套上定位套、安装半圆键、风扇叶片、带轮、弹簧垫圈，拧紧带轮紧固螺母。

(6)装复后端盖上的防护罩。

(7)安装电刷架总成。

(8)检验装配质量。使用万用表检测各接线柱和与外壳间的电阻值，应该符合参数要求。否则应该拆解重装。将测量发电机结果填入表3-9中，并据此判断发电机状态。

发电机测量结果 表3-9

发电机型号	"F"与"E"间电阻(Ω)	"B"与"E"间电阻(Ω)		"N"与"E"或"B"间电阻(Ω)	
		正向	反向	正向	反向

3 发电机的检测

(1)检查交流发电机的转子。

①检查转子是否开路。用欧姆表检查交流发电机滑环之间的导通性，如图3-54所示。标准电阻应为2.7～3.1Ω(20℃)。如果不导通，则应更换转子。

②检查转子是否接地。用欧姆表检查交流发电机的滑环和转子之间是否导通，应不导通，如图3-55所示。如果导通，则应更换转子。

③检查滑环是否粗糙或有擦伤，如果粗糙或有擦伤，则应更换转子。

④检查转子直径。用游标卡尺测量交流发电机的滑环直径,如图 3-56 所示。标准直径应为 14.2 ~ 14.4mm,最小直径为 12.8mm。如果直径小于最小值,则应更换转子。

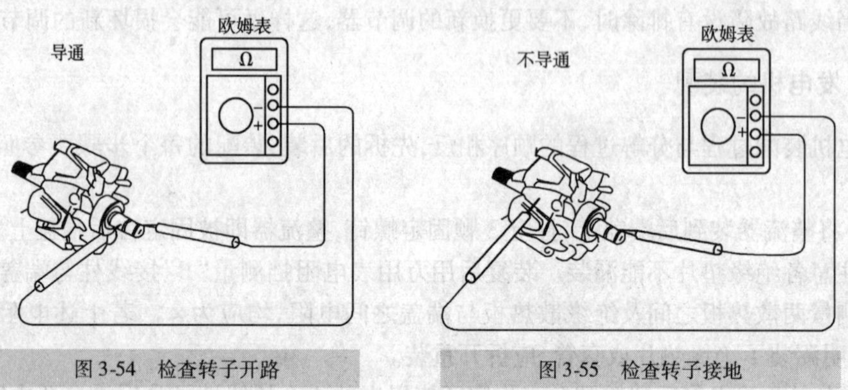

图 3-54　检查转子开路

图 3-55　检查转子接地

(2)检查交流发电机定子(驱动端架)。

①检查定子是否开路。用欧姆表检查交流发电机的线圈两端之间是否导通,应不导通,如图 3-57 所示。如果不导通,则应更换驱动端架组件。

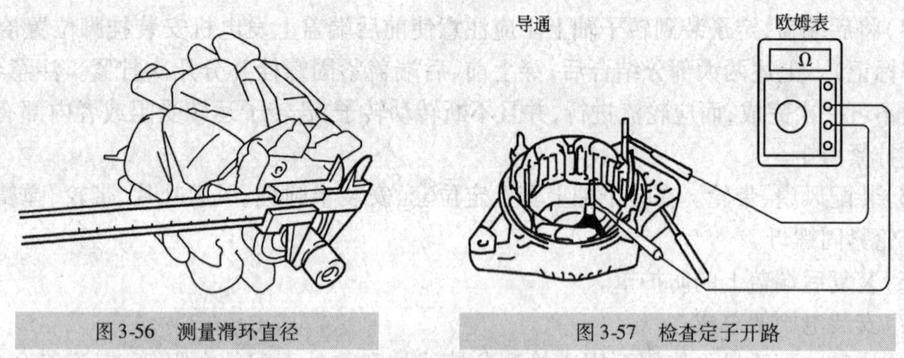

图 3-56　测量滑环直径

图 3-57　检查定子开路

②检查定子是否接地。用欧姆表检查线圈导线和驱动端架之间是否导通,应不导通,如图 3-58 所示。如果导通,则应更换驱动端架组件。

(3)检查交流发电机电刷情况。用游标卡尺测量露出的电刷长度,如图 3-59 所示。标准露出长度为 10.5mm,最小露出长度为 1.5mm。如果露出长度小于最小值,则应更换电刷。

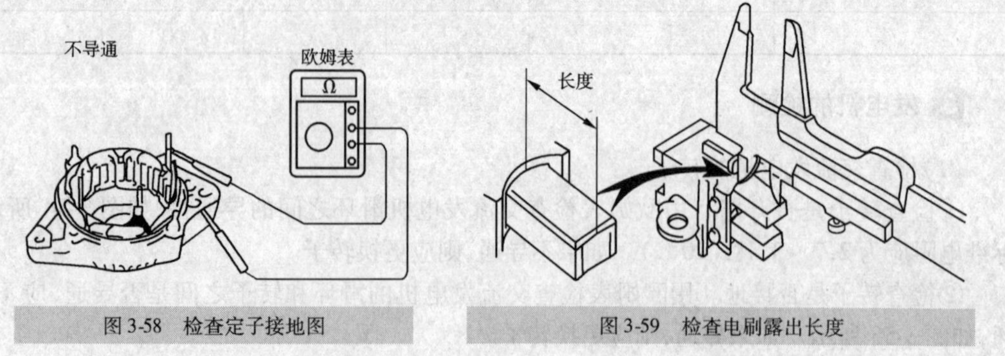

图 3-58　检查定子接地图

图 3-59　检查电刷露出长度

(4)更换交流发电机电刷。焊开并拆下电刷和弹簧,将新电刷的导线穿过弹簧和电刷架上的孔，将弹簧和电刷插入电刷架中，如图 3-60 所示。使电刷导线以其规定的露出长度焊在电刷架上，如图 3-61 所示。检查电刷在电刷架中能否平稳地移动。切断过长的导线并在焊接区涂绝缘漆。

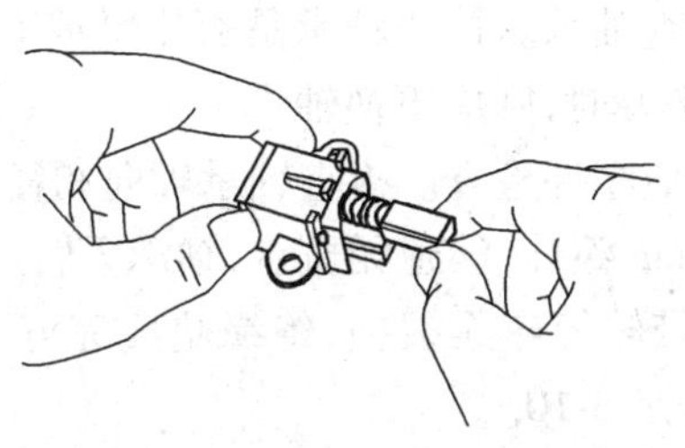

图 3-60　将弹簧和电刷插入电刷架图

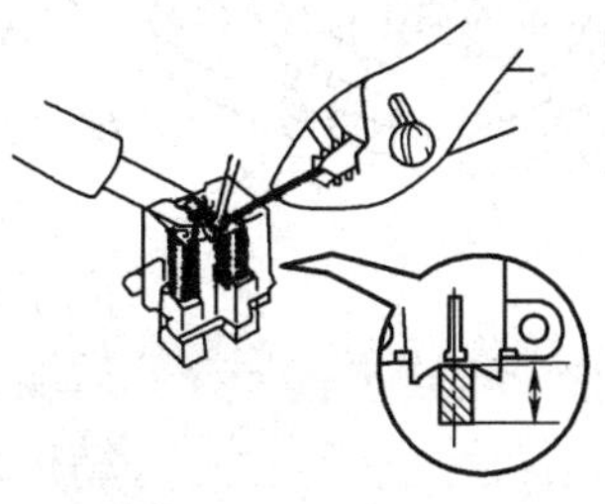

图 3-61　焊接电刷导线

(5)检查整流器(整流器架)。

①检查正向整流。将欧姆表一个探针接到整流器正极端，另一个探针连接到每个整流器端口。交换探针极性，重复上述步骤，如图 3-62 所示。检查其一应为导通，另一应为不导通。如果导通性不符合规定，则应更换整流器架。

②检查负向整流。将欧姆表一个探针连接到整流器负极端，另一个探针连接到每个整流器端口。交换探针极性，重复上述步骤，如图 3-63 所示。检查其一应为导通，另一应为不导通。如果导通性不符合规定，则应更换整流器架。

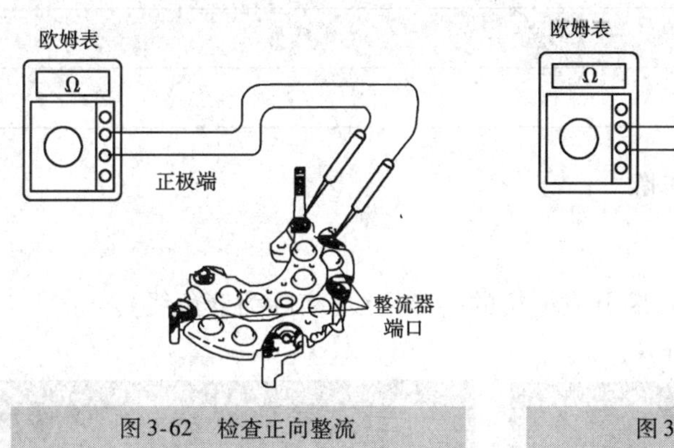

图 3-62　检查正向整流

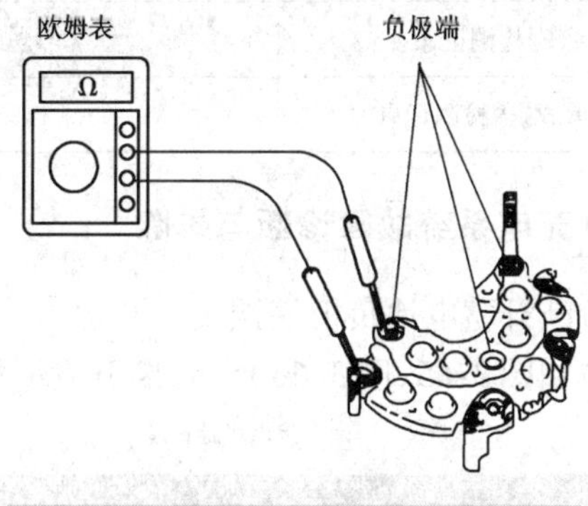

图 3-63　检查负向整流

(6)检测调节器。

①内搭铁式晶体管调节器的测试。

测试时先将可调直流电源与调节器用导线连接好，然后逐渐提高电源电压，当电压大于 6V 时，灯泡开始发亮，继续提高电压，当电压达到 13.5～16.5V 时，灯泡应熄灭，这种情况说明调节器完好。如果灯泡从开始一直不亮或亮了以后一直不熄灭，说明调节器有故障。

②外搭铁式晶体管调节器的测试。

测试时先将可调直流电源与调节器用导线连接好，测试方法与内搭铁式晶体管调节器完全相同，这里不再重复。

③集成电路调节器的测试。

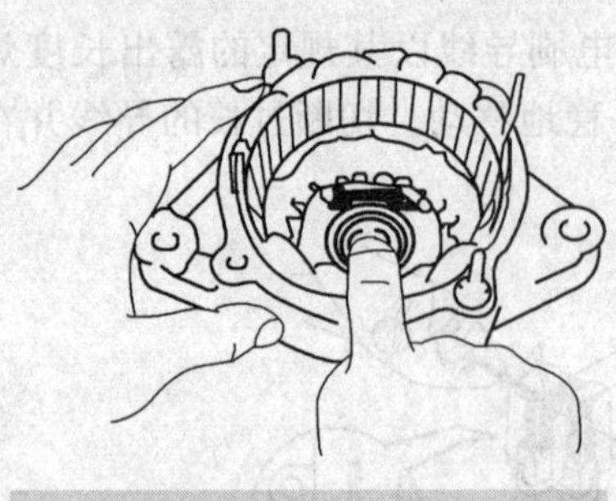

图 3-64 检查轴承

整体式交流发电机的励磁绕组一般是通过调节器搭铁的。先将可调直流电流与集成电路调节器用导线连接好，测试方法与上述两种方法相同。

（7）检查轴承。检查轴承是否粗糙或有磨损，如图 3-64 所示。必要时，则应更换轴承。

（8）其他零件检查。检查轴承轴向和径向间隙均不应大于 0.20mm，滚珠、滚道无斑点，轴承无转动异响；检查前后端盖、皮带轮等应无裂损，绝缘垫应完好。将上述检测结构记录于表 3-10。

发电机测量记录 表 3-10

转子阻值(Ω)		转子绝缘电阻			定子阻值(Ω)			定子绝缘电阻		
二极管测量	二极管编号	1	2	3	4	5	6	7	8	9
	正向测量值(Ω)									
	数字表测量值(mV)									
	反向测量值(k Ω)									
集电环检测记录										
转子轴检测记录										
碳刷检测记录										
轴承、端盖检测记录										

二）充电系统故障诊断与排除

（1）断开蓄电池负极搭铁线。

（2）如图 3-65、图 3-66 所示，断开发电机的励磁接线（实际为蓝色线）。

图 3-65 桑塔纳轿车发电机线束

图 3-66 测量发电机励磁线束对地的电压

（3）连接蓄电池负极搭铁线，打开点火开关到 ON 挡，如图 3-67 所示，测量发电机线束中励磁线对地电位。如果有高电位，说明发电机有故障，需要拆下发电机进行检查。

(4)故障诊断思路如图3-67所示。

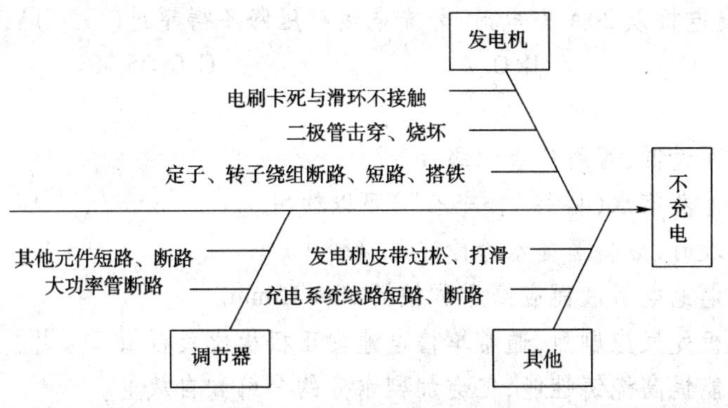

图3-67　发电机故障诊断思路图

复习思考题

一、选择题

1. 铅蓄电池放电时,正负极板上生成的物质是(　　)。

A. Pb　　B. PbO　　C. PbS

2. 硫化故障是指极板生成了白色的、(　　)晶粒的、不可逆的硫酸铅。

A. 粗　　B. 细　　C. 圆

3. 铅蓄电池单格静止电动势取决于电池的(　　)。

A. 极板面积　　B. 单格电池极板片数　　C. 电解液相对密度

4. 充电间常用的充电方法是(　　)充电法。

A. 定电流　　B. 定电压　　C. 快速脉冲

5. 不同容量的蓄电池串联充电,充电电流应以最(　　)容量的电池为基准进行选择。

A. 大　　B. 小

6. (　　)铅蓄电池使用前,一定要经过初充电。

A. 干荷式　　B. 普通　　C. 免维护

7. 焊接铅蓄电池极桩的热源中,以(　　)获得的修复质量为最佳。

A. 交流低压电源　　B. 汽油焊枪　　C. 乙炔气焊

8. 测量蓄电池存电量较为准确的仪器是(　　)。

A. 密度计　　B. 高率放电计　　C. 数字式万用表

9. F是硅整流发电机(　　)接线柱代号。

A. 电枢　　B. 磁场　　C. 中性抽头

10. 硅整流发电机真空泵排气口与(　　)口合用。

A. 进气　　B. 进油　　C. 出油

11. 硅整流发电机满载转速一般不得超过(　　)r/min。

A. 250　　B. 1000　　C. 2500

12. 硅整流发电机以20A充电时，外充电线路压降不得超过(　　)V。

A. 0.2　　B. 0.7　　C. 0.05

二、判断题

1. 蓄电池液面过低，可用矿泉水添加。(　　)
2. 专用蓄电池蒸馏水(俗称“补充液”)可以饮用。(　　)
3. 配制电解液时，应将蒸馏水徐徐注入硫酸中。(　　)
4. 普通铅蓄电池电解液面应高于防护板10~15mm。(　　)
5. 因为正极板处反应剧烈，通常单格电池内正极板比负极板多一片。(　　)
6. 栅架加锑能提高浇铸性能，但会加剧水分的分解和自放电。(　　)
7. 若极板形成硫酸铅，就说明极板有硫化故障。(　　)
8. 极板硫化后不得用快速脉冲充电法充电。(　　)
9. 负荷测试时，铅蓄电池存电量应在75%以上。(　　)
10. 医用蒸馏水及离子交换纯水器制取的纯水均可作为铅蓄电池的蒸馏水。(　　)
11. 硅整流发电机由三相异步交流发电机和硅整流器两大部分组成。(　　)
12. 硅整流发电机都有电刷、滑环。(　　)
13. 无刷式交流发电机不必整流。(　　)
14. 壳体与发电机电枢相通的二极管是正极管。(　　)
15. 奥迪、桑塔纳轿车配用的交流发电机，既有励磁二极管，又有中性点二极管。(　　)

三、问答题

1. 如何识别铅蓄电池的正负极桩？
2. 蓄电池搭铁极性接反的危害有哪些？
3. 为什么规定每次接通起动机时间不得超过5s，两次间隔时间应在15s以上？
4. 充电终了有何表征？
5. 硅整流发电机一只硅整流二极管击穿短路时，为什么会造成定子绕组一相或两相烧毁？
6. 为什么发电机、点火线圈在长期运行状态下不会烧毁，但在发动机熄火时，忘记切断点火开关时却容易烧毁硅整流发电机励磁绕组及点火线圈初级绕组？
7. 交流发电机由哪几部分组成？各起什么作用？
8. 为何称八管或十一管交流发电机为高效型交流发电机？
9. 如何对电枢及励磁绕组进行浸漆处理？
10. 用不同型号万用表或用同一万用表的不同挡位测量同一只二极管，为什么正向阻值不一样？

项目四 起动系统

学习任务 起动系统的构造与检修

学习目标

◎ 掌握汽车起动系统的组成及工作过程；

◎ 掌握起动机的结构与工作原理。

能力要求

◎ 能正确对起动机进行拆装与检测；

◎ 能够正确分析起动系统电路图并运用其进行故障分析。

任务导入

故障现象：一辆丰田 VIOS 1.6 轿车无法起动，起动时起动机无反应。

故障检修：汽车起动机无反应与下列因素有关：(1)起动线路故障；(2)起动机故障；(3)蓄电池亏电。我们首先检查起动时蓄电池的电压，电压正常(起动时正常值在 10V 以上)，排除蓄电池亏电的因素；然后检查搭铁线、起动线路、点火开关线路均正常，观察线路外观无破皮、虚接现象，使用万用表测量线路良好；之后又检查当点火钥匙打到“ON”挡时，短接起动机蓄电池接线柱与 M 端接线柱，起动机驱动齿轮无法正常转动；到此即可判定为起动机故障，更换起动机后故障排除。

学习指引

汽车发动机在以自身动力运转之前，必须借助外力旋转。发动机借助外力由静止状态

过渡到能自行运转的过程,称为发动机的起动。发动机常用的起动方式有人力起动、辅助汽油机起动和电力起动三种形式。人力起动采用绳拉或手摇的方式,简单但不方便,只适用于一些小功率的发动机;辅助汽油机起动主要用在大功率的柴油发动机上;电力起动方式操作简便,起动迅速,并且可以远距离控制,因此被广泛采用。

相关知识

一 起动系统的组成与原理

1 起动系统的组成

起动系统是由蓄电池、起动机、起动安全开关、起动继电器、点火开关等组成,如图 4-1a)所示。起动机在点火开关和起动继电器的控制下,将蓄电池的电能转化为机械能,带动发动机飞轮齿圈使曲轴转动,完成发动机的起动。

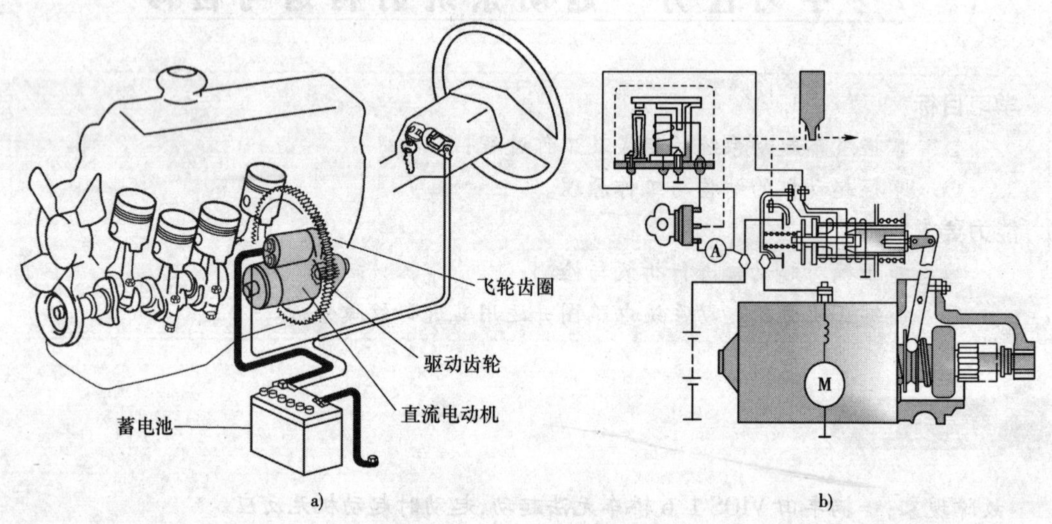

图 4-1 起动系统的组成

2 起动系统的工作原理(电路如图 4-1b)所示)

(1)起动开关接通起动机电磁开关电路,以使电磁开关通电工作。汽油发动机的起动开关与点火开关组合在一起。

(2)起动继电器的吸引线圈和保持线圈通电,产生很强的磁力,吸引铁芯左移,并带动驱动杠杆绕其销轴转动,使齿轮移出与飞轮齿圈啮合。与此同时,由于吸引线圈的电流通过电动机的绕组,电枢开始转动,齿轮在旋转中移出,减小冲击。

(3)当铁芯移动到使短路开关闭合的位置时,短路线路接通,吸引线圈被短路,失去作

用,保持线圈所产生的磁力足以维持铁芯处于开关吸合的位置。

3 起动机

起动机(俗称“马达”)其结构如图 4-2 所示,是起动系统的主要组成部分,由直流串励式电动机、传动机构和电磁开关三部分组成。直流串励式电动机的作用是产生电磁转矩,传动机构的作用是在起动发动机时使起动机小齿轮与飞轮齿圈啮合,将起动机的转矩传递给发动机曲轴;在发动机起动后又能使起动机小齿轮自动空转或与飞轮齿圈脱离啮合,电磁开关的作用是用来接通和切断直流串励式电动机与蓄电池之间的电路。对于汽油发动机,有些起动机的电磁开关还具有在起动发动机时短路点火线圈附加电阻的作用。

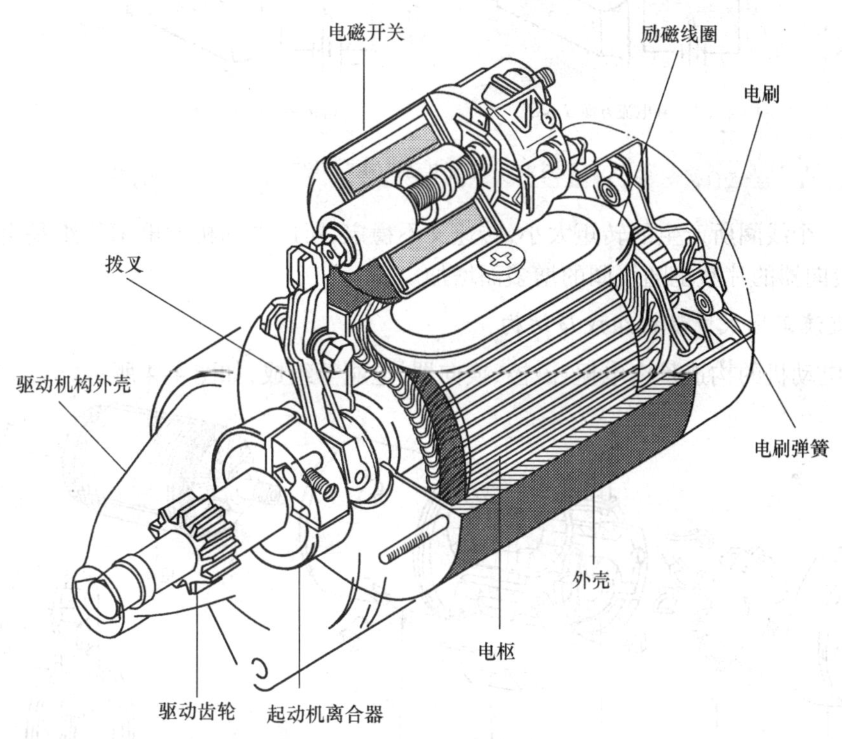

图 4-2 起动机的结构图

1 直流串励式电动机工作原理

直流电动机是将电能转变为机械能的装置,是以通电导体在磁场中受磁场力作用这一原理为基础制成的,其工作原理如图 4-3 所示。

当电路接通时,如图 4-3a)所示,线圈 $abcd$ 的电流方向是:蓄电池正极→励磁绕组→电刷→换向片 A→线圈($a \to d$)→换向片 B→电刷→搭铁,此时励磁绕组中产生电磁场,磁场磁极如图中所示,根据左手定则可知,线圈中的有效边 ab 与 cd 所受磁场力 F 的方向如图中所示,此时线圈产生的转矩方向为逆时针;当线圈转过半周后,如图 4-3b)所示,线圈 $abcd$ 中的电流方向发生改变,电流方向是:蓄电池正极→励磁绕组→电刷→换向片 B→线圈($d \to a$)→

换向片 A→电刷→搭铁，此时线圈中的电流方向虽改变为 $d \to a$，但线圈中的有效边 ab 与 cd 所受的磁场力 F 的方向同时改变，故线圈产生的转矩方向不变，仍为逆时针方向。

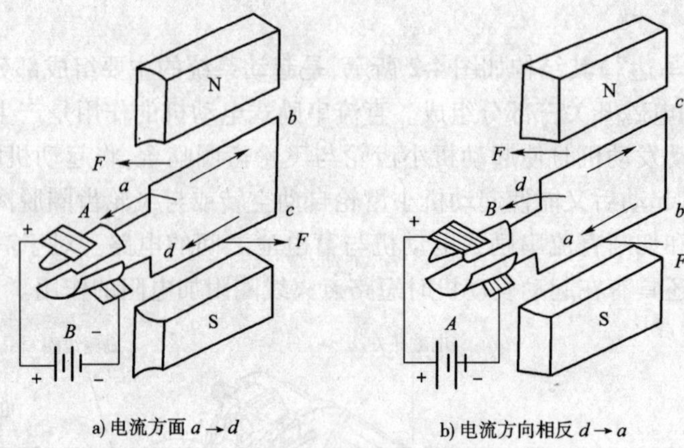

图 4-3 直流电动机的工作原理

由于一个线圈所产生的转矩太小，转速又不稳定，所以电动机的电枢绕组是由很多线圈组成的，换向器的片数也随线圈的增多而增加。

2 直流串励式电动机组成与结构

直流电动机的构造是由电枢、磁极、换向器、电刷等组成，如图 4-4 所示。

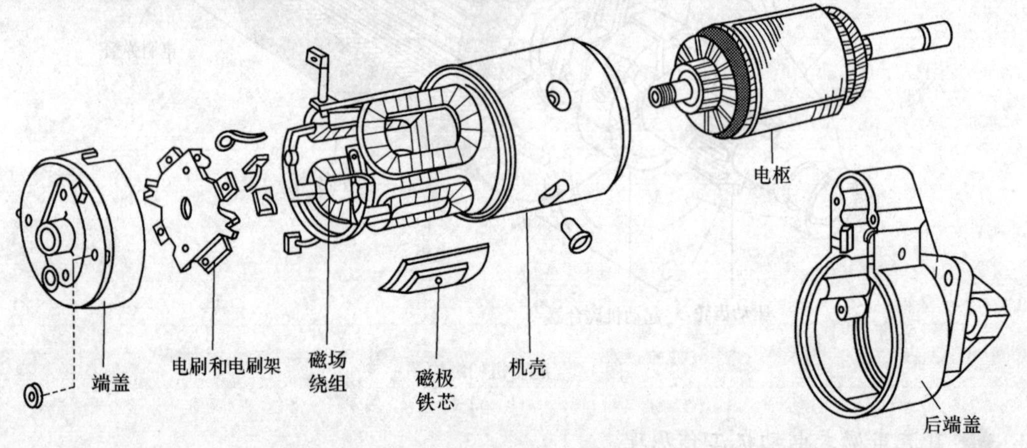

图 4-4 直流串励式电动机的结构

(1)电枢。电枢由电枢轴、电枢绕组、换向器、铁芯等组成，如图 4-5 所示，其作用是产生电磁转矩。电枢铁芯由硅钢片叠成后固定在轴上，铁芯外围均开有线槽，用以放置电枢绕组。为了得到较大的转矩，尽可能地提高电枢电流(一般为 200 ~ 600A)，因此，电枢绕组都是用较粗的矩形裸铜线绕制而成，在铜线与铁芯之间、铜线与铜线之间用绝缘纸隔开。电枢绕组的两端均匀地焊在换向片上，电枢绕组一般常用波绕法，与每一绕组两端相连接的换向器片相隔 90°，此种绕法电阻较低，有利于提高转矩。

由电动机的工作原理可知,换向器的作用是将电源提供的直流电转换成电枢绕组所需要的交流电,以保证电枢绕组所产生的转矩方向不变。换向器由铜片和云母片相间叠压而成,铜片之间用云母片绝缘。

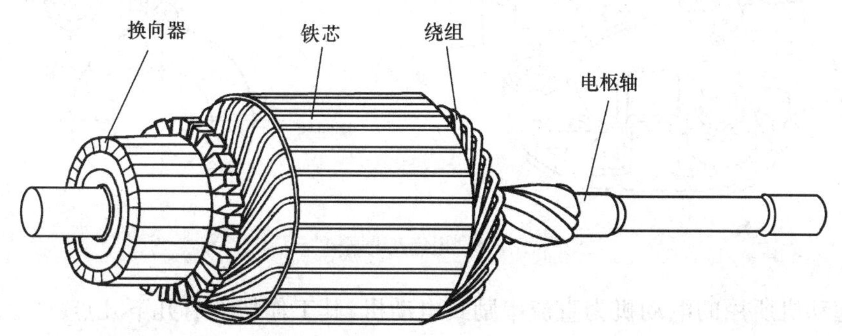

图 4-5 电枢的结构图

(2)磁极。磁极的作用是产生磁场,由铁芯和励磁绕组构成。为增大磁场强度,大多数起动机采用 4 个磁极。通过螺钉将磁极铁芯固定在电动机的外壳上,磁极与磁路如图 4-6 所示。励磁绕组也是采用矩形粗铜线绕制而成的(电流达到 200 ~ 600A),励磁绕组与电枢绕组常见的接法如图 4-7 所示,由于励磁绕组与电枢绕组串联,故称为直流串励式电动机。

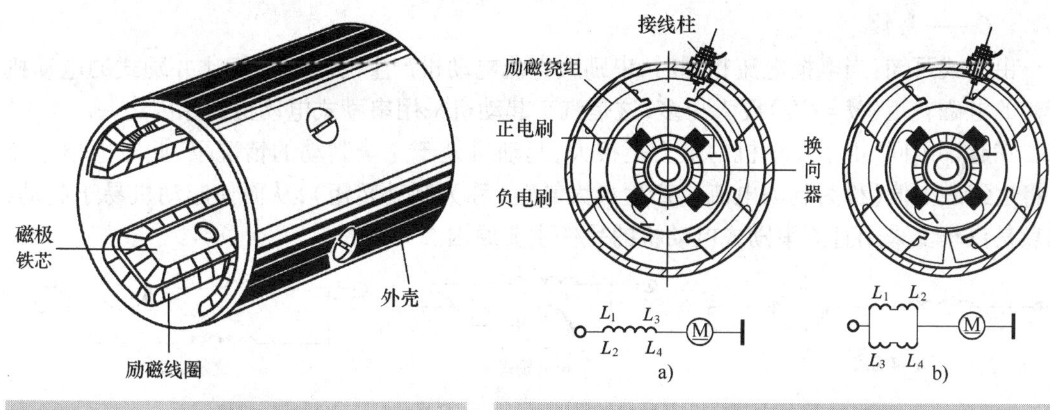

图 4-6 磁极与磁路

图 4-7 励磁绕组与电枢绕组

(3)电刷与电刷架。电刷与电刷架的作用是将电流引入电动机使电枢产生定向转矩。电刷一般是用铜和石墨粉压制而成,有利于减小电阻及增加耐磨性。电刷装在电刷架中,借弹簧压力压在换向器上,如图 4-8 所示。一般电动机内装有 4 个电刷,其中 2 个电刷直接搭铁,称搭铁电刷。

(4)轴承。因起动机每次工作时间很短,并承受的是冲击载荷,所以起动机轴承一般都采用青铜石墨轴承或铁基含油轴承。但减速起动机由于电枢轴转速很高,电枢轴承则采用滚柱轴承或滚珠轴承。

3 直流电动机的工作特性

在直流电动机中,励磁绕组与电枢绕组的连接方式可分为:串励式、并励式和复励式三种形式,如图 4-9 所示。

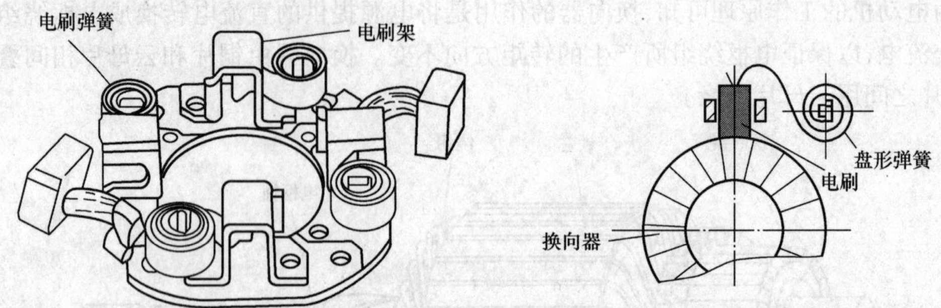

图 4-8 电刷及电刷架

汽车起动机所用的电动机为直流串励式电动机,其工作特性有几下几点:

①转矩特性。

如图 4-9a)所示,由于励磁绕组与电枢绕组是串联的,因此其励磁电流 I_J 与电枢电流 I_S 相等,在磁路未饱和时,磁通 ϕ 与励磁电流 I_J 成正比,即 $\phi = C_1 I_J = C_1 I_S$(C_1 为常数),故电动机产生的电磁转矩为:

$$M = C_m \phi I_S = C_m \cdot C_1 \cdot I_S \cdot I_S = C{I_S}^2 \tag{4-1}$$

式中:C_m——电动机的结构常数;

C——常数。

由上式可知:当电枢电流相同时,串励式直流电动机产生的电磁转矩比并励式的电动机产生的电磁转矩($M = CI_S$)要大得多,这是汽车起动机采用串励式电动机的原因之一。

在起动瞬间,由于发动机的阻力矩很大,起动机处于完全制动的情况下,此时电枢电流 I_s 将达到最大值(称为制动电流),产生最大转矩(称为制动转矩),从而使起动机易于起动,这就是汽车上采用直流串励式电动机的另一主要原因。

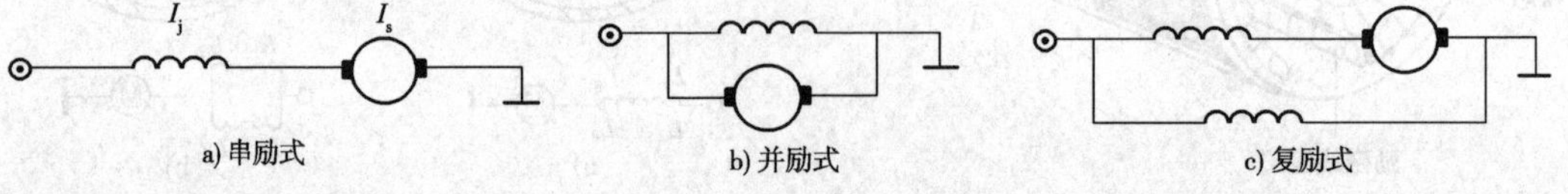

图 4-9 直流电动机的励磁方法

②转速特性。

直流串励式电动机在重载时转速低而转矩大的特性,可以保证起动安全可靠。但是在轻载和空载时转速很高,容易造成电枢绕组飞散。因此,直流串励式电动机不可在轻载或空载下运行。

③功率特性。

起动机的输出功率 P 可以通过测量电枢轴上的输出转矩 M 和电枢的转速 n 来确定。即:

$$P = Mn/9550(\text{KW}) \tag{4-2}$$

式中:M——起动机输出转矩(N·m);

n——起动机的转速(r/min)。

从上式可以看出，在完全制动($n=0$)和空载($M=0$)两种情况下，起动机的功率都等于0。在I_S接近全制动电流一半时，起动机的输出功率最大。因为起动机工作时间很短，所以允许在最大功率状态下工作。通常把起动机的最大输出功率称为起动的额定功率。

4 传动机构

起动机的传动机构主要指的是单向离合器，其作用是在起动时将电枢产生的电磁转矩传递给发动机飞轮；而当发动机起动后，单向离合器立刻打滑，防止发动机飞轮带动电枢高速旋转，造成电枢绕组"飞散"。

图4-10所示为传动机构的工作示意图，图4-10a)所示为起动机不工作时所处的位置；图b)所示为在电磁开关的作用下，驱动齿轮与飞轮齿圈正在啮合，此时起动机的主电路还没有接通；图c)所示为驱动齿轮与发动机飞轮完全啮合，主电路接通，电枢轴开始带动发动机曲轴旋转。发动机起动后，驱动齿轮与飞轮齿圈仍处于啮合状态，单向离合器打滑，驱动齿轮在飞轮的带动下空转。起动结束后，驱动齿轮在电磁开关的作用下，与发动机飞轮齿圈脱离啮合。

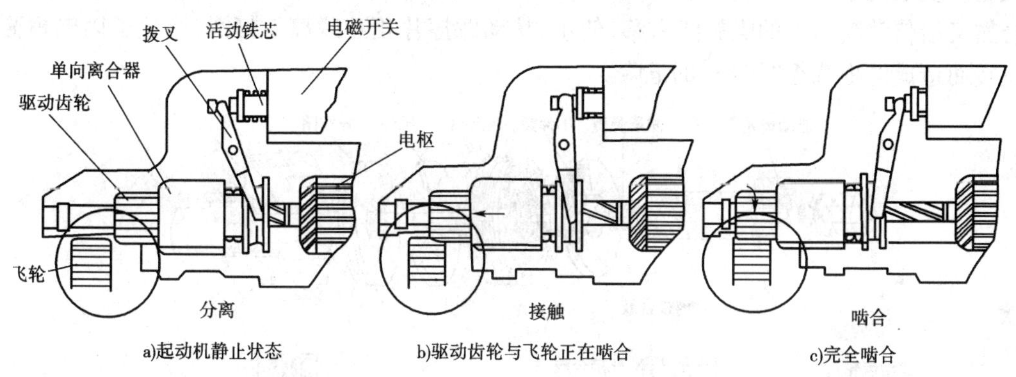

图4-10　传动机构工作示意图

(1)滚柱式单向离合器(4-11a))。

滚柱式单向离合器的原理是通过改变滚柱在楔形槽中的位置来实现分离和结合的，其结构如图4-11所示。其工作过程如下：当起动机开始工作时，拨叉拨动移动衬套，使驱动齿轮与发动机飞轮齿圈啮合，电磁转矩由电枢轴传到传动套筒与十字块，使十字块同电枢轴一同旋转。此时，再加上飞轮齿圈给驱动齿轮的反作用力，滚柱在摩擦力矩的作用下，滚入楔形槽的窄端而卡死(如图4-11b))，于是驱动齿轮和传动套筒为一个整体，带动飞轮，起动发动机。当发动机起动后，发动机飞轮带动驱动齿轮旋转，外壳的转速高于十字块的转速，此时，滚柱滚向楔形槽的宽端而打滑(如图4-11c))。这样发动机的转矩就不能通过驱动齿轮传递给电枢。

防止电枢因高速飞转而造成电枢绕组"飞散"的事故。滚柱式单向离合器结构简单，在中小功率的起动机上被广泛采用。但在传递较大转矩时，滚柱易变形卡死，因此滚柱式单向离合器不适用于功率较大的起动机上。

(2)摩擦片式单向离合器。

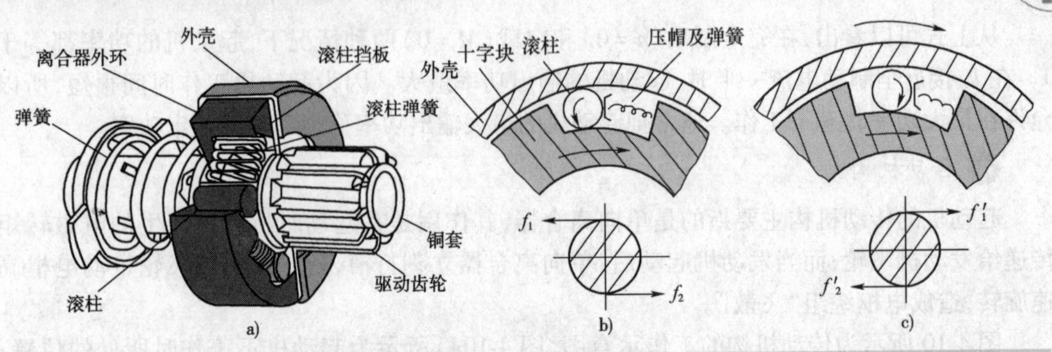

图 4-11 滚柱式单向离合器

摩擦片式单向离合器的原理是通过主、从动摩擦片的压紧和放松来实现分离的，其结构如图 4-12 所示。起动机工作时，起动机电枢轴带动传动套筒转动，由于惯性的作用，内接合鼓随着传动套筒的旋转而左移，使主、从动摩擦片紧压在一起，利用摩擦力将电枢转矩传递给飞轮。发动机起动后，起动机的驱动齿轮被飞轮带着转动，转速高于电枢的转速，于是内接合鼓又沿传动套筒上的螺旋线右移，使主、从动摩擦片相互脱离而打滑，避免了因电枢高速飞转而造成电枢绕组“飞散”的危险。

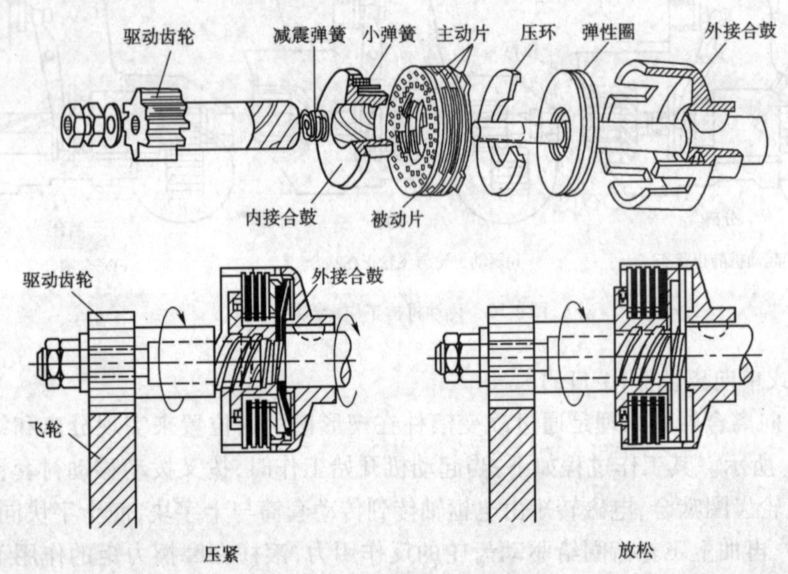

图 4-12 摩擦式单向离合器

当发动机的起动阻力过大时，曲轴不能立刻转动，此时内接合鼓在传动套筒作用下，继续向左移动，导致弹性圈在压环的压力下弯曲，当弹性圈弯曲到与内接合鼓的左端面接触时，内接合鼓便停止左移，于是主、从动摩擦片之间开始打滑，限制了起动机的最大输出转矩，防止了起动机过载。

摩擦片式单向离合器的最大输出转矩是可调节的，增减调整垫圈的片数，可以改变内接合鼓左端面与弹性圈之间的间隙，调节起动机的最大输出转矩。摩擦片式单向离合器可以

传递较大的转矩，应用于大功率起动机上。但是在使用过程中，摩擦片磨损后，传递的转矩将会下降，因此需要经常调整，而且其结构复杂。

(3)弹簧式单向离合器。

弹簧式单向离合器的原理是通过扭力弹簧的径向收缩和放松来实现分离和接合的，其结构如图4-13所示。

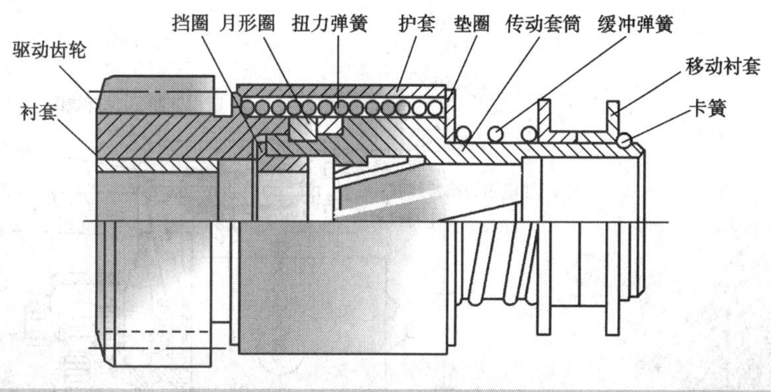

图4-13 弹簧式单向离合器

驱动齿轮与套筒是一体的，套在电枢轴前端的光滑部分，传动套筒套在电枢轴的花键上。在驱动齿轮套筒与传动套筒的外圆上包有扭力弹簧，扭力弹簧的内径略小于两套筒的外径。

当起动机工作时，电枢轴带动传动套筒旋转。由于弹簧与套筒之间存在摩擦力，使弹簧扭紧，抱紧两套筒传递转矩。当发动机起动后，由于飞轮齿圈对驱动齿轮的作用力改变了方向，使弹簧放松，于是驱动齿轮只能在电枢轴的光滑部分高速空转，防止了电枢超速运转带来的危险。

(4)电磁开关。

如图4-14所示为电磁开关的结构与工作原理图。电磁开关主要有吸引线圈、保持线圈、活动铁芯、接触盘等组成。其中吸引线圈与电动机串联，保持线圈与电动机并联，直接搭铁。活动铁芯一端通过接触盘控制主电路的导通；另一端通过拨叉控制驱动齿轮的啮合。在起动机电磁开关上有三个接线柱：主接线柱（接蓄电池的起动电缆线），起动接线柱（接点火开关起动挡或起动继电器），点火线圈附加电阻短路接线柱（接点火线圈）。

4 起动机的工作过程

(1)起动时，将点火开关打到起动挡(ST)，电磁开关通电，电路图如4-15所示（相关零部件名称参考图4-14），其电路如下：

蓄电池正极 → 起动机主接线柱 → 点火开关 → 起动接线柱 ↗ 保持线圈 → 搭铁

↘ 吸引线圈 → 主接线柱 → 直流串励电动机 → 搭铁

此时，吸引线圈与保持线圈的电流绕向相同，磁场方向相同，活动铁芯在两个线圈磁场力的共同作用下克服复位弹簧的作用向左移动，通过拨叉使驱动齿轮与发动机飞轮啮合。当驱动齿轮与飞轮啮合后，接触盘将主接线柱、内侧触头接通，于是起动机的主电路接通（电流为200～600A），电路如下：

蓄电池正极→主接线柱→接触盘→主接线柱→励磁绕组→电刷→电枢绕组→电刷→搭铁。

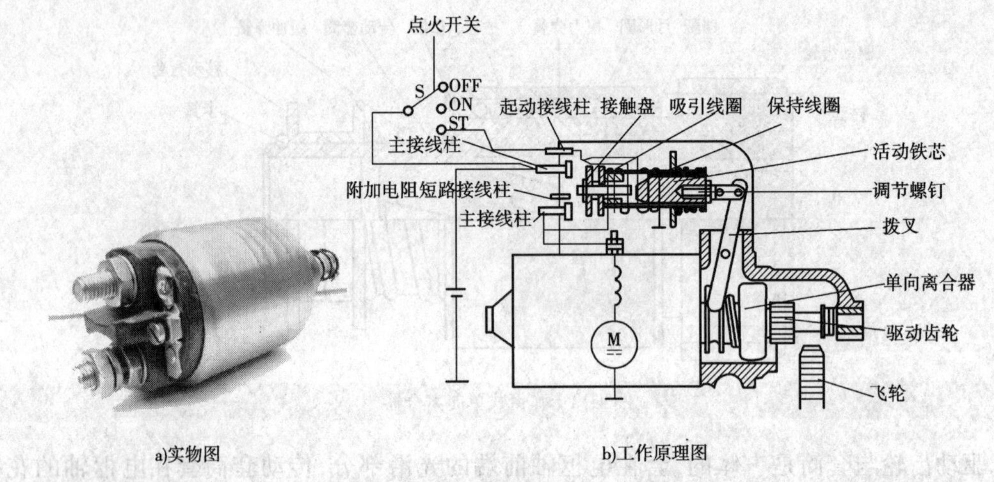

图4-14 电磁开关的结构与工作原理

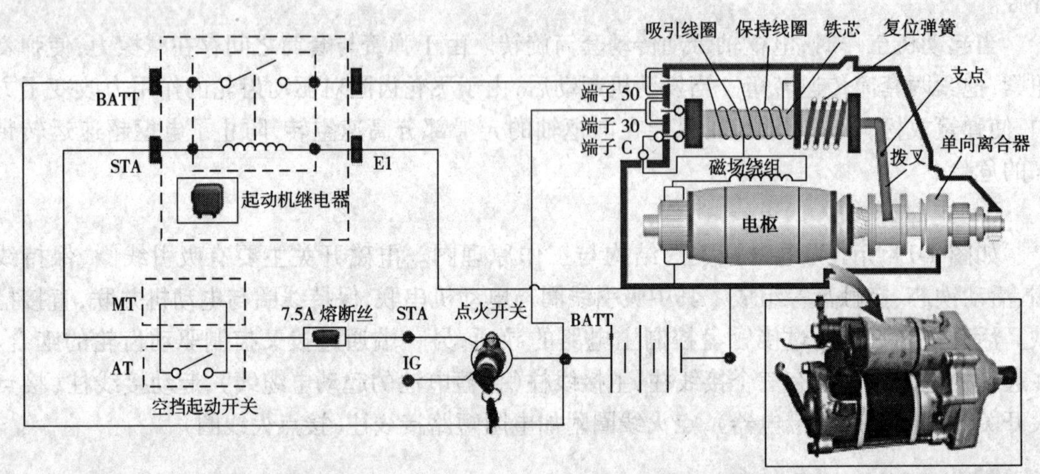

图4-15 丰田VIOS轿车的起动系统电路图

这时直流电动机产生电磁转矩，通过单向离合器带动曲轴旋转，起动发动机。

（2）发动机起动后，单向离合器打滑。

（3）松开点火开关，点火开关从起动挡（ST）回到点火挡（IG），这时从点火开关到起动接线柱之间已没有电流，吸引线圈与保持线圈的电路变为：

蓄电池正极→主接线柱→接触盘→主接线柱→吸引线圈→保持线圈→搭铁。

此时，由于吸引线圈与保持线圈的电流绕向相反，磁场方向相反，磁吸力相互抵消，因

此,活动铁芯在复位弹簧的作用下,迅速右移,使主电路断开,驱动齿轮与飞轮脱离啮合,起动机停止工作。

在接触盘接通主电路之前,由于电流经吸引线圈到励磁绕组与电枢绕组,所以电枢产生了一个较小的电磁转矩,使驱动齿轮在缓慢旋转状态下与飞轮平稳啮合。主电路接通后,吸引线圈被短路,活动铁芯的位置由保持线圈产生的磁吸力来保持;主电路接通的同时,接触盘将接线柱接通,使点火线圈的附加电阻短接,提高点火电压。现在附加电阻已经很少采用,所以这个接线柱或不接线,或已经取消。

5 影响起动机功率的使用因素

(1)接触电阻。

主要指蓄电池的极柱与起动机电缆线、起动电缆线与搭铁、接触盘与主接线柱内侧触头、起动机电刷与换向器片等接触不良,导致起动主电路电阻增大,起动电流下降,使起动机功率下降。另外起动机的电缆线不要随意更换,最好使用与车型配套的电缆线,否则电缆线过长、过细都会使电阻增大,使起动机功率下降。

(2)蓄电池的容量。

蓄电池的容量愈小,则内阻愈大,起动电流下降,使起动机功率下降。所以在使用蓄电池时,要经常保持蓄电池充足电。

(3)温度。

温度低时会引起蓄电池的内阻增大,容量下降,导致起动机输出功率下降。

二 起动系统的故障诊断

发动机不能起动这一故障现象是一个非常复杂的综合故障。产生这一故障的原因很多,包括起动系统、点火系统、燃油供给系统、点火正时、配气相位、压缩比、及其他的机械故障等原因,都可导致发动机不能起动。所以对于发动机不能起动,要根具体车型、当时的维修情况及起动时发动机的特征,从简单到复杂,一个系统一个系统地检查。在这一节中,我们主要学习的是起动系的诊断。当起动系统出现故障时,故障的原因可能是蓄电池、起动机、起动继电器、点火开关、起动系统线路等引起的,通过故障诊断,能准确判断故障在哪个部位。下面是起动系统的常见故障的诊断方法。

1 起动机不工作

起动机不工作指的是当点火开关打到起动挡时,起动机不转动,并且电磁开关没有动作。检查步骤如下:

(1)检查蓄电池。

应先检查蓄电池的极柱是否松脱、氧化、腐蚀,检查电缆线及搭铁端是否正常。然后检查蓄电池是否亏电,可以按喇叭,根据喇叭声音的大小可判断蓄电池是否亏电,也可以开大灯,根据灯光亮度的变化来判断蓄电池是否亏电,如果喇叭声音变小或大灯灯光变暗,说明

蓄电池亏电。如果以上都正常,进行下一步检查。

(2)检查起动机。

将起动机上接电缆线的主接线柱与起动接线柱短接,若起动机不能工作,说明起动机的电磁开关等有故障,需拆下起动机检修。如果起动机能正常工作,进行下一步检查。

(3)将起动继电器上的"电池"和"点火"两接线柱短接。

①若起动机正常工作,说明起动继电器及起动继电器到起动机的线路正常,故障在点火开关或点火开关到起动继电器的线路上,进行下一步检查。

②若起动机不工作,再将起动继电器上的"电池"和"起动"两接线柱短接,起动机正常工作,故障在起动继电器;起动机不工作,故障在起动继电器到起动机的线路上。

2 起动机起动无力

起动机起动无力指的是起动机的驱动齿轮已经与飞轮齿圈啮合,但由于起动机的转速太慢而不能使发动机起动。起动无力一般是由于电路中存在潜在的故障引起的,这些潜在的故障引起额外的电压降,使起动电流减小。起动机起动无力的原因有:蓄电池故障,包括蓄电池亏电,蓄电池极柱松动、氧化或腐蚀;起动机故障,包括电刷与换向器接触不良、电磁开关中的接触盘烧蚀、直流串励式电动机的励磁绕组或电枢绕组有局部短路。检查步骤如下:

(1)检查蓄电池。

先检查蓄电池的极桩与电缆线的接触是否有松动、氧化或腐蚀等现象;然后通过按喇叭、开大灯等检查蓄电池是否亏电,如果以上情况都正常,可初步判断故障在起动机。

(2)检查起动机。

当发生起动机起动无力时,如果不是蓄电池、极柱及起动电缆线等故障,一般可将起动机从车上拆下,将起动机解体后,进行检查维修。

3 起动机工作正常,但发动机不转动(或转动速度慢),并有异响

这种故障现象的主要原因可能是单向离合器打滑,或者是飞轮齿圈有部分齿损坏。一般可根据声音判断,声音"轻、尖且连续"的是单向离合器打滑,应更换单向离合器;声音"沉重、间断"的是飞轮齿圈损坏。也可重新转动曲轴或将车挂上挡,前后移动一下汽车,使起动机的驱动齿轮与发动机的飞轮重新啮合。如果能起动发动机,说明飞轮齿圈的齿轮啮合面部分损伤,飞轮齿圈损伤轻微的可将飞轮齿圈翻转过来,重新使用,飞轮齿圈损伤严重的应更换齿圈。

一 任务实施准备

(1)汽车电气设备实训室;

(2)起动机若干、带线蓄电池若干;

(3)万用表、各种导线、电工常用的钳子、螺丝刀、绝缘胶布。

二 任务实施步骤

起动机的拆装与检测

1 起动机的拆装

(1)起动机的拆解。

起动机解体前应清洁外部的油污和灰尘,然后按下列步骤进行解体:

①旋出防尘盖固定螺钉,取下防尘盖,用专用钢丝钩取出电刷;拆下电枢轴上止推圈处的卡簧,如图 4-16 所示。

②用扳手旋出两紧固穿心螺栓,取下前端盖,抽出电枢,如图 4-17 所示。

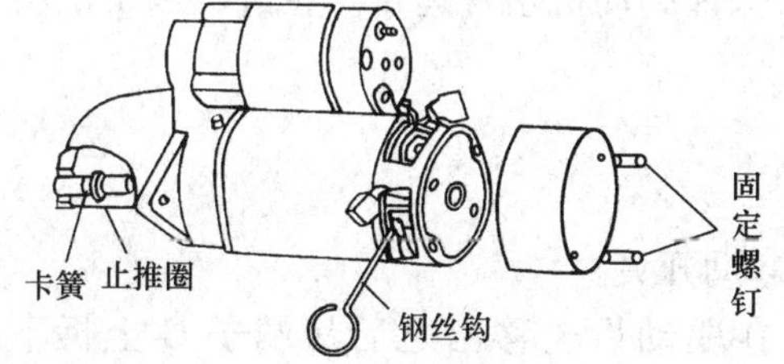

图 4-16 拆卸电刷

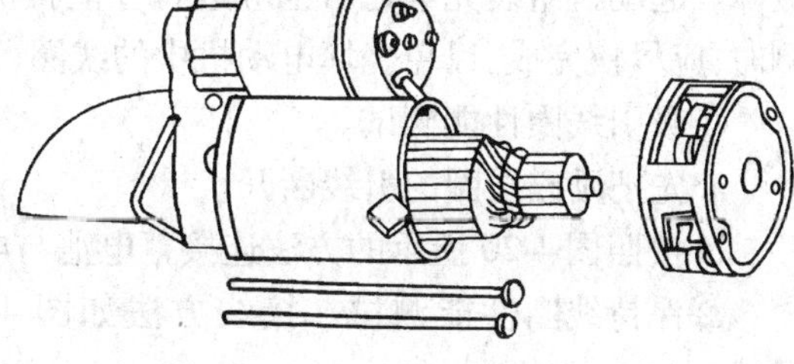

图 4-17 拆卸前端盖和电枢

③拆下电磁开关主接线柱与电动机接线柱间的导电片;旋出后端盖上的电磁开关紧固螺钉,使电磁开关后端盖与中间壳体分离,如图 4-18 所示。

④从后端盖上旋下中间支承板紧固螺钉,取下中间支承板,旋出拨叉轴销螺钉,抽出拨叉,取出离合器,如图 4-19 所示。

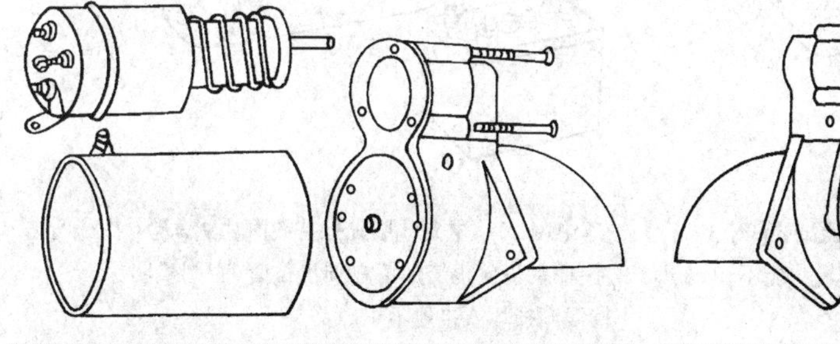

图 4-18 拆卸电磁开关

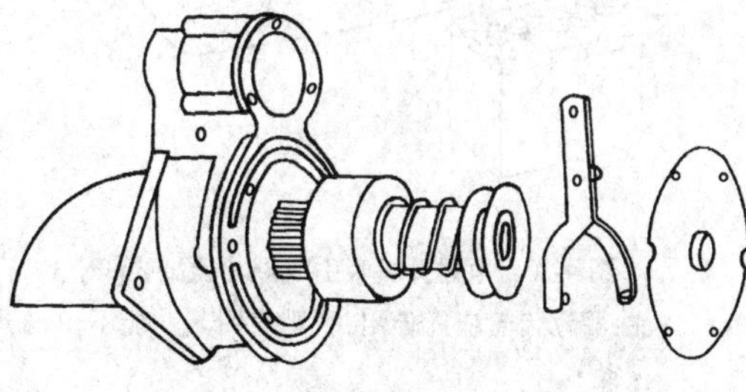

图 4-19 拆下离合器

⑤将已解体的机械部分浸入清洗液中清洗,电气部分用棉纱沾少量汽油擦拭干净。有必要时,可分解电磁开关,其步骤是:

a. 拆下电磁开关前端固定螺钉,取下前端盖;

b. 取下独盘锁片、触盘、弹簧、抽出引铁;

c. 取下固定铁心卡簧及固定铁心,抽出铜套及吸引和保持线圈。

(2)起动机的装复。

起动机的形式不同,具体装复的步骤不可能完全相同,但基本原则是按分解时的相反步骤进行。

装复的一般步骤是:先将离合器和移动叉装入后端盖内,再装中间轴承支撑板,将电枢轴装入后端盖内,装上电动机外壳和前端盖,并用长螺栓结合紧,然后装电刷和防尘罩,装起动机开关可早可晚。

2 起动机主要部件的检测

起动机的检测分为解体检测和不解体检测两种,解体测试随解体过程一同进行。不解体测试可以在拆卸之前或装复以后进行。

(1)起动机的不解体检测。

在进行起动机的解体之前,最好进行不解体检测,通过不解体的性能检测大致可以找出故障。起动机组装完毕之后也应进行性能检测,以保证起动机正常运行。在进行以下的检测时,应尽快完成,以免烧坏电动机中的线圈。

①吸引线圈性能测试。

a. 先把励磁线圈的引线断开。

b. 按照图 4-20 所示的方法连接蓄电池与电磁起动开关。

②保持线圈性能测试。接线方法如图 4-21,在驱动齿轮移出之后从端子 C 上拆下导线。

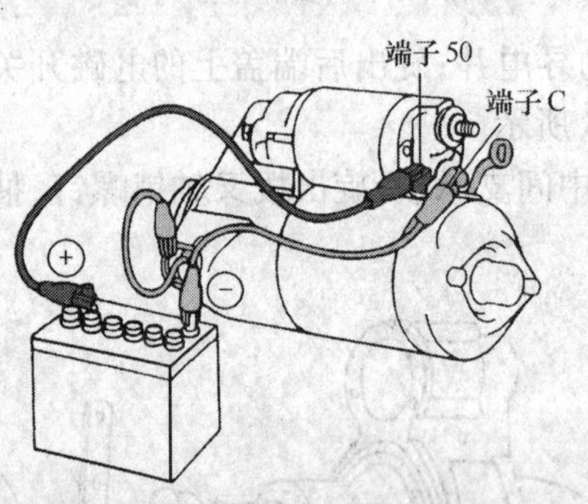

图 4-20 电磁开关吸引线圈功能试验

注:驱动齿轮应能伸出,否则表明其功能不正常。

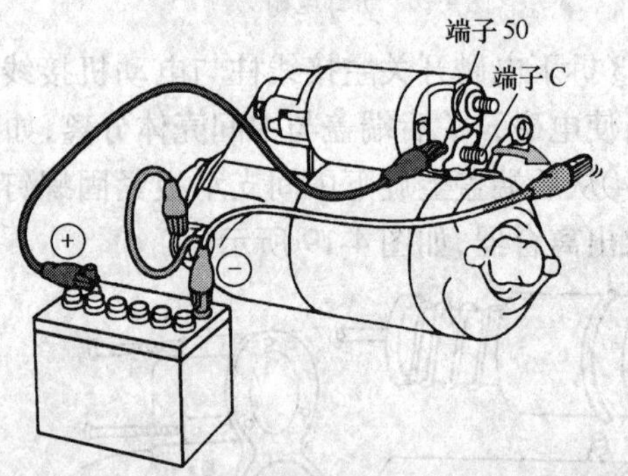

图 4-21 电磁线圈和保持线圈功能试验

注:驱动齿轮仍能保留在伸出位置,否则表明保持线圈损坏或接地不正确。

③驱动齿轮复位测试(图 4-22)。

说明:拆下蓄电池负极接外壳的接线夹后,驱动齿轮能迅速返回原始位置即为正常。

④驱动齿轮间隙的检查。按照图 4-23 连接蓄电池和电磁开关,按照图 4-24 进行驱动齿轮间隙的测量。

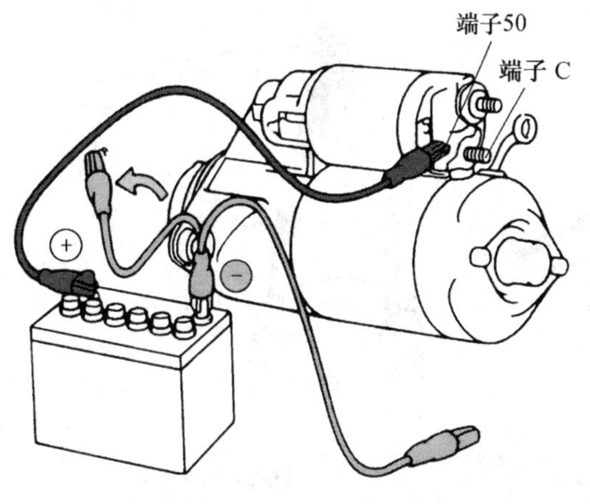

图 4-22　驱动齿轮复位试验

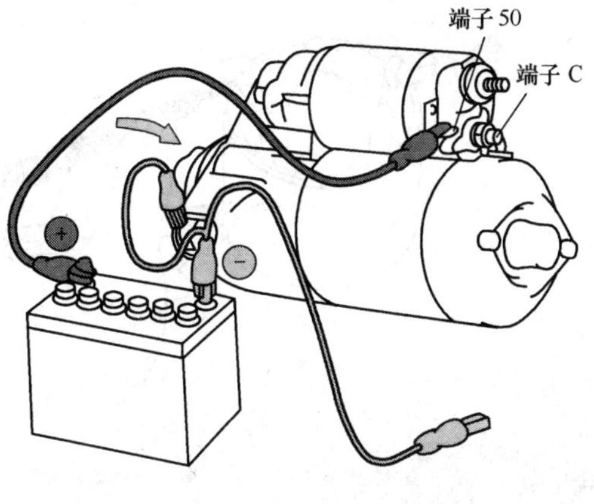

图 4-23　驱动齿轮间隙检查时的接线

⑤空载测试(图 4-25)。

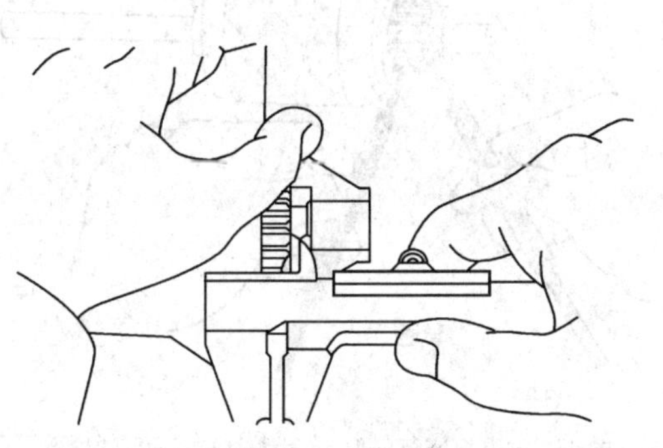

图 4-24　驱动齿轮间隙的测量

注:测量事先把驱动齿轮推向电枢方向,消除间隙后测驱动齿轮端和止动套圈间的间隙,并和标准值进行比较。

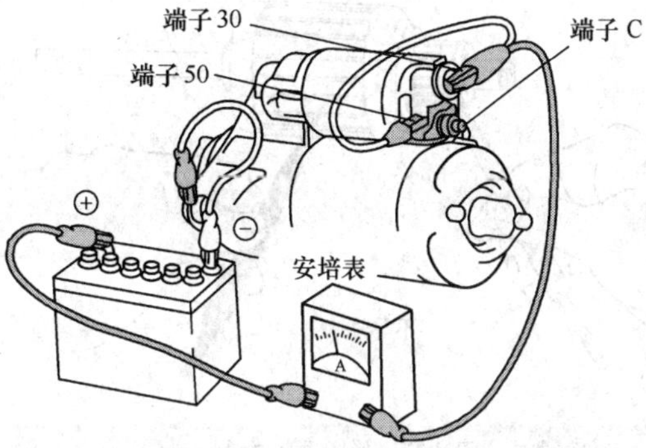

图 4-25　起动机的空载测试

a. 固定起动机;

b. 按照图示的方法连接导线;

c. 检查起动机应该平稳运转,同时驱动齿轮应移出;

d. 读取安培表的数值,应符合标准值;

e. 断开端子 50 后,起动机应立即停止转动,同时驱动齿轮缩回。

(2)起动机的解体检测。

①直流电动机的检修。

a. 磁场绕组的检查,如图 4-26 所示;

b. 电枢的检查,如图 4-27 至图 4-32 所示;

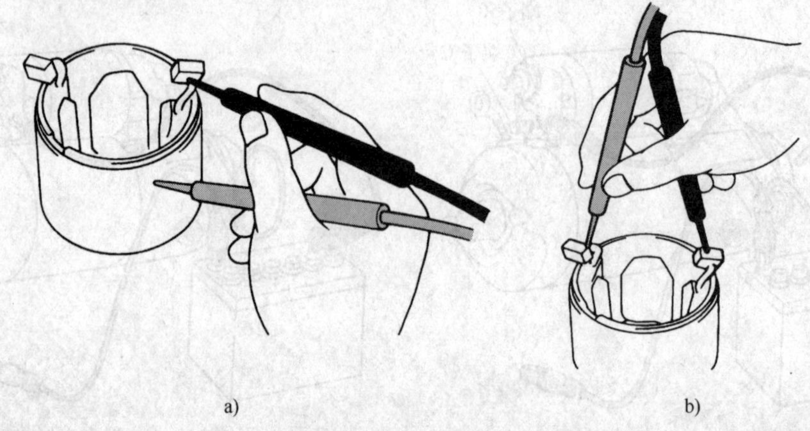

图 4-26　磁场绕组及其外壳的检查

注:用欧姆表检查励磁绕组两电刷之间时,应导通。用欧姆表检查励磁绕组和定子外壳时,不应导通。

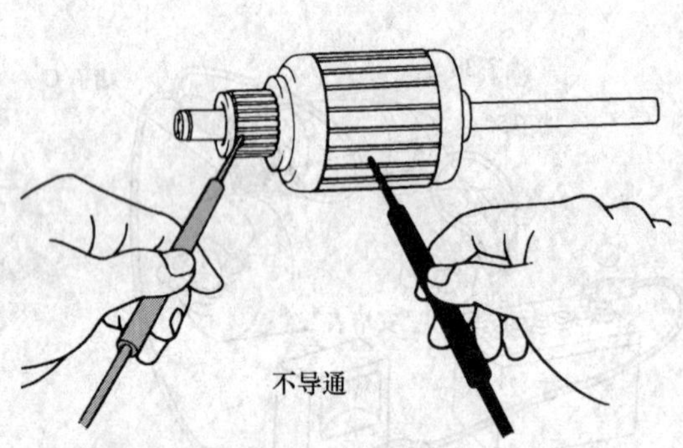

图 4-27　换向器的检查

注:换向器和电枢线圈铁芯之间不应导通。

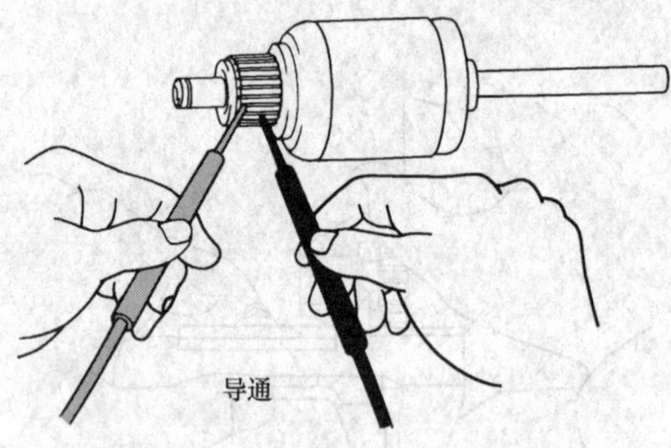

图 4-28　电枢绕组(即换向片与换向片间)的检查

注:整流片之间应导通。

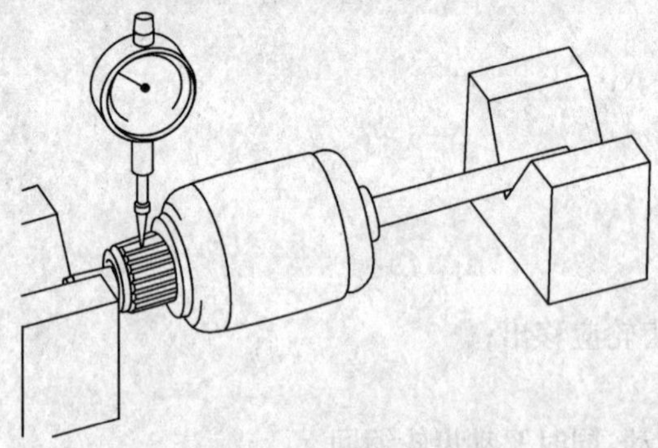

图 4-29　换向器失圆检查

注:其失圆(即跳动量)不应超过 0.03mm,最新的标准为 0.02mm。

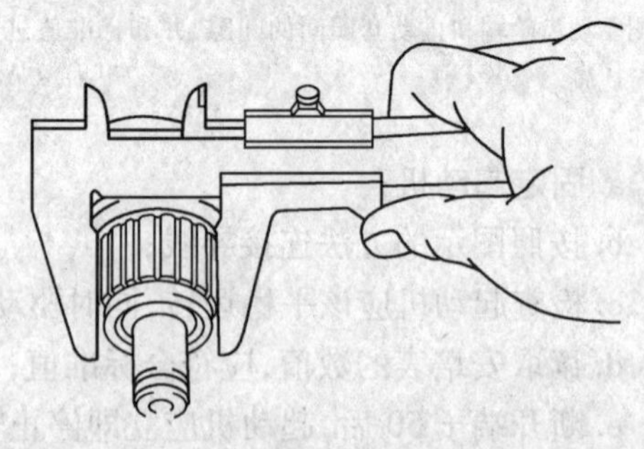

图 4-30　换向器最小直径的检查

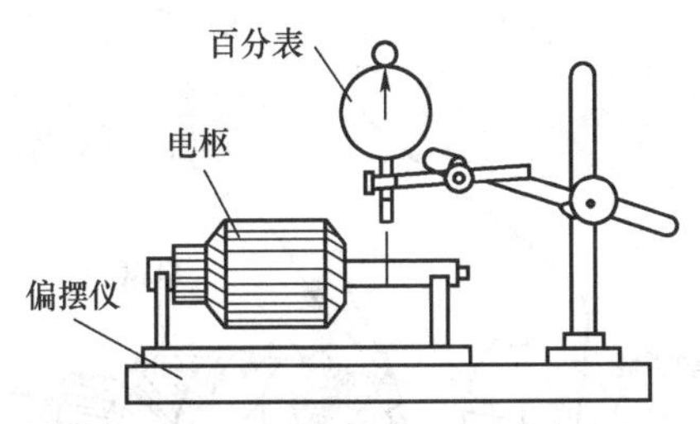

图 4-31 电枢轴跳动检查

注：其跳动量不应大于 0.08mm，否则应进行校正或更换电枢。

注：检查时应和标准值进行比较，若测得的直径小于最小值应更换电枢。

图 4-32 换向器绝缘片的检查

注：首先换向片应洁净，无异物。绝缘片的深度为 0.5 ~ 0.8mm，最大深度为 0.2mm，太高应使用锉刀进行修整。

c. 电刷、电刷架及电刷弹簧的检查，如图图 4-33、图 4-34、图 4-35 所示；

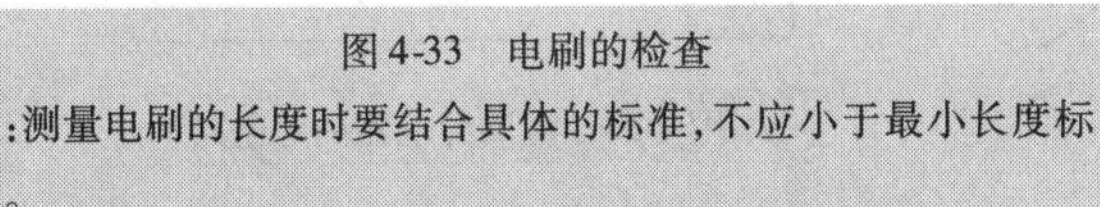

图 4-33 电刷的检查

注：测量电刷的长度时要结合具体的标准，不应小于最小长度标准。

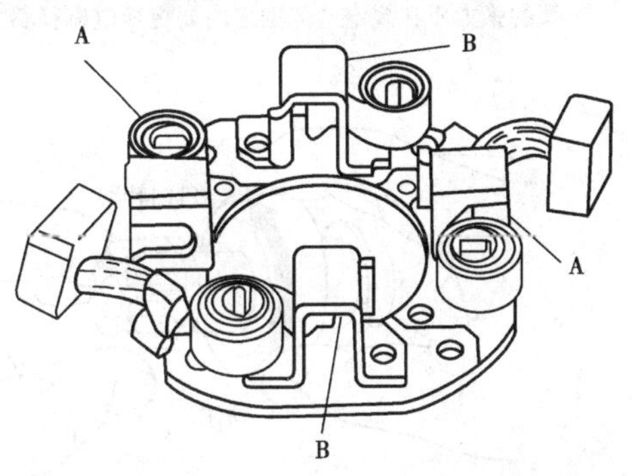

图 4-34 电刷架的检查

注："+"电刷架 A 和"-"电刷架 B 之间不应导通，若导通应进行电刷架总成的更换。

②传动机构的检修，单向离合器的安装与检查如图 4-36 所示。

将单向离合器及驱动齿轮总成装到电枢轴上，握住电枢，当转动单向离合器外座圈时，驱动齿轮总成应能沿电枢轴自如滑动，如图 4-37 所示。

检查小齿轮和花键及飞轮齿圈有无磨损或损坏，在确保驱动齿轮无损坏的情况下，握住外座圈，转动驱动齿轮，应能自由转动；反转时应锁住，否则应更换单向离合器。

③电磁开关的检修。起动机构如果有起动继电器，则需要对其进行检查，检查项目和方法如下：

a. 起动继电器的检查。起动继电器的检查如图 4-38、图 4-39 及图 4-40 所示；

b. 电磁开关的检查。电磁开关在解体情况下的检查项目和方法如图 4-41、图 4-42、图 4-43、图4-44所示。

图4-35　电刷弹簧的检查

注:不同型号起动机的弹簧压力是不同的,若测得弹簧的张力不在规定的范围之内要更换电刷弹簧。

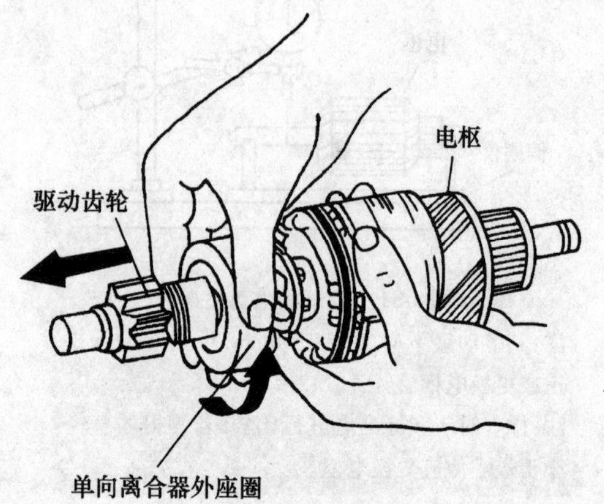

图4-36　单向离合器的安装与检查

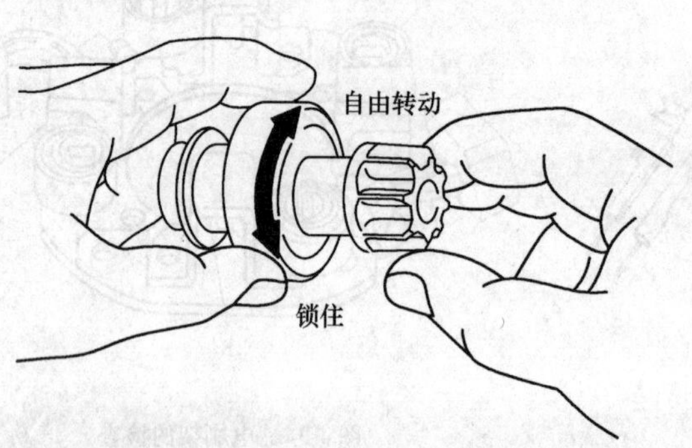

图4-37　单向离合器的其他检查

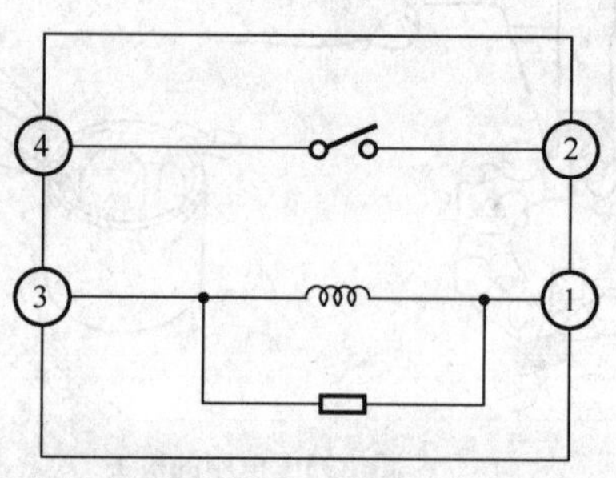

图4-38　起动继电器内部电路

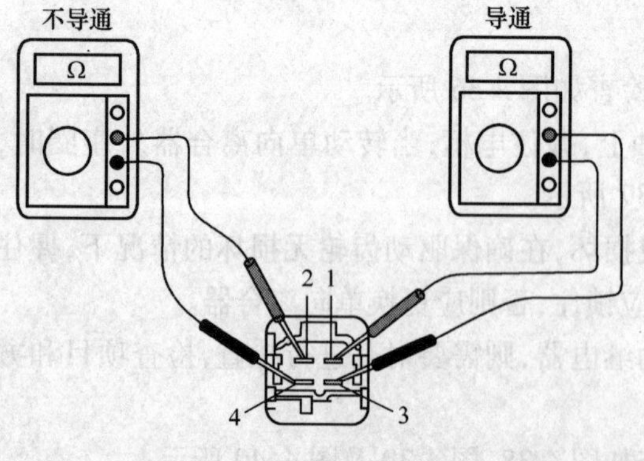

图4-39　起动继电器内部电路

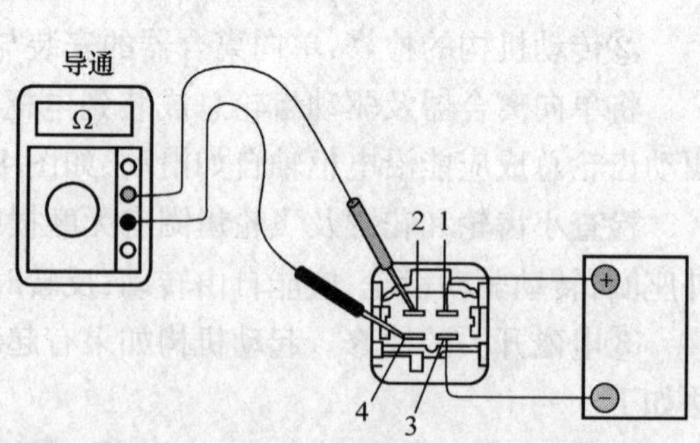

图4-40　起动继电器工作情况检查

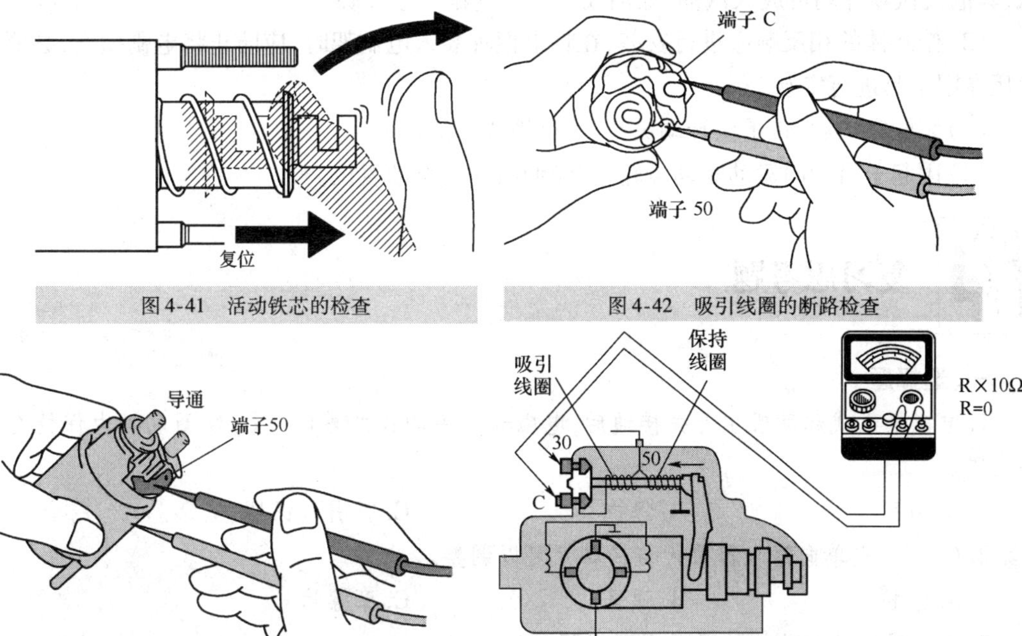

图 4-41　活动铁芯的检查

图 4-42　吸引线圈的断路检查

图 4-43　保持线圈的断路检查

图 4-44　电磁开关接触片的检查

解体检查结束之后，按照起动机装复的步骤进行装复。在装复之后，应进行性能测试，参考表 4-1。

起动机检测数据记录表　　　　表 4-1

序号	检测项目		标准情况	检测情况	结论
1	磁场绕组	磁场绕组断路的检查	通(0Ω)		
		磁场绕组搭铁的检查	不通(∞)		
		磁场绕组短路的检查	每个磁极对起子的吸引力相同		
2	电枢绕组	断路检验	$R=0\Omega$		
		搭铁检验	$R=\infty$		
		短路检验	$R=\infty$		
3	电枢轴弯曲度		≯0.15mm		
4	电刷高度		7～10mm		
5	电磁开关线圈	吸引线圈电阻值(Ω)	0.6Ω 以下		
		保持线圈的阻值(Ω)	1Ω		

3 起动机的清洗与装配

(1)对分解的零部件进行清洗，清洗时，对所有的绝缘部件，只能用干净布蘸少量汽油擦

拭,其他机械零件均可放入汽油、煤油或柴油中洗刷干净并晾干。

(2)按解体的相反顺序进行安装,在将电枢轴装入电刷架时,应防止将电刷撞断,必要时使用专用工具进行安装。

(3)装配完毕后,转子应转动灵活,无碰擦或卡滞现象。

(4)用起子沿轴向拨动驱动齿轮,应能伸出并能自动复位。

复习思考题

一、选择题

1. 电磁操纵式起动机主开关接通后,电磁开关中的铁芯被( )线圈电磁力保持在吸合位置。

A. 吸引　　B. 保持　　C. 吸引与保持

2. ( )式单向离合器最大传递转矩可以调整。

A. 滚柱　　B. 弹簧　　C. 摩擦片

3. 起动机空转试验的接通时间不得超过( )。

A. 5s　　B. 1min　　C. 5min

4. 为了减少电阻起动机内导电开关及绕组均用( )制成。

A. 紫铜　　B. 黄铜　　C. 青铜

二、判断题

1. 起动机一定有励磁绕组且与电枢绕组呈完全串联。( )

2. 电磁操纵起动机单向离合器与电枢轴普遍用螺旋花键连接。( )

3. 电磁操纵起动机均设计有铁芯断电行程。( )

4. 起动机有"哒哒"声响,但不能发动的原因一定是电磁开关中吸引线圈已烧断。( )

5. 将有匝间短路故障的起动机磁场绕组放在通电的电枢感应仪上5min后,会出现发热现象。( )

6. 起动机主电路导线截面积不得小于35mm^2。( )

7. 蓄电池搭铁极性接反,会造成普通电磁式起动机转子反转。( )

8. 起动机三行程配合不当,易产生顶齿或打齿故障。( )

9. 普通起动机电枢绕组各线圈的两端分别焊在相隔大约180°的两个换向片上。( )

三、问答题

1. 起动机由几部分组成?每部分的作用是什么?

2. 单向离合器有什么作用?

3. 说明起动机的工作过程。

4. 起动机工作无力的原因是什么？
5. 当点火开关打到起动挡时起动机不转动，故障部位一定在起动机吗？
6. 减速型起动机有何优点？
7. 使用起动机应注意哪些事项？
8. 影响起动机功率的因素有哪些？

项目五

点火系统

学习任务　点火系统的构造与检修

学习目标

◎　掌握汽车点火系统的组成、作用及工作原理；

◎　了解汽车点火系统各部件常见故障的成因。

能力要求

◎　能正确地对点火系统进行拆装与检测；

◎　能正确诊断点火系统的故障部位并排除故障。

任务导入

故障现象：一辆09款丰田卡罗拉（1.6L）轿车，出现发动机怠速不稳和偶尔无怠速的现象。

故障检修：首先，使用故障检测仪检查发动机系统，无故障，进入发动机系统数据流，发现喷油量、进气量、点火提前角及节气门开度的波动变化大，但此波动都是由于怠速不稳而产生的，故没有理会。随后，拆开火花塞检查，其中一缸的火花塞比较黑，判断其可能工作不良，更换后故障依旧，之后又分别检查汽缸压力和高压线都属正常，拆下点火线圈发现线圈被烧穿，所以认为是线圈的质量问题，更换点火线圈后把车交给用户使用。可使用不到一天，该车原故障再现，维修人员拆下点火线圈检查发现线圈再次烧坏，在复查的过程中，发现线圈工作时线圈的负极线温度很高并有烫手的感觉，初步诊断故障与导线发热有关。最后，翻阅电路图检查负极线的来源，发现负极线与车身搭铁不良，把线圈清洁紧固后故障排除。

故障原因是导线电流太大而且接触不良导致供电不稳定烧坏高压线圈。

点火系统故障是汽车维修中常见的故障之一，能快速准确地对点火系统故障进行诊断与排除是汽车维修人员必备的技能之一。所以，学好本项目的内容，即点火系统的组成、工作原理以及故障诊断与排除，就显得尤为重要。

在汽油发动机中，汽缸内的混合气是由高压电火花点燃的，而产生电火花的功能是由点火系统来完成的。点火系统将电源的低电压变成高电压，再按照发动机点火顺序轮流送至各缸的火花塞，点燃压缩混合气，并能适应发动机工况和使用条件的变化，自动调节点火时刻，实现可靠而准确的点火，还能在更换燃油或安装分电器时进行人工校准点火时刻。

早期汽车上使用的传统蓄电池点火系统即为典型的电感储能点火系统。由于电子技术的不断发展，现在汽车上的点火系统已为电子点火系统或微机控制点火系统所取代，但不管是传统点火系统还是电子点火系统，其点火的基本原理是相同的。

点火系统应在发动机各种不同工况和使用条件下，保证可靠而准确地点燃混合气，为此，点火装置应满足下列三个基本要求。

(1)能产生足以击穿火花塞间隙的电压。

发动机正常工作时，击穿火花塞间隙的电压一般在10kV左右，而在低温起动时，由于火花塞电极温度低，汽缸内的温度与压力均低，混合气雾化不良，因此，击穿火花塞间隙的电压需要在19kV以上。为了保证发动机点火的可靠性，点火系统必须有一定的次级电压储备。但过高的次级电压，将造成线路绝缘困难，使成本提高。一般点火系统的次级电压设计能力为30kV，或者稍高一些。

(2)火花应具有足够的能量。

要使混合气可靠点燃，火花塞产生的电火花必须具有一定的能量。发动机正常工作时，由于混合气压缩终了的温度已接近其自燃温度，因此，所需的火花能量很小(1~5mJ)。但发动机在低温起动时，因为混合气雾化不良，所以需较高的火花能量。为了保证发动机可靠点火，一般应保证火花塞跳火时有100mJ以上的火花能量。

(3)点火时刻应适应发动机的工况。

首先，点火系统应按发动机的工作顺序进行点火。一般六缸发动机的点火顺序为1-5-3-6-2-4，四缸发动机的点火顺序为1-3-4-2，但也有不同，一般应以制造厂家提供的技术数据为准。其次，必须在最有利的时刻进行点火。

一 点火系统的分类

目前应用在汽车上的点火装置较多，大致可分为以下几种：传统的白金点火、电子点火、微机点火三大类。不论是哪种点火系统都是靠点火线圈产生高压火为基础，而点火线圈是根据互感的原理制成的，如图 5-1 所示。点火系统的点火线圈要产生高压火，A 线圈中的电流就必须发生变化，这样才能在 B 线圈内产生高压电。

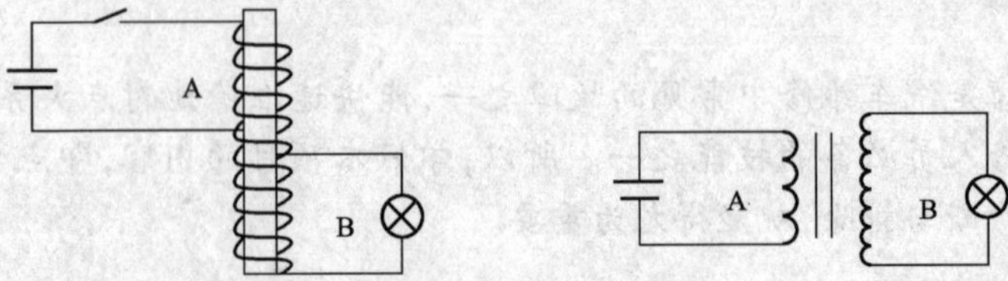

图 5-1 互感电路图

1 白金点火系统

白金的作用是控制 A 线圈中的电流有通断的变化，在线圈 B 内产生高压电。白金点火有一个缺点，就是白金触点在张开和闭合时产生的火花烧蚀白金，且高压火弱，这必将给白金点火带来被淘汰的命运。在 20 世纪 70 年代时，白金点火已被欧美国家的汽车上所淘汰，而我国在 2000 年以后这种点火系统也基本不采用了。

2 电子点火系统

电子点火可分为有触点的电子点火和无触点的电子点火。

1 有触点的电子点火

有触点的电子点火就是在白金点火的基础上加了一个点火器与白金配合使用的，点火器的加入保护了白金的同时也增强了高压火花，有触电电子点火示意图如图 5-2 所示。

虽然在白金点火中加入了一个保护装置，但是有白金触点，就会产生火花，从而烧蚀或影响点火系统的正常工作。

2 无触点式电子点火系统

无触点式电子点火有两种，既磁脉冲式和霍尔式。

(1)磁脉冲式(图 5-3)。

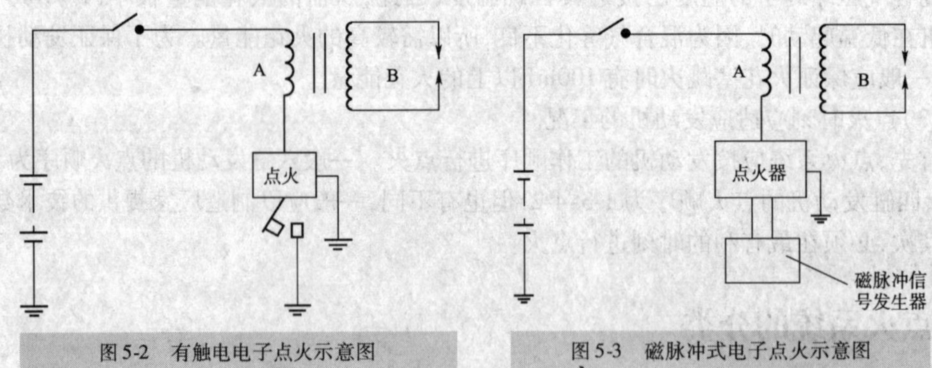

图 5-2 有触电电子点火示意图

图 5-3 磁脉冲式电子点火示意图

磁脉冲式点火系统是由信号发生器替代传统点火系统中的凸轮点火控制器，信号发生器产生信号电压并将其输送给点火器，点火器就控制点火线圈跳火。虽然磁脉冲式点火避免了传统点火系统有触点所带来的弊端，但由于信号发生器是利用线圈内磁场的变化来发出信号电压的，而信号电压的高低直接由发动机的转速决定，所以车辆怠速和高速时所产生的点火能量相差很大，高达10倍左右。

(2)霍尔式电子点火系统。

霍尔是指霍尔效应，是磁电效应的一种，是美国物理学家霍尔于1879年时发现的。霍尔式电子点火系统就是利用霍尔效应设计的电子点火电路，其特点是高压火的强弱不再受发动机转速的影响。霍尔效应的原理如图5-4所示，当电流通过放在磁场中的半导体基片(即霍尔元件)，且电流方向与磁场方向垂直时，在同时垂直于电流与磁场的方向上，半导体基片内产生一个与电流大小和磁场强度成正比的电压，这个电压就称为霍尔电压 *UH*，霍尔电压与通过霍尔元件的电流及磁感应强度成正比，当电流 *I* 为定值时，霍尔电压只与磁感应强度成正比，利用这一效应制成了霍尔效应发生器。

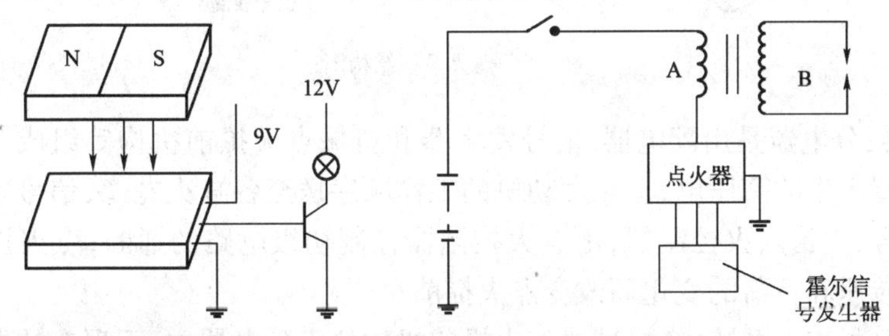

图5-4 霍尔效应及霍尔式电子点火示意图

(3)微机点火系统(图5-5)。

微机点火系统分为三种形式，分别是点火器与高压包(点火线圈)在一起的、点火器与高压包分体的以及点火器在计算机内的，三种都是由计算机(ECU)直接控制点火器，再由点火器控制高压点火，计算机是靠各种传感器来控制点火器。而传感器分为很多种，磁脉冲式传感器多用于丰田车型，霍尔传感器多用于丰田、奥迪等车型，而光电式传感器多用于三菱、克莱斯勒、日产等车型。

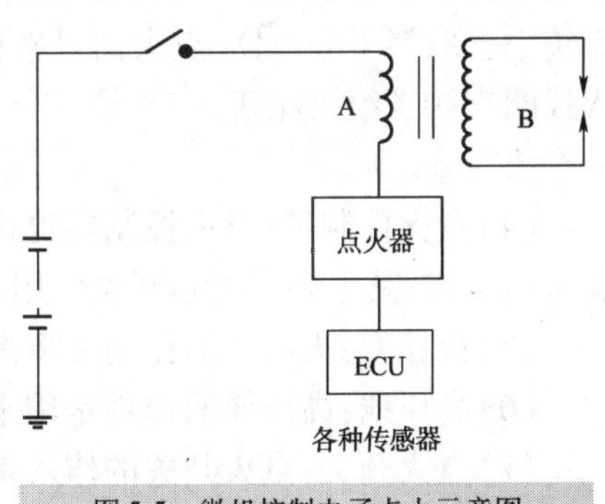

图5-5 微机控制电子点火示意图

二 点火系统的组成及工作原理

1 主要组成部分(图5-6)

(1)电源：点火系统的电源为蓄电池或发电机，其作用是给点火系统提供低压直流电源，电压一般为12V。

(2)点火线圈：点火线圈的作用是将12V低压电变成30KV的高压电，其结构与自耦变

压器相似，所以也称变压器。

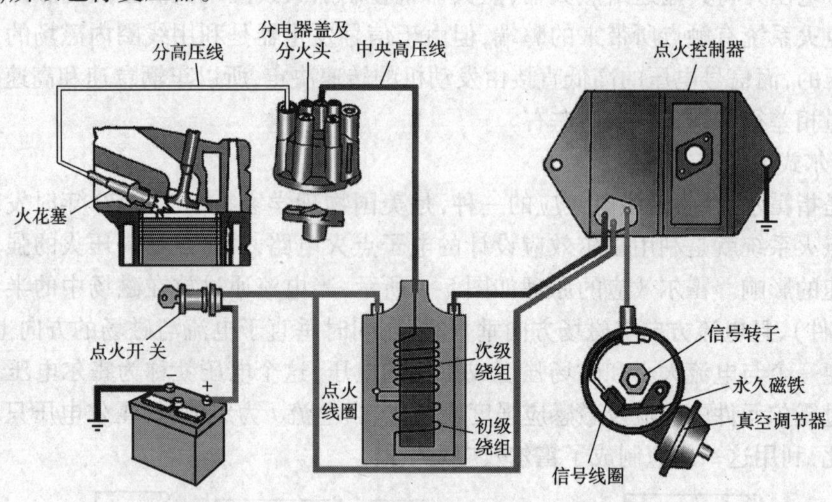

图5-6 点火系统结构图

(3)分电器：分电器是由配电器、信号发生器和机械点火提前机构等组成。配电器的作用是将点火线圈产生的高压电，按照发动机的工作顺序送至各缸火花塞；信号发生器的作用是产生脉冲信号，送给点火控制器，由点火控制器控制初级电路的通断；点火提前机构的作用是随发动机转速和负荷的变化而改变点火提前角。

在早期的电子点火系统中，机械式点火提前机构位于分电器中，而现在的电脑控制点火系统中，机械式点火提前机构已经取消，点火提前由电脑来完成；在有些电脑控制的发动机系统中已取消了分电器，点火信号来自于曲轴位置传感器和凸轮轴位置传感器，高压电由点火线圈直接送给火花塞，一般是一个点火线圈控制两个火花塞，也有的是一个点火线圈控制一个火花塞。

(4)点火控制器：点火控制器也称为点火模块，集成电路主要由整形电路、放大电路和开关电路组成，其主要作用起开关作用，用来控制点火系统初级电路的导通与关闭。

(5)火花塞：火花塞的作用是将高压电引入汽缸燃烧室，产生电火花点燃混合气。

(6)高压线：高压线的作用是用来连接点火线圈、分电器及各个火花塞。

(7)点火开关：点火开关的作用是用来控制点火系统的初级电路，同时也控制充电系统的激磁电路、起动电路及由点火开关控制(15号火线供电)的所有用电设备。

2 传统白金点火系统的工作原理

传统白金点火系统的组成如图5-7所示，它主要由蓄电池、点火开关、点火线圈和火花塞等组成。蓄电池供给点火系统所需要的电能。点火开关接通或断开点火系统电源。点火线圈存储点火能量，并将蓄电池电压转变为点火高压。分电器由断电器配电器、电容器和点火提前机构等部分组成。断电器的作用是接通或切断点火线圈初级回路；配电器的作用是将点火线圈产生的点火高压，按照发动机的工作顺序输送给各缸火花塞；点火提前机构的作用是随发动机转速、负荷和汽油辛烷值变化调节点火提前角。火花塞将点火高压引入汽缸

燃烧室，并在电极间产生电火花，点燃混合气。

传统白金点火系统的基本工作原理如图5-8所示。当点火开关接通、发动机运转时，分电器轴和断电器凸轮在发动机凸轮轴的驱动下旋转，使断电器触点交替地闭合和打开。在触点闭合时，点火线圈的初级绕组形成回路，产生初级电流 i_1，初级电流所流过的电路称为低压电路。低压电路的路径是：蓄电池正极→电流表→点火开关→点火线圈"+开关"接线柱→附加电阻 R_f→点火线圈"开关"接线柱→点火线圈初级绕组 W_1→点火线圈"-"接线柱→断电器触点K→搭铁→蓄电池负极。初级电流在初级绕组 W_1 中逐渐增大至某一值并建立较强的磁场。当触点打开时，初级电路被切断，初级电流及磁场迅速消失，由电磁感应定律 $e = d\varphi/dt = -Ldi/dt$ 可知，在两个绕组中都感应出电动势。由于初级电流迅速消失，变化率 di/dt 很大，在初级绕组中，可感应出200～300V的自感电动势 U_1。由变压器原理可知：$U_2/U_1 = W_2/W_1$，次级电压 $U_2 = U_1W_2/W_1$。由于次级绕组 W_2 的匝数多，因而在次级绕组内就感应出15～20kV的互感电动势 U_2，U_2 称为次级点火高压，U_2 通过高压线输送给火花塞。击穿火花塞的电极间隙产生火花，点燃混合气。从点火线圈到火花塞的电路称为高压电路，高压电路的路径是：次级绕组 W_2→附加电阻→"+开关"接线柱→点火开关→电流表→蓄电池→搭铁→火花塞侧电极→中心电极→配电器（旁电极、分火头）→次级绕组 W_2（i_2 用虚线表示）。

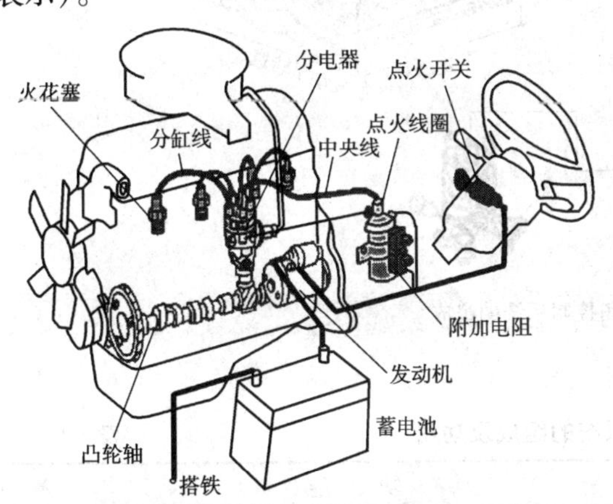

图5-7 传统白金点火系统的组成及安装位置

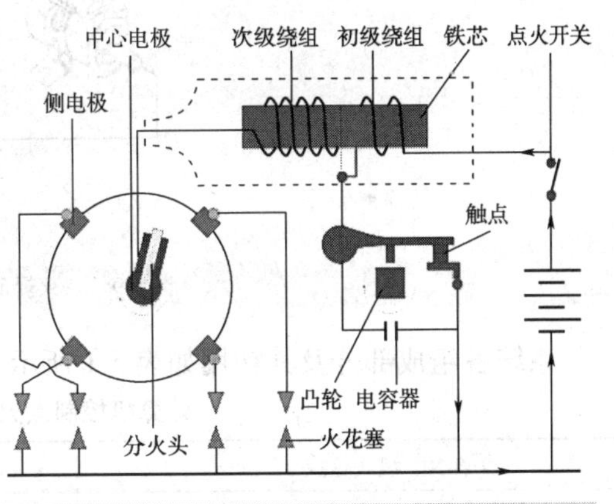

图5-8 传统白金点火系统基本工作原理电路

与触点并联的电容器C的作用是减少触点烧蚀，延长触点寿命，并提高次级电压。当触点打开时，初级绕组中产生的自感电动势向电容器迅速充电，开始充电时，电容器两端电压为零，随着充电低压的不断提高，触点间隙逐渐增大，在触点间已不易形成电火花。同时触点打开后，初级绕组和电容器形成一个衰减振荡回路，使初级电流迅速切断，加速磁场消失，有利于次级低压的提高。

传统点火系统虽然在汽车上应用的历史悠久，但由于传统点火系统本身存在的固有的缺点，使其性能满足不了现代发动机对点火系统的要求，所以目前已被淘汰，取而代之的是各种类型的电子点火系统。电子点火系统在发动机高速时的点火性能、点火能量方面有了很大的改善，提高了起动时的点火性能，同时还使无线电干扰减小。达到或基本达到了现代

发动机对点火系统的要求。

3 微机控制点火系统的工作原理

微机控制点火系统由传感器及其接口、微机、执行机构等几部分构成。该装置可根据传感器送来的发动机各种参数进行运算、判断，然后进行点火时刻的调节，这样可以节约燃料，减少空气污染。一般认为，发动机电子控制装置的节能效果在15%以上，而效果更明显的则是在环境保护方面。此外，新型发动机电子控制装置还有自适应控制、智能控制及自诊断操作等。电子控制点火系统主要由监测发动机运行状态的传感器，处理信号、发出指令的ECU和响应指令的点火器以及点火线圈等组成。点火提前角控制系统的组成如图5-9所示。

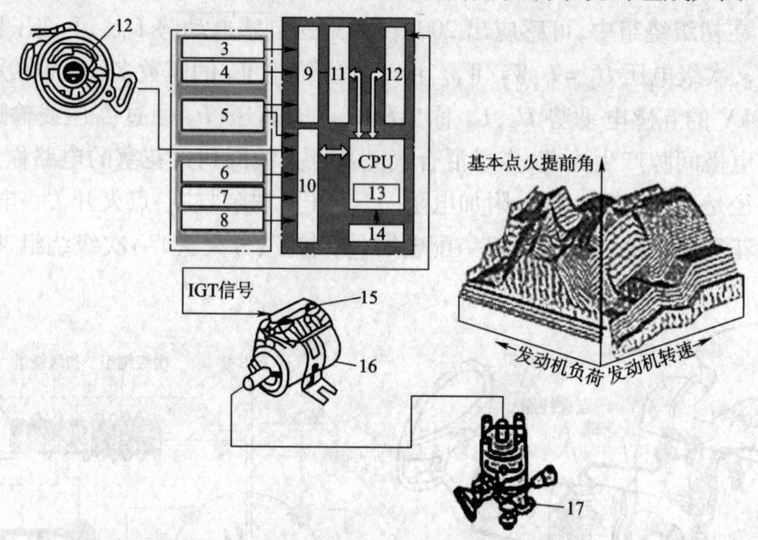

图5-9　点火提前角控制系统的组成

系统各组成部分及其功用如表5-1所示。

计算机控制点火系统的组成及功用　　表5-1

组　成		功　能
传感器	空气流量计(L型)	检测进气量(负荷)信号输入ECU，点火系统的主控制信号
	进气歧管绝对压力传感器(D型)	
	曲轴位置传感器(N_e信号)	检测曲轴转角(转速)信号输入ECU，点火系统的主控制信号
	凸轮轴位置传感器(G_1、G_2信号)	检测凸轮轴转角信号输入ECU，点火系统的主控制信号
	节气门位置传感器	检测节气门开度信号输入ECU，点火提前角的修正信号
	水温传感器	检测发动机冷却水温信号输入ECU，点火提前角的修正信号
	起动开关	向ECU输入发动机正在起动中的信号，点火提前角的修正信号
	空调开关A/C	向ECU输入空调的工作信号，点火提前角的修正信号
	进气温度传感器	检测进气温度信号输入ECU，点火提前角的修正信号
	空挡位置开关	检测P挡或N挡信号输入ECU，点火提前角的修正信号
	爆震传感器	检测发动机的爆震信号输入ECU，点火提前角的修正信号
	发电机负荷信号	检测发电机负荷信号输入ECU，点火提前角的修正信号

续上表

组成		功能
执行器	点火控制器	根据ECU输出的点火控制信号控制点火线圈初级电路的通断，产生次级高压。同时，向ECU反馈点火确认信号
ECU		根据各传感器输入的信号，计算出最佳期点火提前角，并将点火控制信号输送给点火控制器

1 有分电器微机控制点火

在微机控制的点火系统中，电控单元(ECU)不仅可以产生一个点火信号，而且还可以对点火信号的位置(决定点火时刻)和形状(决定初级回路闭合角的大小)进行控制。在发动机控制系统中，点火控制包括点火提前控制、通电时间(闭合角)控制和防爆震控制三个方面。

(1)点火提前角的控制——ECU根据汽油机的各种工况信号对点火时刻进行控制。首先根据发动机的转速和进气压力信号从存储器存的数据中找到相应的基本点火提前角，然后根据有关传感器信号值加以修正，得出实际的点火提前角。实际点火提前角由三部分组成：初始点火提前角、基本点火提前角和修正点火提前角。点火提前角的修正：暖机修正、过热修正、空燃比反馈修正、怠速稳定性的修正。

(2)闭合角的控制——点火线圈的通电时间就是它以建立磁场的形式蓄积点火能量的时间，这段时间所对应的曲轴转角叫做闭合角。通电时间控制的原则是在不影响火花放电的前提下，保证点火线圈有足够的时间蓄积能量而又不会造成过热损失和破坏。

(3)爆震控制——当发生剧烈爆震时，发动机各部分温度上升，使输出功率下降，严重时还会引起活塞烧结、活塞环黏着、轴承破坏和气门烧蚀等。推迟点火可以减轻甚至避免爆震，爆震控制的目的就是根据爆震传感器的信号调整点火时刻使汽油发动机工作在临界爆震状态。

(4)典型微机控制点火系统的工作原理

如图5-10所示，由点火开关AM_2端子提供的电源同时进入点火器的“+B”接线柱和点火线圈的“+”端子，向点火器和点火线圈的初级线圈通电，该电流从点火线圈的“-”端子流出，由点火器的“C-”接线柱流入点火器搭铁，从而形成初级电流。而后ECU根据转速信号(Ne)和曲轴位置信号(G_1、G_2)、进气歧管真空度(或进气流量)信号以及起动开关信号等计算最佳点火提前角，通过“IGT”端向点火器输出点火正时信号，控制点火器“C-”搭铁切断的时刻，与此同时，在点火线圈的次级线圈产生很高的感应电动势，经分电器送至工作汽缸的火花塞，点火能量被瞬间释放，并迅速点燃汽缸内的混合气，发动机完成作功过程。点火器的“IGF”向ECU反馈点火确认信号，当ECU接受不到该信号时，便切断燃油喷射，使发动机熄火。

2 无分电器的微机控制点火系统

无分电器的电子点火控制系统又称为直接点火系统，它取消了传统点火系或普通电子点火系统中的分电器总成，直接将点火线圈次级绕组的两端与火花塞相连，即把点火线圈产

生的高压电直接送给火花塞进行点火。

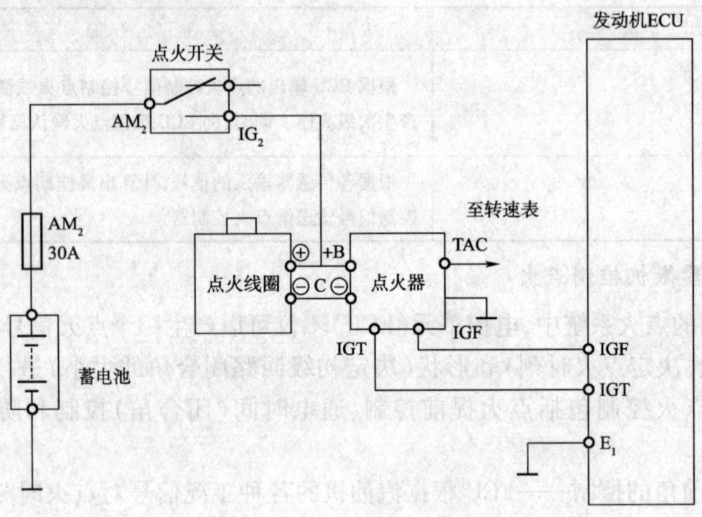

图 5-10　点火控制电路

无分电器的电子点火控制系统具有以下优点：由于废除分电器，节省空间；由于没有配电器，不存在分火头与分电器旁电极间产生火花，因此有效地降低点火系统对无线电的干扰；点火系统为全电子电路，无机械零件，无机械故障。

无分电器的电子点火控制系统可分为单独点火的配电方式、双缸同时点火的配电方式及二极管配电点火方式三种类型，如图 5-11 所示。

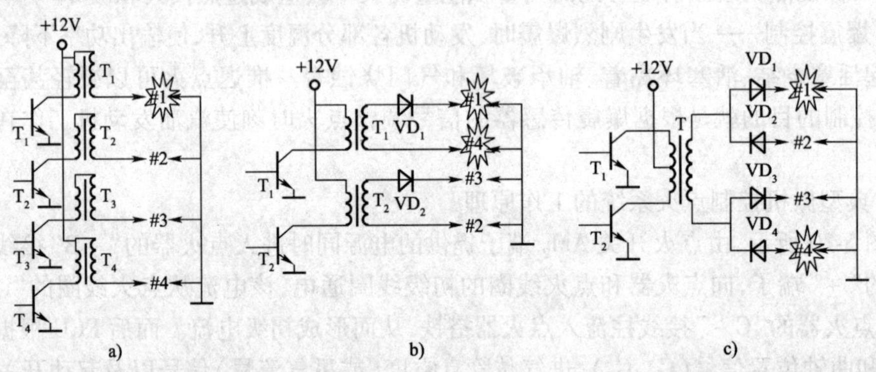

图 5-11　配电方式

（1）单独点火配电方式可将点火线圈直接安装在火花塞的顶上，这样不仅取消了分电器，也同时取消了高压线，故分火性能较好，相比而言，其结构与点火控制电路最为复杂。

（2）双缸同时点火配电方式因两个火花塞共用一个点火线圈且同时点火，故这种方式只能用在缸数为双数的发动机上，与单独点火配电方式相比，其结构与点火控制电路相对简单，但保留了点火线圈与火花塞之间的高压线，能量损失略大。串联在高压回路的二极管，可以用来防止点火线圈在初级绕组导通瞬间所产生的次级电压（约 1000 ~ 2000V）加在火花塞上后发生的误点火而消耗点火能量。目前这种点火方式应用得较多。双缸同时点火要求

共用一个点火线圈的两个汽缸工作相位差360°曲轴转角，点火时同时点火的两个汽缸处于排气行程，由于缸内气体压力较小，且缸内混合气又处于后燃期，易产生火花，这样放电能量损失小，而大部分点火高压和点火能量被加在压缩行程的火花塞上，故处于压缩行程的火花塞的跳火情况与单独点火的火花塞跳火情况基本相同。

(3)二极管配电点火方式的特点是四个汽缸共用一个点火线圈，该点火线圈为内装双初级绕组、双输出次级绕组的特制点火线圈，且利用四个二极管的单向导电性交替完成对一、四缸和二、三缸配电过程。这种点火配电方式与双缸同时点火配电方式相比有相同的特性，但对点火线圈要求较高。

三 点火系统主要部件的结构

1 分电器

分电器由配电器、信号发生器和点火提前调节机构等组成，如图5-12所示。

1 配电器

如图5-12所示，配电器由分电器盖和分火头组成，其作用是按发动机点火顺序，将高压电分配到各缸火花塞上。分火头插装在分电器轴的顶端，和信号发生器转子一起旋转，其上有金属导电片。分电器盖的中间有高压线插孔，其内装有带弹簧的炭柱，炭柱压在分火头的导电片上。分电器盖的外围有与发动机汽缸数相等的旁电极插孔，以安装分高压线。

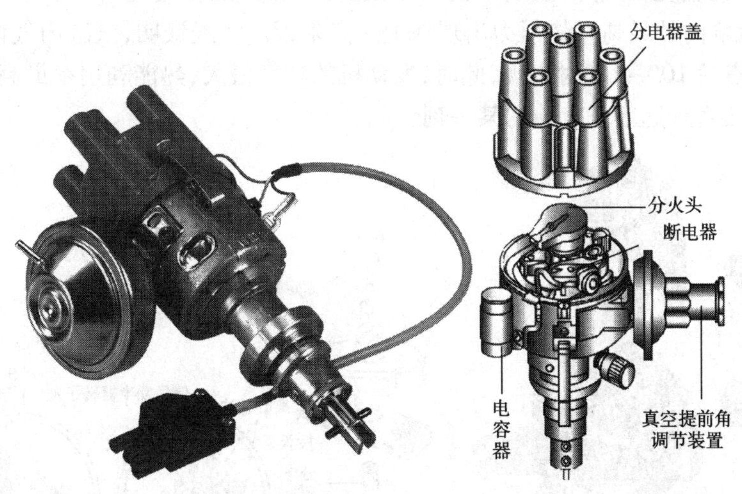

图5-12 分电器结构

分火头上的导电片距离旁电极有0.2~0.8mm间隙。当初级电路截止、次级电路产生高压电时，分火头正好对准某一旁电极，于是高压电由分火头上的导电片跳至与其相对的旁电极，再经高压分线送至相应的火花塞。

❷ 信号发生器(图 5-13)

常用的信号发生器有三种类型,分别是电磁感应式、霍尔式及光电式。当分电器轴转动时,带动信号转子旋转,这样在信号发生器的感应线圈中便产生电磁脉冲信号,此信号传送给点火控制器。

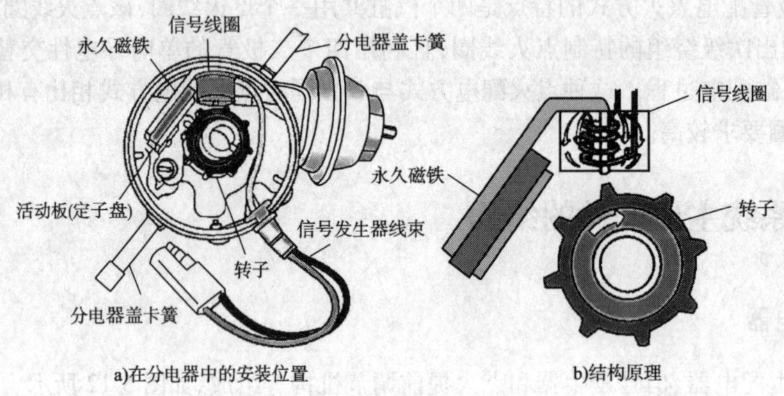

图 5-13 电磁感应信号发生器的结构

❸ 点火提前角调节机构(图 5-14)

点火时刻对发动机性能影响很大,从火花塞跳火开始到混合气燃烧完毕,是需要一定时间的。虽然这段时间很短,但若在活塞到达上止点时开始点火,则混合气边燃烧,活塞边下移,这将导致汽缸燃烧压力降低,发动机功率减少。因此,混合气应当在活塞达到上止点前进行点火,使汽缸内的最高燃烧压力出现在上止点附近。实践证明,汽缸内气体最高压力在活塞到达上止点后 10°~15°时出现,此时,发动机的功率最大,热能利用率最高。所以,最佳点火时刻是在活塞到达上止点前的某一刻。

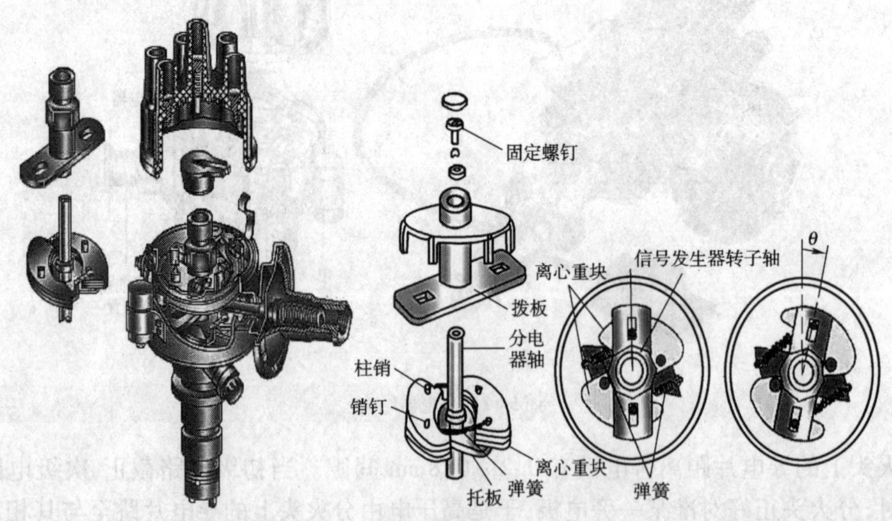

图 5-14 离心点火提前调节机构

从开始点火到活塞到达上止点这段时间，用曲轴转角来表示，这个曲轴转角称为点火提前角。或者说，在活塞到达上止点前，提前点火的时间用曲轴转角来表示，这个曲轴转角称为点火提前角。提前点火的时间由混合气的燃烧速度决定，混合气的燃烧速度由汽缸内的温度、压力及混合气的浓度来决定。当汽缸内的温度、压力高时，混合气的燃烧速度就快，提前点火的时间就应该缩短，点火提前角就应该小。因此，最佳点火提前角与发动机转速、负荷等有关。

当转速一定时，随着负荷的增大，进入汽缸的可燃混合气的增多，压缩终了时的压力和温度增高，因而混合气燃烧速度加快，这时点火提前角应适当减小；反之，发动机负荷减少时，点火提前角应当加大。

当负荷一定，发动机转速升高时，相同时间内曲轴将转过较大的转角，这时应适当增大点火提前角。否则，点火过晚，燃烧会延续到作功过程的后期，燃烧热能利用率低，使发动机功率下降。因此点火提前角应随发动机转速的提高而增大。

点火系统最主要任务就是保证发动机在各种工况下都能在最佳点火时刻点燃混合气。若点火提前角过大，混合气在压缩行程燃烧产生的汽缸压力将迅速上升，给上行的活塞造成很大的阻力，白白消耗发动机的功率，还易出现爆震等不正常燃烧现象。若点火提前角过小，混合气将在作功行程燃烧甚至在排气管中燃烧，使汽缸中的压力降低，发动机过热，功率下降。

为了保证发动机在任何工况下都能实现在最佳点火时刻点燃混合气，在分电器内设置了点火提前机构，即离心式调节器和真空式调节器。

(1)离心式调节器。离心式调节器的作用是在发动机转速升高时，自动增大点火提前角，其结构如图 5-13 所示。

在分电器轴上固定有托板，托板上面有两个重块，每个重块的一端套在托板的柱销上，另一端由弹簧拉住。信号发生器的转子和拨板为一体，套在分电器轴的上端，而拨板两端的孔插在重块的销钉上。

当发动机转速升高，重块的离心力增大时，离心力使重块克服弹簧拉力绕柱销转动一个角度，重块上的销钉推动拨板，使信号发生器的转子沿旋转方向相对于分电器轴转过一个角度，实现提前点火，即转速升高时，点火提前角增大。

(2)真空点火提前机构。真空式调节器的作用是在发动机负荷增大时，自动减小点火提前角，其结构如图 5-15 所示。

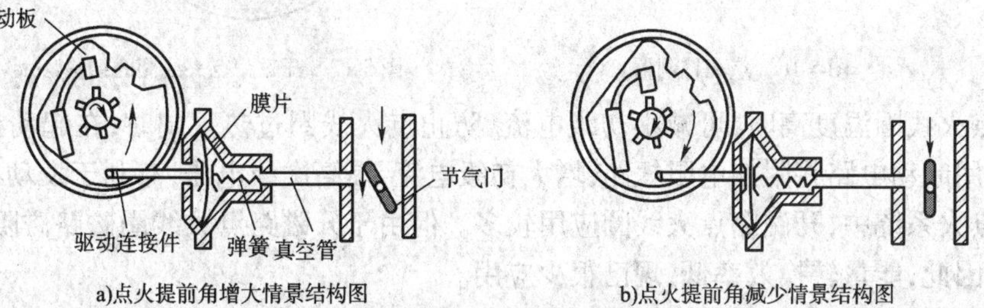

图 5-15 真空点火提前调节机构

发动机负荷小时，节气门开度也小，节气门下方及管道的真空度增大，真空吸力吸引膜片向右拱曲，通过拉杆拉动活动板（信号发生器的信号线圈位于活动板上）逆着分电器轴旋转的方向相对转子转动一个角度，实现提前点火，即点火提前角增大，如图 5-15a）所示。反之，当负荷增大时，点火提前角减小，如图 5-15b）所示。

2 点火控制器

点火控制器的作用是控制点火系统初级电路的导通与截止，内部为集成电路，全密封结构，其外形如图 5-16 所示。

3 点火线圈

点火线圈由一次绕组、二次绕组和铁芯等组成。按磁路的结构形式不同，可分为开磁路式点火线圈和闭磁路式点火线圈。

1 开磁路点火线圈

开磁路点火线圈的结构如图 5-17 所示，点火线圈中心是用硅钢片叠成的条形铁芯，由于铁芯没有构成闭合回路，所以称为开磁路点火线圈。铁芯外部套有绝缘的纸板套管，套管上绕有二次绕组，直径为 0.06～0.10mm 的漆包线，二次绕组一般约为 2 万匝。一次绕组是直径为 0.5～1.0mm 的高强漆包线，绕在二次绕组的外面，一次绕组一般约为 200 匝，为改善点火性能，在点火线圈的初级电路中一般设有附加电阻（热敏电阻），温度升高，附加电阻阻值增大。

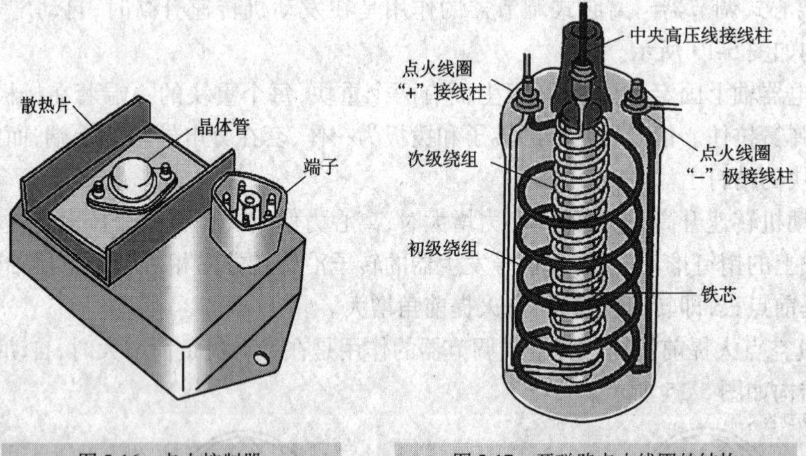

图 5-16　点火控制器　　图 5-17　开磁路点火线圈的结构

当点火线圈温度高时，可减小初级电流，防止点火线圈过热。同时，在起动机起动发动机时，利用起动电路将附加电阻短路，增大初级电流，提高次级电压，有利于发动机起动。在早期的点火系统中，开磁路点火线圈应用较多。但由于开磁路点火线圈磁路磁阻大，磁通量泄漏多，因此，能量转换效率低，现已很少应用。

2 闭磁路点火线圈

闭磁路点火线圈也称为高能点火线圈，其结构如图 5-18 所示。在"口"字形或"日"字形铁芯内绕有二次绕组，在二次绕组外面绕有一次绕组，一次绕组产生的磁场通过铁芯构成闭合磁路。与开磁路点火线圈相比，闭磁路点火线圈具有漏磁少、能量损失小、换效率高、体积小、重量轻和易散热等优点，因此在点火系统中广泛应用。

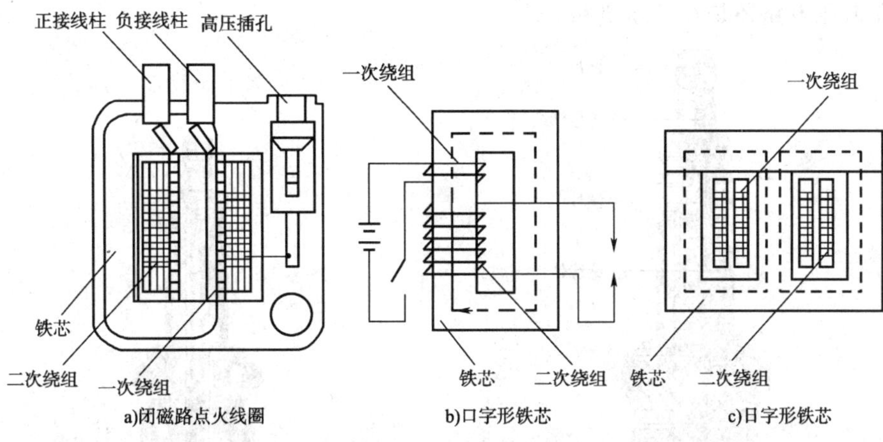

图 5-18　闭磁路点火线圈的结构

4 火花塞

火花塞的工作条件十分恶劣，它承受高压、高温及燃烧产物的强烈腐蚀。因此，火花塞必须具有足够的强度，能承受温度的强烈变化，应有良好的热特性，火花塞的电极应采用难熔、耐腐蚀的材料制成。

1 火花塞的构造

火花塞的构造如图 5-19 所示，中心电极用镍铬合金制成，具有良好的耐高温、耐腐蚀性能，中心电极做成两段，中间加有导电玻璃，由于导电玻璃和瓷绝缘体的膨胀系数相近，因此，导电玻璃主要是起密封作用。火花塞间隙多为 1.0 ~ 1.2mm。

2 火花塞的热特性

火花塞的热特性是指火花塞下部（裙部）的温度特性。实践证明，火花塞裙部温度保持在 500 ~ 600℃时，落在绝缘体上的油滴能立即烧去，通常将这个温度称为火花塞的“自净温度”。低于这个温度时，火花塞易产生积炭，高于这个温度时，在火花塞表面易产生炽热点，形成早燃。因此，要使火花塞能正常工作，就要保证火花塞的裙部温度为自净温度。

火花塞的热特性主要决定于绝缘体裙部的长度，绝缘体裙部长的火花塞，其受热面积大，传热距离长，散热困难，裙部温度高，称为“热型”火花塞；反之，裙部短的火花塞，吸热面积小，传热距离短，散热容易，裙部温度低，称为“冷型”火花塞。热型火花塞用于低压缩比、低转速、小功率的发动机中；冷型火花塞用于高压缩比、高转速、大功率的发动机中。

四 点火系统的故障诊断与检修

在汽车运行过程中，其燃油供给系统与点火系统的某些故障现象从表面上看是相似的。

这样,当发动机有故障时,首先要确定故障是在燃油供给系统还是点火系统。确定点火系统是否有故障的方法可以通过转动曲轴,观察高压线是否跳火来判断点火系统是否有故障。当确定点火系统有故障后,就要确定故障的具体部位,确定故障的具体部位,关键是要确定故障是在低压电路还是在高压电路。

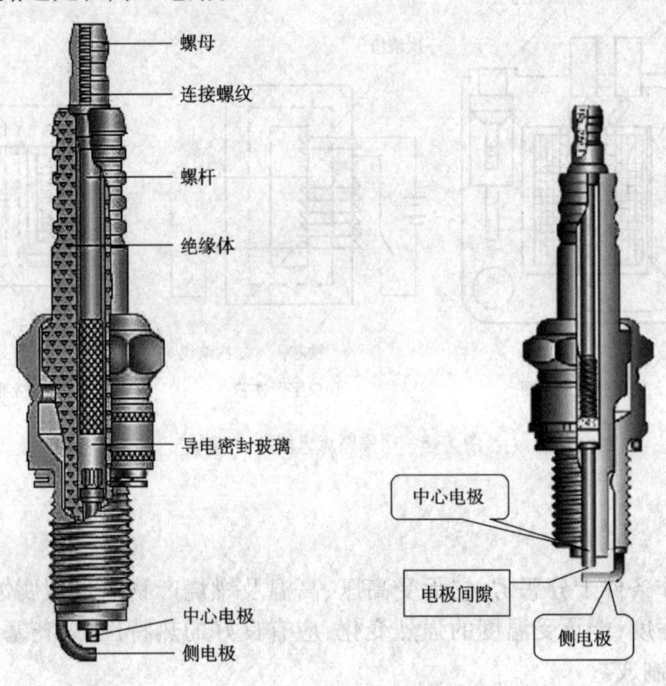

图 5-19 火花塞的结构

1 点火系统的故障诊断

不同电子点火系统故障诊断的区别主要在于信号发生器的检测,而其检测原理是相同的,下面以常见的霍尔式电子点火系为例说明电子点火系的故障诊断与维修。

1 确定故障在低压电路上还是在高压电路上

(1)打开分电器盖,转动曲轴,使分电器转子缺口对正霍尔发生器。

(2)拔出分电器盖上的中央高压线,使其端部离汽缸体 5~7mm。

(3)接通点火开关,用起子在霍尔发生器的间隙中轻轻的插入和拔出,模拟转子在间隙中的动作,如图 5-20 所示。

(4)如果高压线端部跳火,表明低压电路中的霍尔发生器、点火控制器及点火线圈性能良好,故障在高压电路;如不跳火,在点火线圈及线路良好的情况下,可确定故障在霍尔发生器或点火控制器,应进一步检查。

2 如何确定霍尔信号发生器和点火控制器有故障

如图 5-21 所示,用万用表测量分电器上信号发生器的信号端子“S”与搭铁端子“-”之间的电压:转动分电器轴,万用表的测量值若在 0.3~0.4V 与 11~12V 之间变化,说明霍尔信号发生器良好，点火控制器有故障；若测量值与上述值不一致，说明点火近控制器有故障。

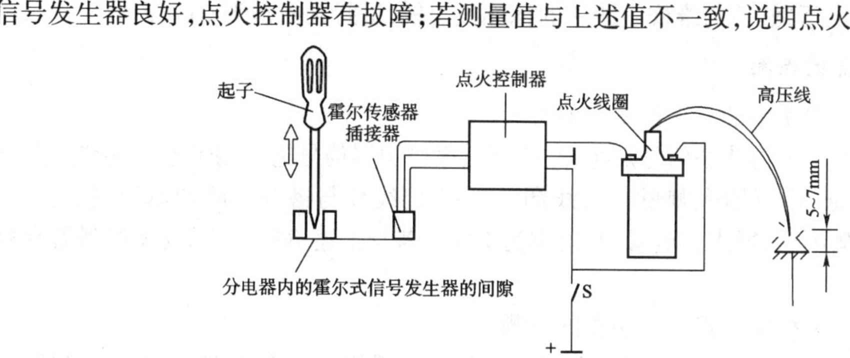

图 5-20 电子点火系统的故障确定

2 点火系统主要部件的检测

1 点火线圈的检测

电子点火系统的点火线圈为高能点火线圈，一次绕组的电阻一般较小，检测时可参考维修手册，桑塔纳轿车点火线圈一次绕组的电阻为 0.52～0.76Ω，二次绕组为 2.4～3.5kΩ；奥迪轿车点火线圈一次绕组的电阻为 0.6～0.7Ω，二次绕组为 2.5～3.5kΩ。

点火线圈的性能可在万能试验台上进行测试，主要通过测量跳火间隙来判断点火线圈的性能。

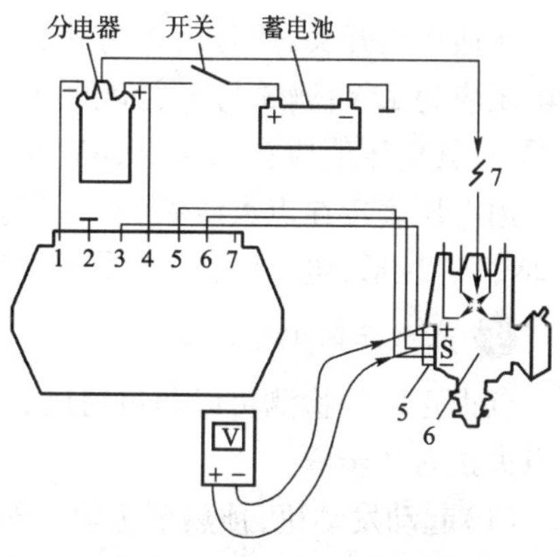

图 5-21 万用表测量分电器上端子“S”与搭铁端之间的电压

2 信号发生器的检测

（1）磁感应式信号发生器的检测。

①检查信号发生器的间隙，信号转子与传感线圈铁芯之间的间隙一般为 0.2～0.4mm。

②用万用表测量信号发生器感应线圈的电阻，参照维修手册来判断其是否有故障。常见车型信号发生器感应线圈的电阻如表 5-2 所示。

③测量传感线圈信号电压。在检查时，用万用表 0～10V 交流电压挡，使两表笔分别接在分电器感应线圈两接线柱上，用手快速转动分电器轴，观察信号电压值是否符合规定值（一般有 1～1.5V 信号电压）。若万用表读数过低，甚至无读数指示，说明信号发生器有故障，应检查或者更换。

常见车型的信号发生器感应线圈的电阻值（Ω） 表 5-2

车型	解放 CA1092	北京切诺基	富康轿车	丰田轿车	克莱斯勒
感应线圈电阻	600～800	400～800	300	140～180	500～700

（2）霍尔信号发生器的检测。

霍尔信号发生器有三根引线，分别为“+”、“-”、和“S”。检测时，分别测“+”与“-”、

电压和"S"与"－"电压,然后与维修手册中的标准值比较,进行判断是否有故障。

3 点火控制器的检测

(1)磁感应式点火系中的点火控制器的检测。

用一只1.5V的干电池代替信号发生器,接到点火控制器信号输入端子上,正接时,点火线圈的一次绕组导通,用万用表测量点火线圈的"－"接线柱与搭铁之间的电压,应为1～2V;将电池的极性颠倒后,再进行测量,其值应为12V。若与上述不符,说明点火控制器有故障,应更换。

(2)霍尔式点火系统中的点火控制器的检测。

检查点火控制器,必须要了解点火控制器的接线。以桑塔纳轿车为例,其点火控制器的接线如下:1-接点火线圈"-"(绿色);2-接电源负极(棕色);3-接霍尔发生器"－"(棕/白色);4-接点火线圈"＋"(黑色);5-接霍尔发生器"＋"(红/黑色);6-接霍尔发生器信号输出"S"(绿/白色)。

接通点火开关,用万用表测量1与4端子之间的电阻值为0.52～0.76Ω;测2与4之间的电压应为12V;测3与5之间的电压应为11～12V;测3与6之间的电压时,应慢慢转动分电器轴,其电压值应在0.3～0.4V与11～12V之间变化。

用电压表接在点火线圈的"＋"与"－"接线柱上,接通点火开关,观察电压表读数应大于2V,1～2s后,电压降为0。若上述检测结果不正常,说明点火控制器有故障,应更换。

4 点火正时的检测

点火正时的检测可以通过路试,也可以用正时灯或点火测试仪。现介绍使用正时灯检查点火正时的步骤:

(1)起动发动机,预热至正常工作温度。

(2)预热后,检查怠速是否在规定的范围内。

(3)将正时灯的红色线和黑色线分别连接在蓄电池正极和负极上,信号线连接在第一缸高压分线上。

(4)使发动机在规定的转速运转,将正时灯对准规定的正时记号(如桑塔纳、奥迪等车型对准飞轮)。若指针出现在正时记号的前方,表明点火过早;若出现在正时记号之后,则表明点火过迟。

(5)点火正时不正确时,应转动分电器的外壳进行调整。

5 高压电路电阻的检查

(1)分火头电阻的检查。

分火头电阻检查,桑塔纳、奥迪车型的为(1±0.4)kΩ。

(2)火花塞插头电阻的检查。

火花塞插头电阻的检查,桑塔纳、奥迪车型的为(1±0.4)kΩ(无屏蔽)和(5±1.0)kΩ(有屏蔽)。

(3)防干扰接头电阻的检查。

防干扰接头电阻的检查,桑塔纳、奥迪车型的为(1±0.4)kΩ。

(4)高压线的检查。

高压线电阻的检查,中心高压线,桑塔纳车型的不大于2.8kΩ,奥迪车型的不大于2kΩ;高压分线,桑塔纳车型的不大于7.4kΩ,奥迪车型的不大于6kΩ。

6 离心提前机构检查

用手抓住分火头与分电器轴,沿凸轮的旋转方向转动分火头。若松手后分火头能迅速回转,说明离心提前机构的弹簧张力及机构的装配情况良好;若松手后分火头不能回转,则离心提前机构的两个弹簧可能脱落或折断。

7 真空提前机构的检查

检查方法如图5-22所示,当用嘴由管口吸气时,真空提前机构的拉杆或断电器活动底板能转动,不吸气时拉杆或活动底板能迅速返回,说明真空提前机构能正常工作。若吸气时,无真空感觉,而且拉杆或活动底板不动,说明膜片可能破裂或壳体漏气。

8 火花塞的检查与调整

火花塞的外部检查,正常的火花塞瓷芯表面洁净,呈白色或淡棕色,或瓷芯上只有微薄的一层褐色粉末状积炭,电极完整无缺损,这说明火花塞选型正确,使用条件良好。

火花塞间隙的检查与调整,火花塞电极间隙检查应使用火花塞电极间隙量规进行,一般电极间隙标准为1.0~1.2mm,如间隙不符合标准可用专用扳手扳动侧电极进行调整。

3 点火正时的确定

当发动机大修(或分电器重新安装)时,必须确定点火正时。下面以桑塔纳车型为例,来说明点火正时的步骤:

(1)转动曲轴,将发动机第一缸活塞置于上止点位置,即变速器壳体上的观察孔,此时,飞轮上的刻度线与壳体上的指针对齐。

(2)转动凸轮轴,使凸轮轴上正时齿轮的标记与气门室罩底面平齐,如图5-23所示。

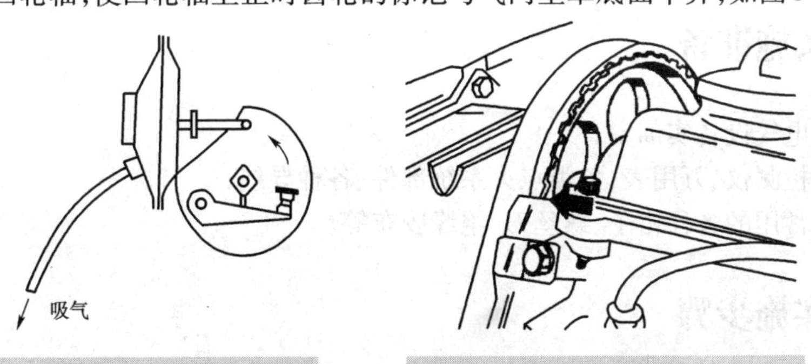

图5-22 真空提前机构的检查

图5-23 凸轮轴正时齿轮的正时记号

(3)使机油泵轴驱动端部凸起的矩形块长边与曲轴的方向一致,如图5-24所示;令分电器上的分火头指向分电器壳体上的第一缸标记,如图5-25所示;然后将分电器总成插入安装孔,使其轴端凹槽与机油泵轴端的矩形凸起相配,将分电器壳体逆时针转动3°(桑塔纳车型的初始点火提前角为曲轴转角6°),然后用压紧板固定分电器。

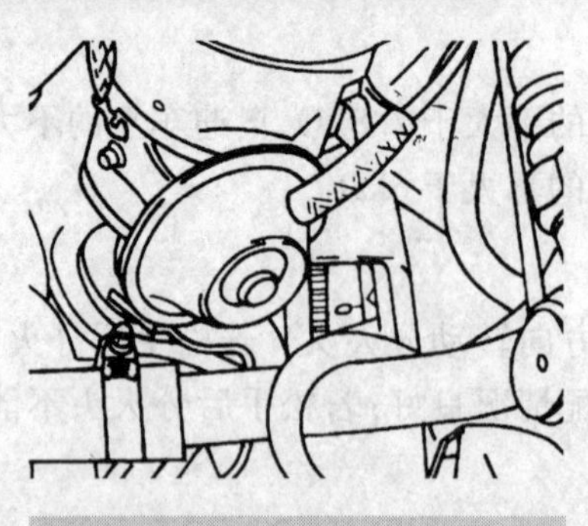

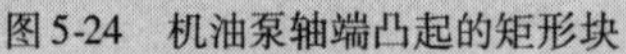

图 5-24 机油泵轴端凸起的矩形块

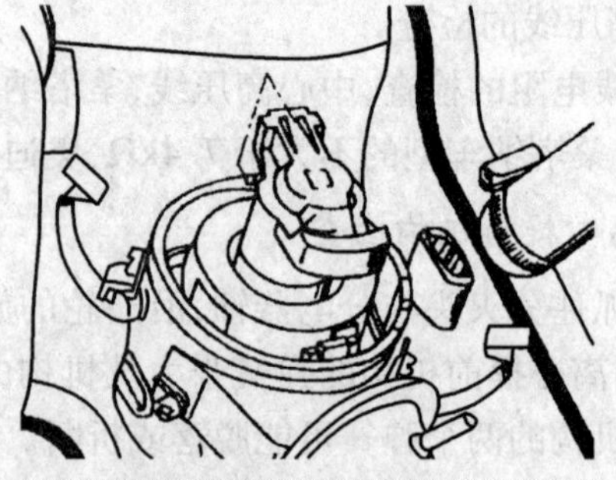

图 5-25 第一缸上止点正时记号图

(4)盖上分电器盖,以分火头所指的旁电极为第一缸,顺时针方向按 1-3-4-2 插好分缸线,并把中心高压线与点火线圈、霍尔发生器与点火控制器等元件连接好。

(5)装好正时皮带,起动发动机,检查点火正时。检查前先将分电器真空软管断开,并在点火测试仪上设定发动机的转速为 850 ± 50r/min。在发动机水温正常、转速为 850 ± 50r/min时,检测点火提前角应为6°。如不符合要求,松开压紧板螺钉,可转动分电器外壳,进行调整,调整好后,紧固压紧板螺钉,固定好分电器,安装好分电器真空管。

4 点火系统的使用与维护注意事项

(1)一般乘用车采用的是高能点火线圈,由于初级电流较大,不能用普通的点火线圈代替。

(2)清洗发动机时必须在发动机熄火后进行。

(3)若进行点火系统的故障检测,应在发动机熄火后,再连接检测仪表。

(4)分火头及高压线接头都具有高压阻尼电阻,以防无线电干扰,不能用普通件来代替。

任务实施

一 任务实施准备

(1)汽车电气设备实训室;

(2)电脑检测仪、万用表、各类点火系统部件、各种导线;

(3)电工常用的各种钳子、螺丝刀、绝缘胶布等。

二 任务实施步骤

(1)先由实验教师在点火系统设计故障,故障现象为发动机起动不着火。

(2)在实验教师的监护下,由学生独立完成故障的诊断与排除。

1 火花试验

从火花塞上卸开高压线,拆下火花塞。将火花塞安装到各条高压线上,将火花塞搭铁,当发动机起动时,应有火花产生,如图 5-26 所示。为了防止在做该试验时汽油从喷油器中喷出,起动发动机的时间不要超过 1~2s。

如果没有火花产生,则应进行下列检查:

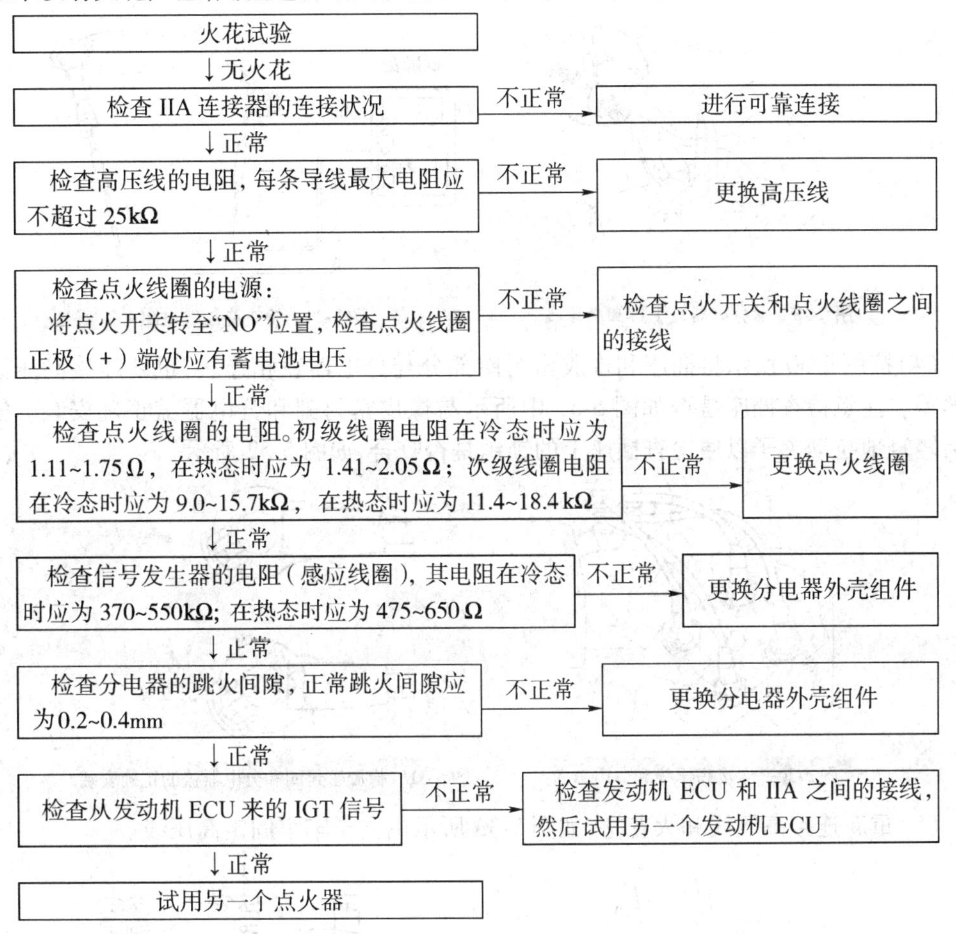

2 高压线的检查

(1)从火花塞上橡皮衬套处卸开高压线,注意不要拉拽或弯折高压线,如图 5-27 所示。

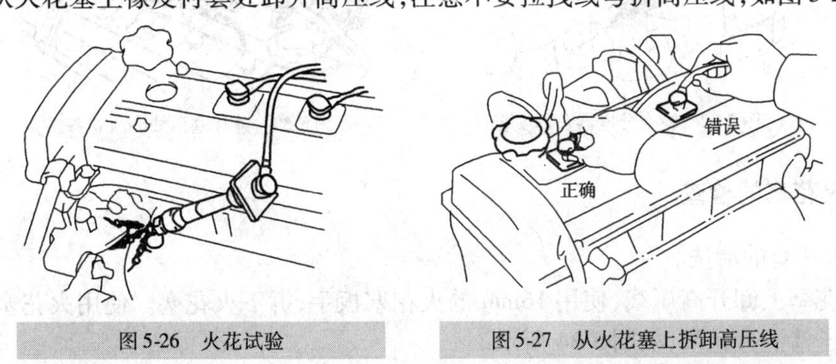

图 5-26 火花试验　　图 5-27 从火花塞上拆卸高压线

(2)用改锥撬起锁销并卸开分电器盖的夹子,从分电器盖上橡胶密封圈处卸开高压线,

如图 5-28 所示。

(3)用欧姆表测量高压线的电阻,如图 5-29 所示。每条高压线最大电阻为 25kΩ。如果高压线电阻大于最大值,则应检查连接端子。必要时更换高压线。

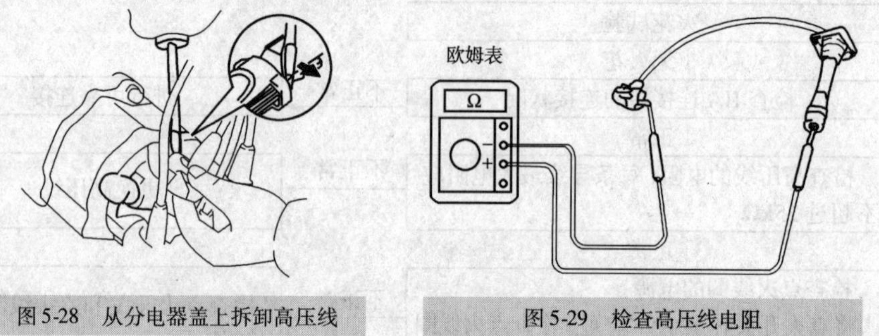

图 5-28 从分电器盖上拆卸高压线　　图 5-29 检查高压线电阻

(4)按图 5-30 所示将插座和橡胶密封圈部分与分电器盖相连接,重新连接高压线和分电器盖。注意检查插座是否如图 5-31 中所示与橡皮密封圈和分电器盖正确安装。安装完毕后轻轻地拉动夹子以便检查插座上的锁销是否咬合,如图 5-32 所示。

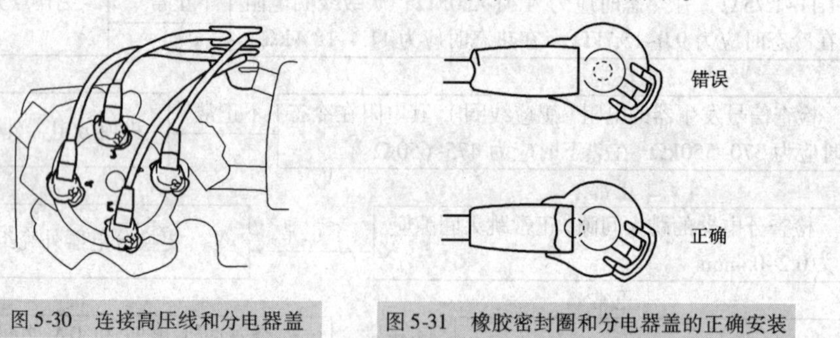

图 5-30 连接高压线和分电器盖　　图 5-31 橡胶密封圈和分电器盖的正确安装

(5)重新连接高压线和火花塞,如图 5-33 所示用夹子牢牢固定高压线。

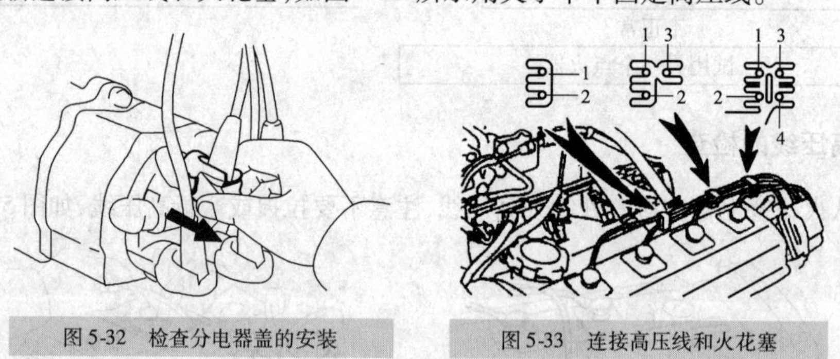

图 5-32 检查分电器盖的安装　　图 5-33 连接高压线和火花塞

3 火花塞的检查

(1)火花塞的清洗。

从火花塞上卸开高压线,使用 16mm 的火花塞扳手,拆下火花塞。使用火花塞清洁器或金属丝刷子清洗火花塞,如图 5-34 所示。

(2)火花塞的目视检查。

目视检查火花塞有无电极磨损、螺纹损坏和绝缘损坏,如图 5-35 所示。如不正常,则应更换火花塞。

(3)火花塞电极间隙的调整。

小心弯曲电极外侧以便达到正确的电极间隙(0.8mm),如图 5-36 所示。

图 5-34 清洗火花塞

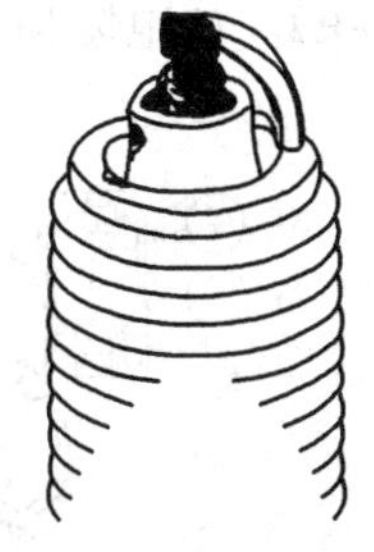

图 5-35 目视检查火花塞外观

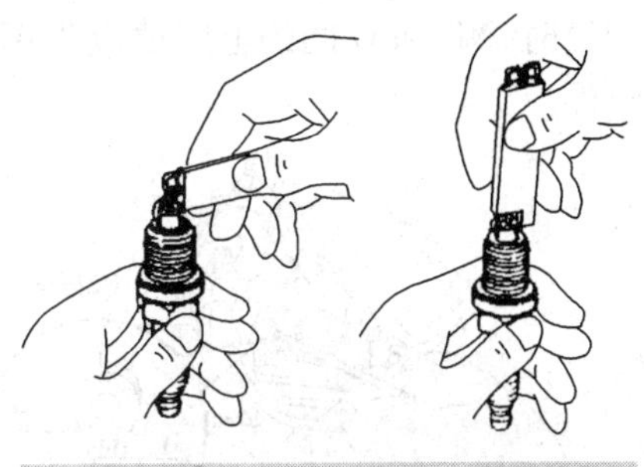

图 5-36 调节火花塞电极间隙

(4)火花塞的安装。

用火花塞扳手拧紧火花塞,火花塞安装拧紧力矩为 18N·m,然后连接高压线。

4 整套点火组件(IIA)

1 IIA 的车上检查

(1)卸开 IIA 连接器,拆下分电器盖,拆下转子、点火线圈防尘罩。

(2)检查点火线圈。用欧姆表测量初级线圈正负端子间的电阻,如图 5-37a)所示。用欧姆表测量次级线圈正极和高压端子之间的电阻,如图 5-37b)所示。初级线圈和次级线圈的电阻值见表 5-3。如果电阻值不在规定范围内,则应更换点火线圈。

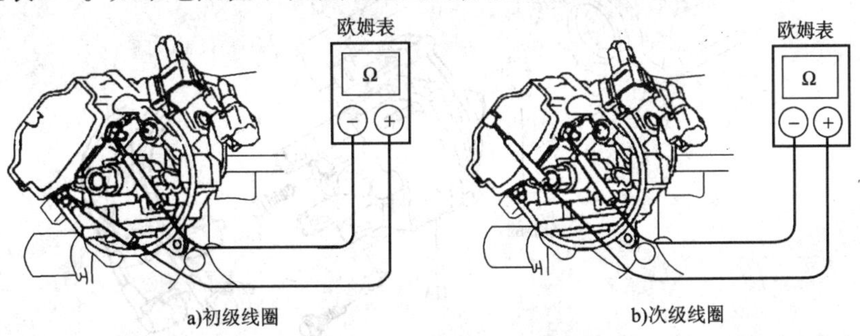

图 5-37 检查点火线圈电阻

点火线圈的电阻值 表 5-3

电 阻	冷态(-10℃~50℃)	热态(50℃~100℃)
初级线圈	1.11~1.75Ω	1.41~2.05Ω
次级线圈	9.0~15.7kΩ	11.4~18.4kΩ

(3)检查分电器。

①检查跳火间隙。用测隙规测量信号转子与感应线圈突出部位之间的跳火间隙,如图

5-38 所示。跳火间隙规定值为 0.2～0.4mm。如跳火间隙不符合规定,则应更换分电器外壳组件。

②检查信号发生器(感应线圈)的电阻。用欧姆表测量端子间的电阻,如图 5-39 所示。感应线圈在冷态(－10℃～50℃)时电阻值应为 370～550Ω(NE 和 NE 间);在热态(50℃～100℃)时,NE 和 G 间的电阻值应为 475～650Ω。如电阻值与规定不符,则应更换分电器外壳组件。

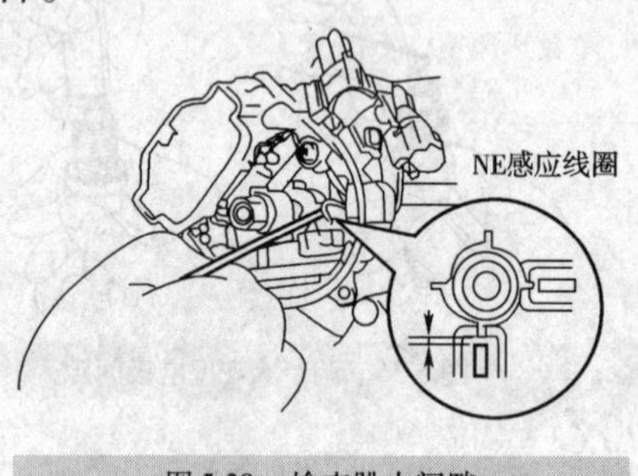

图 5-38　检查跳火间隙

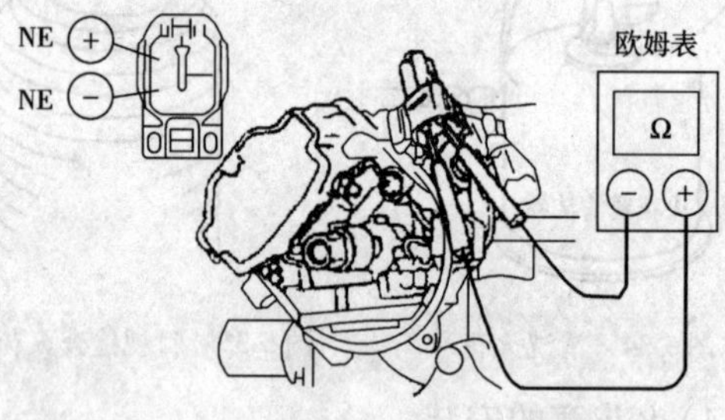

图 5-39　检查信号发生器(感应线圈)的电阻

(4)重新装上点火线圈防尘罩、转子和分电器盖,重新连接 IIA 的导线连接器。

2 IIA 的拆卸

IIA 点火组件零件分解图如图 5-40 和图 5-41 所示。

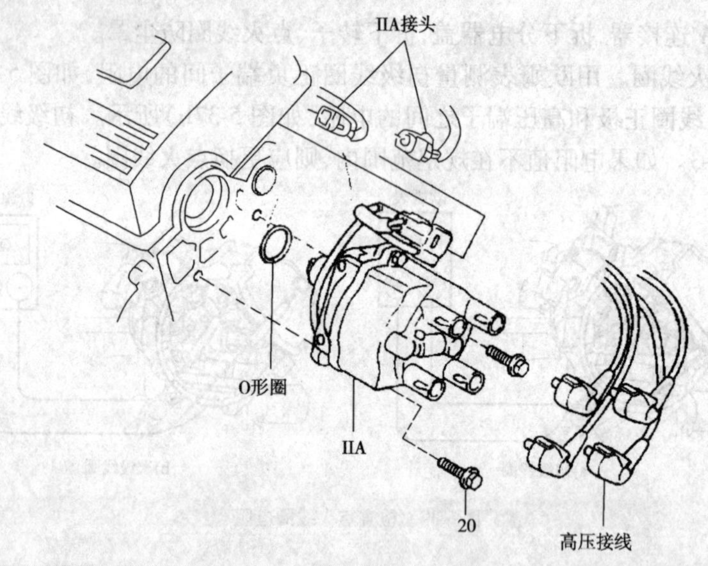

图 5-40　IIA 零部件分解图

(1)从分电器盖上卸开高压线。拆下 IIA 导线接头,拆下 2 个安装螺栓,卸下 IIA,如图 5-42 所示,取下分电器外壳组件上的 O 形圈。

(2)拆下分电器盖,拆下转子和点火线圈防尘罩。

(3)从点火线圈端子上卸开 4 条导线,卸下点火线圈,如图 5-43 所示。

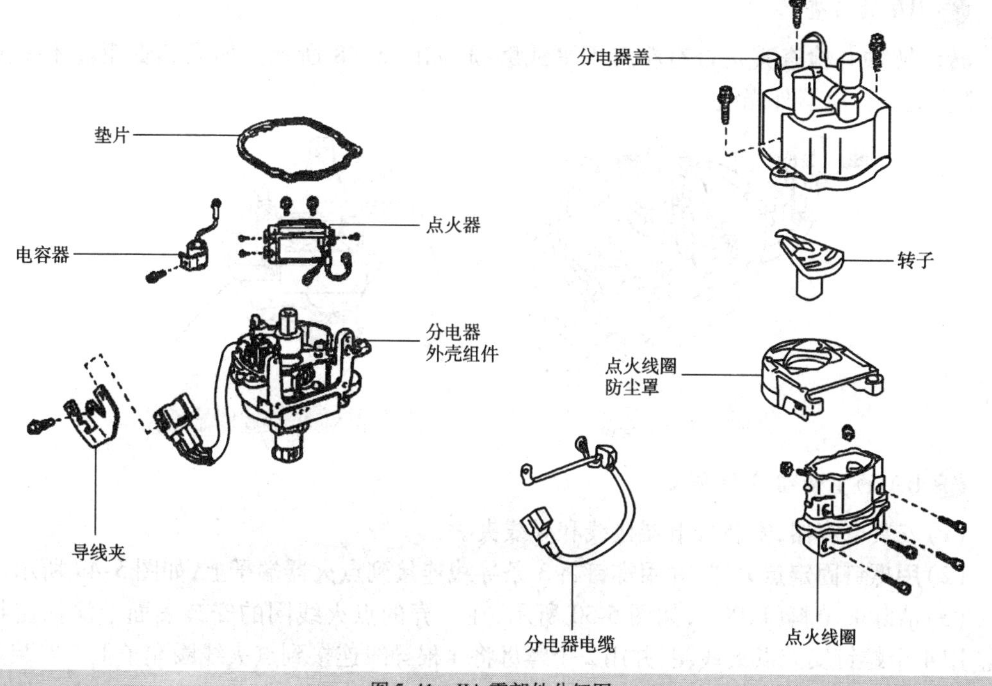

图 5-41　IIA 零部件分解图

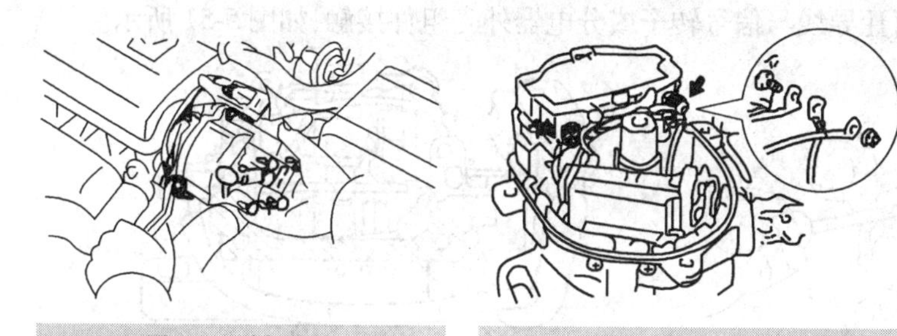

图 5-42　拆下 IIA

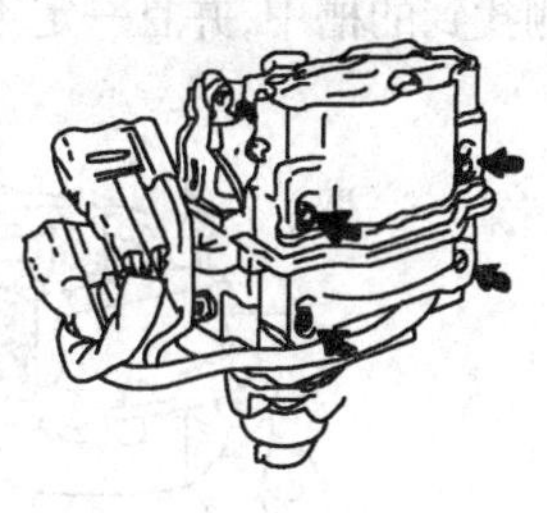

图 5-43　拆下点火线圈

(4)从点火器端子上卸开 3 条导线,卸下点火器,如图 5-44 所示。

(5)从导线夹处拆下 2 个接头,卸下螺钉和导线夹,如图 5-45 所示。从分电器外壳组件上拆下分电器导线,如图 5-46 所示。

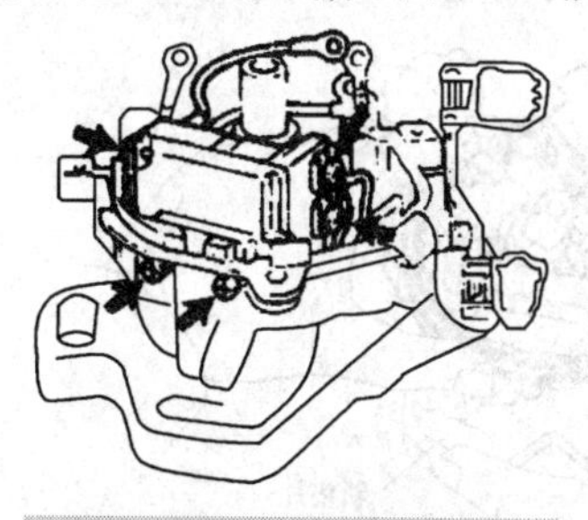

图 5-44　拆下点火器

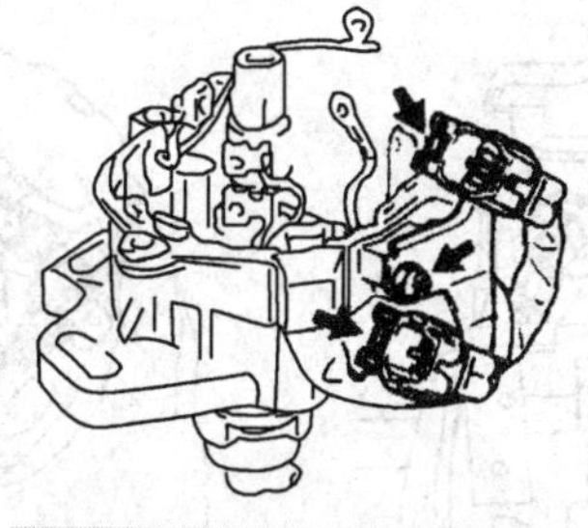

图 5-45　拆下导线夹

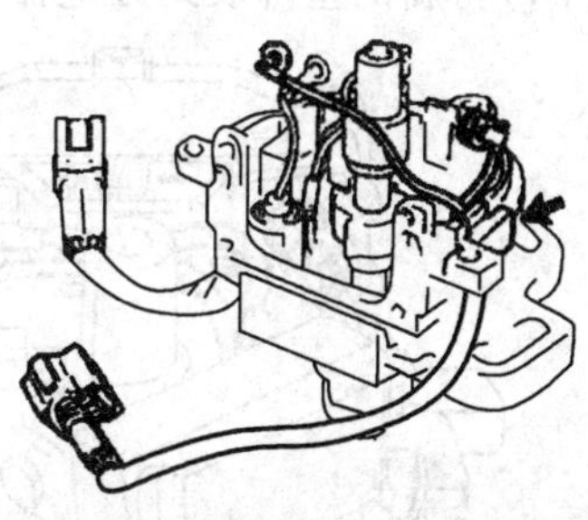

图 5-46　拆下分电器导线

(6)拆下电容器,如图 5-47 所示。

③ IIA 的检查

转动转轴并检查其是否有粗糙不平或磨损,如图 5-48 所示。如果感觉粗糙不平或磨损,则应更换分电器外壳组件。

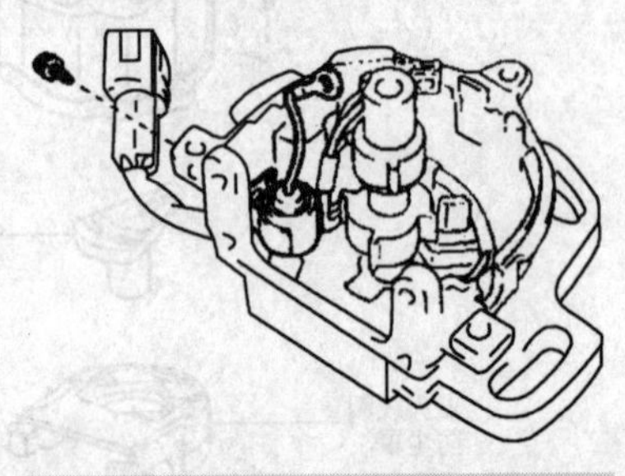

图 5-47　拆下电容器

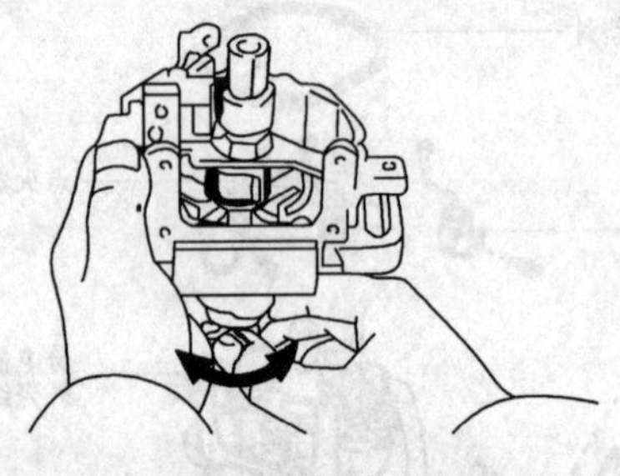

图 5-48　检查转轴

④ IIA 的重新组装和安装

(1)安装电容器,安装分电器接线和导线夹。

(2)用螺钉固定点火器,并用螺钉将 3 条导线连接到点火器端子上,如图 5-49 所示。

(3)清除旧填料(FIPG),如图 5-50 所示,在外壳的点火线圈的安装表面上涂抹密封填料。用 4 个螺钉安装点火线圈,并用 2 个螺母将 4 根导线连接到点火线圈端子上。安装点火线圈时要注意将导线连接到点火线圈上时,一定要将 2 条导线正确地插入到可在点火线圈一侧找到的槽中,并且一定不要让导线与信号转子或分电器外壳组件接触,如图 5-51 所示。

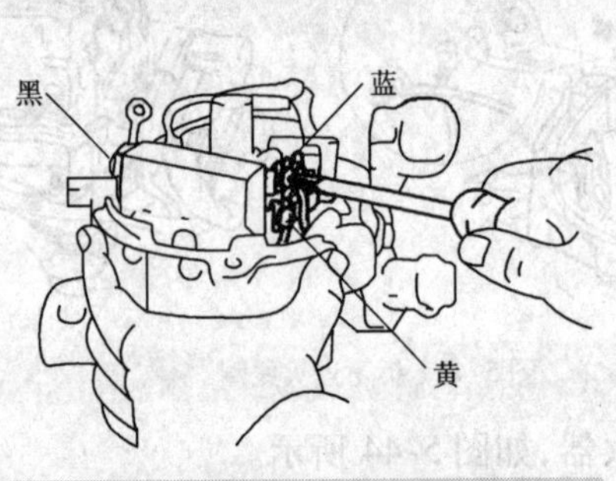

图 5-49　安装点火器

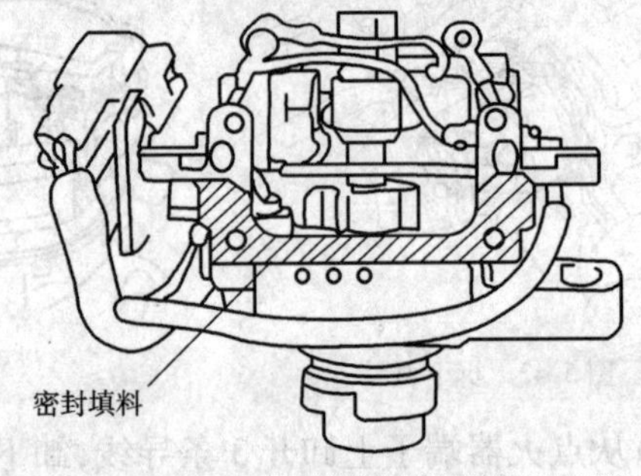

图 5-50　涂抹密封填料

(4)将新的垫片装到分电器外壳上,安装点火线圈防尘罩,如图 5-52 所示。

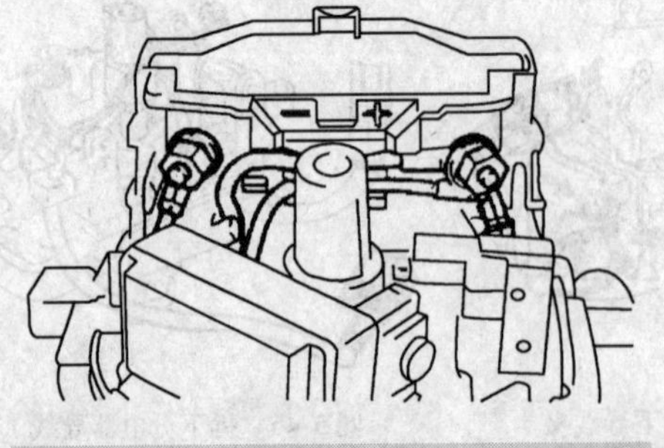

图 5-51　安装点火线圈

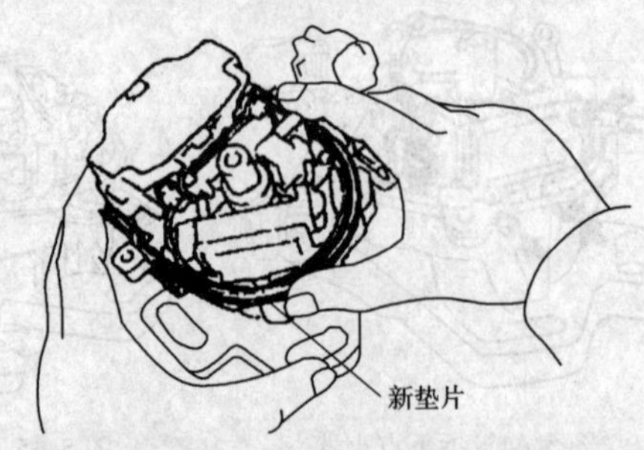

图 5-52　安装点火线圈防尘罩

(5)安装转子和分电器盖。

(6)顺时针转动曲轴,使进气凸轮轴缝隙的位置处于如图5-53所示,将一缸设置为压缩行程上止点。

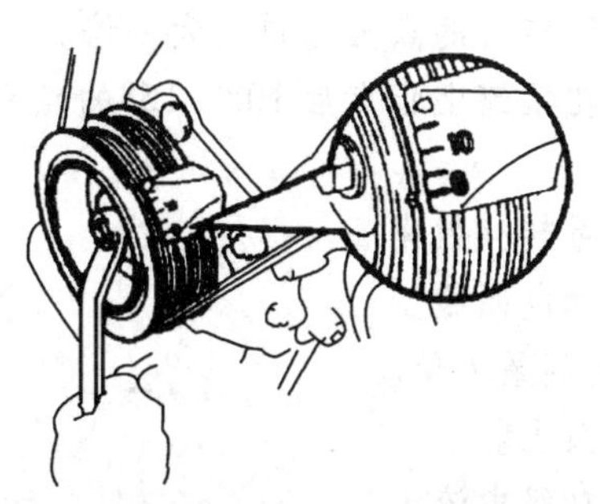

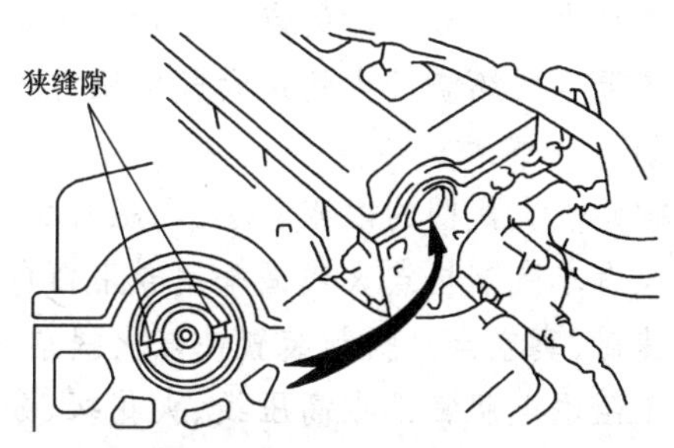

图5-53 一缸压缩上止点记号

(7)将新的O形圈装在分电器外壳组件上。在O形圈上涂上薄薄一层发动机油,如图5-54所示。

(8)将连接器的切口部分与外壳的凸起部分对准。使法兰中心汽缸盖上的螺栓孔中心对准后,再插入IIA,如图5-55所示。最后轻轻拧紧2个安装螺栓。

(9)将高压线连接到分电器盖上,连接IIA导线接头并调节点火正时。

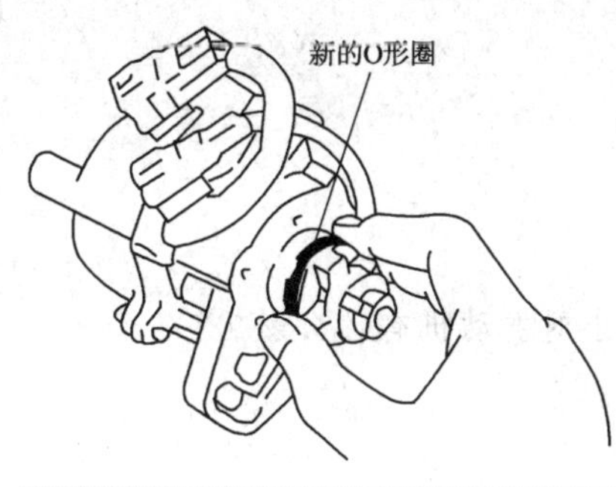

图5-54 安装新的O形圈

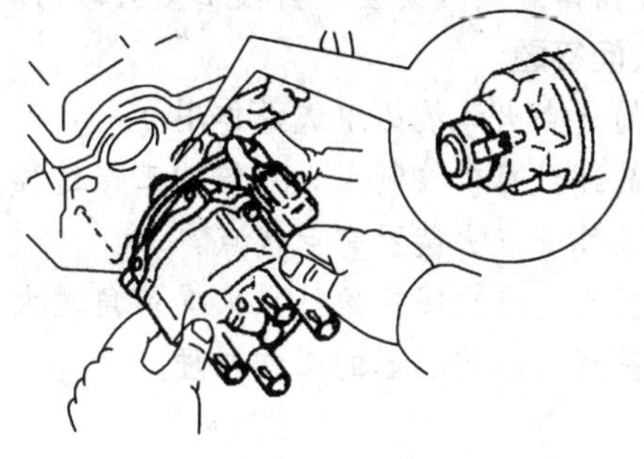

图5-55 安装IIA

复习思考题

一、选择题

1. 传统点火装置分电器中的电容器容量为(　　)F。

A. 15~25　　B. 0.15~0.25　　C. 20~30

2. 为减少排气污染物 NO_X 和HC,夏利轿车采用了(　　)膜片式真空点火提前装置。

A. 单　　B. 双　　C. 单腔多

3. 霍尔信号发生器中的霍尔元件属于(　　)元件。

A. 绝缘体　　B. 半导体　　C. 导体

4. 传统点火系统在断电触点(　　)时产生高压火。

A. 刚刚张开　　B. 刚刚闭合　　C. 张到最大值

二、判断题

1. 传统点火装置起动时的点火能量应比正常运转时的点火能量增大一倍。(　　)

2. 能使混合气燃烧产生的最大气缸压力出现在压缩上止点后10°~15°的点火时刻为最佳点火时刻。(　　)

3. 闭磁路点火线圈的磁阻较小,漏磁较少,能量转换效率高。(　　)

4. 东风汽车汽油机点火线圈采用专用白色附加电阻线。(　　)

5. 怠速时,真空点火提前装置使点火提前角增到最大值。(　　)

6. 高压阻尼电阻常设在高压线、火花塞、分火头上。(　　)

7. 晶体管点火装置初级电流比传统点火装置初级电流大。(　　)

8. 当调整点火提前角后装回分电器真空软管,发动机转速将升高50~100r/min。(　　)

9. 断电器触点间隙一般为0.35~0.45mm。(　　)

10. 电容器击穿短路,易造成触点烧蚀,火花塞跳火微弱。(　　)

11. 霍尔信号发生器叶片离开气隙时,分电器信号线应有12V信号输出。(　　)

12. 分电器中分火头力是从发动机凸轮轴的偏心轮传来的。(　　)

13. 晶体管点火装置不需校正点火时间。(　　)

三、问答题

1. 简述点火系统的组成及作用。

2. 简述计算机控制点火系统的工作过程。

3. 晶体管点火装置有何优点?

4. 什么是点火提前角? 点火提前角过大与过小对发动机有什么影响?

5. 简述霍尔传感器的工作原理。

项目六 照明与信号系统

学习任务 照明与信号系统的构造与检修

学习目标

◎ 掌握照明与信号系统的结构和工作原理；

◎ 了解照明与信号系统的作用及相关交通法规要求。

能力要求

◎ 能正确操作和使用照明与信号系统的各种功能；

◎ 能正确分析照明与信号系统的电路图；

◎ 能正确分析照明与信号系统的故障并将其排除。

任务导入

故障现象：一辆2006年产的日产骐达，发动着车后开灯发现仪表灯不亮，走了30米左右仪表灯又亮了。

故障检修：首先将车停下后试验，开小灯，仪表灯还是不亮；下车查看，发现前面右前小灯不亮，紧接着发现右前小灯又亮了，回车里发现仪表灯也亮了。后来重复测试数次，仪表灯和右前小灯均不亮，向右拨转向灯开关，仪表灯和右前小灯均亮。至此可初步判明是组合开关坏了，更换新的开关后，故障排除。

学习指引

汽车上安装了种类繁多的照明与信号设备，其不仅美观、实用，而且还能保证车辆的安

全运行，同时，照明与信号设备的设计安装都要符合交通法规。掌握汽车照明与信号系统的组成、结构以及能正确熟练地操作使用，对确保车辆安全行驶，减少交通事故有着重要的作用。

为了确保汽车在各种行驶条件下(夜间或复杂路况下停车、转弯紧急情况下)的行驶安全，人们设计了一系列照明及信号灯，这些大大小小、五光十色的灯便组成照明与信号系统。汽车照明系统的作用就是为车前及车内提供充分可靠的照明，通过不同色泽的发光标志显示汽车工作状况，从而向其他车辆和行人传达信息。

1 照明与信号系统的组成

为保证汽车行驶的安全性，减少交通事故和机械事故的发生，汽车上都装有多种照明设备和灯光信号装置，各安装位置如图6-1所示。

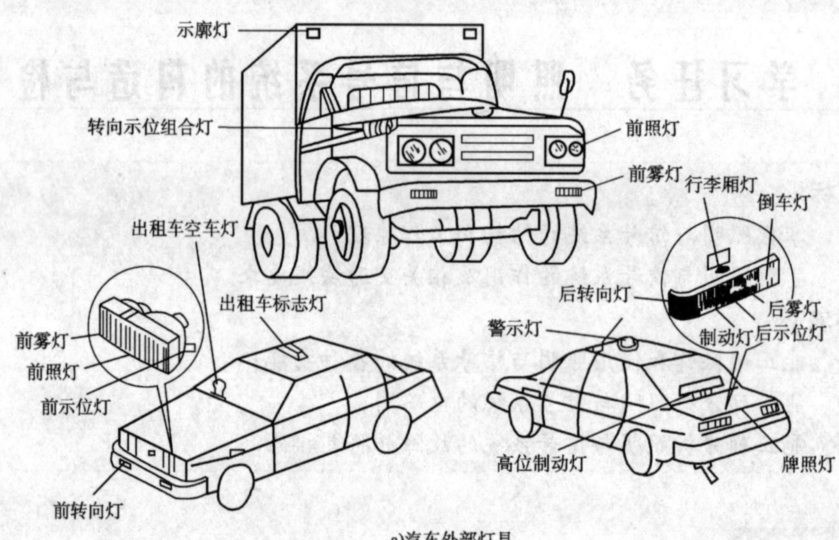

a)汽车外部灯具

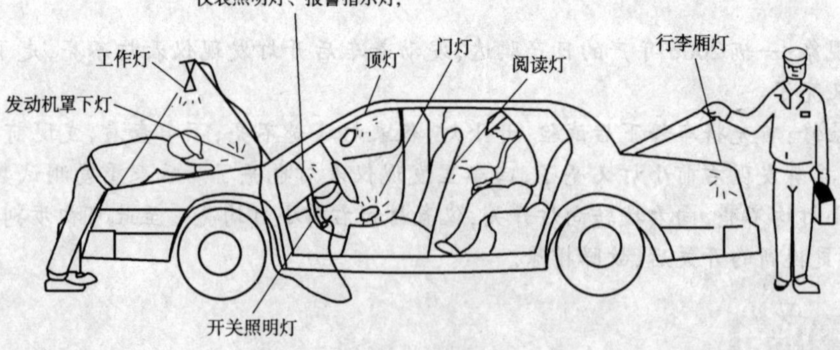

b)汽车内部灯具

图6-1　汽车灯系

汽车照明与信号系统可分为车内照明信号和车外照明信号两部分,主要包括:

(1)前照灯——又称大灯、头灯,其任务是夜间运行时照明道路,功率为40~60W。

(2)小灯——又称驻车灯、示廓灯,其任务是汽车夜间行车或停车时,标示其轮廓或存在,前小灯为白色,后小灯为红色,功率为5~10W。

(3)牌照灯——安装在汽车尾部的牌照上方,灯光为白色,其作用是夜间照亮汽车牌照,功率为5~15W。

(4)仪表灯——安装在汽车仪表上,用于夜间照亮仪表,灯光为白色,功率为2~8W。

(5)顶灯——安装在驾驶室的顶部,其作用是驾驶室内部照明,灯光为白色,功率为5~8W。

(6)雾灯——其作用是雨、雾天气用来照明,灯光为黄色,因为黄色有良好的透雾性,功率为35~55W。

(7)转向灯——其作用是表示汽车的运行方向,左右转向灯同时闪亮时,表示有紧急情况,灯光为黄色,功率为20W以上。

(8)制动灯——又称刹车灯,安装于汽车后面,其作用是在汽车制动停车或制动减速行驶时,向后车发出灯光信号,以警告尾随的车辆,防止追尾,灯光为红色,功率为20W以上。

(9)倒车灯——其作用一个是向其他的车辆和行人发出倒车信号;另一个是夜间倒车照明,灯光为白色,功率为20W。

(10)指示灯——指示某一系统是否处于工作状态,灯光为红色,功率为2W。如远近光指示灯、转向指示灯、雾灯工作指示灯、空调工作指示灯、驻车制动指示灯、收放机工作指示灯、自动变速器挡位指示灯等。

(11)报警灯——安装在仪表板上,其作用是用来监测汽车各系统的技术状况,当某一系统出现异常情况时,对应的报警灯亮,提醒驾驶人该系统出现故障,灯光为红色、绿色或黄色,功率为2W,如发动机故障报警灯、机油报警灯、水温报警灯等。

此外还有工作灯、门灯、踏步灯、行李舱灯、阅读灯、喇叭、蜂音器等,桑塔纳汽车前后部的照明信号灯如图6-2所示。

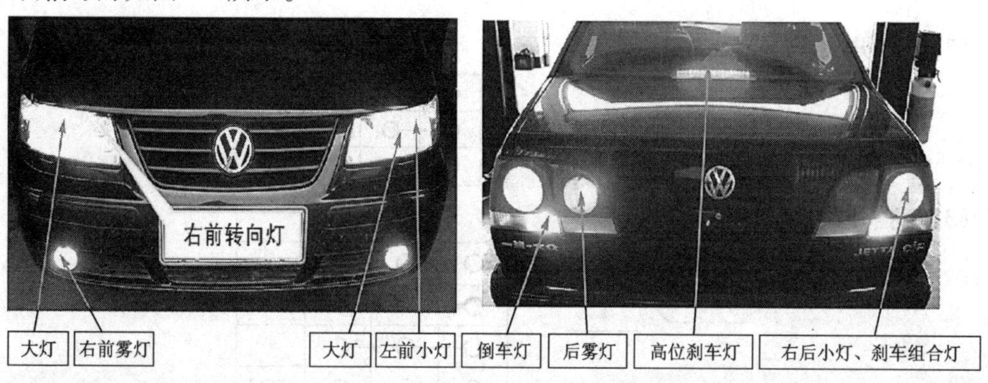

图6-2　桑塔纳汽车前后部的照明信号灯

2 照明与信号系统的特点

(1)电路设计时,全为单线制负极搭铁,这样可节省一半导线。

(2)用电器在设计时多采用并联式,优点是当一个用电器不工作时,不影响其他用电器。

(3)照明电路全采用低压电(12V 和 24V),修理时万用表一般打到 20V 直流挡,有时用 200V。

(4)并联电路总电流大,所以花火线粗。

(5)大电流电路在工作时,都采用了继电器和保险做保护。

(6)有各种不同的控制方式。

3 照明与信号系统的电路控制

1 电路控制

(1)按供电方式分为:控制火线、控制地线。

(2)按对用电器开关的控制分为:直接控制(图 6-3)、间接控制(图 6-4)。

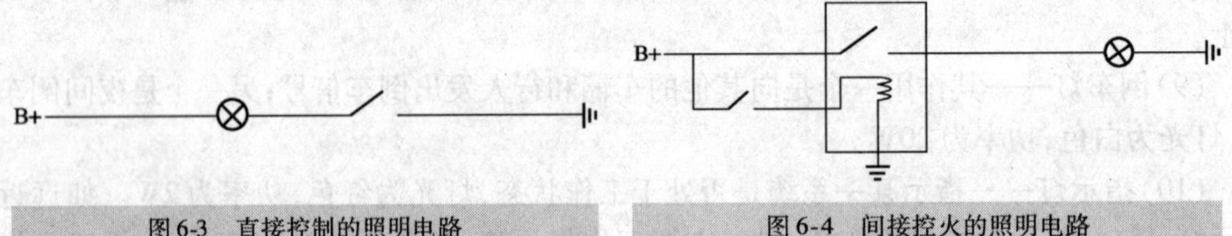

图 6-3 直接控制的照明电路　　图 6-4 间接控火的照明电路

2 组合开关

(1)一挡开关:

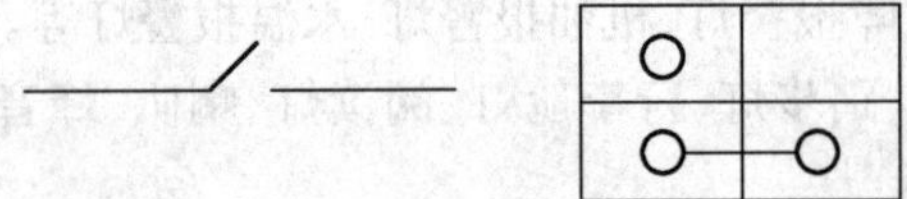

(2)二挡开关:

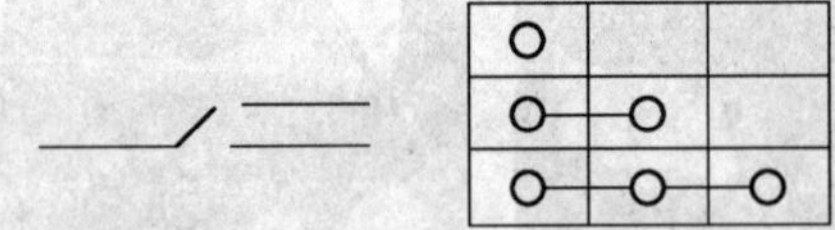

(3)三挡开关:

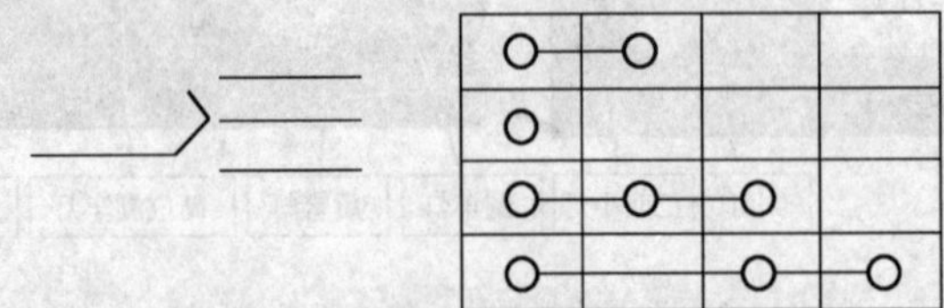

(4)四挡开关:

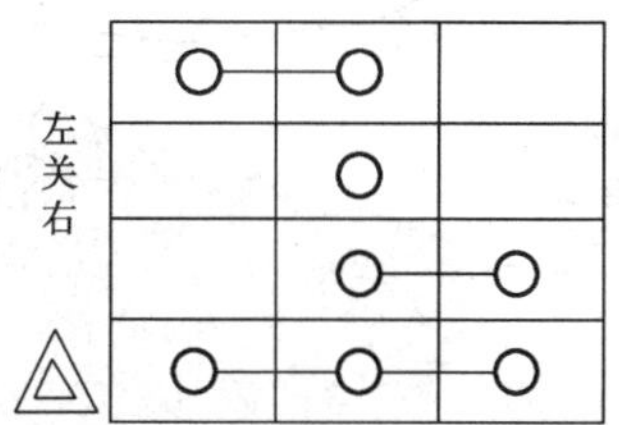

(5)转向应急开关：

左
关
右

4 前照灯(大灯)

1 汽车对前照灯的要求

由于汽车前照灯的照明效果对夜间行车安全影响很大，故世界各国多以法律的形式规定了前照灯的照明标准，其基本要求主要有两个方面。

(1)前照灯应能保证车前有明亮而又均匀的照明，使驾驶人能够看清车前100米内路面上的物体。随着汽车行驶速度的不断提高，对前照灯的要求也越来越高，高速汽车前照灯的照明距离应达到200~250米。

(2)前照灯应防止炫目，以避免夜间两车相会时，使对面车辆驾驶人炫目，而造成交通事故。

2 前照灯的分类

(1)可拆式前照灯。这种前照灯的配光镜靠反射镜边缘上的齿簧与反射镜组合在一起，并用箍圈和螺钉将它们固定在灯壳上，可拆式前照灯由于密封性不好，反射镜易受灰尘和湿气的污染而变黑，严重影响照明效果，目前已很少采用。

(2)半封闭式前照灯。半封闭式前照灯其配光镜是由反射镜边缘上的牙齿固定在反射镜上，两者之间有橡胶圈或密封胶密封。灯泡可从反射镜后端进行拆装，维修方便，因此得到普遍使用。更换灯泡时，不能用手触摸灯泡玻璃壳部分，拿灯泡的方法如图6-5所示。

(3)封闭式前照灯。封闭式前照灯没有分开的灯泡，其整个总成本身就是一个灯泡。灯丝安装在反射镜前面，配光镜则与反射镜焊接在一起，如图6-6所示。更换时，先拔下灯脚与线束连接的插座，然后拆下灯圈，即可取下灯芯(图6-7)；安装灯芯时，应注意配光镜上的标记(箭头或字符)，不应出现倒置或偏斜现象。

封闭式前照灯完全避免了反射镜的污染，但价格较高。

为使前照灯更亮、更远、更美观，汽车上采用了投射式前照灯和高亮度弧光灯。

(4)投射式前照灯。投射式前照灯采用了凸形配光镜，反射镜为椭圆形，所以其外径很小，结构如图6-8所示。

由于投射式前照灯的反射镜呈椭圆形状，有两个焦点。在第一个焦点处放置灯泡，光束经反射会聚至第二个焦点。凸形配光镜的焦点与第二焦点相重合,灯泡发出的光被反射镜聚成第二焦点,在通过配光镜将聚集的光投射到远方。投射式前照灯使用的光源为卤素灯泡。

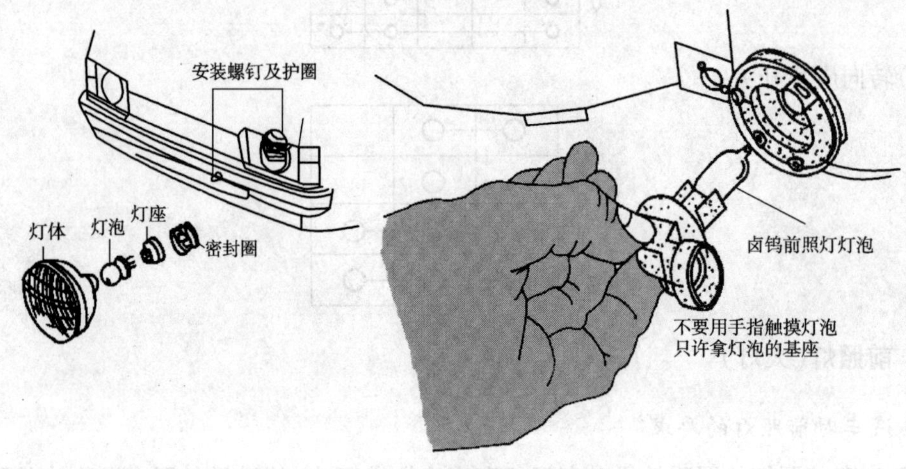

图 6-5　半封闭式前照灯灯泡的更换

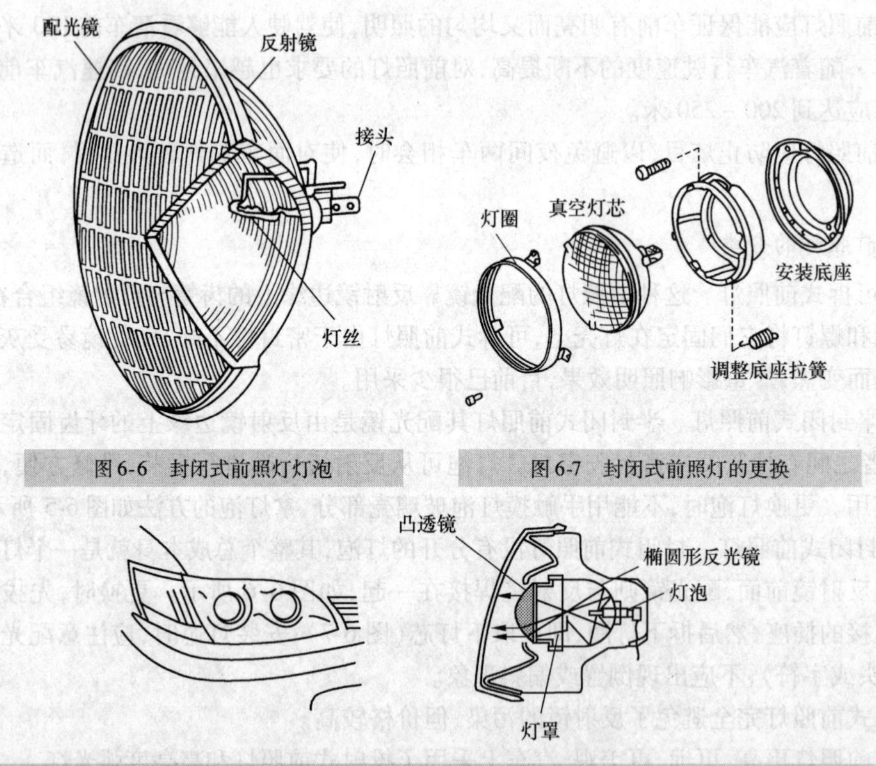

图 6-6　封闭式前照灯灯泡

图 6-7　封闭式前照灯的更换

图 6-8　投射式前照灯的结构

在第二焦点附近设有遮光板,可用于遮住投向上半部分的光,形成明暗分明的配光。它的这种配光特性可适用于前照灯近、远光灯,也可用作雾灯。

采用投射式前照灯,可利用的光束增多,若将反射镜做成扁长断面,很多光束便可横向扩散,不仅结构紧凑,而且经济实用。

3 前照灯的结构与组成

前照灯的光学组件由灯泡、反射镜和配光镜三部分组成,如图6-9所示。

(1)灯泡。目前汽车前照灯的灯泡有两种,即充气灯泡和卤钨灯泡,如图6-10所示。

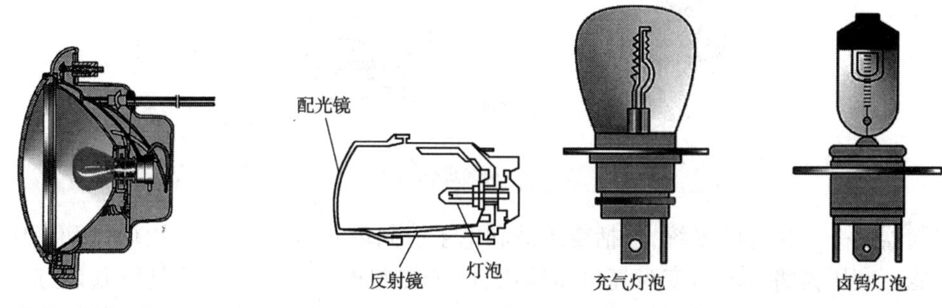

图6-9 前照灯的组成

图6-10 充气灯泡和卤钨灯泡

a. 充气灯泡。充气灯泡是采用钨丝作灯丝,灯泡内充满氩和氮的混合惰性气体。在灯泡工作时,由于惰性气体受热后膨胀会产生较大的压力,这样可减少钨的蒸发,故能提高灯丝的温度,增强发光效率,从而延长灯泡的使用寿命。

b. 卤钨灯泡。充气灯泡虽已充入惰性气体,但仍然有少量钨丝蒸发而使灯泡变黑。为了防止钨丝的蒸发,近年来又发明了卤钨灯泡。

所谓卤钨灯泡,就是在充入灯泡的气体中掺入某一卤族元素,如氟、氯、溴、碘等。在灯泡工作时,其内部可形成卤钨再生循环反应:从钨丝上蒸发出来的气态钨与卤族元素反应生成了一种挥发性的卤化钨,它扩散到灯丝附近的高温区后又受热分解,使钨又重新回到灯丝上。被释放出来的卤素继续参与下一次循环反应,如此周而复始地循环下去,从而防止了钨丝的蒸发和灯泡的黑化现象。

卤钨灯泡的玻璃是由耐高温、高强度的玻璃制成,且灯泡内的充气压力较大,工作温度高,可更有效地抑制钨的蒸发量,延长使用寿命,提高发光效率。在相同功率的情况下,卤钨灯的亮度是充气灯泡的1.5倍,寿命是2~3倍。

c. 氙灯。氙灯结构如图6-11所示,是一种含有氙气的新型前大灯,又称高强度放电灯或气体放电灯,英文简称HID(High Intensity Discharge Lamp)。目前奔驰E级车、宝马7系列、丰田凌志、本田阿库拉等高档车都使用了这种新型前大灯。氙灯亮度大,发出的亮色调与太阳光比较接近,消耗功率低,可靠性高,不受车上电压波动影响。

氙灯由小型石英灯泡、变压器和电子单元组成。接通电源后,通过变压器,在几微秒内升压到2万伏以上的高压脉冲电加在石英灯泡内的金属电极之间,激励灯泡内的物质(氙气、少量的水银蒸气、金属卤化物)在电弧中电离产生光亮。由于高温导致碰撞激发,并随压力升高使线光谱变宽形成带光谱。灯开关接通的一瞬间,氙灯即产生与55瓦卤素灯一样的亮度,约3秒钟达到全部光通量。

氙灯灯泡的玻璃用坚硬的耐温耐压石英玻璃(二氧化硅)做成,灯内充入高压氙气缩短灯被点亮的时间，灯的发光颜色则由充入灯泡内的氙气、水银蒸气和少量金属卤化物所决定。

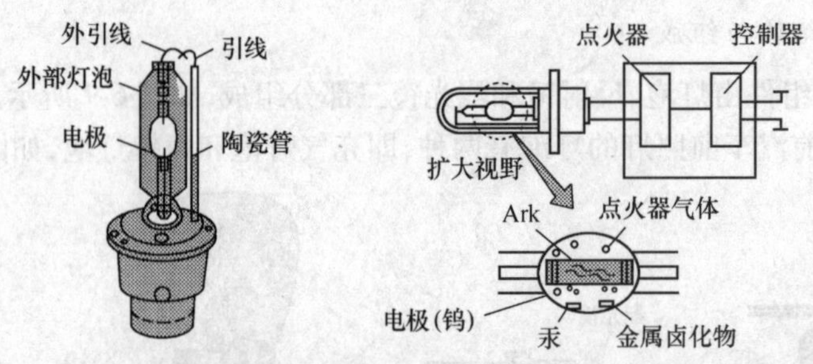

图 6-11　高亮度弧光灯

控制器是一个独立的系统，包括变压器和电子控制单元，具有产生点火电压和工作电压两种功能。变压器将低电压变为高电压输出，电子控制单元的主要功能是限制氙灯灯泡的工作电流，向灯泡提供 2 万伏以上的点火电压和维持工作的低电压(80 伏特左右)。

氙灯与卤素灯的主要区别在于，前者通过气体电离发光，后者通过加热钨丝发光。虽然氙灯的发光电弧与卤素灯的钨丝长度直径一样，但发光效率和亮度提高了 2 倍。由于不用灯丝，没有了传统灯易脆断的缺陷，寿命也提高了 4 倍。据测试，一个 35 瓦的氙灯光源可产生 55 瓦卤素灯 2 倍的光通量，使用寿命与汽车差不多。因此，安装氙灯不但可以减少电能消耗，还相应提高了车辆的可靠性能。

(2)反射镜。反射镜是用薄钢钣冲压而成的，如图 6-12 所示。其表面镀银、铬、铝等，然后抛光。反射镜的作用是尽可能多地收集灯泡发出的光线，并将这些光线聚合成很强的光束射向远方。

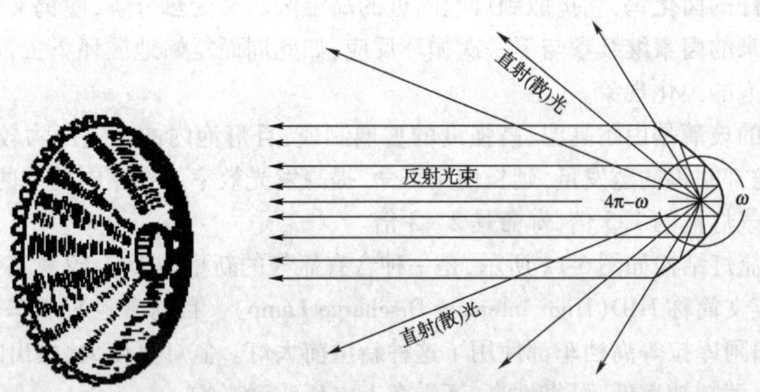

图 6-12　反射镜及其反光线

反射镜的表面形状大都是旋转抛物面，位于反射镜焦点上的灯泡所发出的光线，经反射镜后的情况如图 6-12 所示。无反射镜的灯泡，其光度只能照清周围 6m 左右的距离，而经反射镜反射后的平行光束可照清远方 150m 以上的距离，经反射镜后，尚有少量的散射光线，其中朝上的完全无用，向侧方和下方的光线则有助于照明 5 ~ 10m 的路面和路缘。

(3)配光镜。配光镜也称散光玻璃，是由透明玻璃压制而成的棱镜和透镜的组合体。配光镜的作用是将反射镜反射出的光束进行折射，以扩大光线的照射范围，使车前 100m 内的路面有良好而均匀的照明，如图 6-13 所示。

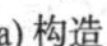
a) 构造

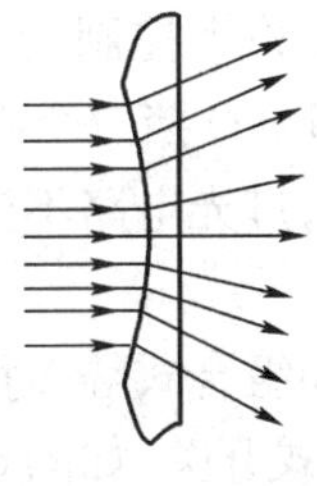
b) 水平部分（散射）

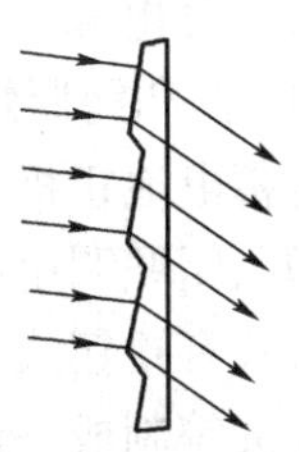
c) 垂直部分（折射）

图 6-13 配光镜的结构与作用

4 防炫目设计

夜间会车时，前照灯发出的强光束会使迎面来的汽车驾驶人炫目，很容易发生交通事故，所以在这方面必须引起足够的重视。

(1)采用双丝灯泡。大灯采用双丝灯泡，远光灯丝位于反射镜的焦点上，功率为 45 ~ 60W；近光灯丝位于反射镜焦点的上方或前方，功率为 20 ~ 50W。这样夜间行车，当对面无来车时，使用远光灯，可照亮车前方 150m 以上的路面；当对面来车时，使用近光灯，由于光线较弱，经反射后的光线大部分射向车前的下方，所以可避免对面车辆驾驶人炫目，如图 6-14 所示。

(2)采用带遮光罩的双丝灯泡。上述双丝灯泡中，近光灯丝射向反射镜下部的光线经反射后，将射向斜上方，仍会使对面的驾驶人轻微炫目。为了克服上述缺陷，在近光灯丝的下方装有遮光罩。当使用近光灯时，遮光罩能将近光灯丝射向反身镜下部的光线遮挡住，无法反射，提高防炫目效果，目前在汽车广泛使用这种双丝灯泡，如图 6-15 所示。

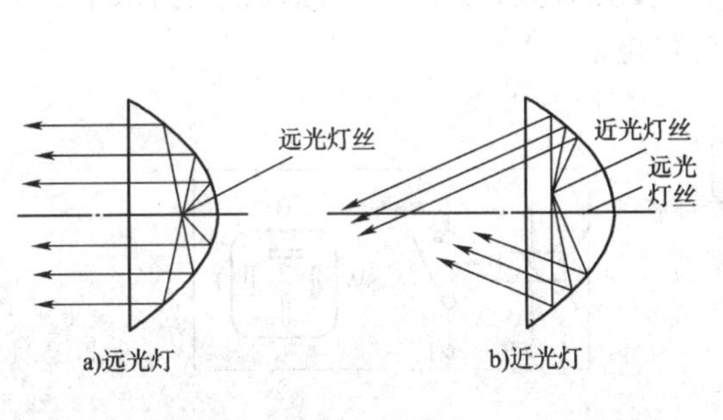

图 6-14 双丝灯泡的远、近光束

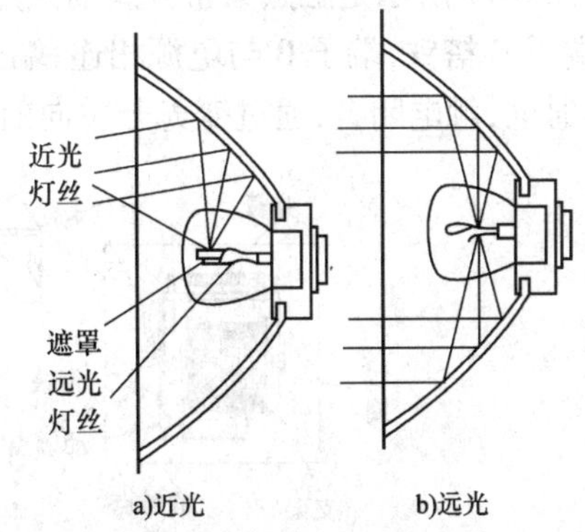

图 6-15 具有遮罩的双丝灯泡

(3)采用不对称光形。这是一种新型的防炫目前照灯，安装时将遮光罩偏转一定的角度，使其近光的光形分布不对称，将近光灯右侧光线倾斜升高 15°。

(4)Z 型光形。为防止对面来车辆驾驶人与非机动车人员炫目，Z 型光形是目前较先进的光形，它不仅可防止对面车辆驾驶人炫目，也可防止非机动人员炫目。

5 前照灯的操控

(1)灯光开关与前照灯电路。

照明系统的大部分电路是由灯光开关来控制的,最常用的灯光开关一般有关闭(Off)挡、小灯(驻车 Park)挡和前照灯(大灯 Head)挡三个挡位。对大部分车来说,灯光开关上的两个火线接线柱与蓄电池正极直接相连,灯光电路不受点火开关控制,即点火开关在关闭挡时,灯光开关也能开、闭照明电路。

灯光开关的形式有拉钮式、旋转式和组合式等多种,汽车上用的较多的是将大灯、尾灯、转向灯及变光等开关等制成一体的组合式开关,如图 6-16 所示。

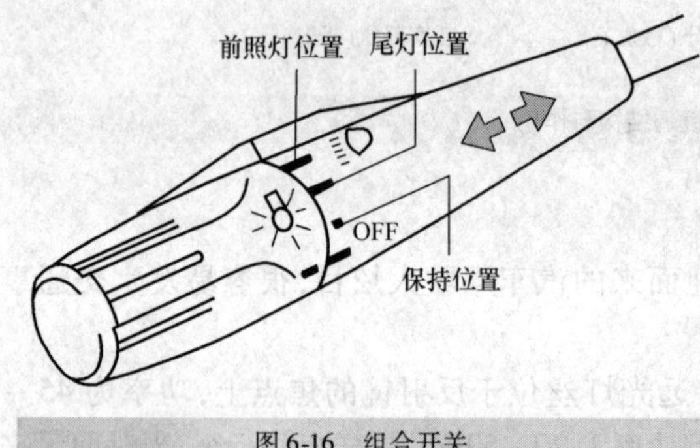

图 6-16　组合开关

该组合式开关是丰田汽车使用的组合开关,转动开关端部,便可依次接通尾灯(包括位灯)和大灯,将开关向下压,便由近光变为远光,将开关向上扳,亦可变为远光,不同的是,松手后开关自动弹回近光位置,此位置用来作为夜间行车时的超车信号。前后扳动开关,可使左右转向灯工作。

(2)变光开关。变光开关可以根据需要切换远光和近光。它有脚踏变光开关和组合式开关两种。目前车辆上多采用组合开关式变光开关,安装在转向盘下方,便于驾驶人操作。组合式变光开关的功能前已述及,此处不再重复。

(3)大灯继电器。前照灯的工作电流较大,特别是四灯制的汽车,如用车灯开关直接控制前照灯,车灯开关易烧坏,因此在灯光电路中设有灯光继电器。

图 6-17 所示是触点为常开式前照灯继电器的结构和引线端子,端子 SW 与大灯开关相连,端子 E 搭铁,端子 B 与电源相连,端子 L 与变光开关相连。当接通前照灯开关后,继电器铁芯通电,触电闭合,通过变光开关向前照灯供电。

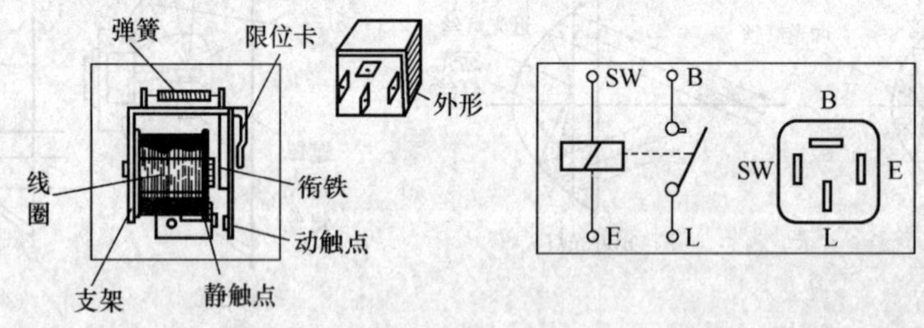

图 6-17　前照灯继电器

6 智能化前照灯系统

(1)前照灯昏暗自动发光器。这种昏暗自动发光器的作用是在汽车行驶过程中(并非夜间行驶),当汽车前方自然光的强度减低到一定程度,如:汽车通过高架桥、林荫小道、树

林、竹林或天空突然乌云密布等，发光器便自动将前照灯电路接通，以确保行车安全。

该装置早已作为美国通用和克莱斯勒汽车公司的轿车选装件，一般安装在汽车仪表板上，这种轿车的灯光控制开关设有自动挡位。

(2)灯光提示警报系统及或自动关闭系统。这种系统的作用是：当点火开关关闭，但是驾驶人忘记关闭灯光控制开关时，能够自动发出警报，警告驾驶人关闭大灯和尾灯，或者自动关闭灯光。

(3)前照灯自动关闭延时器。前照灯自动关闭延时器是一种自动关闭前照灯的控制装置，当汽车停驶时，为驾驶人下车离去提供一段照明时间。

在有些汽车上还装有 DRL 系统，可以自动减弱前照灯在白天使用时的发光强度，以延长灯泡的使用寿命，降低电能的消耗。另外有些汽车的后备箱里装有灯光损坏传感器，可以在大灯、尾灯或制动灯等灯泡损坏时，发出警报，提醒驾驶人。

7 典型前照灯的电路原理

(1)CA1091 汽车前照灯电路(图 6-18)。

该车前照灯采用四灯制，接通远光时，四只前照灯远光灯丝全部点亮，同时仪表板上的远光指示灯点亮；接通近光时，只有外侧两只近光灯丝点亮。

该车的车灯开关有四个挡位，即示廓、关闭、小灯和前照灯，七个接线端，1 接电源，2 接灯光继电器线圈 SW，3 接前小灯，4 接仪表照明灯，5 接示廓灯，6 接电源，7 接停车示廓灯，变光开关有近光和远光两个挡位，三个接线端，1 接灯光继电器触点 L 端，2 接近光灯，3 接远光灯。

当接通点火开关后，车灯开关 1 号接线柱通电，当灯光开关置于大灯挡位时，1 号线与 2、4、5 号线接通，此时灯光继电器线圈通电，使灯光继电器触点闭合，前照灯点亮，此时可通过变光开关变换远、近光照明。

(2)桑塔纳轿车照明系统电路。

桑塔纳轿车照明系统电路如图 6-19 所示，前照灯直接由车灯开关 4 控制，车灯开关 4 在Ⅱ挡时，通过变光开关 2 进行远光和近光变换控制。此外，远光灯还可由超车灯开关 2 直接控制，在超车时使用。

雾灯继电器由车灯开关 4 的Ⅰ挡控制。雾灯开关的电源来自中间继电器控制的大功率火线。雾灯开关的Ⅰ挡接通前雾灯的电路，Ⅱ挡同时接通前后雾灯的电路。

牌照灯由车灯开关 4 控制，在车灯开关Ⅰ挡或Ⅱ挡时都接通

顶灯和行李舱灯由门控开关控制，当行李舱或车门打开时，其门控开关就会接通行李舱灯或顶灯电路。

仪表板、时钟、点烟器、后除霜器开关、空调开关、雾灯开关等照明灯也均由车灯开关控制。当车灯开关在Ⅰ挡或Ⅱ挡时，上述照明灯均被接通其亮度可通过仪表板上的调光器进行调节。

(3)本田雅阁灯光照明系统电路。本田雅阁灯光照明系统电路如图 6-20 所示。灯光组合开关在Ⅰ挡时，可控制仪表灯、前驻车灯、尾灯、牌照灯和后标示灯；灯光开关在Ⅱ挡时，上述灯继续亮的同时，灯光开关使大灯继电器接通，前照灯近光灯工作；灯光开关中的大灯变

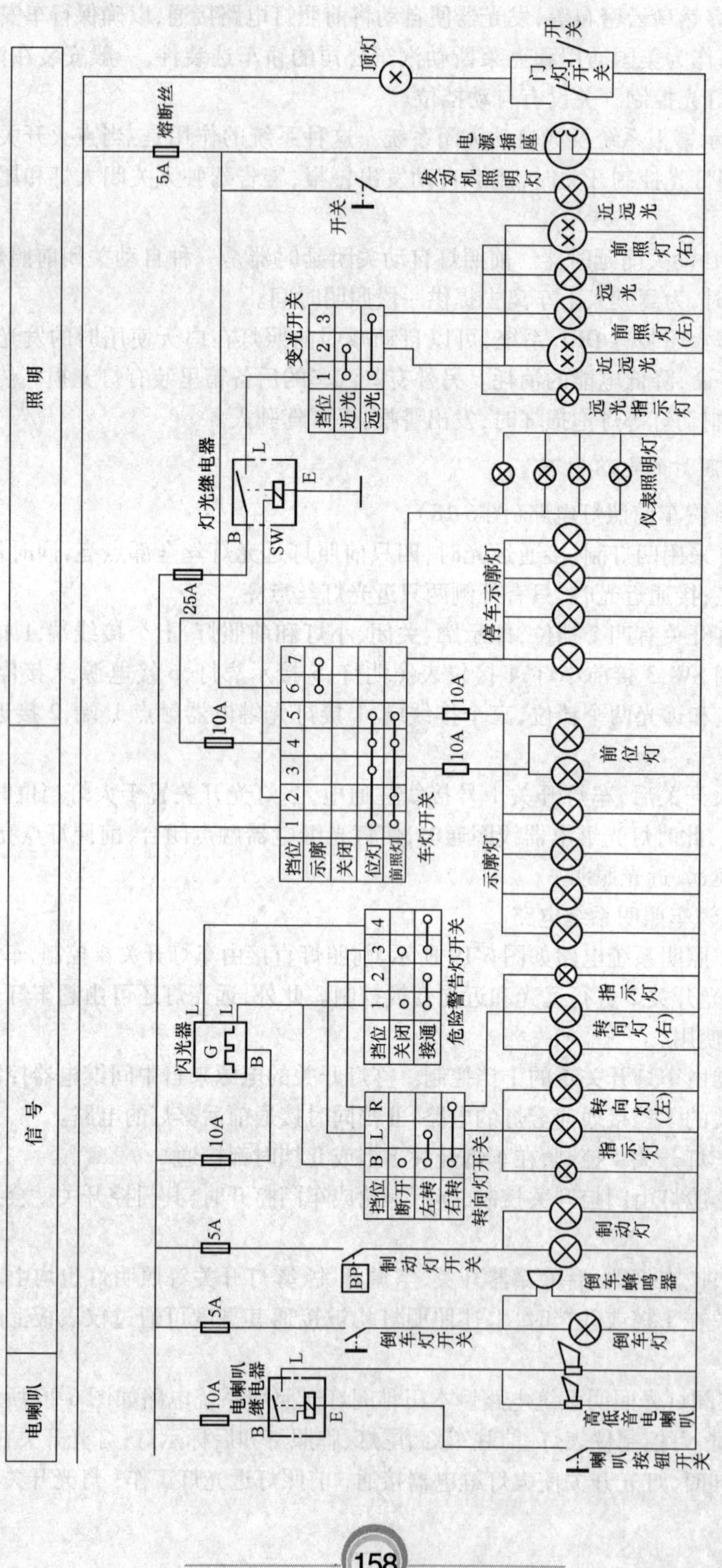

图 6-18　CA1091 汽车前照灯电路

光开关可通过大灯变光继电器控制远光灯的工作:灯光开关向上,大灯变光继电器的磁化线圈通电,触点闭合,远光灯电路接通,灯光开关向下,远光灯电路断开。此外远光灯还可通过灯光开关中的超车挡直接控制,在超车时使用。

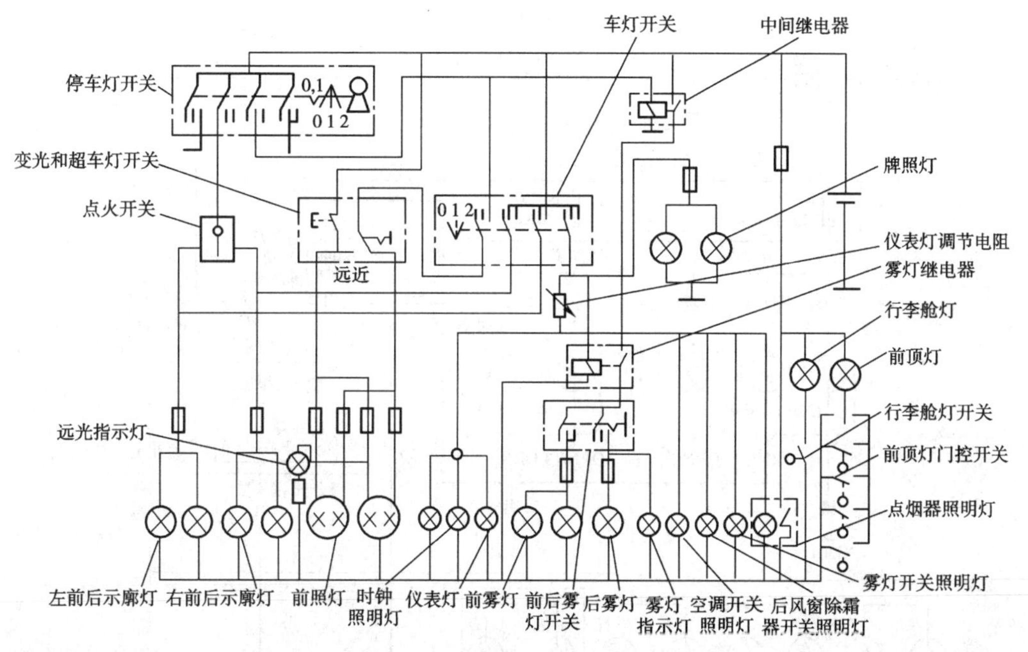

图 6-19 桑塔纳轿车照明系统电路

8 前照灯的使用调整与故障排除

(1)前照灯的使用注意事项。

①前照灯在使用时要注意密封,防止水分及灰尘进入。

②光学组件要配套使用,不要随意更换灯泡功率及其他光学组件。

③前照灯在车上安装要牢固。

(2)前照灯的故障现象及排除。

①前照灯不亮:原因有熔断丝烧断、变光开关有故障、前照灯搭铁不良等。

排除方法:若熔断丝烧断或变光开关有故障,应更换;若搭铁不良,视情修理。

②只有远光灯亮或只有近光灯亮:原因有熔断丝断、变光开关有故障。

排除方法:更换熔断丝或变光开关。

③前照灯的调整。

前照灯在使用过程中,光轴方向偏斜(或更换新前照灯总成)时,应进行调整。调整部位一般分外侧调整式和内侧调整式两种,汽车前照灯光束位置调整如图 6-21 所示。

5 转向信号灯

汽车转向信号灯主要用来指示车辆行驶方向。其灯光信号采用闪烁的方式,用来指示车辆左转或右转,以引起其他车辆和行人的注意,提高车辆的安全性。我国交通法规对转向信号灯的使用有明确的规定，并且还规定汽车在行驶中，如遇危险情况，可使前后左右四个转向灯同时闪烁，作为危险警告信号，请求其他车辆避让。转向信号灯电路系统由转向和警告两部分电路组成，一般都是共用一个闪光器，用转向开关和危险警告开关分别进行控制。

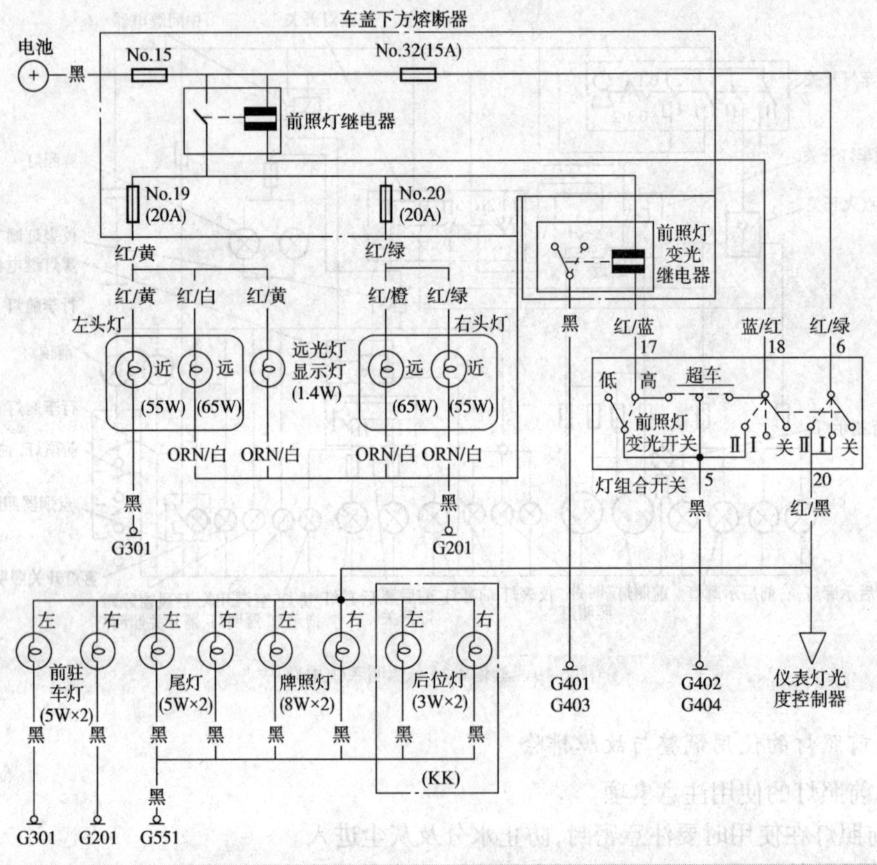

图 6-20　本田雅阁灯光系统电路图

转向信号灯电路主要由转向信号灯、闪光器、转向灯开关等组成。转向信号灯的闪烁是由闪光器控制的，常见的闪光器有热丝式、电容式、翼片式和电子式等（图 6-22）。

1 闪光器

转向信号闪光器是使转向信号灯按一定时间间隔闪烁的器件，转向信号闪光器可根据不同的原理运作。目前使用的闪光器主要有电热式、电容式、电子式。由于电子式闪光器具有性能稳定、可靠性高、寿命长的特点，已获广泛使用。

（1）电容式闪光器。

图 6-23 所示为电容式闪光器的结构原理图。它也是串联在电源开关和转向灯开关之间，有两接柱（B 和 L），分别接电源开关和转向灯开关。汽车转向时接通转向开关，电流经蓄电池“+”极→电源开关→接线柱 B→线圈 L_1→常闭合触点→接线柱 L→转向灯开关→转向灯及转向指示灯→搭铁→蓄电池“-”极，构成回路，此时线圈、电容、电阻被触点短路，而流经线圈 L_1 所引起的吸力大于弹簧片的作用力，将触点迅速打开，转向灯处于暗的状态（尚

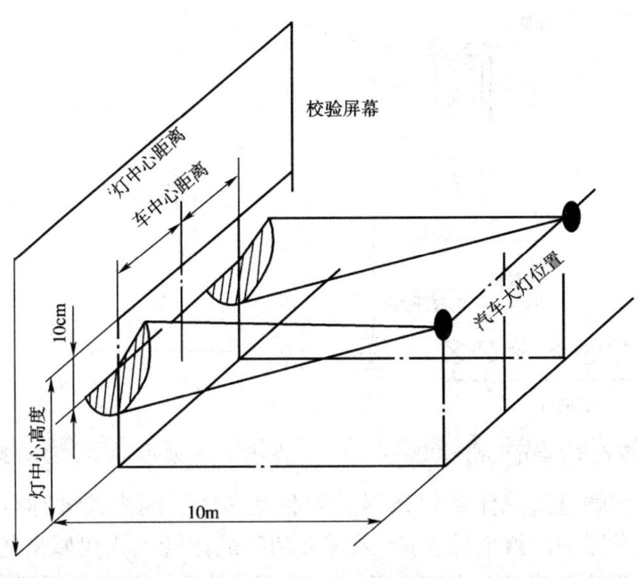

图 6-21　汽车前照灯光束位置调整

未来得及亮）。触点打开后，蓄电池开始向电容器充电，其回路为：→蓄电池"+"极→电源开关→接线柱 B→线圈 L_1→线圈 L_2→电容→转向灯开关→转向灯及转向指示灯（左或右）→搭铁→蓄电池"-"极。由于线圈丝电阻较大，使充电电流较小，仍不足以使转向灯亮。与此同时，线圈 L_1、L_2 产生的电磁吸力方向相同，使触点继续打开，随着电容器 C 两端电压升高，充电电流逐渐减小，电磁吸力也减小，在弹簧片作用下，触点闭合。触点闭合后，电源通过线圈 L_1、触点、经转向开关向转向灯供电，电容器经线圈 L_2、触点放电。由于此时线圈 L_1 和线圈 L_2 方向相反，产生的电磁吸力减小，不足以使触点打开，此时转向灯亮。随着电容器两端电压下降，流经线圈 L_2 的电流减少，产生的退磁作用减弱，线圈 L_1 产生的电磁吸力又将触点断开，转向灯变暗。蓄电池再次向电容器充电，如此反复，使转向灯以一定的频率闪烁。

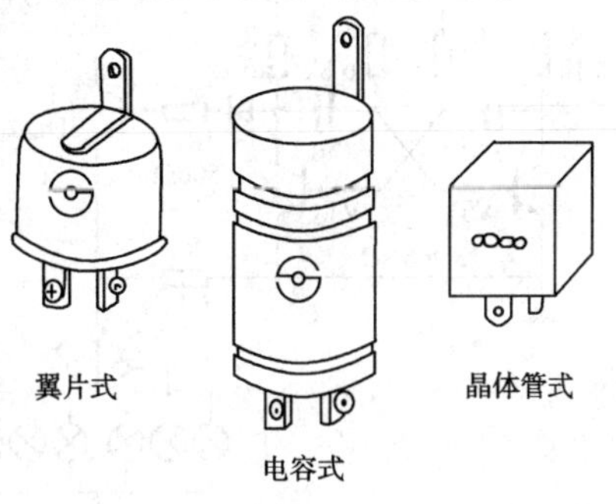

图 6-22　各类闪光器

（2）电子式闪光器。电子闪光器可分为触点式（带继电器）和无触点式（不带继电器），不带继电器的电子闪光器又称为全电子闪光器。

①带继电器触点式晶体管闪光器。如图 6-24 所示，当接通电源开关和转向灯打开后，主线路为蓄电池"+"极→电源开关 SW→接线柱 B→R1→继电器 J 的触点→接线柱 S→转向开关→转向灯及转向指示灯（左或右）→搭铁→蓄电池"-"极，转向灯亮。当继电器 J 的触点闭合时，转向灯亮，触点断开时，转向灯灭，而触点的闭合与否取决于三极管的导通状况，电容 C 的充放电使三极管反复导通截止，这样触点也就时通时断，使转向信号灯闪烁发光。

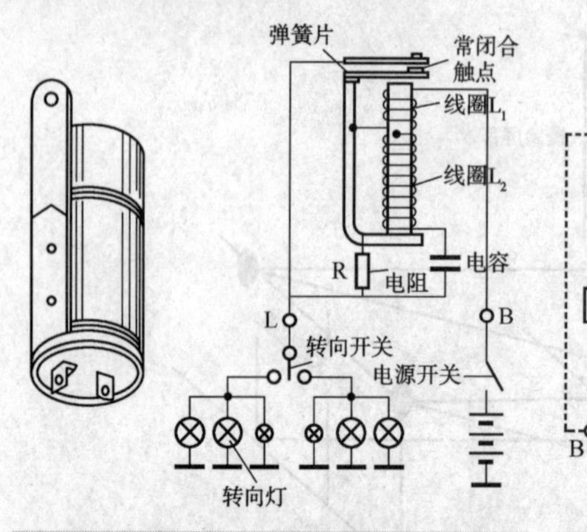

图 6-23　电容式闪光器外形和结构原理图

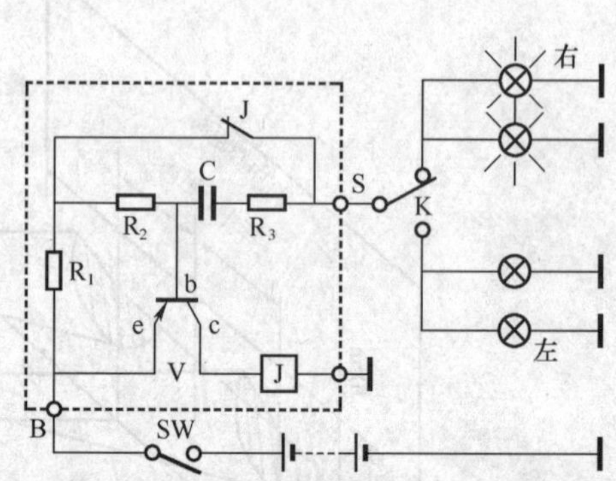

图 6-24　带继电器触点式晶体管闪光器电路

②不带继电器无触点式晶体管闪光器。无触点晶体管闪光器又称全电子式闪光器，即把触点式晶体管闪光器中的继电器去掉，采用大功率晶体管来取代原来的继电器，如图 6-25 所示。本闪光器电路的振荡部分实际上是一个典型的非稳态多谐振荡器，其电路结构对称，也就是说，R1 = R4、R2 = R3、C1 = C2，VT1 与 VT2 为同型号的晶体三极管，且其参数相同。闪光器的输出级采用一只大功率三极管 VT3。当 VT3 导通时，可将转向灯电路接通，使灯点亮；当 T3 截止时，转向灯电路被切断而使灯变暗，从而发出频率为 70—90 次/min 的闪光信号。

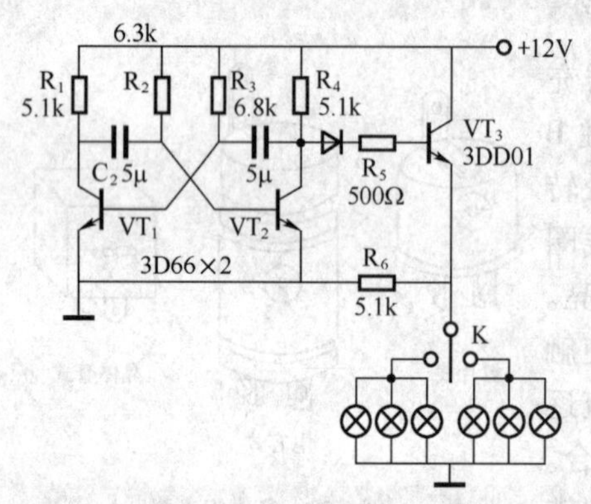

图 6-25　不带继电器无触点式晶体管闪光器电路

❷ 危险警告信号电路

危险警告电路一般由左、右转向灯、闪光器、危险警告开关等组成。当危险警告开关闭合时，左、右转向灯同时闪烁，其电路如图 6-26 所示，当危险警告开关闭合时，危险警告信号电路为：蓄电池正极→危险警告开关→闪光器→危险警告开关→左、右转向灯及转向指示灯→搭铁，这样左、右转向灯及仪表板上的转向指示灯同时闪烁。

❸ 转向信号灯电路的常见故障

(1)转向开关打到左侧或右侧时，转向指示灯闪烁比正常情况快。

这种故障现象说明这一侧的转向灯灯泡有烧坏的，或转向灯的接线、搭铁不良。排除方法：更换灯泡；若接线、搭铁不良时，视情处理。

(2)左、右转向灯均不亮。

这种故障的原因可能是熔断丝断、闪光器坏、转向开关出现故障或线路有断路的地方，排除方法：

①检查熔断丝，断了更换；

②检查闪光器，将闪光器的两个接线柱 B、L 短接，打转向开关，转向灯若亮，说明闪光器

环,需要更换。

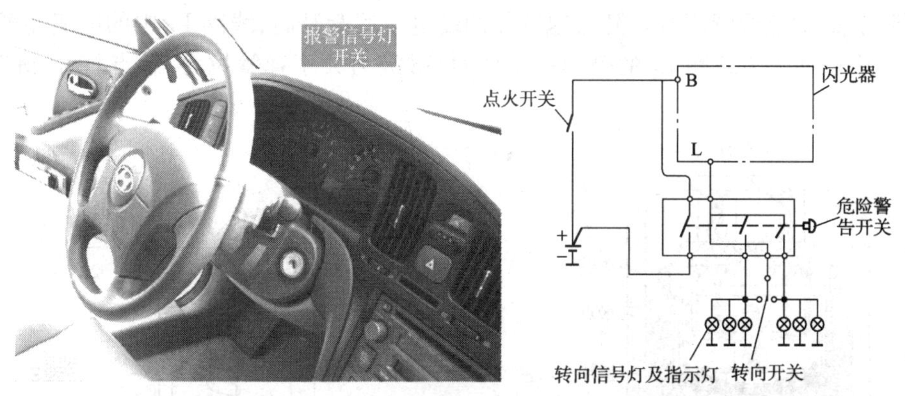

图6-26 危险警告(报警)信号电路

③若以上正常,检查转向灯开关及其接线,视情修理或更换。

左、右转向灯均不亮,除以上检查方法外,还可以先打开危险警告开关,若左、右转向灯不亮,说明闪光器有故障。

6 倒车灯

(1)组成。由保险、倒车片、灯泡、蜂鸣器组成。

(2)作用。

汽车倒车时,为了警告车后的行人和后面车辆驾驶人注意,在汽车尾部装有倒车灯,有些汽车上还装有倒车蜂鸣器,它们均由倒车开关控制。挂入倒挡后,倒车灯亮并发出红光。

(3)工作原理(图6-27)。

当挂入倒挡(尺挡)时,倒车片闭合,电流从B+→保险→倒车灯开关→倒车灯和蜂鸣器→搭铁,倒车灯亮,蜂鸣器响。

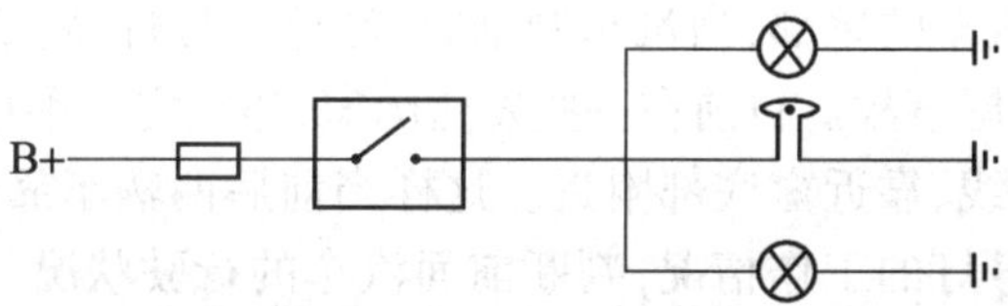

图6-27 倒车工作原理

(4)倒车灯开关。

倒车灯开关的结构如图6-28所示。倒车灯开关一般安装在变速器上,钢球平时被倒挡叉轴项起,而当变速杆拨至倒车挡时,倒挡叉轴上的凹槽对准钢球,钢球被松开,在弹簧的作用下,触点闭合,将倒车信号电路接通。

(5)倒车灯与倒车蜂鸣器。倒车信号电路如图6-29所示,其工作原理如下:

倒车时,安装在变速器上的倒车灯开关闭合,倒车信号灯亮;同时,电流经继电器中的常闭触点到蜂鸣器,使倒车蜂鸣器发出响声。此时,线圈 L_1 和 L_2 中均有电流通过,流经线圈

L_2 的电流同时向电容器充电，由于流入线圈 L_1 和 L_2 的电流大小相等，方向相反，产生的磁通互相抵消，故触点继续闭合。随着电容器两端电压逐渐升高，线圈 L_2 中的电流逐渐减小，当线圈 L_1 中磁通大于线圈 L_2 的磁通一定值时，磁吸力大于弹簧拉力，触点打开，蜂鸣器停止发响。

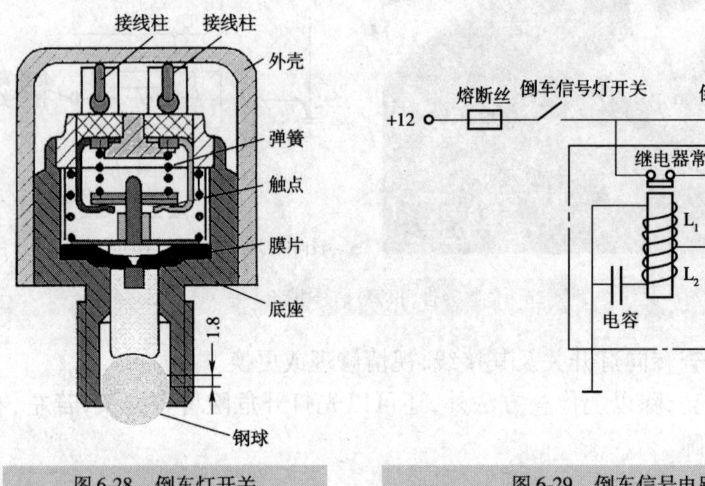

图 6-28　倒车灯开关

图 6-29　倒车信号电路

触点打开后，电容器经线圈 L_1 和 L_2 放电，使线圈 L_1 和 L_2 中的电流方向相同，磁吸力方向相同，触点继续打开；当电容两端的电压下降到一定值时，磁吸力小于弹簧弹力，触点又重新闭合，蜂鸣器又发响。电容器又开始充电，重复上述过程。如此可知：蜂鸣器是利用电容的充电和放电，使线圈 L_1 和 L_2 的磁场时而相加、时而相减，使继电器触点时开时闭，从而控制电磁振动式蜂鸣器间歇发声，以警告行人和其他车辆的驾驶人注意。在倒车时，倒车灯不受继电器控制，一直发亮，在夜间时，倒车灯还兼有照明作用。

7 制动信号灯（刹车灯）

制动信号灯安装在汽车的尾部，当汽车制动时，红色信号灯亮，给尾随其后的车辆发出制动信号，以避免造成追尾事故。目前在一些发达国家，还规定了乘用车必须安装高位制动信号灯，其装在后窗中心线、靠近窗底部附近。这样当前后两辆车靠得太近时，后面汽车驾驶人就能从高位制动信号灯的工作情况，判断前面汽车的行驶状况。安装高位制动信号灯对于防止发生追尾事故，有相当好的效果。

1 制动信号灯开关

制动信号灯由制动信号开关控制，常见的制动信号灯开关有以下几种。

（1）液压式制动信号灯开关。如图 6-30 所示为液压式制动信号灯开关，用于采用液压制动系统的汽车上，装在液压制动主缸的前端或制动管路中。当踩下制动踏板时，由于制动系统的压力增大，薄膜片向上拱曲，接触桥同时接通接线柱，使制动信号灯通电发亮。松开制动踏板时，制动系统压力降低，接触桥在复位弹簧 4 的作用下复位，制动信号灯电路被切断。

（2）气压式制动信号灯开关。如图 6-31 所示为气压式制动信号灯开关，用于采用气压制动系统的汽车，通常被安装在制动系统的气压管路上。制动时，制动压缩空气推动橡皮膜片上拱，使触点闭合，接通制动灯电路。

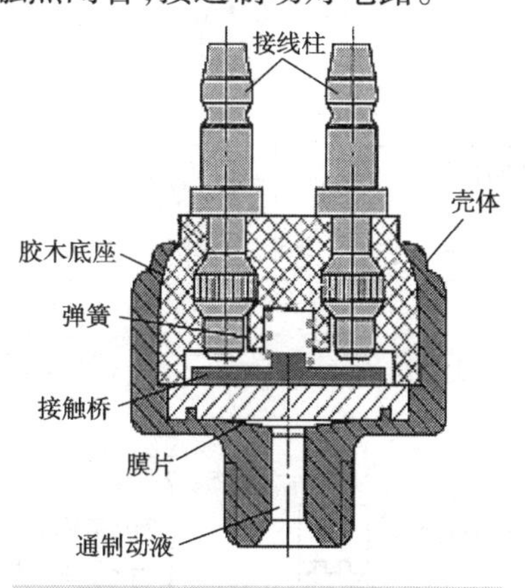

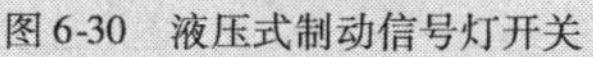
图 6-30　液压式制动信号灯开关

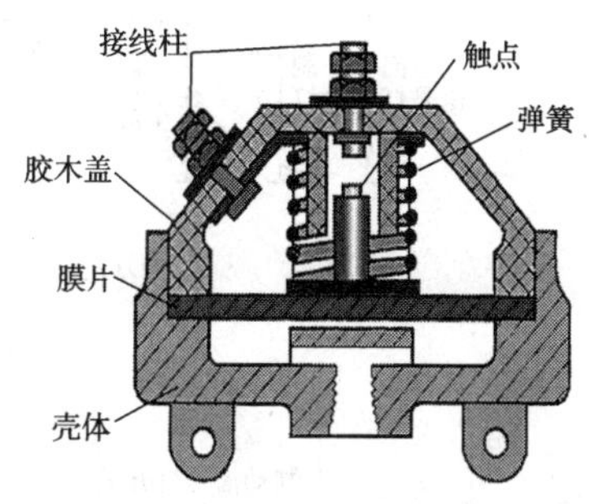

图 6-31　气压式制动信号灯开关

(3)弹簧式制动信号灯开关。弹簧式制动信号灯开关是一种较为常用的制动开关，装在制动踏板的后面，如图 6-32 所示。当踏下制动踏板时，开关闭合，制动灯亮。

2 制动信号电路

制动信号灯电路一般不受点火开关控制，直接由电源、熔断丝到制动信号灯开关。制动信号灯电路根据尾灯的组合形式有以下几种情况。

(1)采用三灯泡的组合式尾灯。在这种组合式尾灯中，采用单丝灯泡，每个灯泡只有一个功能，随着功能的增加，尾灯灯泡的数量还要增加，如图 6-33 所示。

(2)采用双丝灯泡的尾灯。双丝灯泡中，大功率的灯丝既用于制动信号，也用于转向信号，图 6-34 所示为双丝尾灯的电路，工作原理如下：

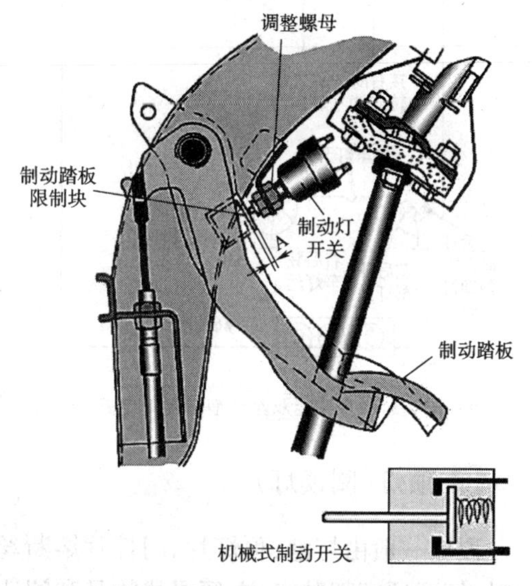

图 6-32　弹簧式制动灯开关

当转向开关不工作时，转向开关内的所有电刷都处于中间位置，踏下制动踏板，制动信号灯开关闭合，电流经制动信号灯开关进入转向灯开关，经转向开关内的两个电刷 A、D 分别到后面两个尾灯的大功率灯丝上，这时两个尾灯内的大功率灯丝的功能都是制动信号。当打转向时，例如转向开关在左转向挡，这时所有电刷都打到左侧，如图 6-35 所示，电流经闪光器进入转向开关，经转向开关内的两个电刷 B、C 分别到达左前转向信号灯和左后尾灯(大功率灯丝 7)，这时左侧尾灯大功率灯丝的功能是转向信号。如果在打左转向的同时，踏下制动踏板，这时只有右侧尾灯内的大功率灯丝起制动信号作用，电流经制动信号灯开关到转向开关，经转向开关内的电刷 D 到右侧尾灯内的灯丝，灯丝起制动信号的作用。

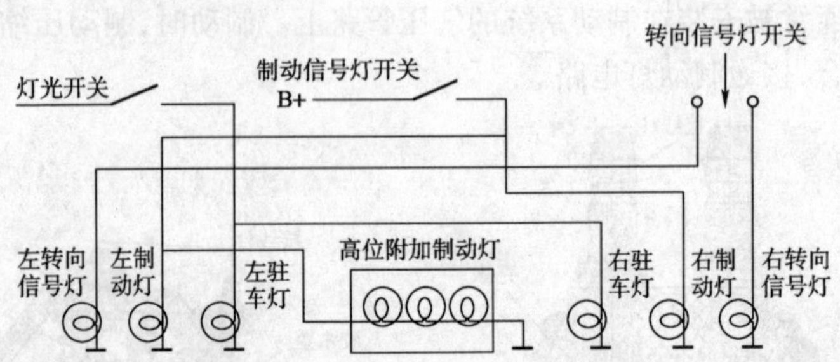

图 6-33 三灯泡组合式尾灯

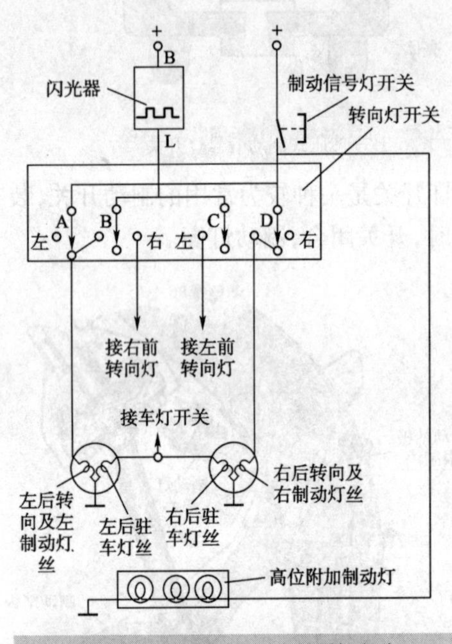

图 6-34 多功能双丝灯泡的尾灯电路

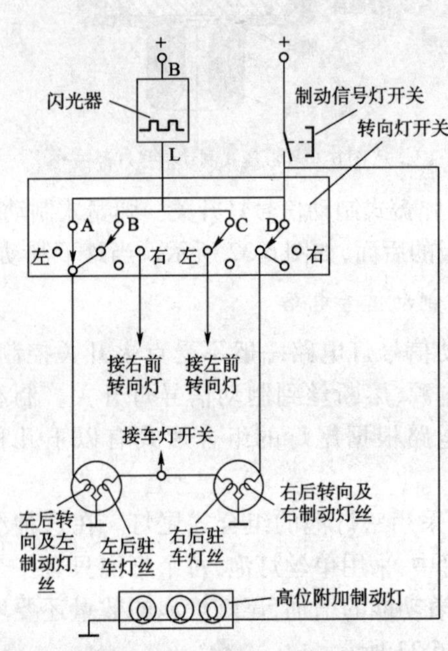

图 6-35 在打转向信号时，踏制动踏板的尾灯电路

8 顶灯（阅读灯）

顶灯一般由灯泡、顶灯片、门控片熔断丝等组成，工作原理电路图如图 6-36 所示。在夜间时，打开照亮驾驶室，方便寻找物品和阅读书刊。当把顶灯片打到中间位置时，顶灯不亮，当把顶灯打到 A 时，打开车门时亮，电流从 B +→熔断丝→顶灯→A 触点→闭合的门控片→搭铁→顶灯亮，关门时，由于门控片断开，所以灯顶灭，顶灯片打到 B 时，顶灯亮，电流从 B +→熔断丝→灯→B→搭铁，顶灯亮。

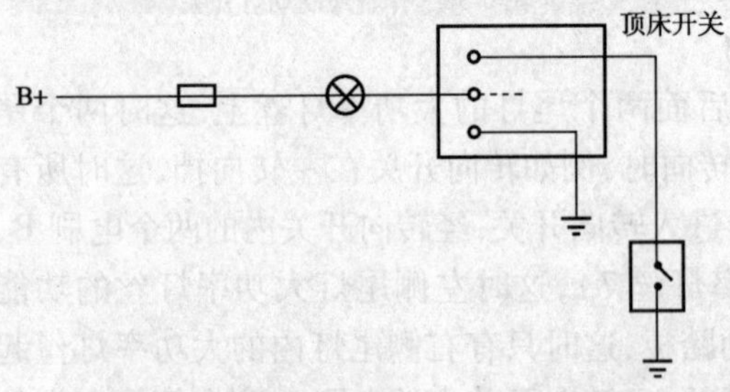

图 6-36 顶灯工作原理

9 电喇叭

汽车电喇叭按外形分有螺旋形、筒形、盆

形等不同的结构;按声音分有高音和低音两种;按接线方式分有单线和双线两种。

1 电喇叭的结构与原理

电喇叭的原理基本相同,图6-37所示为盆形喇叭的结构图,其原理如下:

按下喇叭按钮,喇叭内部电路接通,电路为:蓄电池正极→线圈→触点→喇叭按钮→搭铁→蓄电池负极。线圈通电后产生磁力,吸动上铁芯及衔铁下移,使膜片下拱。衔铁下移将触点顶开,线圈电路被切断,其磁力消失,上铁芯、衔铁及膜片又在触点臂和膜片自身弹力的作用下复位,触点又闭合。触点闭合后,线圈又通电产生磁力吸引上铁芯和衔铁下移,再次将触点顶开。如此循环,使上铁芯与下铁芯不断碰撞,产生一个较低的基本振频,并激励膜片与共鸣板产生共鸣,从而发出比基本频率强且分布又比较集中的谐音。

为了得到较为和谐悦耳的声音,在汽车上一般装有高、低音两个电喇叭。由于喇叭工作电流较大,为保护喇叭开关,一般在喇叭电路中设有喇叭继电器,喇叭的应用电路如图6-38所示。

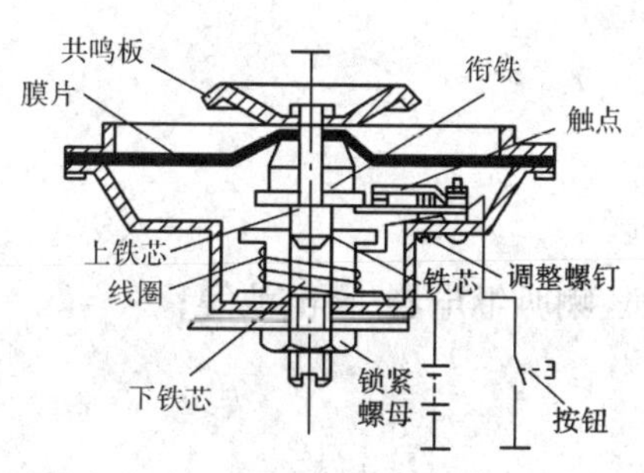

图6-37 盆形电喇叭

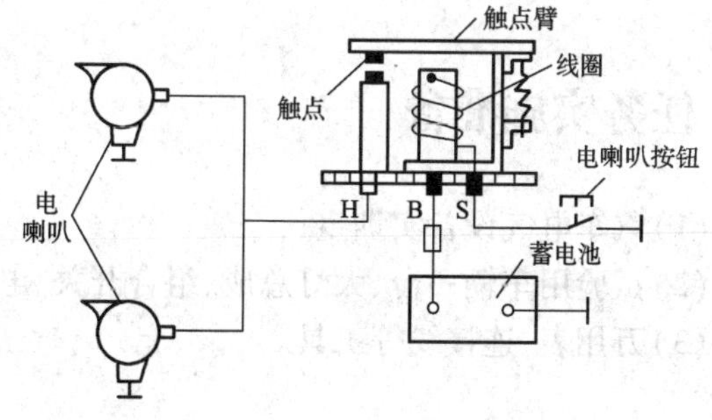

图6-38 电喇叭的应用电路

当按下喇叭按钮时,喇叭继电器线圈通电,产生的电磁力使触点闭合,接通喇叭电路而使喇叭发声。喇叭电路为:蓄电池正极→熔断丝→接线柱“B”→触点臂→触点→接线柱“H”→喇叭→搭铁→蓄电池负极。喇叭工作电流不经喇叭开关,从而保护了喇叭开关。

2 电喇叭的调整

电喇叭的调整包括音量调整和音调调整两部分,以盆形喇叭为例,如图6-39所示。

(1)音调的调整。音调的高低取决于膜片的振动频率。盆形电喇叭通过改变上、下铁芯之间的间隙就可改变膜片的振动频率。将上、下铁芯之间间隙调小,可提高喇叭的音调。调整方法:松开锁紧螺母,旋转铁芯,调至合适的音调时,旋紧锁紧螺母即可。

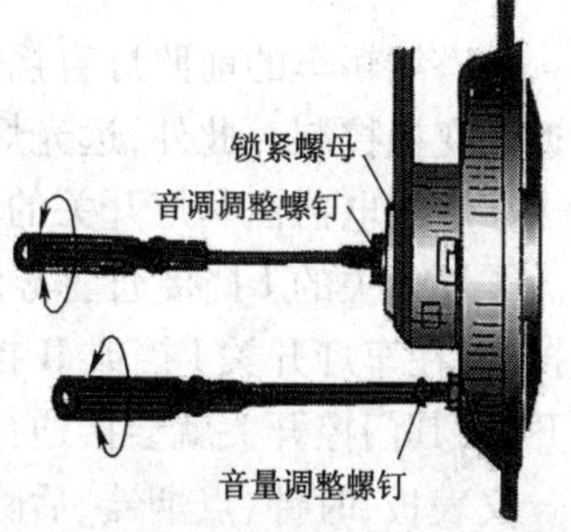

图6-39 盆形电喇叭的调整

(2)音量的调整。电喇叭的音量与通过喇叭线圈的电流的大小有关,喇叭的工作电流大,喇叭发出的音量也就大。线圈电流可以通过改变喇叭触点的接触压力来调整。压力增大,流过喇叭线圈的电流增大,喇叭音量增大,反之音量减小。调整时不要过急,每次调整1/10圈。

3 电喇叭的故障与排除

(1)喇叭音量小。故障原因是喇叭触点烧蚀,喇叭搭铁不良。排除方法:喇叭触点烧蚀,更换:搭铁不良,视情处理。对于螺旋(蜗牛)形喇叭,使用中不要进水,安装时注意方向,开口朝下。

(2)喇叭不响。故障原因是熔断丝断、继电器或喇叭开关有故障。先检查熔断丝、喇叭搭铁情况及线路连接,以上情况都正常时进行下列检查。

①将继电器"S"接线柱直接搭铁,若喇叭响,说明喇叭开关有故障,可能是喇叭开关搭铁不良,需处理;若喇叭仍不响,进行下一步。

②将继电器上的"B"与"H"接线柱短接,若喇叭响,说明继电器有故障,更换继电器;若仍不响,可能是继电器到喇叭之间的线路有故障。

任务实施

一 任务实施准备

(1)汽车电气设备实训室;

(2)试验用车辆一台、大灯总成、组合开关、电喇叭、喇叭继电器、蓄电池等;

(3)万用表、连接线等工具。

二 任务实施步骤

一)照明电路分析与检测

参照图6-40的汽车电路图做以下检测,并将检测结果与电路分析对比,可分析出是灯泡还是开关等有问题。

1 电路原理

桑塔纳轿车的前照灯直接由车灯开关控制,车灯开关在II挡时,通过变光开关进行远光和近光变换控制。此外,远光灯还可由超车灯开关直接控制,在超车时使用。

雾灯继电器由车灯开关的I挡控制。雾灯开关的电源来自中间继电器控制的大功率火线。雾灯开关的I挡接通前雾灯的电路,II挡同时接通前后雾灯的电路。牌照灯由车灯开关控制,在车灯开关I挡或II挡时都接通顶灯和行李舱灯由门控开关控制,当行李舱或车门打开时,其门控开关就会接通行李舱灯或顶灯电路。

仪表板、时钟、点烟器、后除霜器开关、空调开关、雾灯开关等照明灯也均由车灯开关控制。当车灯开关在I挡或II挡时,上述照明灯均被接通其亮度可通过仪表板上的调光器进行调节。

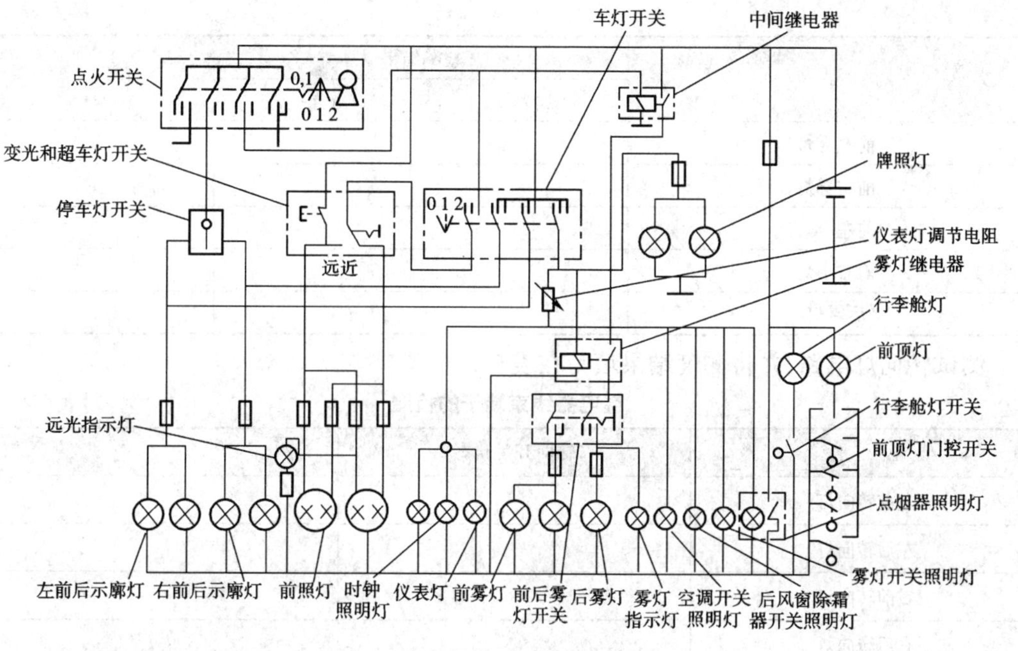

图 6-40 照明系统电路

2 检测步骤

(1)检测大灯线束端子；

(2)检测小灯端子；

(3)检测雾灯端子。

3 通过以上测试，分析故障部位

通过以上三个步骤进行测试，分析故障的部位，并将结果填到表6-1中。

照明系统各灯泡线束的检测结果　　表6-1

部位		检测结果		结论
		远光挡	近光挡	
右前照灯	端子1			
	端子2			
	端子3			
左前照灯	端子1			
	端子2			
	端子3			

续上表

部　　位	检测结果		结　　论
	远光挡	近光挡	
前左雾灯			
前右雾灯			
前左小灯			
前右小灯			
后雾灯			

测试转向灯电路，并将测度结果填写在表 6-2 中。

继电器线束端子的检测　　表 6-2

部　　位	转向开关状态	结　　论
左前转向灯		
左后转向灯		
右前转向灯		
右后转向灯		
继电器		
转向开关		
危险报警开关		

二）照明与信号系统接线实训

1 最简单的前照灯电路（图 6-41）

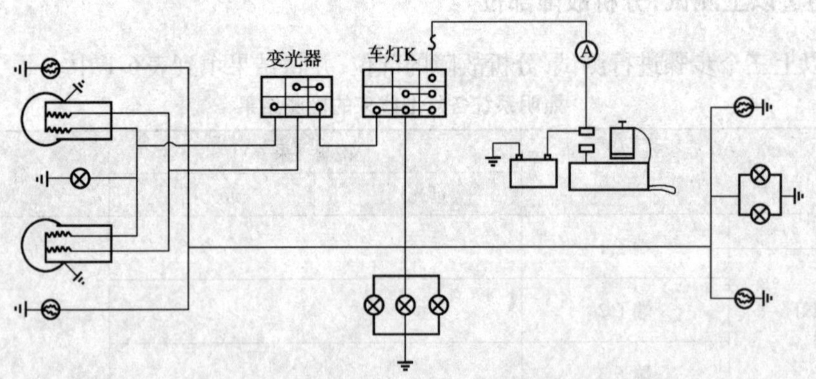

图 6-41　北京吉普 212 前照灯电路图

（1）组成：双丝灯泡、小灯灯泡、蓄电池、变光器、熔断器、车灯开关（车灯 K）。

（2）电路特点：大小灯都为直接控制式且大小灯共用一个熔断器。

（3）工作原理：

a. 车灯开关拉一下，小灯亮；（电路原理：蓄电池 12V 正电⟶熔断丝⟶电流表⟶车灯开关 K（小灯亮位置）⟶车前、车中、车后一共 7 个小灯后搭铁⟶回流蓄电池）

b. 车灯开关拉两下，前照灯亮；此时若用脚踩变光开关即可进行远近光切换（电路原理：蓄电池 12V 正电⟶熔断丝⟶电流表⟶车灯开关 K（前照灯亮位置）⟶变光开关（默认位置）⟶前照灯近光灯丝——＞回流蓄电池）。

（4）故障诊断：

①小灯不亮；（根据小灯的电路原理及线路去分析整个电流回路的各个元器件及环节）

②大小灯都不亮；（根据电路原理应检测车灯开关及其前面的线路和元器件）

③前照灯不亮；（根据大灯的电路原理及线路去分析整个电流回路的各个元器件及环节）

④一开小灯前照灯也着。（主要应检测电路是否接错或者车灯开关是否损坏）

2 控制火线的微型车大灯电路（图 6-42）

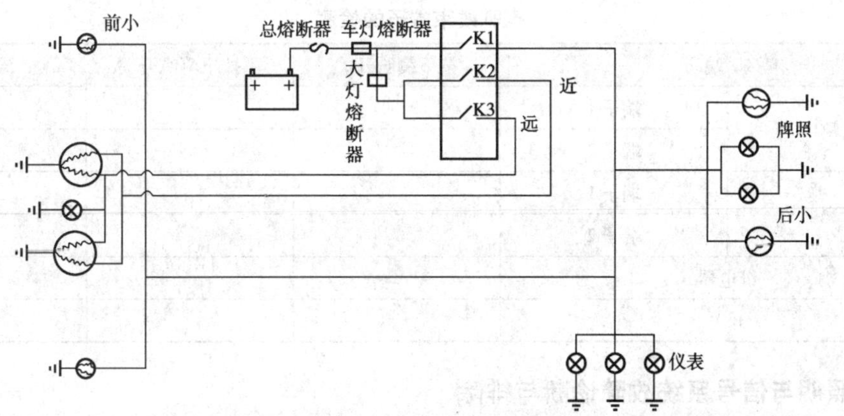

图 6-42　松花江汽车前照灯电路图

1 大灯电路特点

（1）变光器、车灯开关都在组合开关内；

（2）大小灯都是控制火线设计；

（3）线路中设计了三位熔断器，前照灯除了有车灯熔断器外，还有自己的熔断器。

2 试着进行故障诊断

（1）若右前照灯不亮；（电路原理：蓄电池 12V 正电⟶总熔断器⟶车灯熔断器⟶近光开关 K2/远光开关 K3 ⟶经过近光灯丝/远光灯丝后搭铁⟶回流蓄电池）以上回路分析可知应是右前照灯损坏更换即可。

（2）后小灯不着；（自己分析）

（3）大小灯都不着。（自己分析）

三）电喇叭电路测试与分析

测试喇叭的电路，电路图参照如图 6-43，并将测试结果填写在表 6-3 中。

电喇叭的工作原理

按下喇叭按钮，喇叭内部电路接通，电路为：蓄电池正极→线圈→触点→喇叭按钮→搭铁→蓄电池负极。线圈通电后产生磁力，吸动上铁芯及衔铁下移，使膜片下拱。衔铁下移将触点顶开，线圈电路被切断，其磁力消失，上铁芯、衔铁及膜片又在触点臂和膜片自身弹力的作用下复位，触点又闭合。触点闭合后，线圈又通电产生磁力吸引上铁芯和衔铁下移，再次将触点顶开。如此循环，使上铁芯与下铁芯不断碰撞，产生一个较低的基本振频，并激励膜片与共鸣板产生共鸣，从而发出比基本频率强且分布又比较集中的谐音。

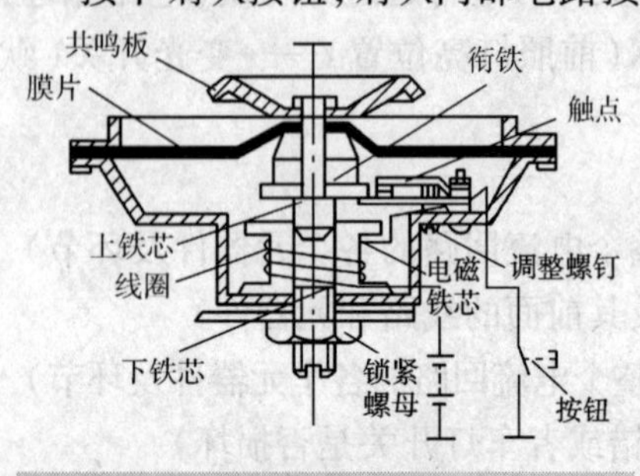

图 6-43　盆形喇叭的工作原理

喇叭线束端子的检测　　表 6-3

喇 叭 端 子		按下喇叭开关	不按下喇叭开关	结　论
高音喇叭	端子 1			
	端子 2			
低音喇叭	端子 1			
	端子 2			
继电器				
开关				

四）照明与信号系统故障诊断与排除

1 灯光不亮

引起灯光不亮的原因主要有灯泡损坏、熔断丝熔断、灯光开关或继电器损坏及线路短路或断路故障等。在进行故障诊断时，应根据电路图对电路进行检查，判断出故障的部位。

(1)灯泡或熔断器损坏。如果一只灯不亮一般为灯丝烧断，将灯泡拆下后检查，若灯泡损坏，则更换新灯泡。如果几只灯都不亮，按喇叭，喇叭不响，则可能是总熔断器熔断；若同属一个熔丝的灯泡都不亮，则可能是熔丝熔断。处理这两类故障时，在将总熔断器复位或更换新的熔丝之前，应查找超负荷的原因，方法是：将熔丝所接各灯的接线从灯座拔掉，用万用表电阻挡测接灯端与搭铁之间的电阻，若电阻较小或为0，则可断定线路中有搭铁故障，排除故障后，再把熔断器复位或更换新的熔断丝。

(2)灯光开关、继电器及线路的检查。

①继电器的检查。将继电器线圈直接供电，检查继电器是否能正常工作，如不能正常工作，应更换继电器。

②灯光开关的检查。可用万用表检查开关各挡位的通断情况，若与要求不符，应更换灯光开关。

③线路的检查。在检查时可用万用表或试灯逐段检查线路，找出短路或断路故障的部位。

2 亮度下降

若灯光亮度不够，多为蓄电池电量不足或发电机及调节器故障所引起。另外，导线接头松动或接触不良，导线过细或搭铁不良，散光镜坏或反射镜有尘垢，灯泡玻璃表面发黑或功率过低及灯丝没有位于反射镜焦点上，均可导致灯光暗淡。

检查时，首先检查蓄电池和发电机的工作状态。若不符合要求，应先恢复电源系统的正常工作电压，在电源正常的状态下，检查线路的连接情况及灯具是否良好。

3 灯泡频繁烧坏

灯泡频繁烧坏一般是电压调节器不当或失调，使发电机输出电压过高造成的，应重新将工作电压调整到正常工作范围。此外，灯具的接触不良也有可能造成灯泡的频繁损坏，检查时也应注意这方面的情况。

常见信号灯工作不正常的原因以及排除方法如表6-4所示。

信号灯工作不正常的原因及排除方法 表6-4

故障现象	原因	排除方法
两侧转向灯同时亮	转向开关失效	检查转向开关
两侧转向灯闪烁频率不同	(1)两侧灯泡的功率不等 (2)有灯泡坏	检查灯泡型号
转向灯常亮不闪	(1)闪光器损坏 (2)接线错误	检查闪光器及电路接线
闪频过高或过低	(1)灯泡功率不当 (2)闪光器工作不良，触点间隙过大或过小 (3)电源电压过高或过低	检查灯泡功率 检测闪光器触点 检查电源电压

复习思考题

一、选择题

1.(　　)电路需配仪表稳压器。

A.双金属片电热表头配电热式传感器

B.双圈式表头配电热式传感器

C.电热式表头配用变阻型传感器

2.汽车电喇叭音量距车前2m，离地面高1.2m处，应为(　　)dB(A)。

A.90～105　　B.80～90　　C.>105

3. 转向灯及危险报警灯闪光频率应为(　　)Hz。

A. 2 ±0.5　　B. 1 ±0.5　　C. 1.5 ±0.5

4. 刮水器刮片与玻璃平面的交线与刮杆轴轴线的交角应为(　　)。

A. 80°　　B. 90°　　C. 100°

A. 3 ~6　　B. 15　　C. 15

5. 桑塔纳轿车玻璃升降器属(　　)式。

A. 臂　　B. 绳轮　　C. 软轴

二、判断题

1. 汽车内部比较精密,因此仪表结构均用封装式,不可拆卸,故障时应整个仪表板一起更换。(　　)

2. 一般油压表不需配仪表稳压器。(　　)

3. 发现仪表印刷板铜箔断路时,可用焊锡膏和焊锡将其焊接修复。(　　)

4. 车速里程表软轴曲率半径不得小于150mm,并且芯轴应留有1 ~3mm 轴向间隙。(　　)

5. 前照灯亮时,示宽灯也应亮着。(　　)

6. 前照灯远光灯亮时,灯泡两端电压与电池两端电压两者不得相差10%。(　　)

7. 转向灯灯泡灯丝烧断,会使转向灯闪烁频率变快。(　　)

8. 汽车每次维护时,应将刮水器减速器内的空间填满润滑脂。(　　)

三、问答题

1. 简述前照灯电路的组成及工作过程。

2. 简述转向信号灯的工作过程。

3. 前照灯亮度不够的原因有哪些?

4. 转向灯闪烁过快的原因有哪些?

5. 前照灯安全检验时,其发光强度及光轴方向有哪些要求?

项目七 仪表与报警系统

学习任务　仪表与报警系统的构造与检修

学习目标

◎　掌握仪表系统的组成、结构及工作原理；

◎　掌握各报警指示装置的结构及工作原理。

能力要求

◎　能够识别并使用汽车各种仪表及报警系统；

◎　能够正确分析仪表、报警系统的电路图并排除故障。

任务导入

故障现象：一辆2007年的别克凯越HRV，行驶里程4.5万km，发动机工作时，水温表指针始终停在最低刻度位置不动。

故障维修：首先，将点火开关转至“ON”位置，水温表的表针从最低温度位置上升1格，然后又返回最低位置。查询故障码，无故障码存储。查看发动机数据流，冷却液温度为95℃，而且对冷却液温度进行测量也接近95℃，说明传感器和到发动机控制单元间的线路都没有故障。找到水温表电路图，测量C108插头中A4脚的电压为0.8V，而正常电压应为11V左右，电压明显偏低。查找并解决该线路问题后，起动发动机，水温表指针能够正常升高，故障排除。

汽车仪表可以说是汽车驾驶人的眼睛，驾驶人通过观察仪表，可以随时了解车辆的运行情况和工作状态等。根据仪表提供的信息，驾驶人既可以安全又经济地操控车辆又可及时发现并排除故障，保证人身与车辆的安全。

仪表用来指示汽车运行以及发动机运转的状况，以便驾驶人随时了解各系统的工作情况，保证汽车安全而可靠地行驶。汽车仪表是安全行驶和经济行驶不可缺少的部件，它对汽车内部造型美观也起到一定的作用。

一 汽车仪表系统

汽车大多采用组合仪表，组合仪表一般有面罩、边框、表芯、印刷线路板、插接器、报警灯、指示灯及仪表照明灯等部件组成，有些仪表还带有稳压器和报警蜂鸣器。不同汽车的组合仪表中的仪表个数不同。如图 7-1 所示为东风雪铁龙爱丽舍轿车的组合仪表，其仪表板上主要仪表有：燃油表、冷却液温度表、发动机转速表和车速里程表。仪表板上还有许多指示灯、报警灯等。

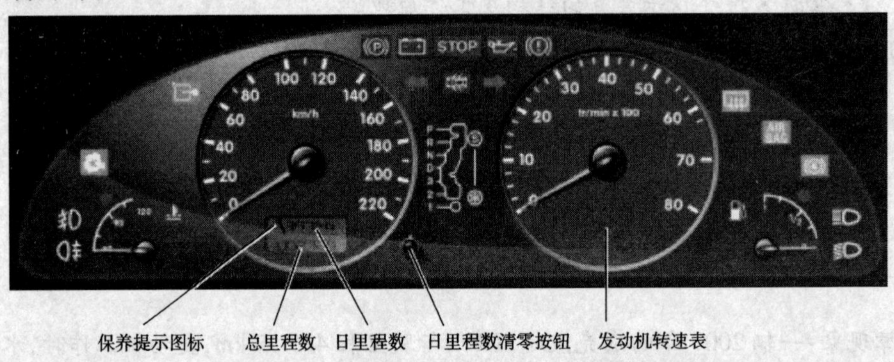

图 7-1　东方雪铁龙爱丽舍汽车仪表盘

1 燃油表

燃油表是用来显示油箱中的剩余燃油量的，有两种类型，双金属片电阻型和交叉线圈型。大多数新型的丰田汽车都使用交叉线圈型燃油表(单向型)。

(1)双金属片电阻型燃油表。该燃油表的显示器与机油压力表类似，也装有一个双金属片元件，当电热丝发热时发生变形，带动表针摆动一定的角度以显示油量，如图 7-2 所示。

流经上述电路中电热丝电流大小取决于传感器中浮子式滑线电阻器浮子的位置

(图 7-3),该变阻器的输出阻值依赖于浮子的位置,当油量多时,浮子的位置高,输出电阻小,电流大,当油量少时,浮子位置低,输出电阻大,电流小。

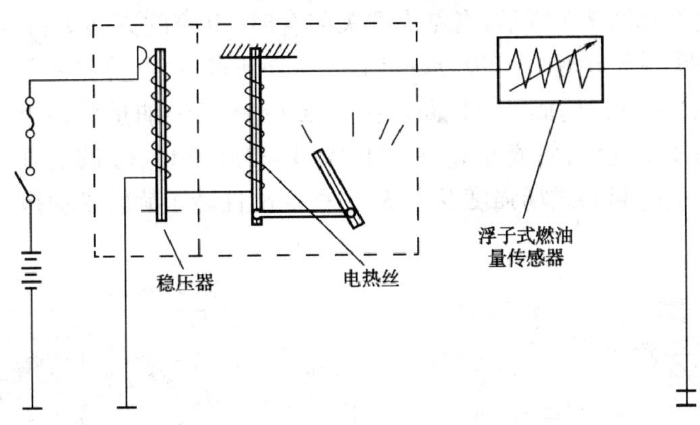

图 7-2 双金属片电阻型燃油表

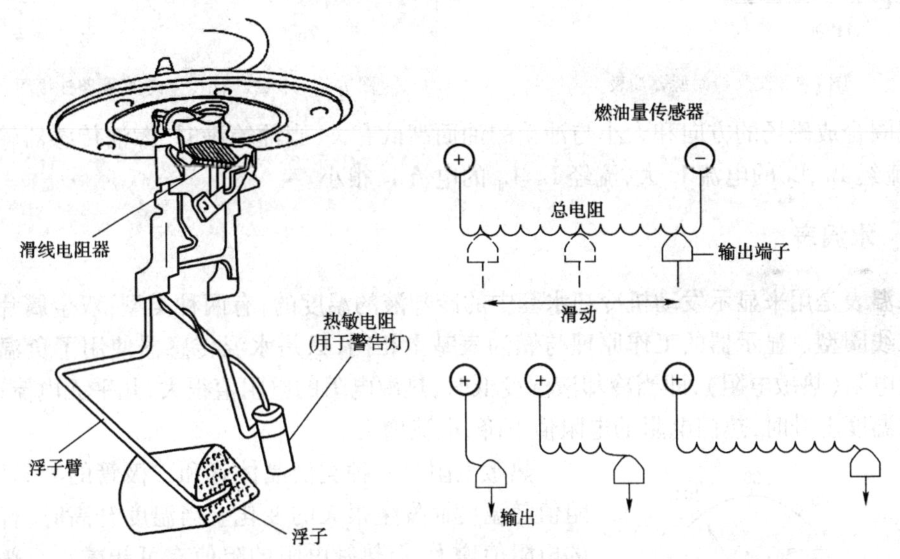

图 7-3 燃油表传感器

(2)交叉线圈型燃油表。这种燃油表的传感器与电热式燃油表相同,只是在接收器中使用了交叉线圈型显示器,如图 7-4 所示。

表针与一磁性转子相连,在磁性转子的外面按四个方向绕上线圈,相邻两线圈之间的夹角为 90°。当线圈有电流通过时,四个线圈在四个方向上产生磁场,合成为某一方向的磁场,使磁性转子处于一定的位置,当电流发生变化时,合成磁场的方向也发生变化,从而使磁性转子的位置发生变化,指示相应的燃油量值。在转子下面的空隙里填满了硅酮油,以防止车辆振动而造成指针震颤。

这种交叉线圈型仪表与双金属片型相比具有显示值精度高、指针偏转角较大、随动特性优良和无需稳压电路等特点。在某些车上使用单向型仪表，这种仪表即使在断开点火开关后，仍可显示出燃油剩余量。

线圈的连接关系如图 7-5 所示，当点火开关闭合时，电流的方向为：蓄电池“＋”极→L_1→L_2→L_3→L_4→搭铁→蓄电池“－”极，形成回路，另外还可由蓄电池“＋”极→L_1→L_2→传感器→搭铁→蓄电池“－”极，构成另一回路。而电压 Vs 将随燃油量传感器输出电阻，即随燃油液面高度不同而发生变化，使流经 L_1、L_2 的电流 I_1 和流经 L_3、L_4 的电流 I_2 发生变化，使四个线圈在各自方向上引起的磁场强度发生变化，引起磁性转子旋转带动指针摆动。

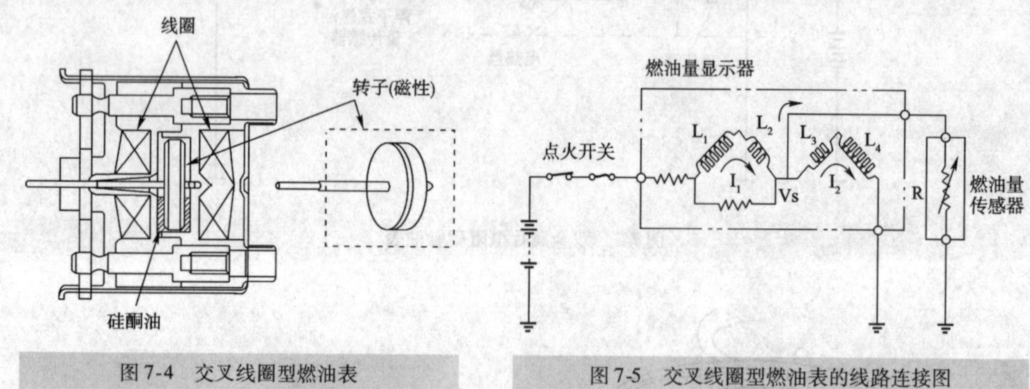

图 7-4　交叉线圈型燃油表

图 7-5　交叉线圈型燃油表的线路连接图

线圈合成磁场的方向和大小与油箱的油面高低有关，当油箱满时，燃油传感器输出电阻最小，流经 L_1、L_2 的电流 I_1 大，流经 L_3、L_4 的电流 I_2 很小。

2 水温表

水温表是用来显示发动机冷却水套中的冷却液的温度的，有两种类型：双金属片电阻型和交叉线圈型。显示器的工作原理与燃油表基本相同，只是水温传感器使用了负温度系数的可变电阻（热敏电阻），即当冷却液温度低时，热敏电阻的电阻值很大，几乎无电流通过，当冷却水温度上升时，热门电阻的电阻值下降，电流增大。

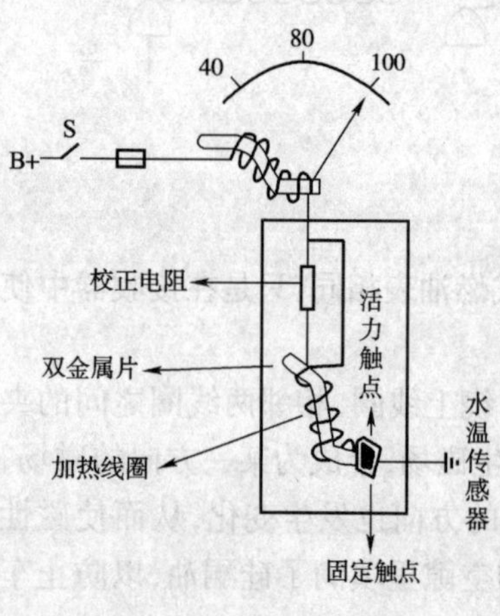

图 7-6　水温表工作原理

热敏电阻是一种类似晶体管和二极管的半导体，其电阻值随温度而发生很大的变化。当温度升高时，普通导体的电阻值增大，但热敏电阻的阻值有可能减小。普通导体的电阻值在温度上升几百摄氏度时只比普通温度下大一倍。但热敏电阻则不同，极小的温度上升，便可使其电阻值迅速下降。

水温表的工作原理如图 7-6 所示：当发动机水温过低时传感器的阻值越大，所以电流经过了加热线圈后，又经过了一个大的电阻使加热线圈电流变小，热量变低，双金属片几乎不变形，当水温较高时，传感器的阻值比较小，电流大部分经过了加热线圈，热量变大，双金属片变形，从而带动表针指向高温。

3 机油压力表

机油压力表用来显示发动机内的机油压力,使驾驶人易于检测润滑系统的故障,是一种双金属片型的仪表,一般安装主油道或机油泵上,其结构如图 7-7 所示。

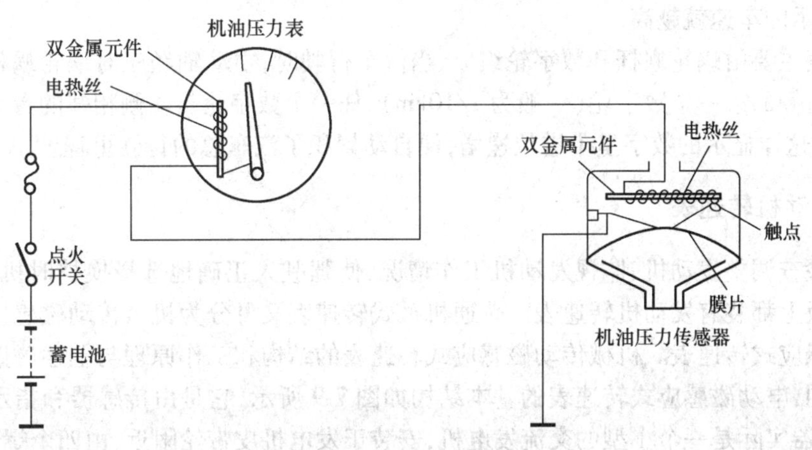

图 7-7 机油压力表电路

4 车速里程表

车速里程表是用来指示汽车行驶速度和累计行驶里程的仪表,由车速表和里程表两部分组成,普通车速表一般为磁感应式,其结构如图 7-8 所示。

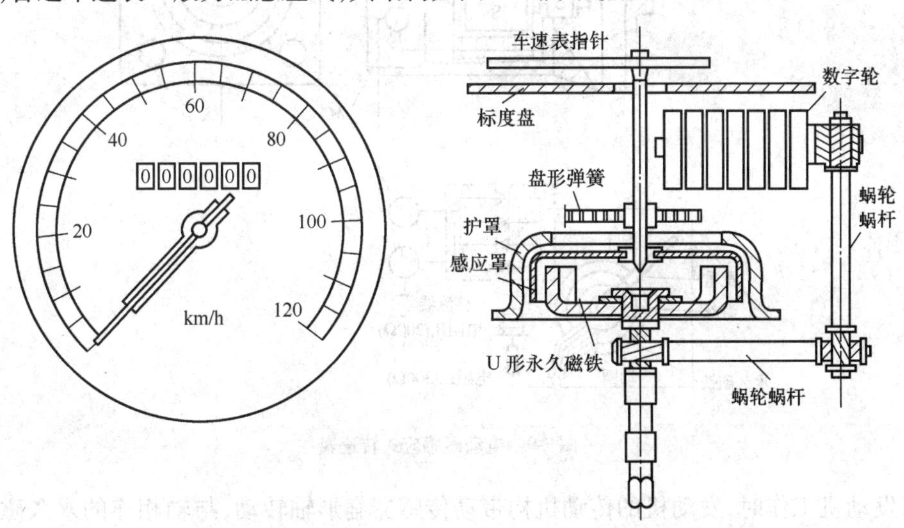

图 7-8 永磁式车速里程表

车速表主要由永久磁铁、铝罩、护罩、刻度盘和表针等组成,永久磁铁与主动轴紧固在一起,主动轴由来自变速器输出轴的挠性软轴驱动,指针、铝罩固接在中心轴上,刻度盘固定在表外壳上。不工作时,铝罩在游丝的作用下,使指针位于“0”位。当汽车行驶时,软轴驱动主动轴带动“U”形永久磁铁旋转,在铝罩上感应出电涡流而产生磁场,这个磁场与永久磁铁的旋转磁场相互作用产生扭矩,使铝罩向永久磁铁旋转方向转过一定角度,直到由游丝的弹力所产生的反方向扭矩与之平衡。车速越高,产生的扭矩越大,指针在刻度盘上摆动的角度就越大,即指示的车速就越高。

里程表主要由蜗轮蜗杆和数字轮组成,当汽车行驶时,主动轴经三对蜗轮蜗杆驱动数字轮上的最右侧的第一个数字轮(一般为 1/10km),任一个数字轮与左侧相邻的数字轮传动比都为 10:1,这样显示的数字呈十进位递增,便自动累积了汽车总的行驶里程。

5 发动机转速表

为了检查调整发动机、监视发动机工作情况,使驾驶人正确地选择换挡时机,大多数汽车的仪表板上都装有发动机转速表。普通机械式转速表又可分为机械传动磁感应式转速表和电动磁感应式转速表。机械传动磁感应式转速表的结构和工作原理与上述磁感应式车速表基本相同,电动磁感应式转速表的基本结构如图 7-9 所示,它是由传感器和指示器两部分组成,传感器实际是一个小型的交流发电机,安装于发电机皮带轮附近,由四个螺钉固定。

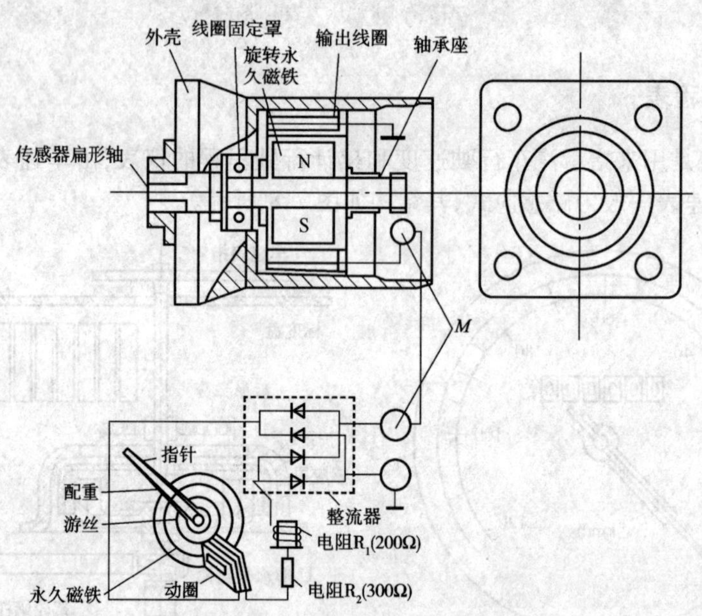

图 7-9 电动磁感应式转速表

当发动机工作时,发动机的传动机构带动传感器扁形轴转动,与轴相连的永久磁铁随之转动,使磁力线切割线圈而产生交流电。电压高低随转速快慢而变化,通过整流器转化为直流电,再经绕线电阻和碳电阻输入动圈,此时动圈所产生的磁场与永久磁场相互作用,其结果使动圈偏转。发动机转速越快,传感器输出的电压也就越大,使动圈的输入电压变大,动圈偏转的幅度越大,指针的偏转角度也越大。

二 警告指示灯

1 机油压力警告灯

机油压力警告灯用于提醒驾驶人注意发动机的机油压力异常(主要为压力太低)。机油压力警报装置的报警开关一般装在主油道上,弹簧管式机油压力报警开关如图7-10所示。

其传感器为盒式,内有一管形弹簧,一端与接头相连,另一端与动触点相连,静触点与接线柱经接触片与接线柱相连,当机油压力低于0.05MPa~0.09MPa时,管形弹簧变形很小,动触点和静触点闭合,电路接通,警告灯点亮;当机油压力高于0.05MPa~0.09MPa时,管形弹簧变形较大,动触点和静触点分开,电路断开,警告灯熄灭。

2 燃油油位警告灯

用于指示燃油剩余量不足,其结构原理如图7-11所示。

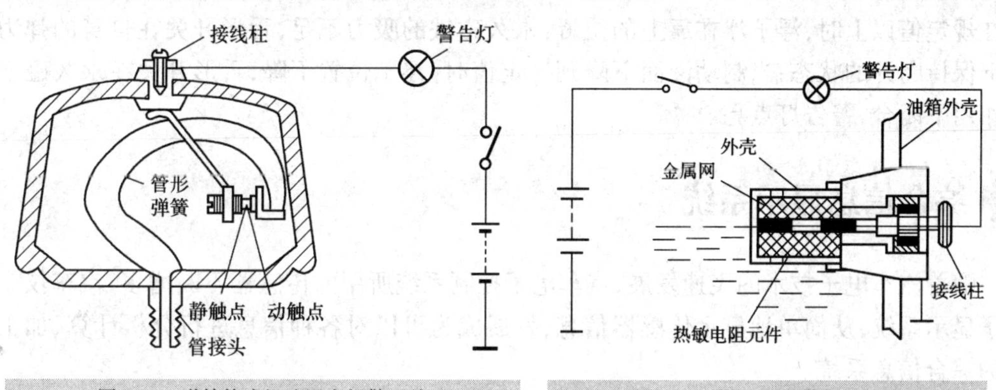

图7-10 弹簧管式机油压力报警开关

图7-11 燃油油量警告灯电路

该装置是由负温度系数的热敏电阻式燃油油量报警传感器和警告灯组成。当油箱内油量较多时,热敏电阻元件浸没在燃油中,散热快,温度较低,电阻值较大,因此电路中电流很小,警告灯不亮;当燃油减少到规定值以下时,热敏电阻元件露出油面,散热慢,温度较高,电阻值较小,因此电路中电流增大,警告灯点亮。

3 水温警告灯

水温警告灯的作用是当发动机冷却液温度高到一定程度时,警告灯自动点亮,以示警报。水温警告灯的通断由温度开关控制,其工作原理如图7-12所示。当冷却液温度低于95~98℃时,双金属上的触点与固定触点保持分离状态,警告灯不亮;当冷却液温度高至95~98℃时,双金属片受热变形向下弯曲程度变大,使触点和触点接触,将警告灯电路接通,警告灯点亮,提醒驾驶人注意。

驾驶室内还有其他一些警示灯,例如远光指示灯、转向信号灯、危险警告灯、车门未关指示灯以及与空调和刮水除霜装置相关的指示灯等,其很多指示灯都是和相关的电路连接在

一起，由电路控制。

4 制动系统监测警告灯

指示已使用驻车制动器或制动液不足，结构如图7-13所示。

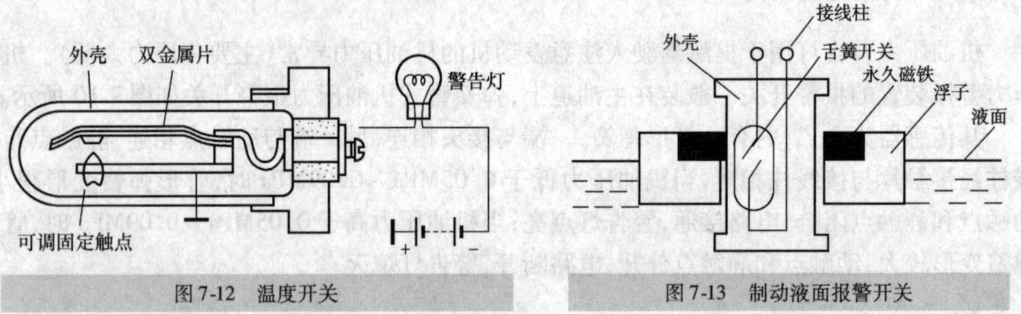

图7-12　温度开关

图7-13　制动液面报警开关

制动液面警告灯开关装在制动总泵的储液罐内，外壳的外面套装着浮子，浮子上固定有永久磁铁，外壳内部装有舌形开关，舌形开关的两个接线柱与警告灯和电源相连，当制动液面在规定值以上时，浮子浮在靠上的位置，永久磁铁的吸力不足，舌形开关在自身的弹力作用下保持断开的状态；当制动液面下降到一定值时，浮子位置下降，舌形开关在永久磁铁吸力作用下闭合，警告灯点亮。

三 综合信息显示系统

随着汽车电子技术的飞速发展，汽车电子控制系统所用的传感器不断增多，汽车仪表的电子显示系统，从简单地显示传感器信息，发展成为可以对各种信息进行分析计算、加工处理的综合信息系统。

综合信息系统能够从大量的信息中选择出驾驶人所需要的各种信息内容，包括电子行车地图、维修、后视镜等信息，还可以显示电视、广播、电话等信息。显示器通常采用阴极射线管显示器（CRT），CRT屏幕是触摸式的，通过触摸屏幕上的按钮（菜单）便能变更显示的内容。CRT显示器的优点在于可以彩色显示，响应速度快、对比度高以及工作测试范围宽，缺点是体积大、质量大等。

图7-14所示为综合信息系统配置原理图，该综合信息显示系统的显示器可显示电子地图、燃料消耗和行程信息等综合信息。该综合信息显示系统的组成包括：用于管理和控制整个系统的"CRT ECU"；用于调用"CD ROM"数据并传送给CRT ECU的"CD ECU"；接收电视信号并与CRT ECU通信的"TV ECU"；控制音响系统并与CRT ECU通信的"音频ECU"；控制空调并与CRT ECU通信的"空调ECU"；从GPS卫星接收无线电信号、计算汽车的当前位置并传送给CRT ECU的"GPS ECU"；控制蜂窝电话并与CRT ECU通信的"电话ECU"。

1 综合信息显示系统所显示的种类

（1）地图信息。公路交通图可按不同的比例显示，与一般地图的区别在于它可以滚屏显

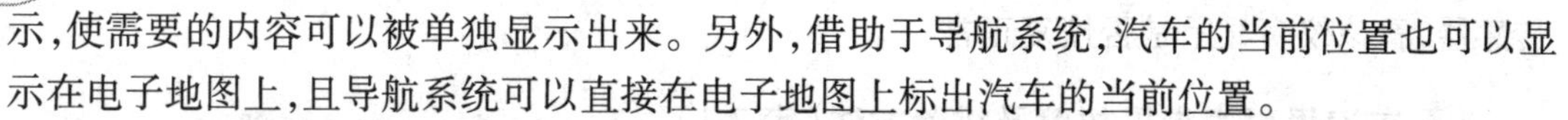

示，使需要的内容可以被单独显示出来。另外，借助于导航系统，汽车的当前位置也可以显示在电子地图上，且导航系统可以直接在电子地图上标出汽车的当前位置。

(2)行车信息。从出发开始的行程计算、行程时间和燃料消耗，并可根据燃料消耗率和存油量显示剩余燃料可能行走的里程。

(3)维修信息。显示如发动机换机油、更换轮胎以后所行驶的里程，供驾驶人确定下次维修时间与维修项目参考。

(4)日历信息。驾驶员的日历和日程表。

(5)空调信息。显示空调的操作模式和风扇的设置，通过触摸屏幕上键盘可以操作空调系统。

(6)音响系统信息。显示音响系统的操作模式，通过触摸屏幕上的键盘可以控制音响系统及显示音响系统的音乐资料。

(7)电视广播。接收电视、广播节目。

(8)电话信息。显示诸如蜂窝电话号码信息，并可通过触摸屏幕键盘来实现拨号和挂机。

(9)后视摄像机信息。在倒车时，显示从安装在车后部的镜头摄取的景象信息。

2 触摸键盘

显示系统的触摸键盘通常是以模拟形式显示在屏幕上，用手指触摸键盘即可进行操作，从而简化了选择信息的过程。通常是用采用红外触发开关来检测屏幕是否被触摸。

四 组合仪表的常见故障与检修

1 一般检修方法

(1)当组合仪表出现故障时，应根据故障现象和电路原理分析故障的大致原因，然后以由外向内的步骤检查和排除故障，即先检查组合仪表外部可能的故障部位，待这些故障原因排除后，仪表还不能恢复正常，再检查仪表的内部。

(2)如果出现多个指示灯不亮，首先检查与之有关的熔断器和其电源线路，若正常，则再检查仪表板的搭铁情况。

(3)燃油表机油压力表、水温表行装仪表同时不工作时，应首先检查其(传感器和其的连接线路)熔断器和其电源线路；若正常，则检查仪表的搭铁情况。

(4)车速里程表不工作时，首先检查软轴有无松脱和断裂的现象。

(5)燃油表机油压力表、水温表等中的某个表不工作时，应首先检查其传感器和其连接线路。

(6)燃油表传感器可以通过测其电阻来检验好坏，如果检测结果是传感器接线端子与搭铁之间不通，则说明传感器内部接触不良，需更换；如果测得电阻为0Ω，则说明传感器内部短路，也能更换传感器。

(7)水温表传感器也可能通过其电阻是否在正常范围来检验其好坏。

(8)各仪表传感器的另一个检验方法是替换法，即用一个好的传感器替换疑似有故障的

传感器，看该仪表显示是否恢复正常。

2 车速里程表常见故障及排除方法(表 7-1)

将车速里程表常见的故障、原因以及排除方法列于下表。

车速里程表常见故障及排除方法　　表 7-1

故　障	产 生 原 因	排 除 方 法
车速表和里程表都不工作	软轴芯拆断	更换软轴芯
	里程表软轴卡死	更换里程表
	软轴方接头端螺母松脱	重新拧紧螺母
	软轴扁接头未插入椎槽	重新插入椎槽
车速表不工作	表针弯曲变形，被表盘或卡住	整平、校正
	传动蜗轮、蜗杆，感应盘卡死	清洗修理或更换
车速里程表指示偏低	变速器输出轴打滑	将叉形突缘拧紧
	磁钢的磁效应衰减	更换
车速表指针指示不稳	软轴安装曲平半径小	检查并重新安装
	软轴芯有故障	清洗润滑软轴芯
车速表指针大幅度摆动	软轴的轴向间隙过大	调整并重新安装
	造成软轴与车速里程表的软速时而啮合，时而脱开	更换轴芯
车盘里程表	车速里程表的软轴润滑不良	加注润滑油
	软轴芯与轴管干磨	加注润滑油
发响	软轴安装曲平半径过小	重新安装

3 燃油表的故障排除方法

将燃油表常见的故障、原因以及排除方法列于表 7-2。

燃油表的故障排除方法　　表 7-2

故　障	产 生 原 因	排 除 方 法
指针不动	稳压有故障	检修稳压部分
	表盘后电源或熔断丝断	接通电源或熔断器
	传感器搭铁不良	检修搭铁
	传感器可变电阻断路	检修或重换
	指示表内部断路	更换
	指示表双金属片产生永久变形	更换
指针指示不准	稳压器有故障	检修
	传感器搭铁不良	检查搭铁
	浮子损坏或不配套	更换

4 水温表的故障排除方法

将水温表常见的故障、原因以及排除方法列于表7-3。

水温表的故障排除方法 表7-3

故障	产生原因	排除方法
指针不动	仪表系统电源不通	检查电源有无断路
	传感器断路	接通传感器电路
	指示仪表断路	接通仪表电路
	稳压器无输出电压	检修或更换稳压器
指针有反应但返回不动	传感器有故障	检修或更换传感器
	双金属片发生反性变形或损坏	更换指示仪表
指针突然指向100℃	电路短路	检查并排除短路
	传感器短路	检查并排除短路或更换

一 任务实施准备

（1）汽车电气设备实训室；
（2）桑塔纳汽车一辆；
（3）万用表；稳压电源；可变电阻器；检修工具等。

二 任务实施步骤

拆装时要注意的事项：

（1）从电路板上拆下仪表表芯、电源稳压器、照明灯及指示灯时，不要损坏印制电路。

（2）拆装仪表及传感器时，注意动作要轻。

一）车速表检查

1 检查车速表（车上检查）

（1）使用车速表测试器检查车速表的误差值，车速表允许的误差值如表7-4所示。

车速表允许误差值　　表 7-4

标准指示值	允许误差	标准指示值	允许误差
20	21 ~ 25	100	104 ~ 109
40	41.5 ~ 46	120	125 ~ 130.5
60	62.5 ~ 67	140	145.5 ~ 151.5
80	83 ~ 88	160	166 ~ 173

轮胎磨损，轮胎充气过多或不足都会增大指示的误差。

(2)检查车速表的指针摆动是否有不正常的噪音，如有应检查车速表及传动装置，因为指针摆动是由于车速表软轴松动而引起的。

2 检查车速传感器(电磁感应式)

(1)就车检查，拔下车速传感器连接接头，用万用表测车辆传感器两接线端子间的电阻，不同车型的车速传感器感应线圈的电阻值大小不同，一般为几百欧到几千欧。

(2)单件检查，拆下车速传感器，测量传感器输出脉冲电压，可用一块磁铁移动模拟车速的转动进行测量。

3 检查车速警报开关

(1)向下压紧片，从组合表壳体拆下组合仪表玻璃罩。注意：应小心不要弄脏或损坏车速表盘；

(2)将车速表指针拨到 124km/h 的标记处，并固定；

(3)一直转动车速表轴，检查 D 和地之间的导通是否反复地变动。如果导通情况不符合规定要求，则应更换车速表。

4 检查车速警报器

将蓄电池电压间断地加在警报器的端子之间检查其响声，如果鸣响不符合规定，则应更换警报器。

备注：如果警报器被倾斜则声音将会失真。

二)燃油表检查

1 油表的动作情况

(1)从燃油传感器上脱开接插件，然后将点火开关置于“ON”位置，检油表的指针是否指在空油(E)的位置。

(2)如图7-14所示,将配线插接在接插件的端子2和3上,并使其通过一个3.4W的试验灯泡,再将点火开关置于"ON"位置,检查灯泡是否点亮,燃油表的指针是否向满油(FULL)的方向移动。如果燃油表动作情况不符合规定要求则应检查其电阻。

备注:用于燃油表内装有硅油,因此将使指针短时间保持稳定。

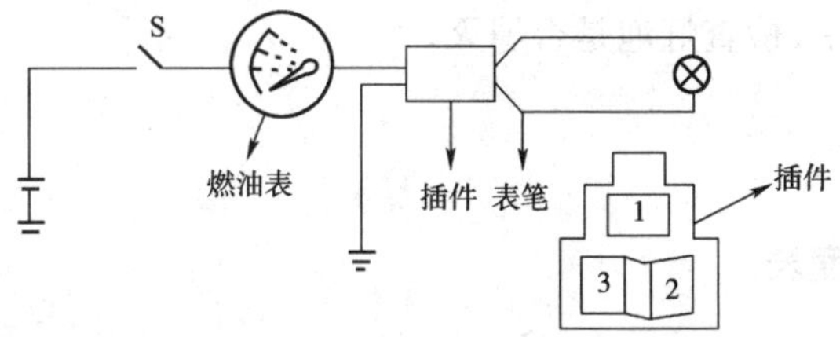

图7-14 燃油表的检查

(3)检查燃油表的电阻,各端子之间的电阻(表7-5)。

电 阻 表 表7-5

端子之间	电阻(Ω)	端子之间	电阻(Ω)
FU—"+"	约116	"+"—"-"	约272
FU—"-"	约156		

2 检查燃油传感器(图7-21)

(1)用3节1.5V的干电池,从正极(+)导线处接入一个3.4W的试验灯泡连接到端子2,并将负极导线连接到端子1;②将万用表的正极表笔接到端子3;③检查当浮子燃油满的位置向空的位置移动时,万用表的电压是否随之升高。

(2)检查燃油传感器电阻:

测量油量传感器端子2和3之间的电阻(表7-6)。

电 阻 表 表7-6

浮子位置(mm)	电阻(Ω)	浮子位置(mm)	电阻(Ω)
距E约23	约3	距E约157	约110

3 检查燃油位置警报系统(图7-15)

(1)检查警报灯。

从燃油位值传感器上脱开接插件后连接配线侧接插件端子的1和3,然后将点火开关置于"ON"位置,检查警报灯是否点亮,如果警报灯不亮,则应测试灯泡。

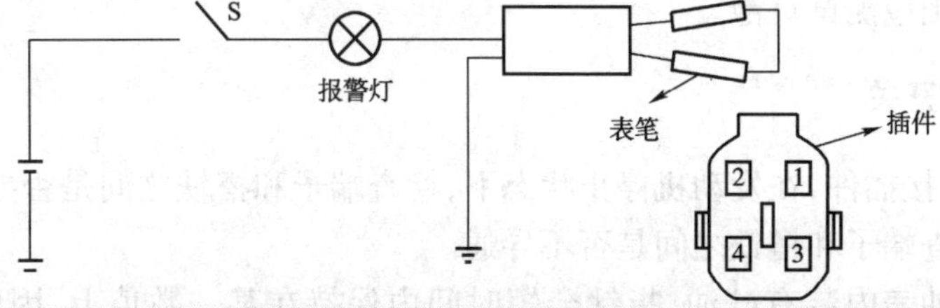

图7-15 警报灯电路图

(2)检查警报开关。

①通过一个3.4W的试验灯泡在端子1和3之间加上蓄电池的电压,检查灯泡是否点亮。

备注:应保持一段时间以至灯泡点亮。

②将开关浸入燃油中,检查灯泡是否熄灭。

三)水温表检查

1 检查冷却水温度表

(1)从冷却水温度传感器上脱开接插件,就车检查此时温度表的温度是否显示在最冷(COOL)位置。

(2)将配线侧端子通过1个3.4W的灯泡搭铁,就车检查灯泡是否点亮以及温度表的指针是否移向热(HEAT)的位置。

如果动作不符合规定,应测量温度表的电阻(表7-7)。

电　阻　表　　表7-7

端子之间	电阻(Ω)	端子之间	电阻(Ω)
TU~"+"	约55	"+"~"-"	约113
TU~"-"	约117		

2 检查温度传感器

将温度传感器放入容器中,检测不同温度下的电阻(表7-8)。

电　阻　表　　表7-8

冷却水温度(℃)	电阻(Ω)	冷却水温度(℃)	电阻(Ω)
60	约147	115	约24

四)机油压力警报系统检查

1 检查警报灯

从警报开关上脱开接插件,并将配线侧接插件的搭铁端子,就车检查警报灯是否点亮。如果警报灯不亮,则应测试灯泡。

2 检查警报开关

从开关上脱开接插件,在发动机停止状态下,检查端子和搭铁之间是否导通。在发动机运转的状态下,检查端子和搭铁之间是否不导通。

备注:由于燃油表内装有硅油,指针会短时间内保持在某一数值上,因此检测要耐心、细心。

五）驻车制动器警报系统检查

1 检查警报灯

从驻车制动开关上，脱开插件，并将配线侧接插件的端子搭铁，检查警报灯是否点亮。如果警报灯不点亮，则应测试灯泡。

2 检查各开关

（1）拉杆式驻车制动开关。在开关柄被放开（驻车制动器拉杆被向上拉起）的状态下检查端子和开关，固定螺母之间是否导通或在开关柄被按下（锁驻车制动器拉杆）的状态下，检查端子和开关固定螺母之间是否不导通。

（2）杆式驻车制动器开关。在开关柄被放开（驻车制动器拉杆被向上拉起）的状态下，测量端子和开关体之间是否导通在开关柄被插下（放开驻车制动器拉杆）的状态下，检查端子和开关体之间是否不导通。

六）制动警报系统检查

1 就车检查

从液位警报开关上脱开接插件，并连接液位警报开关上的配线接插件的端子，就车检查警报灯是否点亮，如果警报灯不点亮，则应测试灯泡。

2 检查开关

（1）驻车制动开关。驻车制动开关的检查与驻车警报系统相同。

（2）制动液液位警报开关。在开关“OFF”（浮子开起）的状态下，检查端子之间是否不导通或在开关“ON”（浮子下降）的状态下检查端子之间是否导通。如果导通情况不符合规定要求，则应重按开关。

七）门开警报系统检查

1 就车检查

从门开警报开关脱开接插件，并将配线测接插件的端子搭铁，就车检查警报灯是否点亮，如果警报灯不点亮，由应测试灯泡。

2 检查门控灯开关

（1）在开关打开“ON”状态下（放开开关柄，车门被打开）检查端子和开关体之间是否导通；

（2）在开关关闭“OFF”的状态下，（按下开关柄，车门关闭）检查端子和开关屏之间是否

不导通。如果导通情况不符合规定要求则应更换开关

八）正常（OK）监视器系统检查

1 检查警报灯

（1）从手动开关上脱开接插件，并将配线侧接插件的端子2搭铁，而后就车检查散热器冷却液液位警报灯是否点亮；

（2）将配线侧接插件的端子6搭铁将就车检查机油液位警报灯是否点高。如果警报灯不点亮，则应测试灯亮。

2 检查手动开关

3 检查传感器

（1）散热器冷却液液值传感器。

如图7-16所示，在key-OFF（浮子开起）的状态下，检查端子2和3之间是不导通，key-ON（浮子下降）的状态下检查端子2和3之间是否导通。

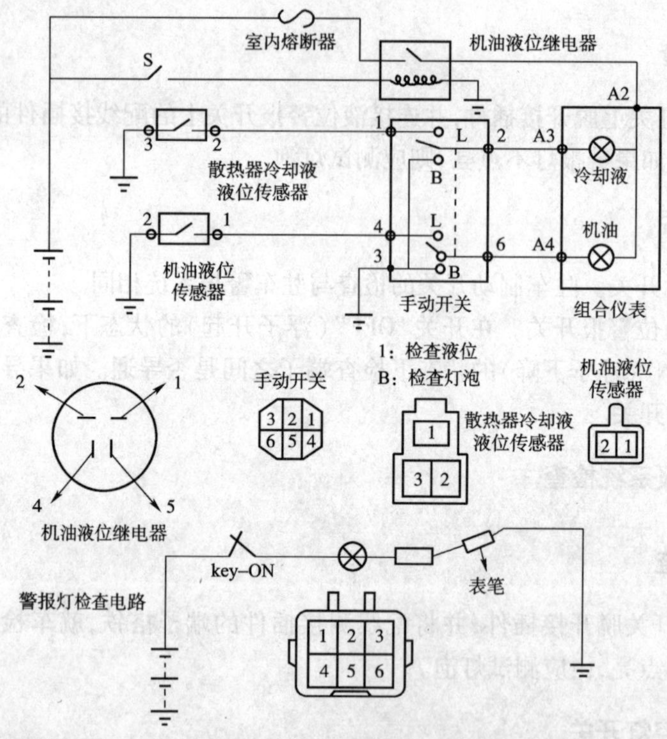

图7-16　各种仪表与报警系统

如果导通情况不符合规定要求，则应更换传感器。

（2）机油液位传感器。

在 key－OFF(浮子开起)的状态下,检查端子这间是否不导通而 key－ON(浮子下降)的状态下,检查端子之间是否导通。如不符合规定要求,则应更换传感器。

复习思考题

一、选择题

1. 冷却液温度传感器是装在发动机的(　　)。

A. 节温器上　　B. 主油道上　　C. 水套中　　D. 散热器上

2. 热敏电阻式冷却液温度传感器多用的是(　　)。

A. 正温度系数热敏电阻　　B. 负温度系数热敏电阻

C. 临界温度热敏电阻　　D. 普通电阻

3. 不属于机电模式的燃油表是(　　)。

A. 电磁式　　B. 动磁式　　C. 热敏电阻式　　D. 电热式

4. 电流表(　　)在蓄电池充电电路中。

A. 并联　　B. 串联

C. 串并联　　D. 与传感器串联后并联

5. 接通点火开关,电压表即可指示蓄电池的端电压,12V 电气系统汽车,电压表指示一般为(　　)。

A. 9～10V　　B. 10～11.5V　　C. 11.5～12.6V　　D. 13.5～14.5V

6. 发电机以正常转速运转时,电压表应指示(　　)V。

A. 9～10　　B. 10～11.5　　C. 11.5～12.6　　D. 13.5～14.5

7. 电子显示式汽车仪表不包括以下哪种元件。(　　)

A. 传感器　　B. 开关　　C. 显示器　　D. 调压器

8. 发光二极管的英文缩写是(　　)。

A. LCD　　B. LED　　C. ELD　　D. ECD

9. 符号(!)的含义是(　　)报警灯。

A. 驻车制动　　B. 制动系统故障　　C. 制动蹄磨损　　D. ABS 故障

10. 符号(ABS)的含义是(　　)报警灯。

A. 驻车制动　　B. 制动系统故障　　C. 制动蹄磨损　　D. ABS 故障

11. 符号　的含义是(　　)报警灯。

A. 水温报警　　B. 制动系统故障　　C. 制动蹄磨损　　D. ABS 故障

12. 符号　的含义是(　　)报警灯。

A. 驻车制动　　B. 制动系统故障　　C. 制动蹄磨损　　D. ABS 故障

13. 符号　的含义是(　　)报警灯。

A. 驻车制动　　B. 制动系统故障

C. 机油压力过低报警　　D. ABS 故障

14. 符号的含义是(　　)报警灯。

A. 驻车制动　　B. 燃油量过低报警

C. 机油压力过低报警　　D. ABS 故障

15. 符号的含义是(　　)报警灯。

A. 驻车制动　　B. 燃油量过低报警

C. 发动机故障报警灯　　D. ABS 故障

二、问答题

1. 简述燃油表电路的组成及工作过程。
2. 简述车速里程表电路的组成及工作过程。
3. 简述燃油液位报警灯的工作过程。
4. 简述制动液液位报警灯的工作过程。

项目八

舒适系统

学习任务 舒适系统的构造与检修

学习目标

◎ 掌握汽车舒适系统的组成及工作原理；

◎ 掌握识读汽车各舒适系统的电路图。

能力要求

◎ 能进行汽车各舒适系统的操作；

◎ 能正确分析汽车舒适系统的故障原因。

任务导入

故障现象：一辆2010年产大众宝来轿车，行驶49747公里，遥控器失灵，用钥匙在车外可开、关门锁但四门玻璃无法自动升降，车内控制正常。

故障维修：首先，用VAS5051故障检测仪检查01,02,03无故障码，17,19有01336,46有01336和四个门锁控制单元无法传递信号的故障，且无法清除故障码。检查熔断器正常，更换舒适系统电脑后故障未排除。此时发现仪表上开门指示灯在开门状态下不亮，于是怀疑仪表损坏或仪表插头接触不良。更换仪表后故障排除。

学习指引

为了减轻驾驶人的劳动强度，汽车的舒适系统越来越多，而且性能也越来越完善，最大

限度地体现汽车的豪华、舒适、安全、可靠。汽车的舒适系统主要包括电动刮水器、电动车窗、电动后视镜、电动座椅等。

一 电动刮水器及洗涤装置

下雨天，当雨点洒落在车窗玻璃上时，车前方的视线很快就受到阻碍，车辆、行人和景物都变得模糊不清。为了保证驾驶安全，此时应开启刮水器。电动刮水器由驾驶人依照雨势以及视线状况自己做调整选择：低速、高速、间歇和手动刮4个挡位。

一）电动刮水器

1 刮水器的组成及作用

汽车刮水器主要包括：刮水片、直流电动机、连动杆、控制开关，如下图8-1所示。

汽车刮水器主要作用：除去风窗玻璃上的水、雪及沙尘，保证在不良天气时驾驶人仍具有良好的视线。

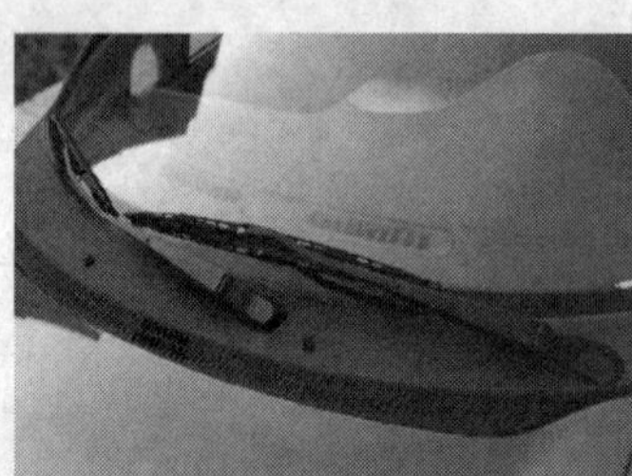

刮水片

直流电动机

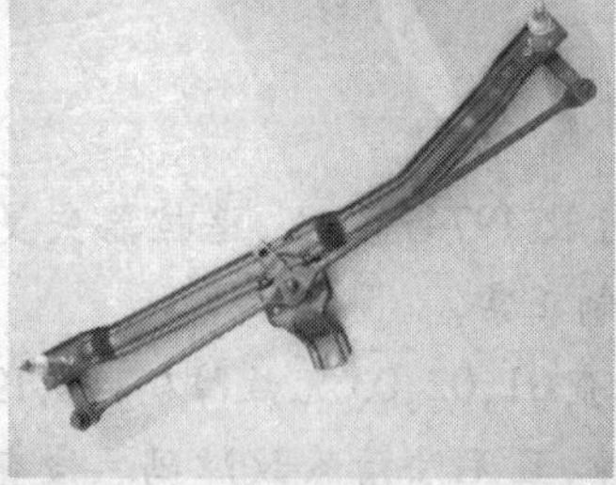

刮水器连动杆

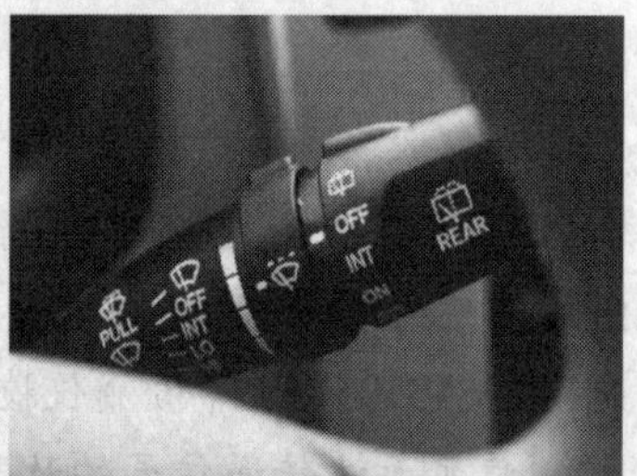

刮水器控制开关

图8-1 汽车刮水器的组成

2 刮水器的结构

1 刮水片

刮水片靠骨架支撑，铰接在弹性刮水臂上，使刮水片的橡胶片紧紧贴在风窗玻璃上，当

使用刮水器时，刮水电机会通过联动杆件带动刮水臂左右摆动，刮水片就会在风窗玻璃上清扫雨水及杂物。

2 直流电动机

直流电动机是刮水器动力源，为直流变速电机，内有快慢两个线圈，电动机输出经蜗轮减速器减速，并改变输出方向，直流电动机及联动机构如图 8-2 所示。

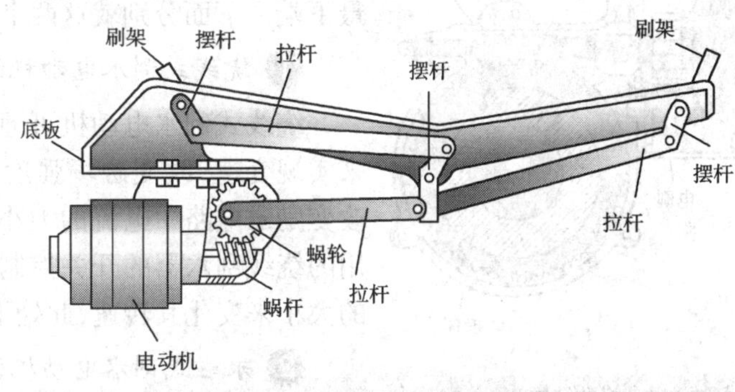

图 8-2 刮水器电动机及联动机构

3 联动机构

联动机构把电动机的旋转输出运动，传递到刮水臂，转化为摆动运动，并控制刮水片的摆动范围。

4 控制开关

控制开关装在组合开关右手边的操作杆上，控制刮水片的动作，控制方式如下。

(1)OFF 挡：即停止挡，无论刮片运行到哪个位置，当从别的挡位回到 OFF 挡时，电动机都会利用蜗轮上的导电盘缺口，始终停留在固定的位置。

(2)LO 挡：即慢挡，操作杆向上拨动一格，此时电动机的低速线圈通电，电动机低速旋转，用于下小雨时。

(3)HI 挡：即快挡，操作杆再次向上拨动一格，此时电动机的高速线圈通电，电动机高速旋转，用于下大雨时。

(4)间歇挡：有的车标注 INT；有的车标注 MIST。其利用间歇继电器完成隔几秒刮一下，再隔几秒刮一下的动作，此挡用于下小雨时。

(5)喷水挡：在停止状态时，操作杆向怀中方向抬一格，此时喷水电动机运转，喷出玻璃清洁水，同时刮水电动机低速旋转，当操作杆回位时，停止喷水，刮水电动机停到固定位置。平时不用时，操作杆处于 OFF 位置。

3 刮水器的工作原理

一般刮水电动机有绕线式和永磁式两种。绕线式刮水电动机的磁极绕有励磁绕组，通电流时产生磁场，而永磁式刮水电动机的磁极用永久磁铁制成。永磁式电动机体积小、质量轻、结构简单，使用广泛。永磁式电动机的结构如图 8-3 所示，主要由外壳及磁铁总成、电

枢、电刷安装板及复位开关、输出齿轮及蜗轮、输出臂等组成，通电时电枢转动，经蜗轮和输出齿轮及输出轴后，把动力传给输出臂。

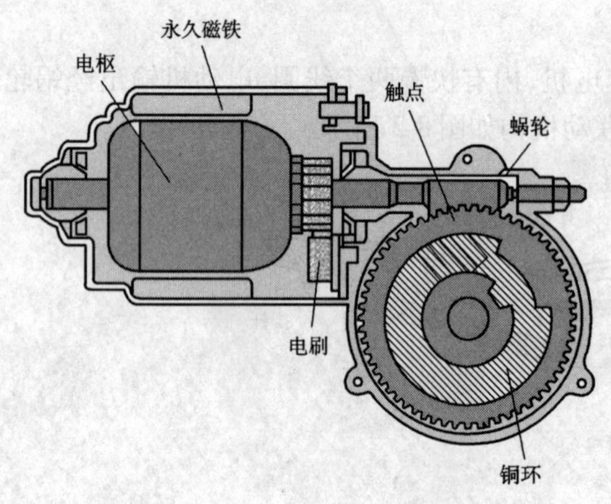

图 8-3　永磁式电动机的结构

为了满足实际的使用需要，电动机有低速刮水和高速刮水两个挡位，且在刮水结束后的任意时刻刮水片应能自动回到挡风玻璃最下端。下面分别就这两个问题进行讨论。

1 绕线式刮水电动机的变速原理

绕线式刮水电动机可通过改变磁场强度来实现变速，改变磁场强度的方法可以通过改变励磁电路中电流的大小来实现。实际使用的绕线刮水器的开关控制励磁电路中电阻的大小来变化其转速，此处不进行理论分析。

2 永磁式刮水电动机的变速原理

永磁式刮水电动机是利用三个电刷来改变正、负电刷之间串联线圈的个数实现变速的，如图 8-4 所示。其原理是：刮水电动机工作时，在电枢内同时产生反电势，其方向与电枢电流的方向相反。如要使电枢旋转，外加电压必须克服反电势的作用。当电动机转速升高时，反电势增高，只有当外加电压等于反电势时，电枢的转速才能稳定。

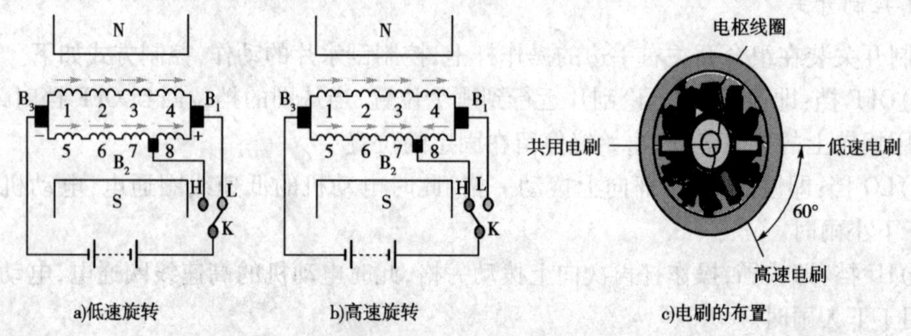

图 8-4　永磁式刮水电动机的变速原理

三刷永磁式刮水电动机工作时，电枢绕组产生的反电势的方向如图 8-4 中箭头所示。当将刮水器开关 K 拨向“L”（低速）时，如图 8-4a）所示，电源电压 U 加在电刷 B_1 和 B_3 之间。在电刷 B_1 和 B_3 之间的两条并联支路中，每条支路中各有 4 个串联绕组，反电势的大小与支路中反电势的大小相等。由于外加电压需要平衡 4 个绕组所产生的反电势，故电动机转速较低。

当将刮水器开关 K 拨向“H”（高速）时，如图 8-4b）所示，电源电压 U 加在电刷 B_2 和 B_3 之间。绕组 1、2、3、4、8 同在一条支路中，其中绕组 8 与绕组 1、2、3、4 的反电势方向相反，相互抵消后，使每条支路变为 3 个绕组，由于电机内部的磁场方向和电枢的旋转方向没有变

化，所以各绕组内反电势的方向与低速时相同。但是外加电压只需平衡3个绕组所产生的反电势，因此，电动机的转速增高。

4 刮水电动机的控制电路及自动复位原理

如图8-5所示的铜环式刮水器的控制电路，此电路具有自动复位的功能。下面介绍其工作过程。

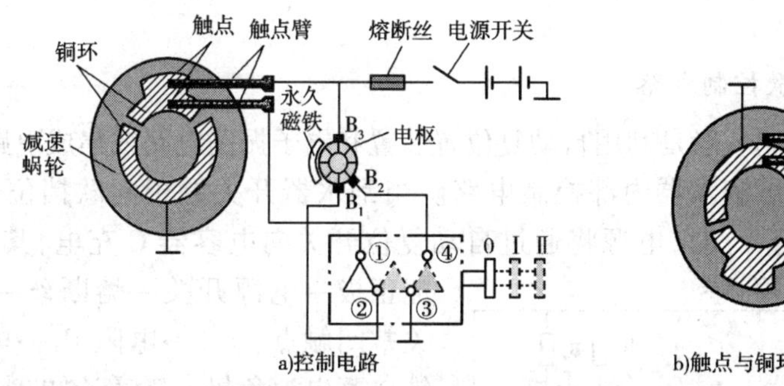

图8-5　铜环刮水器自动复位置装置

刮水器的开关有三个挡位，它可以控制刮水器的速度和自动复位。四个接线柱分别接复位装置、电动机低速电刷、搭铁、电动机高速电刷00挡为复位挡，Ⅰ挡为低速挡，Ⅱ挡为高速挡。复位装置是在减速蜗轮（由塑料或尼龙材料制成）上，嵌有铜环。此铜环分为两部分，其中一铜环与电动机外壳相连（为搭铁）。触点臂用磷铜片或其他弹性材料制成，其一端分别铆有两触点。由于触点臂具有一定的弹性，因此在蜗轮转动时，触点臂上的两触点与减速蜗轮的端面和铜滑环保持接触。

当接通电源开关，并把刮水器开关拉出到"Ⅰ"挡（低速）位置时，电流从蓄电池正极→电源开关→熔断丝→电刷B_3→电枢绕组→电刷B_1→刮水器开关接线柱②→接触片→刮水器开关接线柱③→搭铁→蓄电池负极，构成回路，电动机以低速运转。

把刮水器开关拉出到"Ⅱ"挡（高速）位置时，电流从蓄电池正极→电源开关→熔断丝→电刷B_3→电枢绕组→电刷B_2→刮水器接线柱④→接触片→刮水器接线柱③→搭铁→蓄电池负极，构成回路，电动机以高速运转。

当把刮水器开关退回到"0"挡时，如果刮水片没有停止到规定的位置，由于触点与铜环相接触，如图8-5b）所示，则电流继续流入电枢，其电路为蓄电池正极→电源开关→熔断丝→电刷B_3→电枢绕组→电刷B_1→接线柱②→接触片→接线柱①→触点臂→铜环→搭铁→蓄电池的负极。

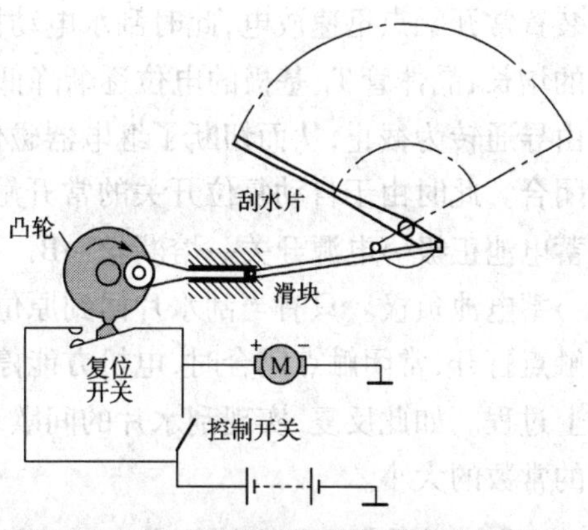

图8-6　凸轮式刮水器自动复位装置

图8-6所示为一种凸轮式刮水器自动复位装置，其控制原理主要是由与蜗轮联动的凸轮驱动复位开关来实现的。

5 间歇刮水

汽车刮水器上都加装了电子间歇控制系统，使刮水器能按照一定的周期停止和刮水，这样在小雨或雾天中行驶时，不至于令玻璃上形成发粘的表面，使驾驶人获得更好的视线。

汽车刮水器的间歇控制电路有多种形式，按照间歇时间是否可调有可调节型和不可调节型之分。

1 不可调节间歇控制电路

刮水器的间歇控制一般是利用自动复位置装置和电子振荡电路或集成电路实现的。

图 8-7 为同步间歇刮水器内部控制电路。当刮水器开关置于间歇挡位置(开关处于“0”位，且间歇开关闭合)时，电源将通过自动复位开关向电容器 C 充电，其电路为：蓄电池正极→电源开关→熔断丝→自动复位开关常闭触点(上)→电阻 R_1→电容器 C→搭铁→蓄电池负极。随着充电时间的增长，电容器两端的电压逐渐升高。当电容器 C 两端的电压升高到一定值时，晶体管 T_1 和 T_2 先后相继由截止转为导通，从而接通继电器磁化线圈的电路，其电路为：蓄电池正极→电源开关→熔断丝→电阻 R_5→晶体管 T_2(e→c)→继电器磁化线圈→间歇刮水器开关→搭铁→蓄电池负极。在电磁吸力的作用下，继电器常闭触点打开，常开触点闭合，从而接通了刮水电动机的电路，其电路为：蓄电池正极→电源开关→熔断丝→B_3→B_1→刮水继电器常开触点→搭铁→蓄电池负极。此时电动机将低速旋转。

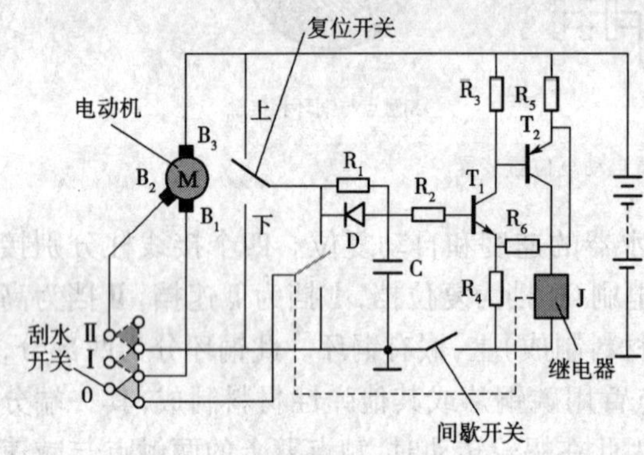

图 8-7 同步间歇振内部控制电路

当复位装置将自动复位开关的常开触点(下)接通时，电容器 C 通过二极管 D、自动复位装置常开触点迅速放电，此时刮水电动机的通电回路不变，电动机继续转动。随着放电时间的增长，晶体管 T_1 基极的电位逐渐降低。当晶体管 T_1 基极的电位降低到一定值时，T_1 和 T_2 由导通转为截止，从而切断了继电器磁化线圈的电路，继电器复位，常开触点打开，常闭触点闭合。此时由于自动复位开关的常开触点处于闭合状态，电动机仍将继续转动，其电路为：蓄电池正极→电源开关→熔断丝→B_3→B_1→继电器常闭触点→复位开关的常开触点→搭铁→蓄电池负极。只有当刮水片回到原位(即不影响驾驶人视线位置)，自动复位开关的常开触点打开，常闭触点闭合时，电机方能停止转动。继而电源将再次向电容器 C 充电，重复以上过程。如此反复，实现刮水片的间歇动作，其间歇时间的长短取决于 R_1、C 电路充电时间的常数的大小。

2 可调式间歇控制电路

可调式间歇控制电路是指刮水器的控制电路根据雨量大小自动开闭，并自动调节间歇

时间。图 8-8 为刮水自动开关与调速控制电路。电路中 S_1、S_2 和 S_3 是安装在风窗玻璃上的流量检测电极，雨水落在两检测电极之间，使其阻值减小，水流量越大，其阻值越小。

S_1 与 S_3 之间的距离较近(约 2.5cm)，因此，晶体管 T_1 首先导通，继电器 J_1 通电，在电磁吸力的作用下，P 点闭合，刮水电动机低速旋转。当雨量增大时，S_1 与 S_2 之间的电阻减小到使晶体管 T_2 也导通，于是继电器 J_2 通电，在电磁吸力的作用下，A 点断开，B 点接通，刮水电动机转为高速旋转。雨停时，检测电阻之间的阻值均增大，晶体管 T_1、T_2 截止，继电器复位，刮水电动机自动停止工作。

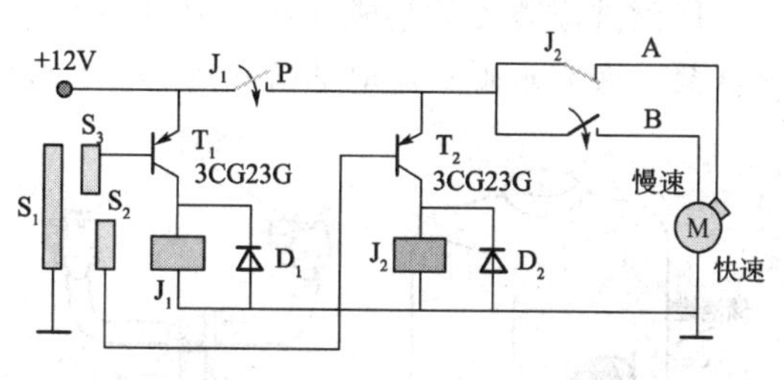

图 8-8 刮水自动开关与调速控制电路

6 齿条传动式刮水器

图 8-9 为新型柔性齿条传动刮水器，这种刮水器与一般拉杆传动式刮水器相比，具有体积小，噪音低等优点，而且可将刮水电动机总成安装在空间较大的地方，便于维修。

电动机驱动的蜗轮轴上有一个曲柄销，它驱动连杆机构，而连杆和一个装在硬管里的柔性齿条连接，因此，在连杆运转时，齿条则会作往复运动，齿条的往复运动带动齿轮箱中的小齿轮往复运动，从而驱动刮水片往复摆动。

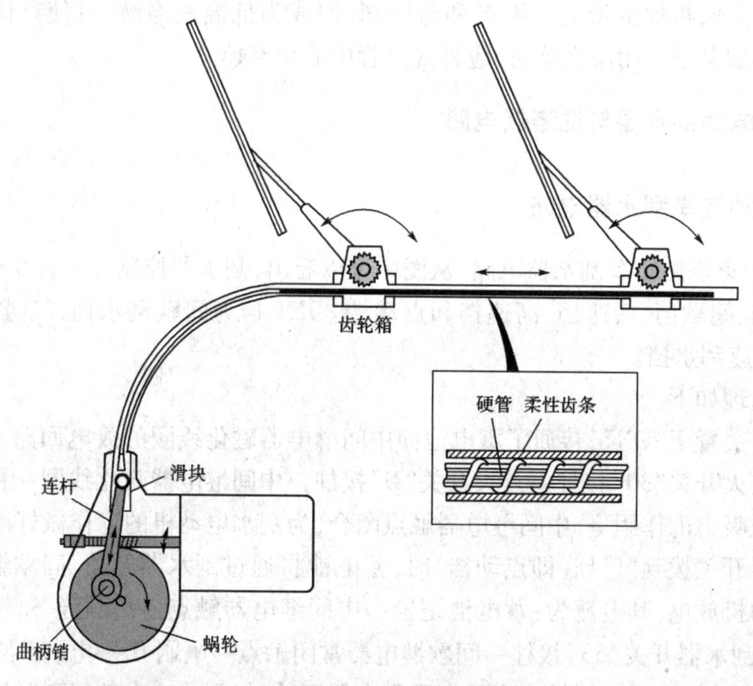

图 8-9 柔性齿条刮水器

二）风窗洗涤装置的组成

风窗洗涤装置的组成如图 8-10 所示，主要由储液罐、洗涤泵、输液管、喷嘴等所组成。洗涤泵一般有永磁直流电动机和离心叶片泵组装成为一体，喷射压力可达 70～88kPa。

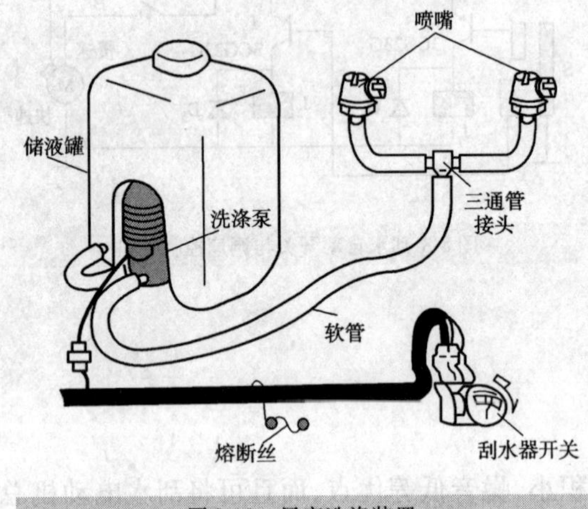

图 8-10 风窗洗涤装置

洗涤泵一般直接安装在储液罐上，但也有安装在管路内的。在离心泵的进口处设置有滤清器。

洗涤泵喷嘴安装在风窗玻璃的下面，其喷嘴方向可以根据使用情况调整，喷水直径一般为 0.8～1.0mm，能够使洗涤液喷射在风窗玻璃的适当位置。洗涤泵的连续工作时间不应超过一分钟，对于刮水和洗涤分别控制的汽车，而且应先开洗涤泵，再接通刮水器。喷水停止后，刮水器应继续刮动 3～5 次，以便达到良好的清洁效果。

常用的洗涤液是硬度不超过 205ppm 的清水。为了能刮掉风窗玻璃上的油、蜡等物，可在水中添加少量的去垢剂和防锈剂。强效洗涤液的去垢效果好，但会使风窗密封条和刮片胶条变质，还会引起车身喷漆变色以及储液罐、喷嘴等塑料件的开裂。冬季使用洗涤器时，为了防止洗涤液的冻结，应添加甲醇、异丙醇、甘醇等防冻剂，再加少量的去垢剂和防锈剂，即成为低温洗涤液，可使凝固温度下降到 -20℃以下。如冬季不用洗涤器时，应将洗涤管中的水倒掉。

三）常见电动刮水器与洗涤器电路

1 桑塔纳汽车刮水器电路

图 8-11 为桑塔纳轿车刮水器电路，从图中可以看出，刮水器控制开关有 5 个挡位，分别为复位停止挡、间歇挡、低速挡、高速挡和点动档。INT 挡为间歇刮水挡，LO 挡为低速刮水挡，HI 挡为高速刮水挡。

其工作原理如下。

将点火开关置于“ON”，接通了蓄电池向中间继电器磁化线圈的放电回路，其电流为：蓄电池正极→点火开关“30”接柱→点火开关“X”接柱→中间继电器磁化线圈→搭铁→蓄电池负极。在电磁吸力的作用下，中间继电器触点闭合，为刮水电动机的工作做好准备。

将刮水器开关拨到“f”挡（即点动档）时，蓄电池将通过刮水器开关、间歇继电器常闭触点向刮水电动机放电，其电流为：蓄电池正极→中间继电器触点→熔断丝 S_{11}→刮水器开关“53a”接柱→刮水器开关“53”接柱→间歇继电器常闭触点→电刷 B_1→电刷 B_3→搭铁→蓄电池负极，此时电动机以低速运转。当手离开刮水器开关时，开关将自动回到“0”位，如果此时刮水片处在影响驾驶人视线的位置上，自动复位装置的常闭触点打开，常开触点闭合，刮水

电动机电枢内继续有电流通过，其电流为：蓄电池正极→中间继电器触点→熔断丝 S_{11}→复位装置的常开触点→刮水器开关"53e"接柱→刮水器开关"53"接柱→间歇继电器常闭触点→电刷 B_1→电刷 B_3→搭铁→蓄电池负极，故电动机仍以低速运转，只有当自动复位装置处在图示位置时，刮水电动机方可停止运转。

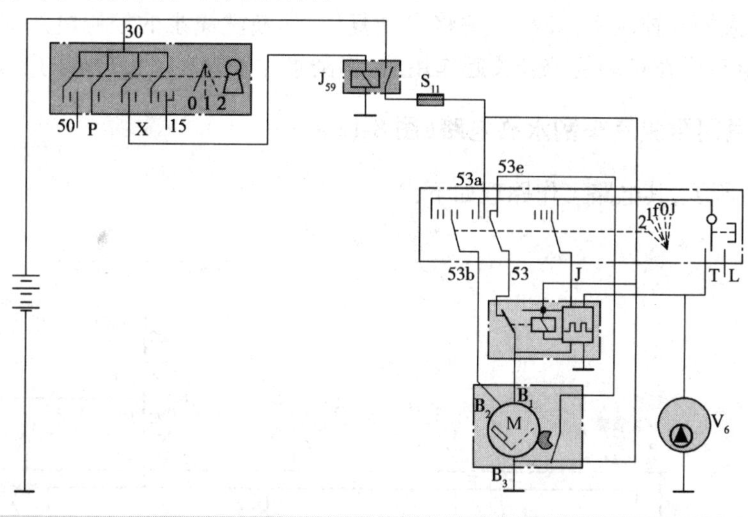

图 8-11　桑塔纳汽车风窗刮水器控制电路

当将刮水器开关拨到"1"挡（低速挡）时，蓄电池仍然是通过中间继电器、刮水器开关、间歇继电器、电刷 B_1 和 B_3 向刮水电动机放电（放电回路与点动时相同），电动机以 42 ~ 52r/min 的转速低速运转。

当将刮回器开关拨到"2"挡（高速挡）时，蓄电池向电动机的放电回路为：蓄电池正极→中间继电器触点→熔断丝 S_{11}→刮水器开关"53a"接柱→刮水器开关"53b"接柱→ 电刷 B_2→电刷 B_3→搭铁→蓄电池负极，此时电动机以 62 ~ 80r/min 的转速高速运转。

当自动复位装置切断电动机电路，由于旋转惯性使电机不能立即停下来时，电动机将以发电机运行而发电，由楞次定理可知，电枢绕组中所产生的感应电动势的方向与外加电压的方向相反，通过刮水器开关、自动复位常闭触点构成回路，其电流为：电刷 B_1→间歇继电器常闭触点→刮水器开关"53"接柱→刮水器开关"53e"接柱→自动复位装置的常闭触点→电刷 B_3，电枢绕组中即会产生反电磁力矩（制动力矩），电动机迅速停止运转，使刮水片复位到风窗玻璃的下部。

当将刮水器开关拨到"J"（间歇）位置时，电子式间歇继电器投入工作，使其触点不断地开闭。当间歇继电器的常闭触点打开，常开触点闭合时，蓄电池向电动机的放电回路为：蓄电池正极→中间继电器触点→熔断丝 S_{11}→间歇继电器的常开触点→电刷 B_1→电刷 B_3→搭铁→蓄电池负极，电动机低速运转。当间歇继电器断电，其触点复位（常闭触点闭合，常开触点打开）时，电动机将停止运转。在此过程中，自动复位装置的工作与制动力矩的产生与上述相同。在间歇继电器的作用下，刮水电动机每 6s 使曲柄旋转一周。

当将洗涤开关接通时（将刮水器开关向上扳动），洗涤泵控制电路接通，其电流为：蓄电

池正极→中间继电器触点→熔断丝 S_{11}→洗涤开关→洗涤泵 V_5→搭铁→蓄电池负极。位于发动机盖上的两个喷嘴同时向风窗玻璃喷射清洗液。与此同时,也接通了刮水器间歇继电器的控制电路,其电流为:蓄电池正极→中间继电器触点→熔断丝 S_{11}→洗涤开关→刮水器间歇继电器→搭铁→蓄电池负极,于是刮水电动机工作,驱动刮水片刮掉已经湿润的尘土和污物。当驾驶人松开控制手柄时,开关将自动复位,切断洗涤泵的控制电路,喷嘴停止喷射清洗液,刮水电动机在自动复位开关起作用后,将刮水片停靠在风窗玻璃的下方。

2 上汽通用君威汽车刮水器电路(图 8-12)

如图 8-12 所示,其电路工作原理如下:

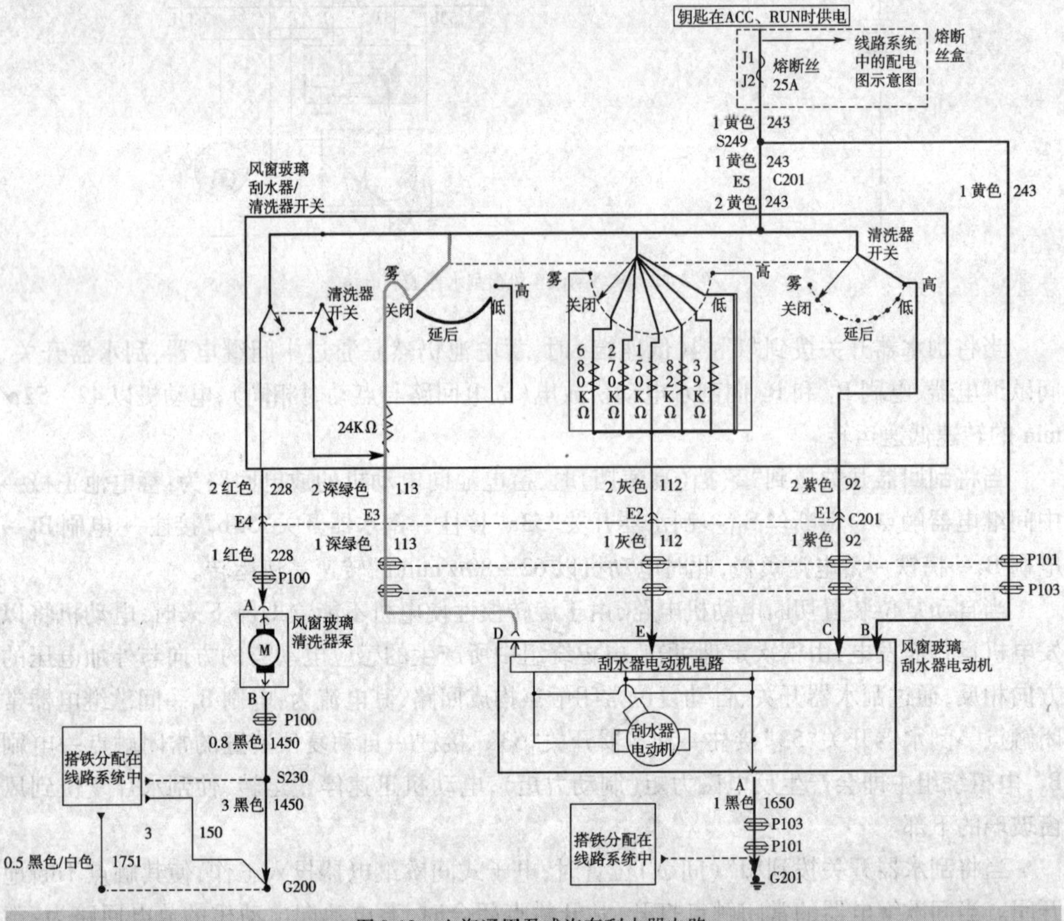

图 8-12 上海通用君威汽车刮水器电路

间歇操作:当刮水器开关位于 DELAY(间歇)位置时,蓄电池电压通过电路 243,施加在刮水器马达连接器端子 B 上。电压还通过电路 113 施加在端子 D,通过电路 112 施加在端子 E 上。刮洗之间的延迟时间长度由可变脉冲延迟电阻片控制,延迟时间在 1 ~ 22s 之间调整。

低速操作:在刮水器开关LO位置中,蓄电池电压通过电路243施加在刮水器电动机连接器端子B上,通过电路112施加在端子E上。端子D通过电路113施加着1.3~1.5V的压电。

高速操作:在刮水器开关HI位置中,蓄电池电压通过电路243施加在刮水器电动机连接器端子B上,通过电路92施加在端子C上。端子D通过电路113施加着1.3~1.5V的恒电压。

停止位置操作:从任何位置关闭时,刮水器完成最后一次刮洗并停止。当刮水器开关处于OFF(关闭)位置时,刮水器电动机总成上的蓄电池电压仅通过电路243施加在端子B上。在刮洗开关断开结束时,刮水器电动机继续运转,直到达到停止位置。

清洗器操作:当清洗器开关接通时,蓄电池电压通过电路113施加在刮水器电动机总裁端子D上。清洗器开关还将电压施加在端子A上,通过电路228接通清洗器泵。当清洗器开关松开后,刮水器电动机低速操作2~4次。只要清洗器开关保持接通,刮水器电动机电路板就会保持清洗器泵接通。如果刮水器处于低速或高速延迟模式,它们将在清洗循环后恢复操作。如果关闭,将在2~4次刮洗后,返回停止位置。

除雾操作:将刮水器开关拨到MIST(除雾)并松开时,刮水器在低速下完成一次刮洗并返回停止位置。如果将刮水器开关保持在MIST位置,刮水器将继续操作,直到开关松开。电路操作与低速相同。

二 电动门窗

1 电动门窗的组成

目前,汽车普遍装有电动车窗。驾驶人坐在驾驶座上,即可利用控制开关使全部车窗玻璃自动升降,操作简便,且有利于行车安全。电动车窗主要由车窗玻璃、车窗玻璃升降器、电动机和控制开关等组成。电动车窗主要由车窗升降器、电动机、继电器、开关等组成,如图8-13所示。

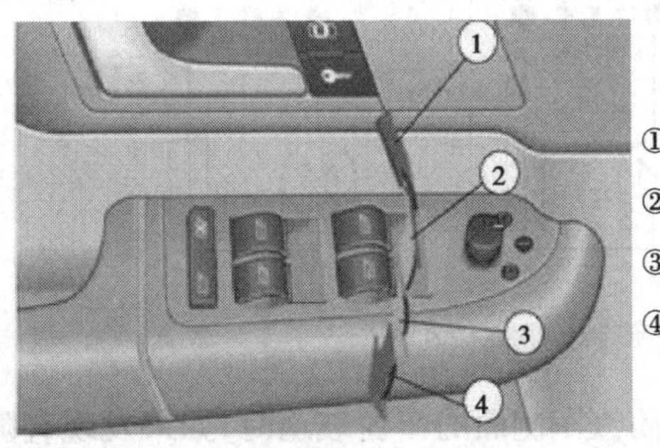

a)控制开关

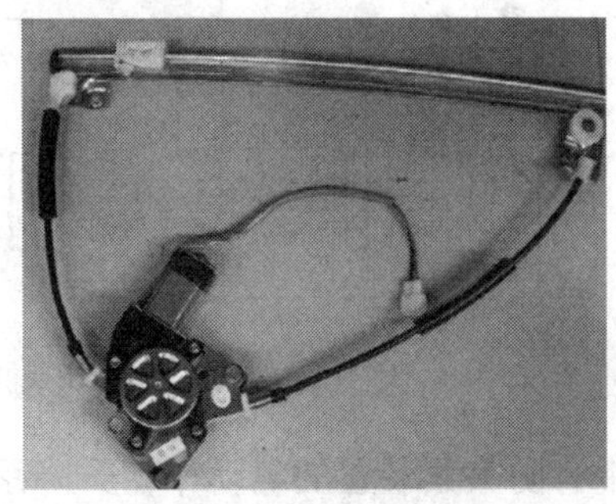

b)电动车窗升降器

图8-13 电动门窗及控制开关

2 电动门窗的作用

电动门窗可以使驾驶人更加集中精力驾车,方便驾驶人及乘客的操作。驾驶人操作时,可以使四个车窗中的任意一个上升或下降,乘员只能使所在的车窗上升或下降。由于车窗的动作是双向(升降)的,所以采用直流双向电动机——即工作电流方向不同,电动机的转向不同。每个车门各有一个电动机,通过开关控制电动机的电流方向,从而控制玻璃的升降。

3 电动门窗的工作原理

电动门窗的控制开关一般有两套,一套装在仪表板或驾驶人侧车门扶手上,为总开关,可控制每个车窗的升降。另一套分别装在每个乘客门上,为分开关,可单独控制一个车窗。所有车窗电动机都要通过总开关搭铁,如果总开关断开,分开关就不能起作用了。另外,电动门窗通常使用双向永磁或绕线(双绕组串联)式电动机,各门窗都独立安装一电机,经开关控制其电流方向,实现门窗的升降。当电动门窗下降时,连接在扇形齿轮上的螺旋弹簧卷起,储存一定能量,门窗升高时,弹簧将其储存的能量释放,协助电动机升高门窗。螺旋弹簧使门窗玻璃升降时驱动电动机承受相等的负荷。图 8-14 为主控开关控制左后车窗上升时电流方向(红色箭头标示),+12V 蓄电池电流→熔断器→驾驶人侧车窗总开关→电机 M→返回总开关后搭铁。

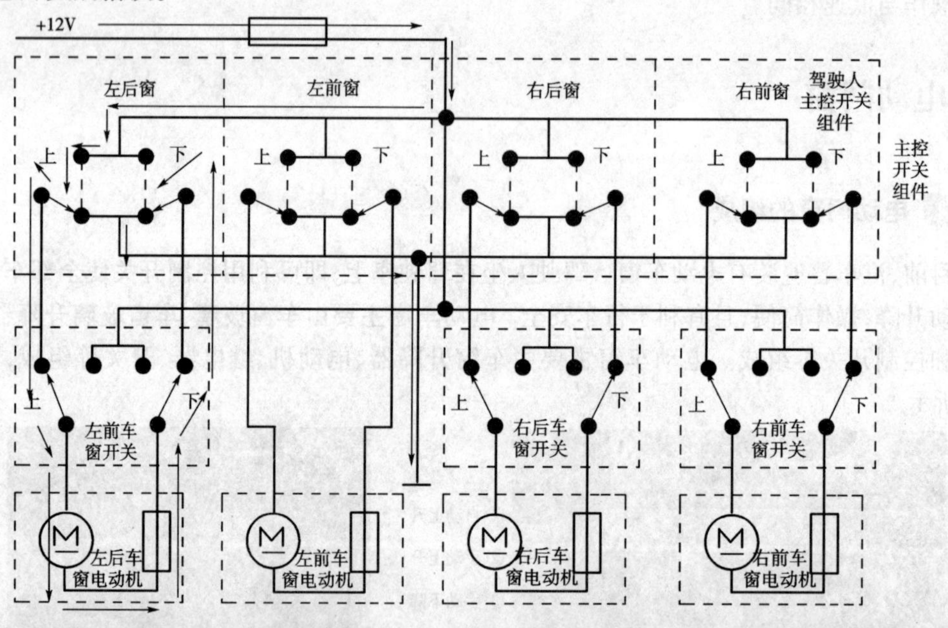

图 8-14 主控开关控制左后车窗上升时电流方向

带有防夹紧装置的电动车窗升降系统、在关闭汽车侧面的车窗玻璃时,如果发现有障碍物,例如小孩或成人的手、指头、臂、头部以及其他人身部位或其他物件,以致有被夹紧而受到伤损的可能时,"防夹紧装置"能够产生自动保护作用,使正在向下运动的车窗玻璃向反方向作上升运动,从而使车窗保持在开启状态,免除了夹紧伤损事故。

4 风窗玻璃防冰霜装置与鼓风电动机

1 风窗玻璃防冰霜装置

在气温较低的环境中，风窗玻璃内侧易结冰霜，通常是采用加热的方法将其除去。前风窗玻璃一般采用暖风加热，而后风窗玻璃通常采用电热线加热的方法除霜，其中电热线由镀在后风窗玻璃的内表面多条金属导电膜制成。有些车辆以相同的电路加热外后视镜。

因除霜系统耗电很大(30A 以上)，所以系统采用了定时电路。

2 鼓风电动机

鼓风电动机用于促使车内冷气、暖气、除霜和通风的气流流动。电动机通常为永磁式单速电动机，并且大多数安装在暖风机总成内，鼓风机开关位于仪表板上，鼓风机开关通过控制调速电阻来控制转速，其电路如图8-15所示。

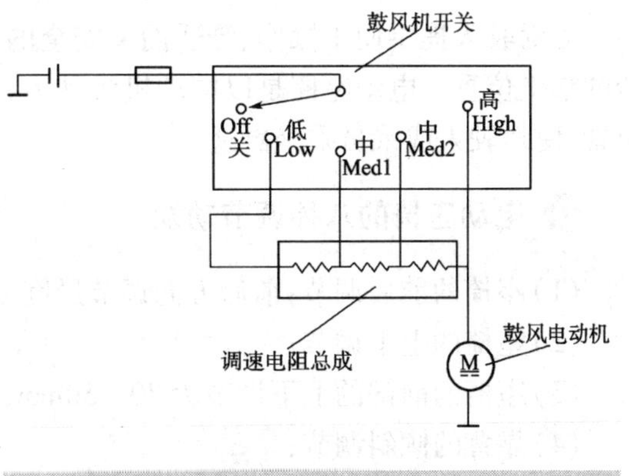

图 8-15 鼓风机工作电路图

鼓风电动机的工作原理：当鼓风电动机开关置于低速(Low)、中速 1(Med1)、中速 2(Med2)或高速挡(High)时，电路中所串联的电阻值越来越小。电阻值的变化，改变了鼓风电动机的工作电压。由于电动机是单速电动机，工作电压越高，转速越高，故与鼓风电动机串接的电阻阻值越小，其工作电压越高，转速越高。

三 电动座椅

1 电动座椅的组成(图 8-16)

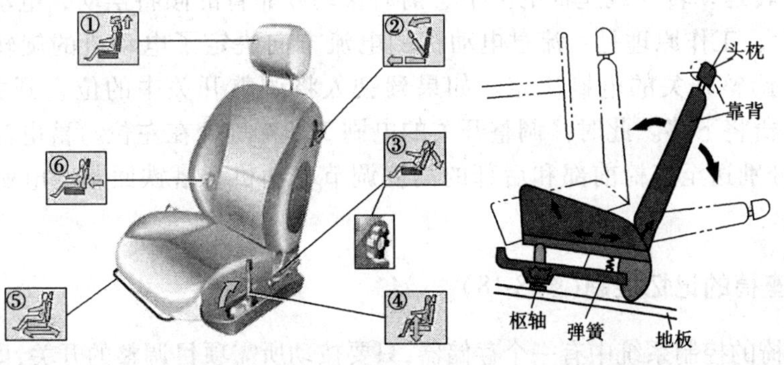

图 8-16 电动座椅

(1)电动机。电动座椅多采用永磁式双向直流电动机,为防止电动机过载,电动机内一般都装有断路器。由于座椅的类型不同,一般一个座椅可装 2 个、3 个、4 个或 6 个电动机。

(2)传动和执行机构。它们的作用是把电机的旋转运动转变成座椅的上下、前后移动或靠背的倾斜摆动。蜗轮蜗杆机构是其核心部件，它具有较大的传动比且自锁性能良好。

(3)座椅调节开关。即控制开关,一般都具有记忆功能。

2 电动座椅的作用

为驾驶人提供便于操作、舒适而又安全的驾驶位置、为乘员提供不易疲劳、舒适而又安全的乘坐位置。电动座椅是以电动机为动力,通过传动装置和执行机构来调节座椅的各种位置,使驾驶人或乘员乘坐舒适。

3 电动座椅的八种调节功能

(1)座椅的前后调节:前后方向调节量度 100 ~ 160mm

(2)座椅的上下调节;

(3)座椅的前部的上下调节为 30 ~ 50mm;

(4)靠背的倾斜调节;

(5)侧背支撑调节;

(6)腰椎支撑调节;

(7)靠枕上下调节;

(8)靠枕前后调节。

全程移动所需时间约为 8 ~ 10s。

4 电动座椅的工作原理

按下电动座椅控制开关，接通电机电路使电机旋转，电动机驱动蜗轮蜗杆机构运动，把电动机的旋转运动转变成座椅的上下、前后移动或靠背的倾斜摆动，电动座椅的电路如图 8-17 所示，工作原理是：流过电动机的电流方向决定了电动机的旋转方向，而电流的流向则由调整开关的电刷决定。如果驾驶人将调整开关中的位置开关扳到“下”位置，整个座椅将下移。此时，调整开关的电刷 3 和 4 均处在左位，蓄电池电压经过电刷 4、6 和 8 分别送至座椅前部和后部的高度调节电动机。搭铁回路经电刷 5 和 7 汇合到电刷 3 搭铁。

5 电动座椅的记忆控制(图 8-18)

在电动座椅的控制系统中有一个存储器,只要按动所需项目调整的开关,即可按储存的各个座椅的位置要求调整座椅。每个座椅可进行 6 到 8 个方向的调整,故各个座椅应有 3 到 4 个传感器向存储器输入座椅位置的电压信号。当座椅设定后,按下按钮,电子控制装置

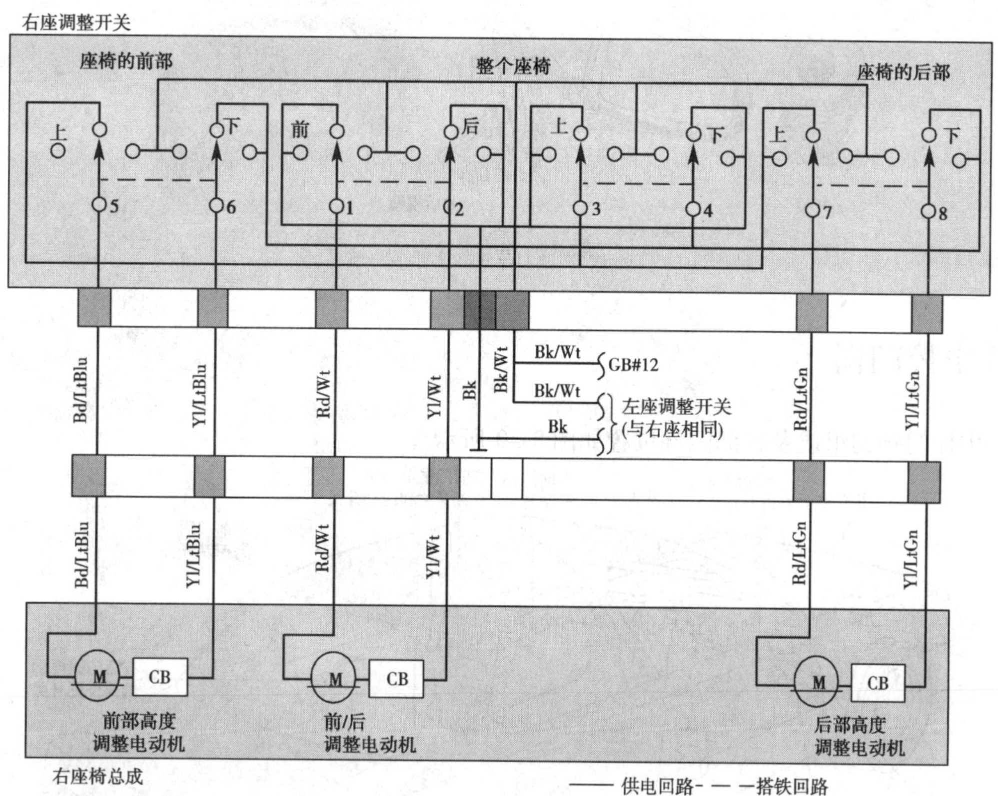

图 8-17 电动座椅控制电路

即将传感器的电压信号储存起来,作为以后调整座椅的基准。存储装置中有多个电位计。电动机通过齿轮使螺杆转动,滑块便在电阻丝上滑动,其电压信号的大小随之发生变化,滑块的位置与电压信号的大小对应。当座椅位置调好后,驾驶人按下存储器的按钮,电子控制装置就把这些电压信号储存起来,以备下次恢复座椅位置时再用。

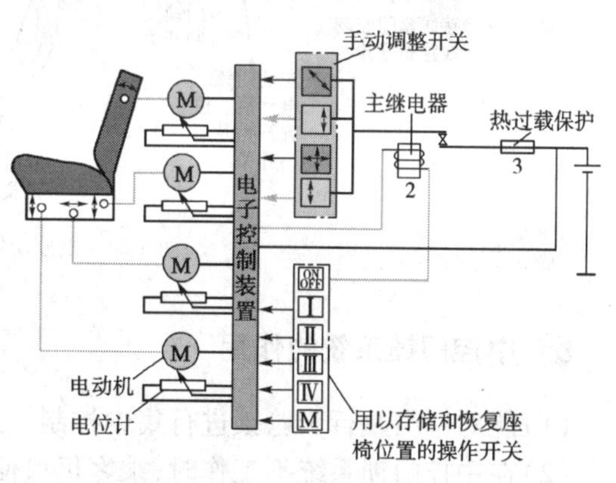

图 8-18 电动座椅的电子控制系统

四 电动后视镜(图 8-19)

电动后视镜背后各装有两个永磁电动机,其中一个电动机能使后视镜作上下偏转;一个则能让后视镜作左右偏转。左右电动后视镜由组合开关控制,选择左右后视镜电路后,该开关可以控制相应后视镜的上下、左右动作。在需要调整后视镜时,只要开左右开关拨动调整开关,此时后视镜就会按所需要的方向来回移动。

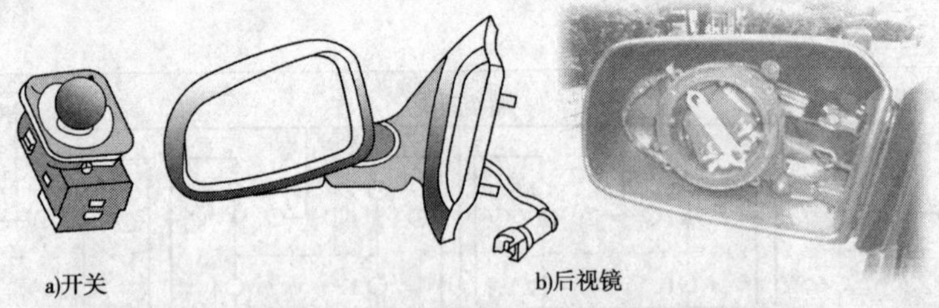

图 8-19 电动后视镜

五 中控门锁

中控门锁的组成及各部门件位置如图 8-20 所示。

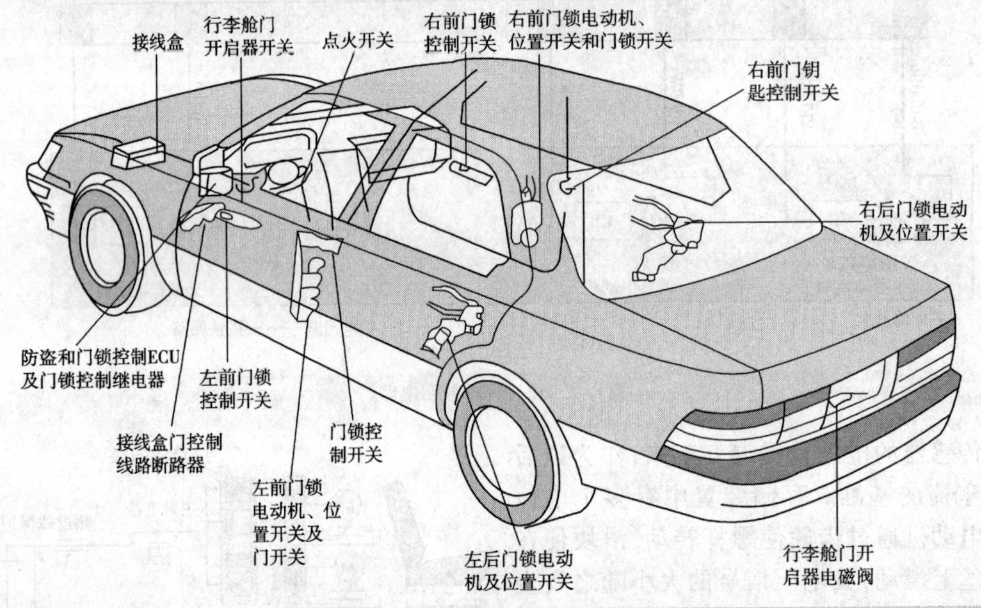

图 8-20 中控门锁及各部件位置

1 中控门锁系统的作用

(1)能对车门及行李舱锁进行集中控制。

(2)在中控门锁系统不工作时,乘客仍可使用各车门的机械弹簧锁来开关车门。

2 门锁开关

大多数汽车的中控门锁系统在左前门(驾驶人侧)设置总开关,可同时控制各车门锁的开关。其他车门上也设有单独的门锁开关,对各自车门锁进行独立控制。有的汽车中控锁系统中,门锁杆兼作门锁开关,而不单独设置门锁开关,当提起驾驶人侧车门锁杆时,可使其他车门锁同时打开;相反,当压下驾驶人侧车门锁杆时,其他车门锁同时锁止。

3 中央门锁系统的工作原理

门锁控制有防盗控制和无防盗控制两种，其内部线路不同，但控制方法基本相同。

1 锁门控制（图 8-21）

防盗和门锁控制 ECU 内部是逻辑电路图。当驾驶人侧或副驾驶人侧门锁控制开关 15 推向锁门侧时，信号“1”由端子 16 和反相器 A 送至或门 A。或门 A 的输出从“0”变为“1”。由于锁门定时器供给晶体管 VT_1 一个基极电流约 0.2s 并使其导通，结果 NO.1 继电器接通。电流从蓄电池→端子⑧→ NO.1 继电器→端子④→门锁电动机→端子③→搭铁，则电动机锁上全部车门。

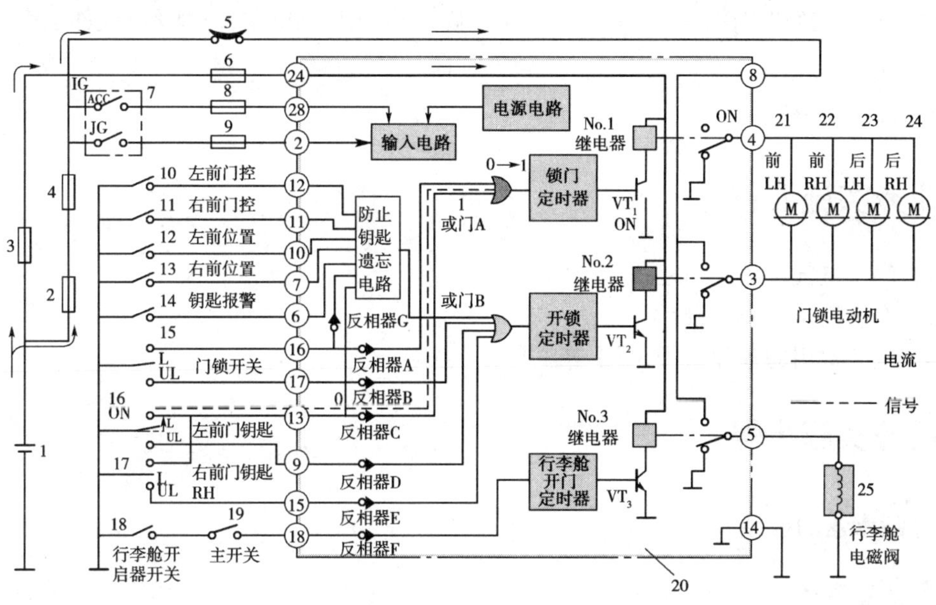

图 8-21　中控门锁电路控制

2 开门控制（图 8-22）

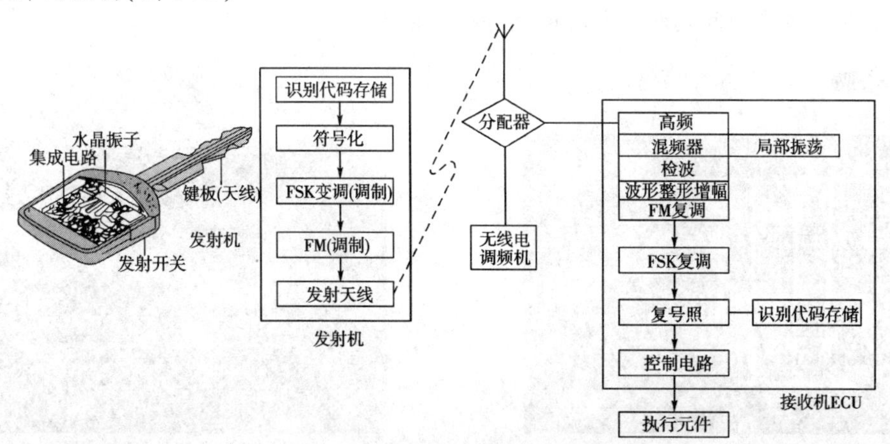

图 8-22　无线遥控门锁系统工作原理

当门锁控制开关15推向开门侧,“1”信号经端子16和反相器B送到或门B,或门B输出从“0”变到“1”。因此,开门定时器加到晶体管VT_2基极电流约0.2s并使其导通。结果NO.2继电器接通,电流从蓄电池→端子⑧→NO.2继电器→端子③→门锁电动机→端子④→搭铁,则门锁电动机接通,打开全部车门。

3 无线遥控门锁系统

不用钥匙插入门锁,可实现远距离的开闭锁。门锁无线遥控系统主要由发射机、分配器、接收机及保险装置等组成,其工作原理如图8-20所示。发射机将按照数字识别代码的信号进行处理后进行FM的调制与发射。FM波由汽车天线进行接收,通过分配器进入接收机的ECU进行处理,与存储的识别代码进行比较。如果正确,则输入控制电路,控制执行元件工作。

一 任务实施准备

(1) 汽车电气设备实训室;
(2) 本田汽车、刮水器台架;
(3) 电工常用的各种钳子、扳手等工具。

二 任务实施步骤

一)刮水器的拆装

1 注意事项

(1)拆卸时不能丢失和损坏零部件。
(2)保证装复质量,不能漏装有关小零件。
(3)拆装过程中有问题时应及时向指导教师报告。

2 步骤

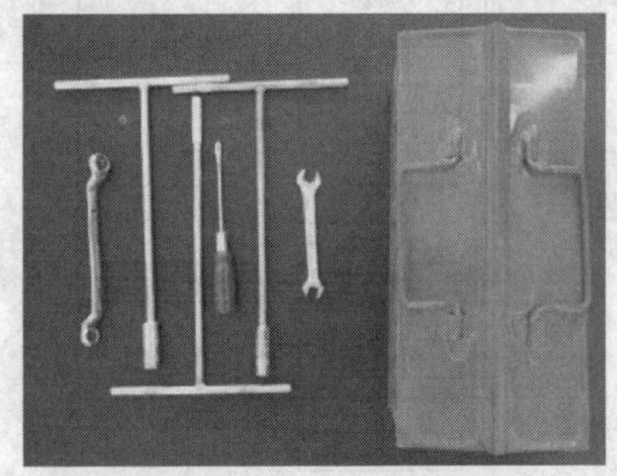

(1)准备好拆装刮水器所需要的工具。

(2)将刮水器移至风挡中间位置。

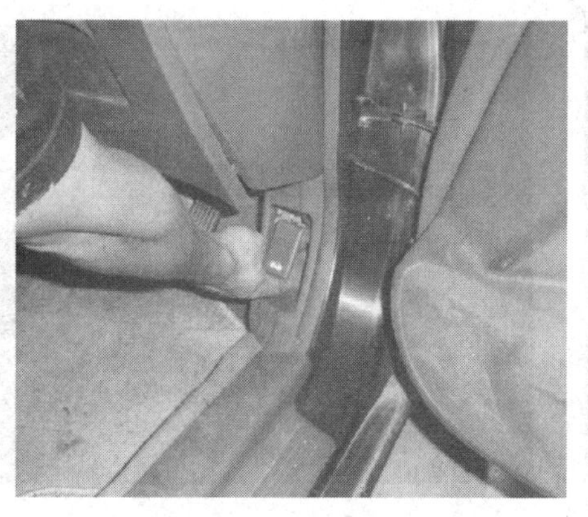

(3)提起发动机罩开启拉手。

(4)提起发动机罩锁扣;掀开发动机罩。

(5)用支杆固定好发动机罩的位置。

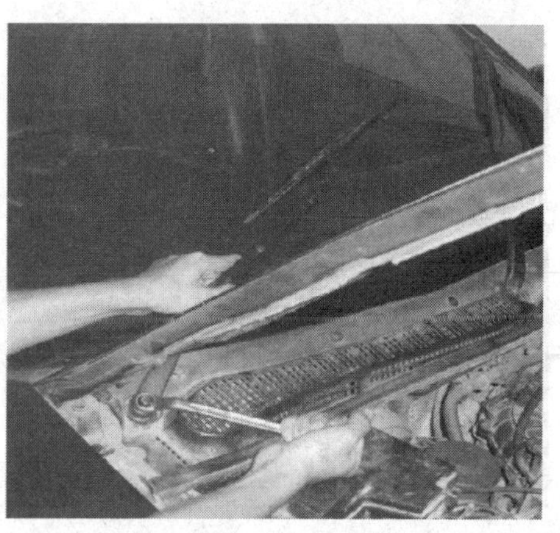

(6)一手按住刮水摆臂,一手用 12 号套筒拧下摆臂固定螺钉。

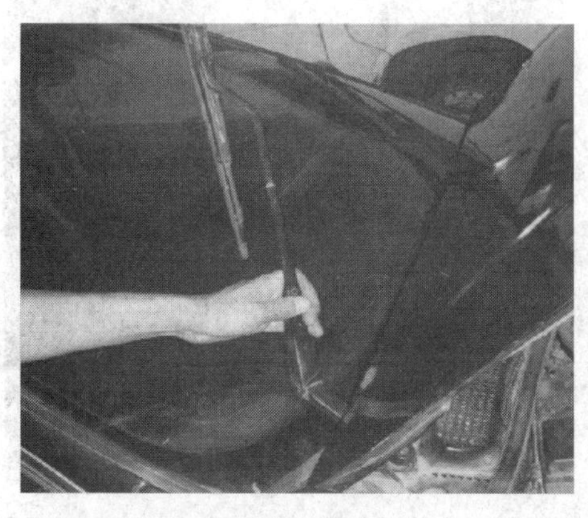

(7)将摆臂上折弯曲后再上提将摆臂取下,右图为取下刮水器臂摆的状态,用相同的方法拆卸另一个摆臂。

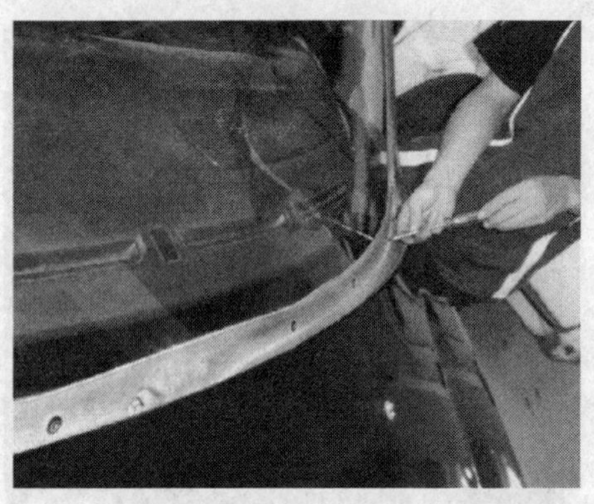

(8)用螺丝刀撬起挡水板塑料卡扣(共4个)。

(9)取下挡水板。

(10)挡水板放置在发动机舱。

(11)用19号套筒拧下熔断器盒固定螺丝。

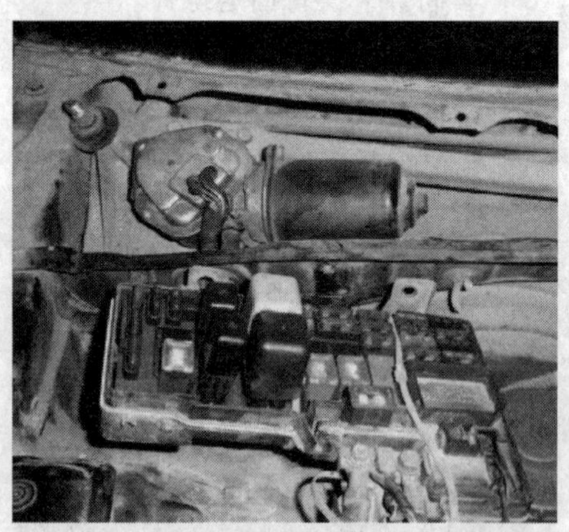

(12)移开熔断器盒。

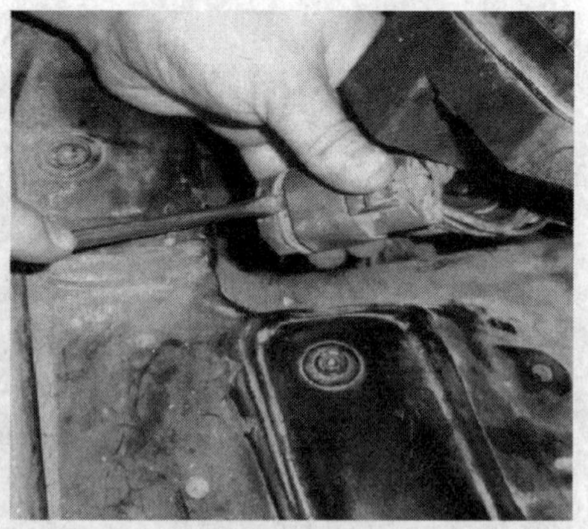

(13)用一字螺丝刀撬开刮水器电动机线束接头。

(14)旋出刮水器联动杆底板固定螺丝(3个螺丝)。

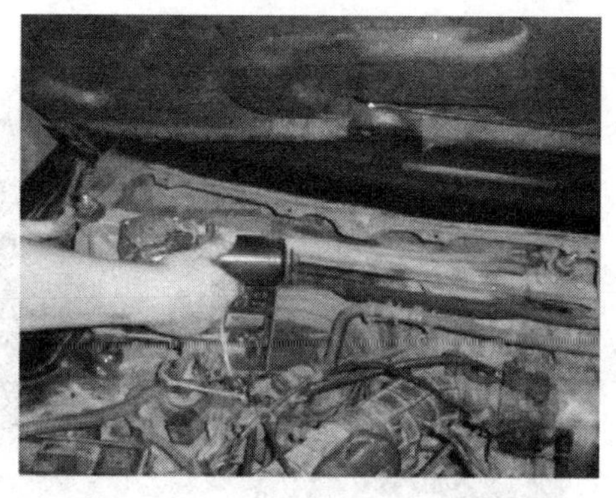

(15)取出刮水器总成。

(16)刮水器所有部件全部拆完。

二)刮水器的清洁保养

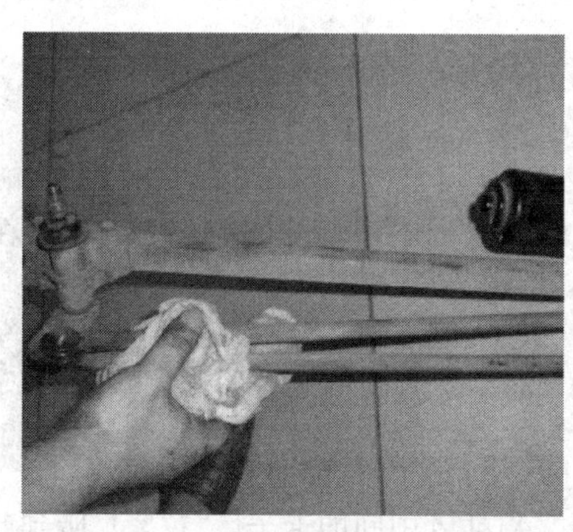

(1)做好刮水器联动杆件的表面清洁工作。

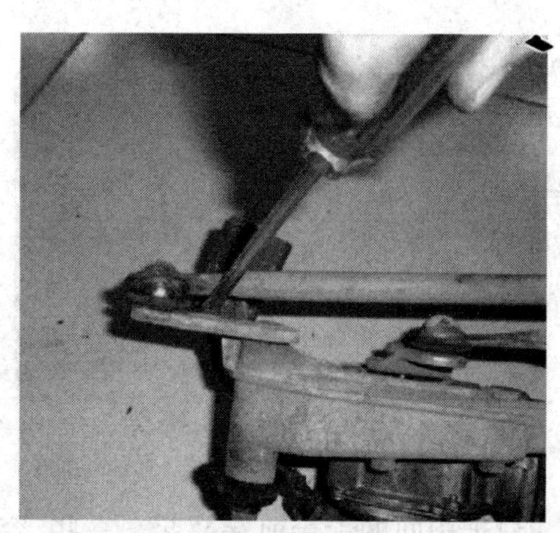

(2)撬开联动杆件铰接头。

(3)在铰接头处涂抹少量润滑脂。

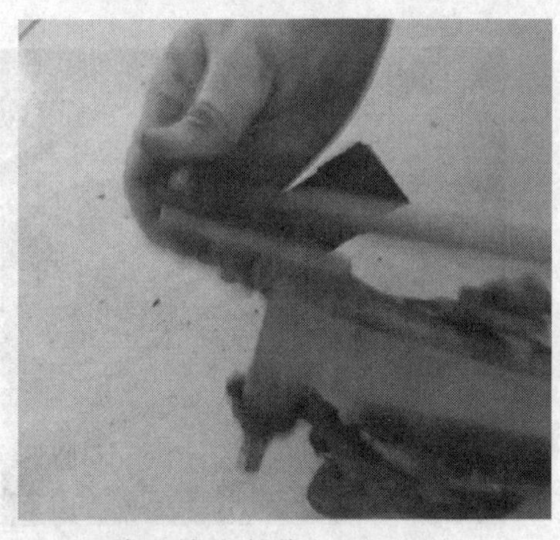

(4)再将铰接头复位。

三)刮水片的拆装

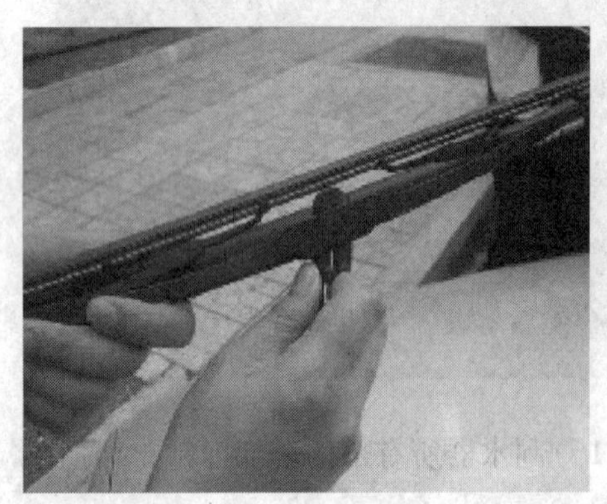

(1)拆雨刷器,要按住下面那个卡子移出。

(2)从一边取下原车的雨刷器,但千万要小心摇臂弹回来,把前风窗玻璃砸坏。

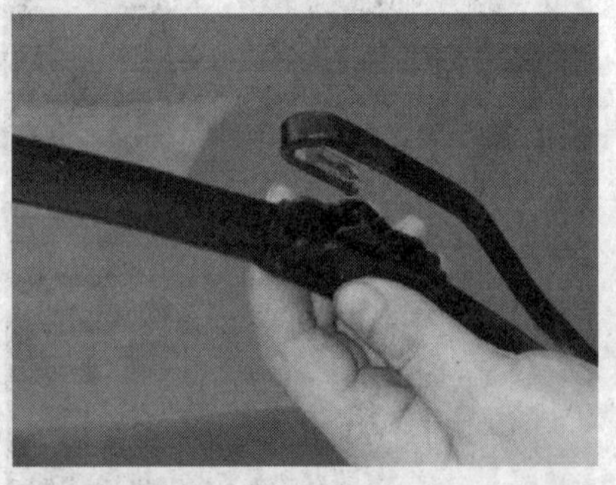

(3)把中间的卡子前端翘起来一些,容易安装。

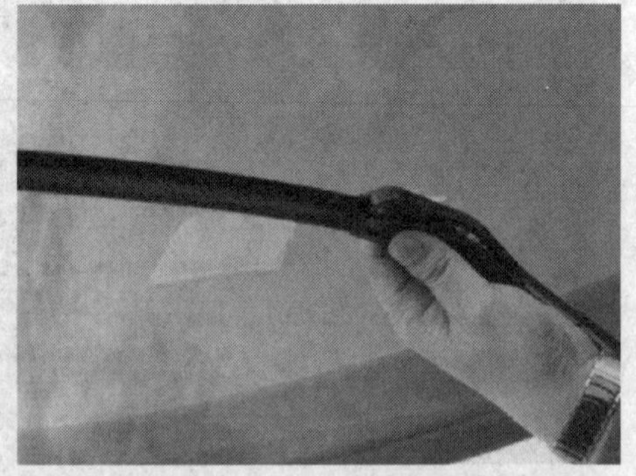

(4)插入中间的卡子后,拉紧!听到咔嗒一声就入位了。

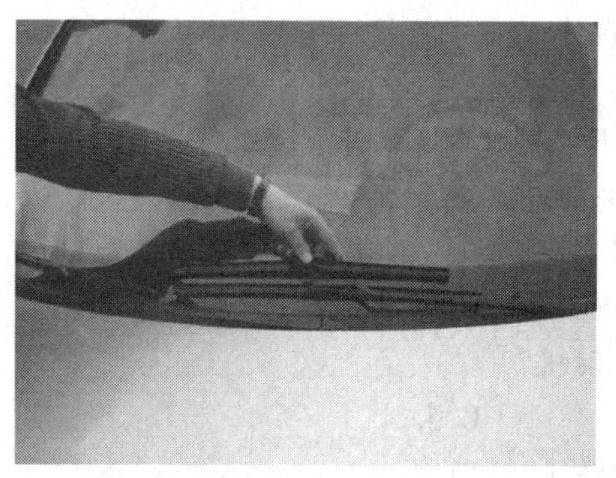

(5)有些车型驾驶席和副驾驶席的雨刷尺寸不同,一般都是驾驶席的长,副驾驶席的短,别装反了,两只相同尺寸就无所谓。

(6)安装副驾驶席雨刷,看好方向。

(7)一样拉紧,听到咔嗒一声。

(8)看看是否装反了!要斜面朝前哦!这样雨刷可以利用气流很轻松的向上刷……

复习思考题

一、选择题

1. 三刷式刮水电动机的高、低速变换是通过改变(　　)来实现的。

A. 电刷在整流子上的位置　　B. 磁场绕组的连接方式

C. 正负电刷之间串联的有效圈数

2. 后风窗玻璃除霜器的电阻随着温度升高,其电阻值将(　　)。

A. 升高　　B. 不变　　C. 降低

3. 乘用车冷凝器一般安装在(　　)。

A. 冷却水箱前面　　B. 冷却水箱后面　　C. 车厢里

4. 关于电动车窗的控制，(　　)说法是错误的。

A. 系统一般装有一套控制开关

B. 系统一般装有两套控制开关，主(总)开关可控制每个车窗的升降

C. 在主开关上有断路开关，可切断分开关的电路

5. 电动刮水器的间歇功能主要靠(　　)来实现。

A. 刮水器开关　　B. 间歇控制器　　C. 间歇执行器

6. 带伸缩功能的后视镜内部有(　　)个电动机?

A. 2　　B. 3　　C. 4

7. 在电动座椅中，一般一个电机可完成座椅的(　　)。

A. 2 个方向的调整　　B. 3 个方向的调整　　C. 4 个方向的调整

8. 电动车窗中的电动机一般为(　　)。

A. 单向直流电动机　　B. 双向直流电动机　　C. 永磁双向直流电动机

二、判断题

1. 电动刮水器通常装有自动复位装置，以便在任意时刻关闭刮水器电路时，刮水片均能自动停在风窗玻璃的上侧。(　　)

2. 当接通洗涤器电动机电流时，电枢绕组便在永久磁铁产生的磁场中受力移动。(　　)

3. 冷冻机油与制冷剂互溶性要好。(　　)

4. 普通的电动后视镜，有两个电动机，操纵后视镜上下及左右转动。(　　)

5. 电动车窗升降器常见的类型有钢丝滚筒式和交叉传动臂式。(　　)

6. 四方向的电动座椅，使用四个电动机工作。(　　)

三、问答题

1. 电动雨刮器的变速方式有哪几种，简述刮水器的工作过程。

2. 简述电动车窗的工作过程。

3. 简述电动后视镜的工作过程。

4. 简述电动座椅的工作过程。

5. 简述中控锁系统的工作过程。

项目九 安全气囊系统

学习任务 安全气囊系统的构造与检修

学习目标

◎ 掌握汽车安全气囊系统的组成、结构与工作原理;

◎ 掌握汽车安全气囊系统的正确使用方法及注意事项;

◎ 了解汽车安全气囊系统的检测方法。

能力要求

◎ 会分析安全气囊系统的电路图;

◎ 能正确诊断安全气囊系统的故障并排除故障。

任务导入

故障现象:一辆2010年产的海马汽车发生了交通事故,车辆前部严重受损,大梁变形,并因该车安全气囊未能打开致使其驾驶人严重受伤。

故障检修:经交通事故认定,该车安全气囊未能打开是由于碰撞传感器线路故障所致。

汽车普遍装有安全气囊,以减轻汽车发生正面碰撞时对驾驶人所造成的伤害。有些汽车在驾驶人副座前的杂物箱上端也装有安全气囊,以保护乘客免受伤害,还有些汽车同时装有侧向安全气囊,在汽车发生侧向碰撞时,以减轻侧向碰撞时对驾乘人员的伤害。试验和实

践证明,汽车装用安全气囊后,汽车发生碰撞事故对驾乘人员的伤害会大大减小。

汽车安全气囊系统(Supplemental Restraint System,简称SRS,代表辅助限制装置)的功用是当汽车遭受碰撞导致减速度急剧变化时,气囊迅速膨胀,在驾驶人、乘员与车内构件之间迅速铺垫一个气垫,利用气囊排气节流的阻尼作用来吸收人体惯性力产生的动能,从而减轻人体遭受的伤害。安全气囊系统是座椅安全带的辅助装置,只有在使用安全带的条件下,该系统才能充分发挥保护驾驶人和乘员的作用。汽车安全气囊系统构造如图9-1所示。

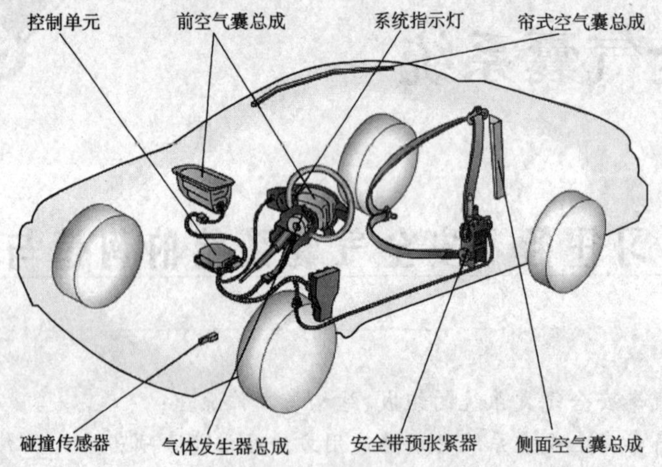

图9-1　汽车安全气囊系统

一 安全气囊的分类

汽车安全气囊系统通常按照传感器类型和保护对象类型进行分类。

1 按传感器类型分类

(1)机械式安全气囊系统。机械式安全气囊系统不需电源,全部零件组装在转向盘装饰盖板下面,检测碰撞动作和引爆点火剂都是利用机械动作来完成的。

(2)电子式安全气囊。电子式安全气囊系统有两种布置方式。早期的电子式传感器安装在汽车的前端部,气囊引爆装置安装在转向盘上,前端的传感器需要引线连接。现在开发出的整体式安全气囊,则将电子式传感器后移,和点火引爆装置作为一个整体安装在转向盘上,可以取消线束,消除了由于线路短路或断路导致气囊失效的可能。

2 按保护对象的不同分类

(1)驾驶人防撞安全气囊。驾驶人防撞安全气囊装在转向盘上,美式安全气囊体积较大

(约 60L),这是按没有座椅安全带设计的。欧式安全气囊按有驾驶人座椅安全带设计的,其体积较小(约 40L)。日系车多采用欧式安全气囊。

(2)乘员防撞安全气囊。由于乘员在车内位置不固定,因此为保护其撞车时免受伤害,设计的安全气囊体积也较大。美式的约 160L 左右,欧式的约 75L 左右。有些车上还配有后排乘员防撞安全气囊,装在前排座椅后面。

(3)侧面防撞安全气囊。侧面防撞安全气囊装在车门上,当汽车遭受侧面碰撞时,防止乘员受到侧面撞击。

二 汽车安全气囊系统组成

1 安全气囊系统控制组件(SRS ECU)

安全气囊系统控制组件是安全气囊系统的控制中心,其功能是接受传感器输入的信号,判断是否起动安全气囊系统,并进行故障自诊断。其组件安装位置如图 9-2 所示,其端子定义如表 9-1 所示。

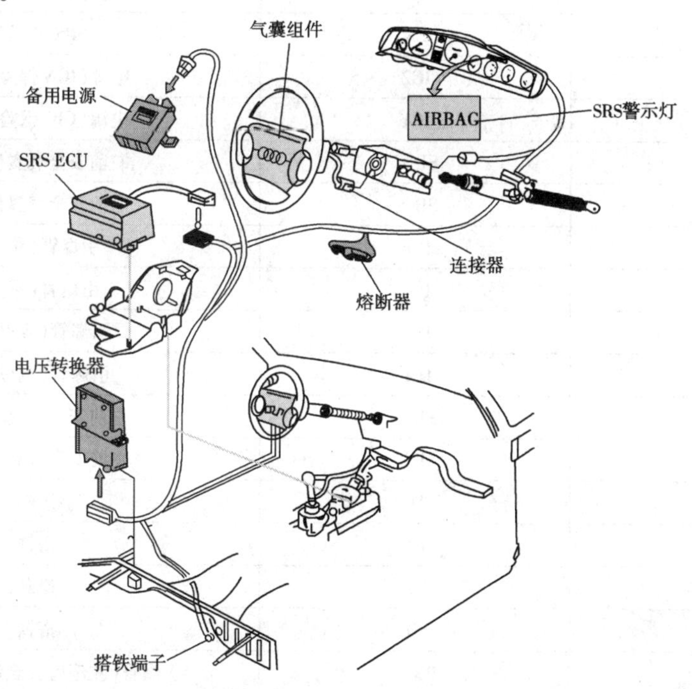

图 9-2 汽车安全气囊系统的组成

2 安全气囊组件(SRS 组件)

安全气囊组件包括充气装置、气囊、外壳等。充气装置和气囊组合为一体安装在转向盘支架上,由气体发生剂、火药、雷管、过滤器和外壳等组成。碰撞发生后,雷管引燃火药,产生高温，使气体发生剂迅速生成大量的气体，经过滤后充入气囊，使气囊瞬间展开。气囊一般由尼龙制成，上面有一些排气孔，充气结束后，排气孔立即排气使气囊变软，这样就能起到缓冲作用，以减轻对驾乘人员的伤害。

ECU　端　子　　表 9-1

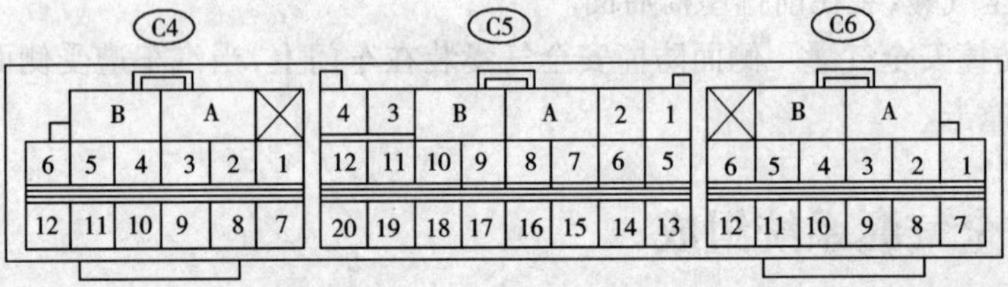

号码	符号	端子名称
A	—	检测电路接头
B	—	检测电路接头
C4-1	PL-	引爆管（左座椅安全带预紧装置）
C4-2	PL+	引爆管（左座椅安全带预紧装置）
C5-2	LA	SRS 警示灯
C5-3	IG2	电源（IGN 保险装置）
C5-4	IG1	电源（CIG 保险装置）
C5-5	SR-	右前安全气囊传感器
C5-6	SR+	右前安全气囊传感器
C5-7	P+	引爆管（乘员）
C5-8	P-	引爆管（乘员）
C5-9	D-	引爆管（驾驶人）
C5-10	D+	引爆管（驾驶人）
C5-11	SL+	左前安全气囊传感器
C5-12	SL-	左前安全气囊传感器
C5-15	TC	诊断
C5-16	E1	搭铁
C5-17	E2	诊断
C5-18	SIL	搭铁
C6-5	PR+	引爆管（左座椅安全带预紧装置）
C6-6	PR-	引爆管（左座椅安全带预紧装置）

3 安全气囊系统指示灯（SRS 警示灯）

SRS 警示灯（图 9-3）位于组合仪表中。当安全气囊传感器总成自诊断系统检测到故障时，SRS 警示灯点亮警告驾驶人，SRS 系统存在故障。在正常操作条件下，当点火开关旋转到 ON 位置时，SRS 警示灯点亮大约 6s，然后熄灭。

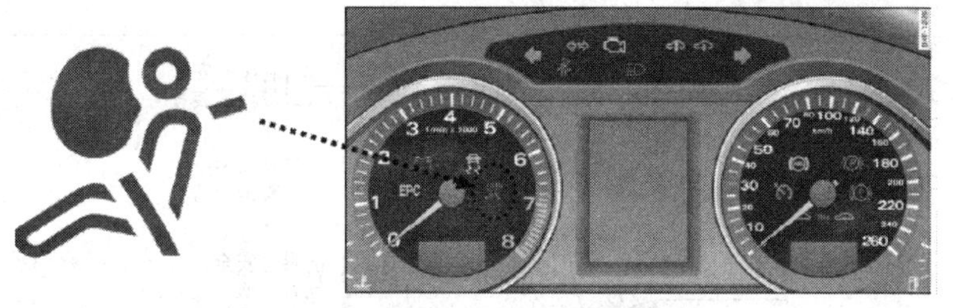

图 9-3 SRS 警示灯

4 安全气囊传感器总成

安全气囊传感器总成(图 9-4)安装仪表板内的地板上。安全气囊传感器总成包括安全气囊传感器、安全传感器、诊断电路、点火控制和驱动电路等。它接受来自安全气囊传感器的信号并判断 SRS 系统是否起动。

5 前安全气囊传感器

前安全气囊传感器(图 9-5)安装在车辆两侧的构件上,前安全气囊传感器单元为机械型,当前安装安全气囊传感器检测到减速超过允许的范围时,前安全气囊传感器内部连接并将信号传输至安全气囊传感器总成。前安全气囊传感器是不可拆卸的。

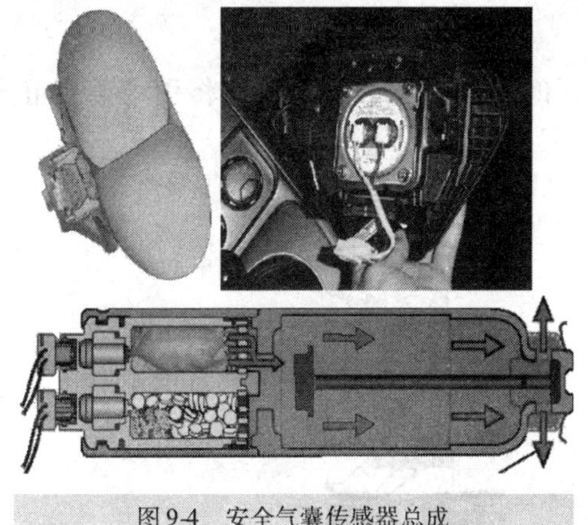

图 9-4 安全气囊传感器总成

图 9-5 前安全气囊传感器

6 SRS 接头

SRS 系统的所有接头都采用黄色,用以区分其他接头。具有特殊功能和特定设计的 SRS 系统接头具有高可靠性,这些接头使用耐用的镀金端子。SRS 接头有三种形式:端子双锁机构、安全气囊防止激活机构和电子连接控制机构,SRS 接头如图 9-6 所示。

1 端子双锁机构

每个接头都有一个由壳体和分隔片组成的两件式机构。这种设计可使端子由两个锁紧装置(分隔片和锁柄)锁定,可防止端子滑出。

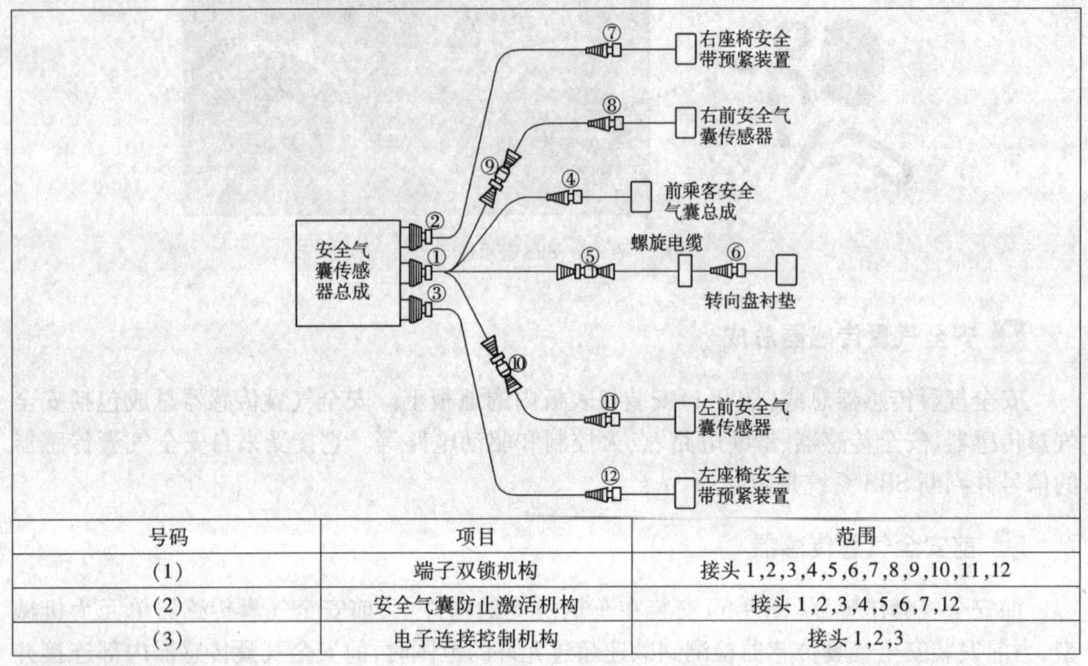

号码	项目	范围
(1)	端子双锁机构	接头1,2,3,4,5,6,7,8,9,10,11,12
(2)	安全气囊防止激活机构	接头1,2,3,4,5,6,7,12
(3)	电子连接控制机构	接头1,2,3

图9-6　SRS接头

2 安全气囊防止激活机构

每一个接头都有一个短路簧片。当接头脱开时,短路簧片就自动地将引爆管的正极(+)和负极(-)接通,如图9-7所示。

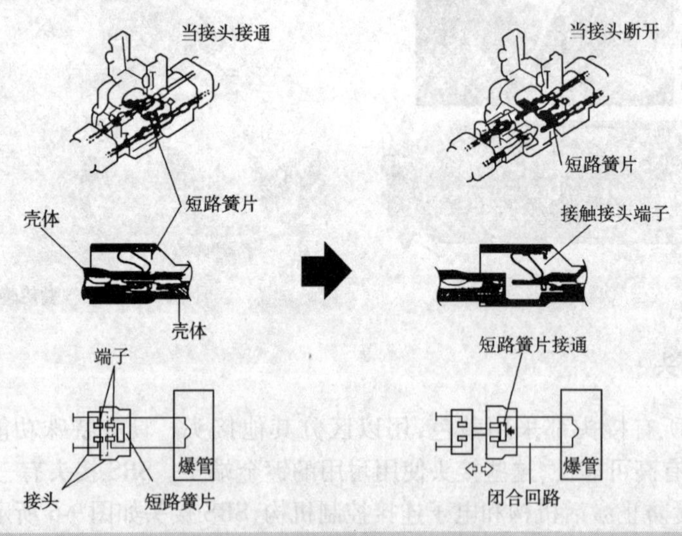

图9-7　安全气囊防止激活机构

3 电子连接检查机构

该机构是用来检查接头连接得是否正确和牢固的。电子连接检查机构能在接头的锁紧

机构处于锁定状态时,使其检查用引脚能与诊断端子相接触,如图 9-8 所示。

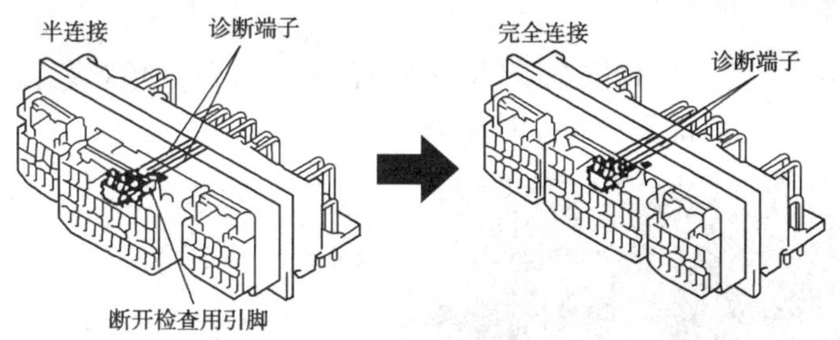

图 9-8　电子连接检查机构图

7 螺线型电缆

螺线型电缆(图 9-9)用来作为车身到转向盘的电路连接。

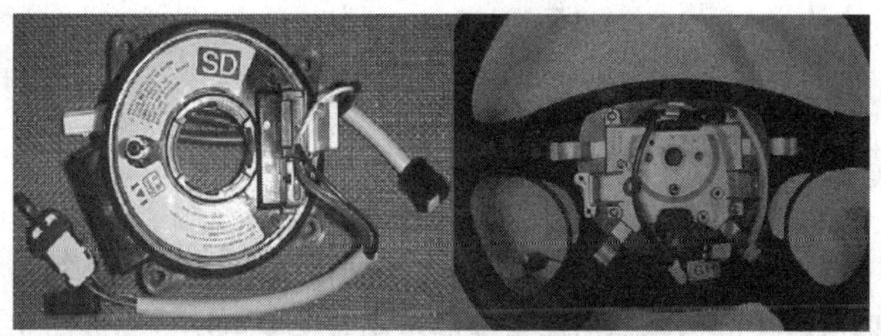

图 9-9　螺线型电缆

8 转向盘衬垫(装有安全气囊)

SRS 的充气机和安全气囊安装在转向盘中(图 9-10),不能拆卸。充气机包括引引爆管、点火、气体发生器等,当安全气囊传感器总成发出信号时,对安全气囊进行充气。

9 前排乘客安全气囊总成

前排乘客安全气囊总成(选装件),如图 9-11 所示。

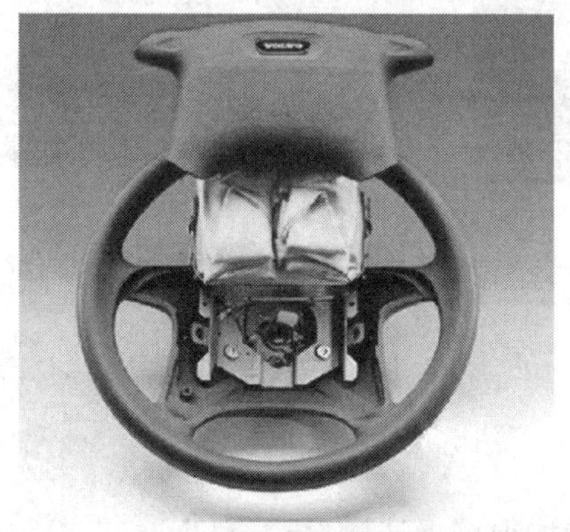

图 9-10　装有安全气囊的转向盘

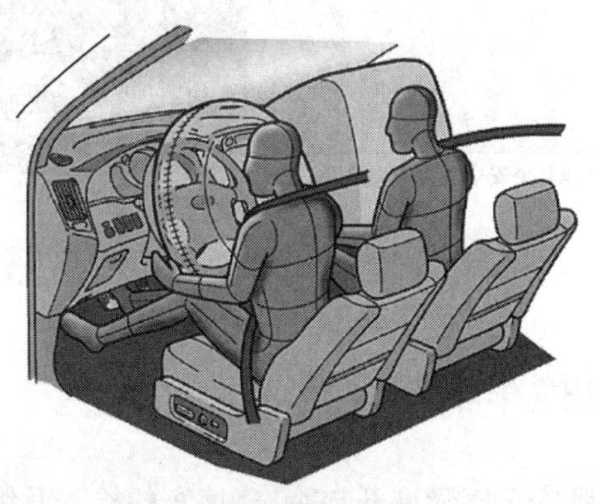

图 9-11　前排乘客安全气囊总成

10 座椅安全带预紧装置

座椅安全带预紧装置是座椅安全带(图 9-12)的一个部件。预紧装置包括引爆管、气体发生器、线束、活塞等,在前部发生碰撞时起动。

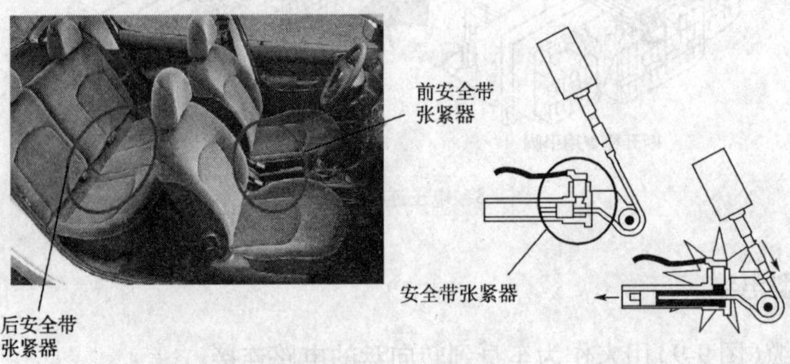

图 9-12　座椅安全带预紧装置

三 安全气囊系统的工作过程

当车辆受到了正面冲撞,所产生的冲击力大于预定设定的水平时,SRS 系统就会自动地起动。安全传感器比减速度传感器所能承受的更小减速率更小。当安全传感器和减速度传感器同时工作时,才能使电流流到引爆管,从而引起点火,如图 9-13 所示。

当冲击力作用在传感器上时,驾驶人安全气囊和前排乘客安全气囊中的 2 个引爆管点燃并产生气体。气体充进驾驶人空气气安全气囊和前排乘客安全气囊并快速地增加安全气囊的压力,安全气囊冲破转向盘衬垫和仪表板。安全气囊充气结束后,气体通过安全气囊后面或侧面的排气孔排出,于是安全气囊瘪下来,以最大限度地减少对乘员的伤害。

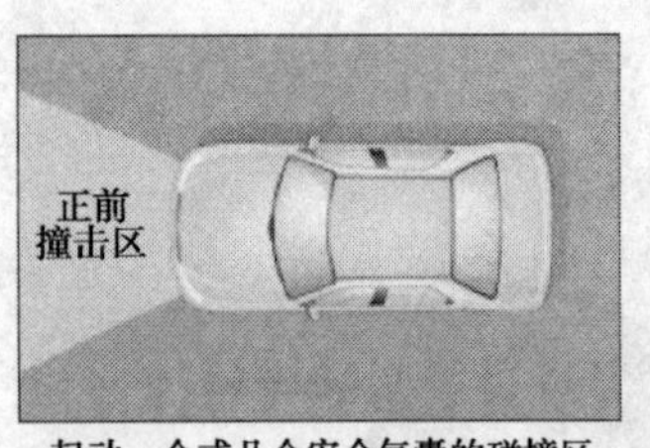

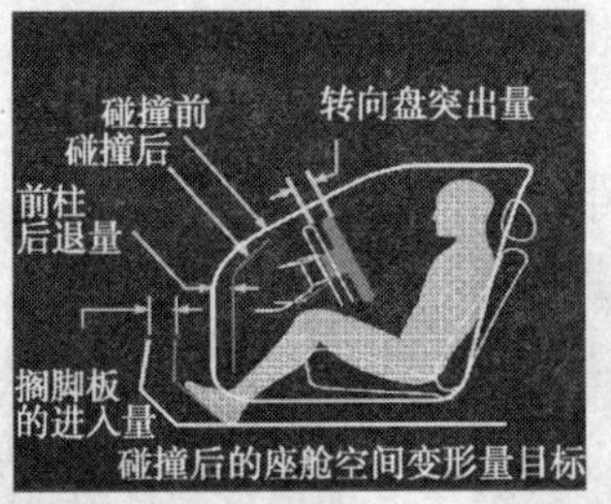

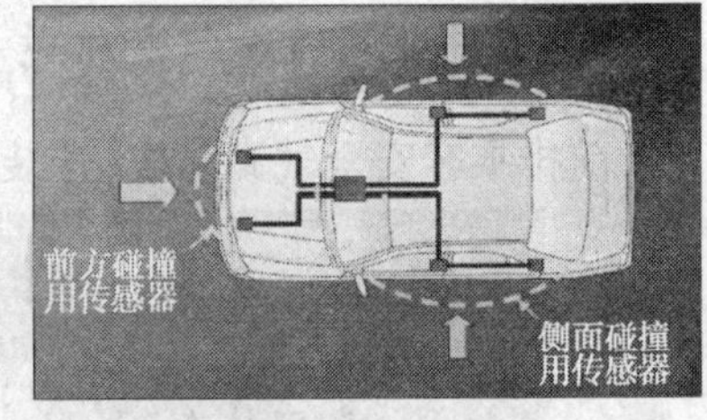

图 9-13　汽车安全气囊的起动

四 碰撞车辆的诊断

不管安全气囊展开与否,碰撞车的检查及维护均须按下述顺序进行。

1 检查 SRS-ECU 的存储信号

(1)连接 MUT-II 诊断接头。

(2)使用 MUT-II 将诊断线路号码全部读出。

因冲击导致蓄电池电源不足时,MUT-II 与 SRS-ECU 不能通讯,此时应检查与维护仪表板线束。

(3)用 MUT-II 读出故障持续时间、存储信号消除次数。

①最长记忆时间:9999min(约 7 天)。

②最多存储信号消除次数:250 次。

(4)消除诊断线路的存储信号,待 45s 以上再度读出诊断线路号码。

但是,当安全气囊展开时,如果 SRS-ECU 不良,不应消除诊断线路的存储信号。

2 修理顺序

(1)当安全气囊、安全带预张紧机构展开时。

①更换下述零部件。

a. SRS-ECU;

b. 乘员侧安全气囊模块;

c. 有预张紧机构的安全带。

②检查下述零部件,如有异常,更换新件。

a. 时钟弹簧;

b. 转向盘,转向管柱,转向下轴组件。

③驾驶人侧安全气囊模块对于转向盘的安装状态。

a. 检查转向盘是否有异响,动作是否良好及间隙是否正常;

b. 检查线束的接头是否损坏及端子是否变形。

(2)由于低速冲击而使安全气囊展开时。

①检查 SRS 安全气囊部件、有预张紧机构的安全带。

②如果 SRS 安全气囊部件、有预张紧机构的安全带有凹陷、裂纹、变形等,应更换新件。

3 SRS-ECU 的检查

(1)检查 SRS-ECU 壳体及托架是否有凹陷、裂纹、变形等。

(2)检查接头是否损伤及端子是否变形。

(3)检查 SRS-ECU 及托架的安装状态。

a. 检查罩盖是否有凹陷、裂纹、变形等;

b. 检查接头是否损坏、端子是否变形、线束是否“咬人”;

c. 检查气体发生器壳体是否有凹陷、裂纹、变形。

(4)检查安全气囊模块的安装状态。

4 驾驶人侧和乘员侧安全气囊模块的检查

安全气囊模块的检查与安装如图 9-14 所示。

5 时钟弹簧(图 9-15)的检查

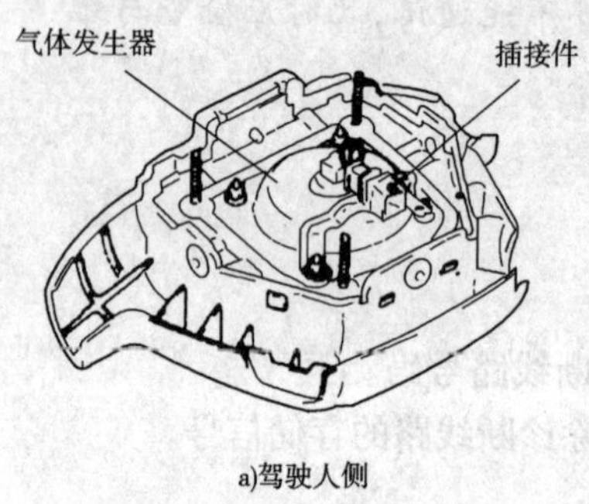

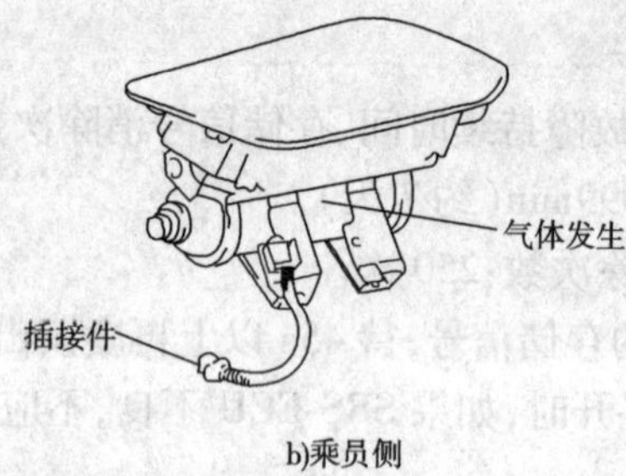

图 9-14　安全气囊模块

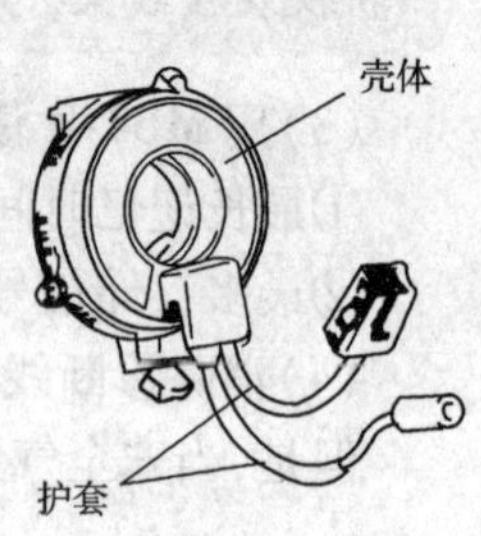

图 9-15　时针弹簧

(1)检查接头、保护管是否损坏,端子是否变形。

(2)检查壳体是否变形。

6 转向盘、转向管柱及下轴组件的检查

(1)检查驾驶人侧安全气囊模块的安装状态。

(2)检查转向盘是否有异响及间隙是否正常。

7 线束接头(仪表板线束)的检查

检查线束是否装靠、接头是否损伤、端子是否变形。

一 任务实施准备

(1)12V 铅酸蓄电池、万用表;

(2)哈飞赛马安全气囊系统、MUT-II 分总成;

(3)SRS 检测线束、SRS 安全气囊转接线束和线束组件(检查线束转接器、LED 线束、LED 线束转接器、探针等)。

二 任务实施步骤

一)安全气囊系统的维护

(1)维护下述零部件时,一定要更换新零部件。

①SRS 安全气囊控制元件(SRS－ECU);

②驾驶人侧安全气囊模块;

③时钟弹簧模块;

④乘员侧安全气囊模块;

⑤装有预张紧机构的安全带。

(2)当安全气囊系统线束出现异常状态时,应更换新件如图 9-16 所示。如果线束有异常情况下,按表 9-2 修正或更换。

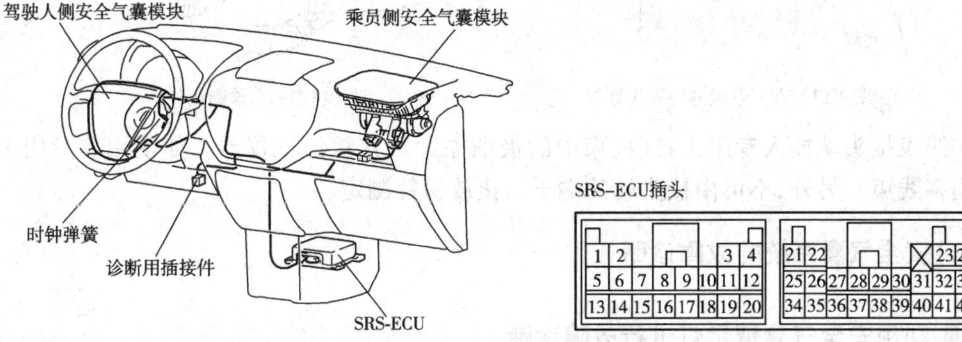

图 9-16 SRS 安全气囊线束位置及接口

SRS 线束处理对照表 表 9-2

SRS－ECU 端子号	线束连接处	处 理
7	仪表板线束→搭铁线	修理或更换仪表板线束
8	仪表板线束→安全气囊警示灯	
9、10	仪表板线束→乘员侧安全气囊模块	
11、12	仪表板线束→时钟弹簧→驾驶人侧安全气囊模块	更换时钟弹簧、修理或更换仪表板线束
13	仪表板线束→连接块(熔断器)	修理或更换仪表板线束
16	仪表板线束→连接块(熔断器)	
20	仪表板线束→诊断接头	
29、30	地板线束(RH)→驾驶人侧安全带预张紧装置	修理或更换地板线束
27、28	地板线束(LH)→乘员侧安全带预张紧装置	

(3)维护操作时应将蓄电池的负极连接拆掉后,等待 60s 之后进行,另外,拆下的负极用绝缘胶带缠好,如图 9-17 所示。

SRS-ECU 内的电容器,在蓄电池断开之后,为使在一定要时间内让安全气囊展开,要保

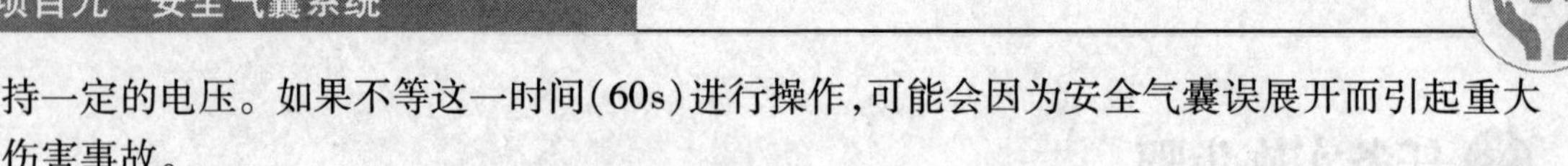

持一定的电压。如果不等这一时间(60s)进行操作,可能会因为安全气囊误展开而引起重大伤害事故。

(4)在喷漆操作时,因过热可能造成影响时,应把 SRS-ECU、安全气囊模块、时钟弹簧、有预张紧机构的安全带等部件取下来放好。

①SRS-ECU、安全气囊模块、时钟弹簧:93℃以上时。

②有预张紧机构的安全带:90℃以上时。

(5)当 SRS 安全气囊维修完之后,一定要将诊断信号消去,确认 SRS 警示灯是否良好。

(6)在检查 SRS-ECU 线束接头时,按以下要领进行,如图 9-18 所示。

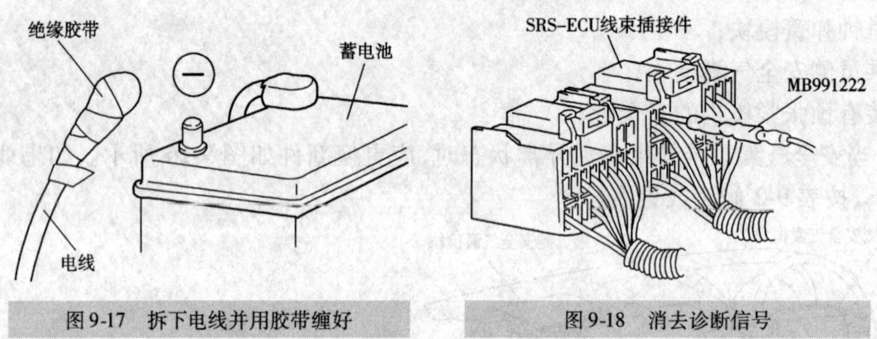

图 9-17 拆下电线并用胶带缠好

图 9-18 消去诊断信号

在线束接头端插入专用工具(线束中的极细探针),连接测试仪器。如使用非专用工具可能损害线束。另外,不可由接头端的端子直接放探针测定。

二)安全气囊系统的故障诊断

1 利用安全气囊警示灯进行故障诊断

如果警示灯一直亮着,表明系统存在故障,警示灯在如下情况下将被点亮:

(1)当点火开关拧到接通位置时(系统线路检查和自检)。如果检测到当前或历史故障诊断码,警示灯点亮。

(2)当传感和诊断模块与组合仪表失去通信。

(3)当组合仪表未针对车辆配置进行设置。

(4)当传感和诊断模块在点火循环期间检测到当前故障诊断码。当蓄电池电压低于 8 V 或高于 21.2 V 时。

(5)当传感和诊断模块中的储备能量被启用(蓄电池电压低于 7.5 V 时)。

(6)当预紧器或安全气囊总成已展开。

(7)当传感和诊断模块未接收到车身控制模块(BCM)的轮询。

(8)当传感和诊断模块(SDM)和组合仪表失去通信。

2 检查

SRS 主要部件在车上的布置位置如图 9-19 所示。

(1)先拆去气囊导线连接器,并将安全气囊侧导线连接器的端子短接;

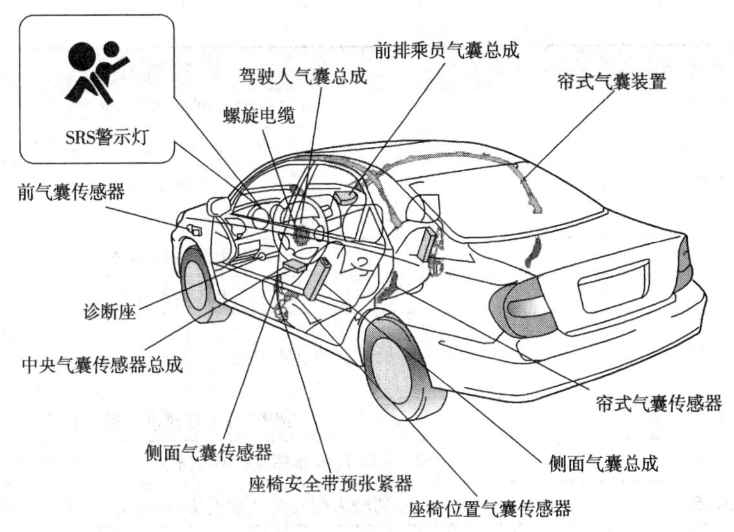

图 9-19 SRS 主要部件在车上的布置位置

(2)用万用表检查碰撞传感器线路是否断路或短路;

(3)用万用表检查碰撞传感器的阻值,碰撞传感器的阻值应符合车型技术要求,否则应更换碰撞传感器;

(4)检查碰撞传感器的安装情况,并加以紧固;

(5)检查 SRS 的线束和连接器的连接状况,如发现异常,应检修或更换;

(6)清除故障代码,然后再重复进行点火开关的"开/关"操作,检查故障代码,若输出正常代码,则进一步进行电气检查;若输出故障代码,则根据故障代码确定下一步作业项目。

3 诊断机能

(1)诊断线路信号的读出方法。

将 MUT-II 接入 16 号诊断接头。

(2)诊断线路信号的消除方法。

将 MUT-II 接入 16 号诊断接头,消除诊断线路信号。

4 诊断线路号码分类(表 9-3)

诊断线路号码分类表 表 9-3

线路号码	诊断项目
14	SRS-ECU 内前冲突用模拟 G 传感器系统
15、16	SRS-ECU 内前冲突用安全 G 传感器系统
21※2、22※2、61、62	驾驶人侧安全气囊模块(爆管)系统
24※2、25※2、64、65	乘员侧安全气囊模块(爆管)系统
26※2、27※2、66、67	驾驶人侧安全带预张紧(爆管)系统

续上表

<table>
<tr><th>线路号码</th><th colspan="2">诊断项目</th></tr>
<tr><td>26[※2]、27[※2]、66、67</td><td colspan="2">乘员侧安全带预张紧(爆管)系统</td></tr>
<tr><td>31、32</td><td colspan="2">SRS－ECU 内 DC－DC 换流器系统</td></tr>
<tr><td>34[※1]</td><td colspan="2">接头锁紧系统</td></tr>
<tr><td>35</td><td colspan="2">SRS－ECU 系统</td></tr>
<tr><td>41[※1]</td><td colspan="2">电源电路系统</td></tr>
<tr><td>42[※1]</td><td colspan="2">电源电路系统</td></tr>
<tr><td rowspan="2">43[※1]</td><td rowspan="2">SRS 警示灯驱动电路系统</td><td>不亮</td></tr>
<tr><td>不熄灭</td></tr>
<tr><td>44[※1]</td><td colspan="2">SRS 警示灯驱动电路系统</td></tr>
<tr><td>45</td><td colspan="2">SRS－ECU 内非挥发性存储器等(EFPOM)等内部电路系统</td></tr>
<tr><td>51、52</td><td colspan="2">驾驶人侧安全气囊模块(爆管)点火驱动电路系统</td></tr>
<tr><td>54、55</td><td colspan="2">乘员侧安全气囊模块(爆管)点火驱动电路系统</td></tr>
<tr><td>56、57</td><td colspan="2">驾驶人侧安全带预张紧机构(爆管)点火驱动电路系统</td></tr>
<tr><td>58、59</td><td colspan="2">乘员侧安全带预张紧机构(爆管)点火驱动电路系统</td></tr>
</table>

注:(1)标记[※1]的诊断线路,恢复正常时自动消除诊断线路,警示灯熄灯。

(2)标记[※2]的诊断线路,恢复正常时,保持着诊断线路的记忆,在此状态下 SRS 警示灯熄灭。

(3)当诊断线路号码 41 和号码 42 同时输出时,因考虑蓄电池电压低的问题,在开始排故前,要检查蓄电池。

爆管电路的接头,内藏短路棒(接头未连接时,使爆管电路的(＋)端和(－)端短路、防止因静电等造成错误展开,因接头不良使短路棒接通时,故障现象也可能不被消除)。

5 线路诊断示例

(1)MUT-II 线路诊断(图 9-20)

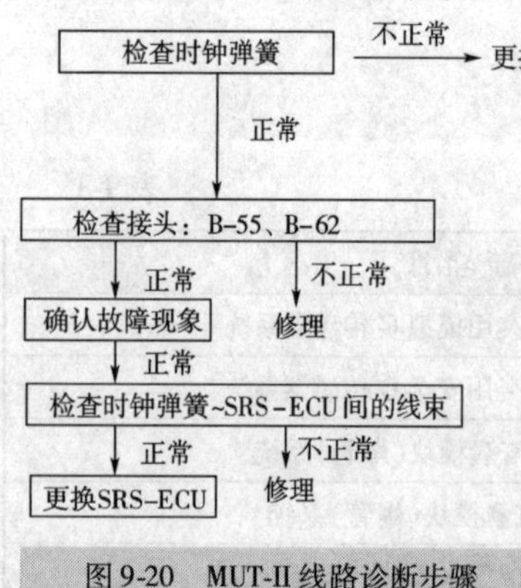

图 9-20　MUT-II 线路诊断步骤

接通 B-55 时钟弹簧端子 1 接头和线束侧接头(2 插头),从时钟弹簧的端子 2 接头背后插入极细探针(MB991222)接通检查线束。注意不要从接头正面向端子直接插入探针等。卸下 SRS 检查线束(MB991606 或 MB991613)的电阻接头,接通检查线束。之后,接通蓄电池的负极,消除诊断线路的存储信号,查看号码 21、22、61、62 是否输出,不输出需更换驾驶人侧安全气囊模块(爆管)。

(2)号码 34 接头锁定系统故障诊断(图 9-21)

在 SRS－ECU 接头连接不良时,被输出。但是,恢复正常时,号码 34 自动消除,SRS 警示灯熄灭。故障原因多为接头不良或 SRS－ECU 不良。

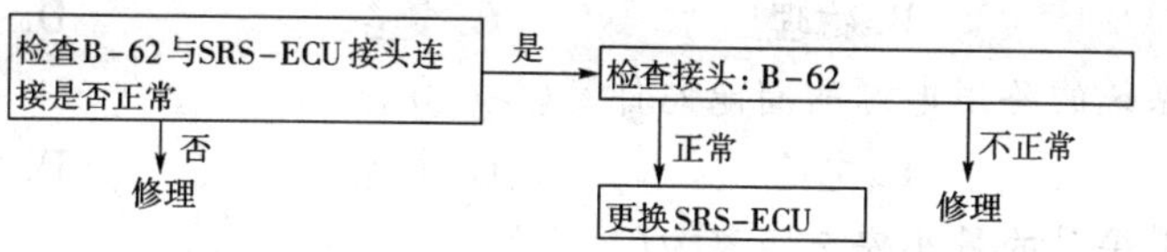

图 9-21　号码 34 接头锁定系统故障诊断步骤

(3)号码 41、42 电源电路系统故障诊断(图 9-22)。

号码 41 是在 1G 端子(SRS－ECU、号码 16 端子)和地线间电压在 5s 间连续比规定值低时,被输出。号码 42 是在 1G 端子(SRS－ECU、号码 13 端子)和地线间电压连续 5s 间比规定值低时,被输出。但是,在恢复正常时,号码 41 或 42 自动消除,SRS 警示灯熄灭。故障原因主要为线束、接头不良以及 SRS-ECU 不良等。另外,在号码 41 和 42 同时被输出时,考虑蓄电池电压低,先检查蓄电池。

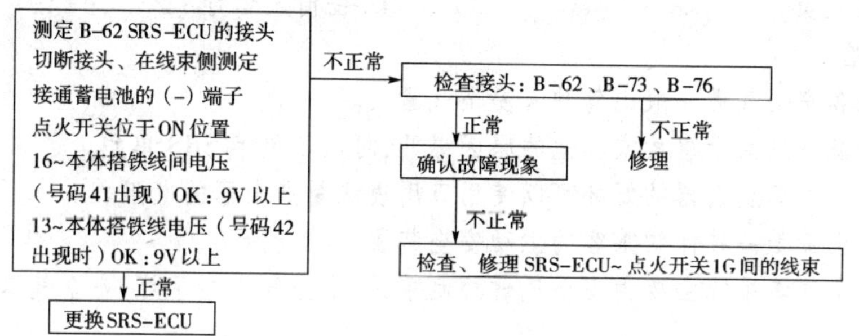

图 9-22　号码 41、42 接头锁定系统故障诊断步骤

复习思考题

一、选择题

1. 安全气囊系统前碰撞传感器的有效作用范围是汽车正前方 ±(　　)。
   A. 25°　　B. 35°　　C. 30°　　D. 40°
2. 侧面安全气囊系统在(　　)情况下会膨胀打开?
   A. 轻微的侧面碰撞　　B. 侧面碰撞　　C. 追尾
3. 对安全气囊系统的任何作业必须等拆下蓄电池搭铁线(　　)s 以上方可进行。
   A. 25　　B. 50　　C. 30　　D. 15
4. 安全气囊系统的线束为了与其他线束区别一般做成(　　)。
   A. 红色　　B. 黄色　　C. 蓝色　　D. 绿色
5. 安全传感器也叫保险传感器,安装有安全气囊 ECU 的内部,通常有(　　)。
   A. 一个　　B. 二个　　C. 三个　　D. 四个

6. 安全气囊系统的气体发生器是利用(　　)反应产生氮气充入气囊。

A. 化学　　B. 物理　　C. 复合　　D. 热效

7. 安全气囊系统的备用电源的储能元件是(　　)。

A. 电容　　B. 电感　　C. 电池　　D. 电阻

8. 安全气囊引爆时的最小安全距离为(　　)。

A. 2m　　B. 5m　　C. 10m　　D. 15m

9. 汽车碰撞后,安全气囊系统的整个工作时间大约需要(　　)。

A. 10s　　B. 1s　　C. 100ms　　D. 10ms

10. 打开点火开关,安全气囊系统进行自检,如果(　　)后警示灯仍然亮,即为安全气囊系统故障。

A. 2s　　B. 4s　　C. 6s　　D. 10s

11. 安全气囊系统的安装与检修应由(　　)来完成。

A. 汽车维修人员　　B. 汽车电气设备维修人员

C. 专业人员　　D. 任何人均可

二、判断题

1. 前排乘客安全气囊一般比驾驶人安全气囊大。(　　)
2. 安全气囊一旦由于事故或其他的原因爆开,可以不更换 SRS 单元。(　　)
3. 为了检测气囊点火器的好坏可以使用万用表测量点火器的电阻。(　　)
4. 汽车安全带是一种保护乘客的主动安全装置。(　　)
5. 汽车安全气囊系统主要由安全气囊控制单元、安全气囊指示灯、安全气囊组件组成。(　　)

项目十 音响系统

学习任务 音响系统的构造与检修

学习目标

◎ 掌握汽车音响系统的基本组成；

◎ 了解收音机的基本结构及工作原理；

◎ 了解磁带和 CD 播放器的基本结构及工作原理。

能力要求

◎ 能熟练操作汽车音响系统；

◎ 能对收音机进行简单的维护和故障排除；

◎ 能对磁带和 CD 播放器进行简单的维护和故障排除。

任务导入

故障现象：一辆华晨骏捷汽车装有单碟 CD 播放器音响系统，在进行面板操作时，始终无声。

故障检修：首先，检查主机的 FADER 是不是在正确的位置，再检查前级信号连接是否正确，然后拔下主机端的 RCA 信号线，用手去摸 RCA 信号头听听有没有声音，如果有，则问题出在主机；如果没有，即是后段的问题。随后再使用万用电表测量信号线正负之间有无短路，信号线有无断路(两端之间)以及扩大机的功能设定是否正确。

学习指引

目前我国汽车保有量大，车上使用的音响系统也是五花八门。汽车音响系统的种类繁多和形式各异给维修工作带来了不小的麻烦，许多维修人员被不同车型音响系统出现的不同故障所难住，甚至有无从下手的感觉。通过本学习任务的学习，就能掌握音响系统的相关知识，相关难题也会迎刃而解。

相关知识

汽车音响系统主要由收音机、功率放大器、扬声器等组成。随着数字技术的发展，新车型通常都装有 CD 播放器和 MP3 播放器等。

1 汽车音响系统的分类

从市场销售渠道上来分，汽车音响系统可以分为前装市场音响系统和后装市场音响系统。

1 前装市场(图 10-1)

汽车音响系统生产厂家直接给汽车生产厂家配套生产，不在市面上销售。不同档次的汽车选择不同档次的品牌与之搭配，前装市场音响系统品种单一，功能和音质都有一定的限制，但性能稳定可靠。因为给汽车制造厂家配套的音响系统，从安全角度考虑一般都比较严格要求，其中的每个功能都经过长时间的测试考验才能使用，安装也比较统一和规范，所以在以后出问题的可能性就会比较小了，一般都是比较简单实用的功能。全球比较知名的汽车音响厂商为阿尔派 ALPINE、歌乐 CLARION、飞利浦 PHILIPS、松下 PANASONIC、先锋 PIONEER、宝士通 FUJIS、蓝宝 Blaupunkt 等。

2 后装市场(图 10-2)

图 10-1　先锋 PIONEER 音响系统

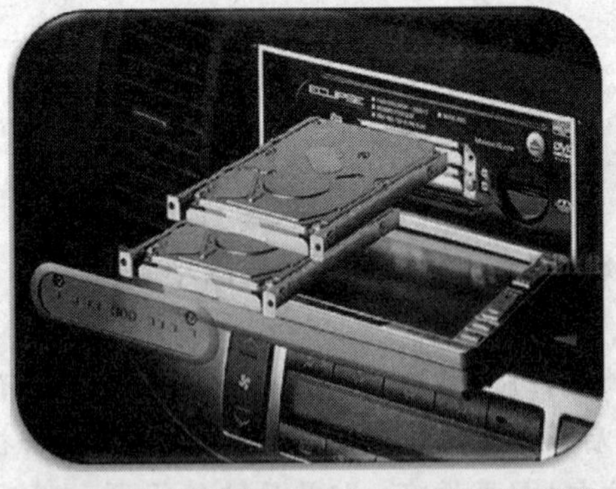

图 10-2　莱福 ROCKFORD 音响系统

现在市场上销售的各种汽车音响系统，款式功能较多，性价比高，可选择和比较性大，如阿尔派、中道 Nakamichi、先锋、松下、索尼 SONY、健伍 Kenwood、歌乐、JVC、莱福 ROCKFORD、

K 牌等都是现行市场上流行的进口品牌，国产的品牌也有天缘 Freeway、帕斯威 PASSWAY、雄奇 SAGA 等。后装市场的音响系统品种齐全、功能新颖、高中低档都有，能够满足国内用户的需要，但由于是在汽车购买回来后加装或者改装的，每个车主的要求不同，安装的音响系统也就会大不相同，另外由于安装工艺和安装人员的素质因素也会造成音响系统日后的稳定性没有车厂原配的高。还有车厂原配的音响系统都是经过专门设计的线路、安装人员和市场上安装会有所不同，稳定性肯定会比后装市场的好。因此，在市面上，汽车音响系统产品维修较多的以后装市场居多，所以，一般大家谈到汽车音响系统都以后装市场的为主。

2 汽车音响系统的组成

汽车音响系统的组成与家用音响系统差不多，但比较有特色。家用音响系统可以买回一套整机，回家插上电即可工作，但汽车音响系统购买回来的只能是配件，如图 10-3 所示。

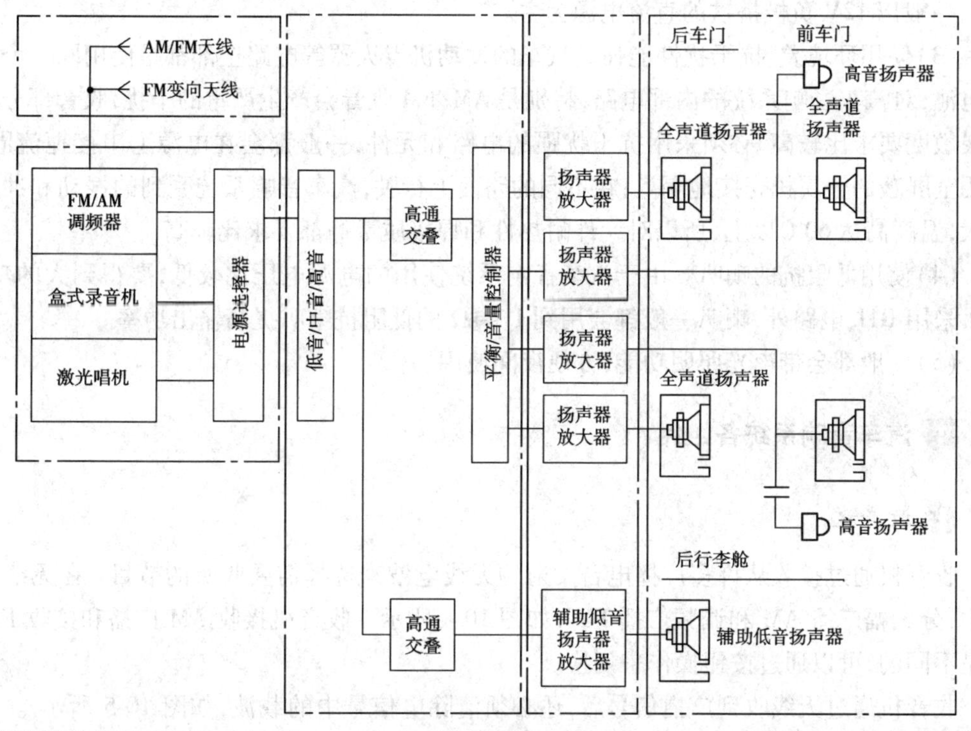

图 10-3 汽车音响系统的组成

(1)主机音源部分：如收音、磁带、CD、MD、VCD、DVD 等带功放的功率一般都会在 50W 以下。

(2)效果处理部分：均衡器、效果器、分音器等。

(3)功放部分：单声道、双声道、四声道、五声道、六声道等功率一般在 50W 以上。

(4) 喇叭：分离式、同轴式、全音域以及超低单元等形式。

(5)低音炮：密封式、平面式、嵌入式、旋转式、带通式、倒相孔式、反相式等。

(6)多碟箱：4 碟、6 碟、8 碟、10 碟、12 碟。

(7)其他配件:RF 控制器、遥控器。

3 汽车音响系统的特点

(1)外形体积受到限制,除特殊车型外,一般都比较统一,都以德国 DIN(Deutch Industrial Norm)为标准,DIN 位指汽车中控台预留给汽车电器用品的标准安装空间,1DIN 指一个标准空间(宽、高固定而深度不限),2DIN 则是 1DIN 的两倍空间。这里位置一般用于音响系统主机、调谐器、LCD 显示屏的安装。欧洲车型按 1DIN 标准规定长 183mm、高 50mm、深 153mm,日本车型多用 2DIN 双层形式尺寸长 180mm、高 100mm、深 153mm。一般的国产乘用车音响面板多为 lDIN 尺寸,2DIN 机主要安装在一些日本和欧美车上。

(2)汽车音响系统的电源都是用低电压蓄电池供电,除部分大型客车等(使用 24V 电源),一般以 12V 负极搭铁的直流电源为主。

(3)使用环境差,抗干扰性能强。汽车的发动机点火器等电路全部都是使用同一个汽车蓄电池,对汽车音响系统的内部电路,特别是 AM/FM 收音会产生严重的干扰,收音部分的接收灵敏度要求比较高,必须采用抗干扰强的电路和元件,一般都会在电源上串接扼流圈,外壳用全屏蔽的金属机壳接地隔离;在不同的路面上行驶,汽车音响系统受到的振动和冲击比较大,温度高达 60℃以上,所以对元件耐热性和焊接质量等都要求比较高。

(4)使用低阻抗的喇叭。由于汽车音响系统使用的电源电压比较低,要得到大的功率,除了采用 BTL 电路外,喇叭一般都会用到 1~4Ω 的低阻抗喇叭提高输出功率。

(5)一般都会带夜光照明功能,方便夜间使用。

4 汽车音响系统各组件

1 收音机

收音机通过接收从许多广播电台发射的无线电波来选择需要收听的节目。在无线电广播中,分调幅广播 AM 和调频广播 FM ,如图 10-4 所示。收音机接收 AM 广播和接收 FM 广播是不同的,可以通过按钮操作来切换。

收音机通过天线收到广播信号后,还必须清除电信号中的载波,如图 10-5 所示 。广播电台发射的音乐和语音的信号与载波进行合成变成调制信号。因此,要把此信号转换成音乐和语音,必须去掉载波,只得到声音信号。

因为收音机收到的无线电信号非常微弱,要由放大器将信号充分放大,这样使喇叭发出声音。放大器可以装在收音机中,也可以单独装,作为立体声音响系统的一个组件。

AM 是调幅的英文缩写,它将载波的波幅按声音信号转换。FM 是调频的英文缩写,它将载波的频率按声音信号的频率转换。将 AM 信号与 FM 信号比较,可以看到有以下区别:与 AM 广播相比, FM 广播有良好的音质和较少的噪音;所有的 FM 广播均是立体声广播,但 AM 广播除某些电台(或节目)外,均是单声道的;AM 广播使用中波, FM 广播使用超高频。AM 广播服务范围大于 FM 广播。

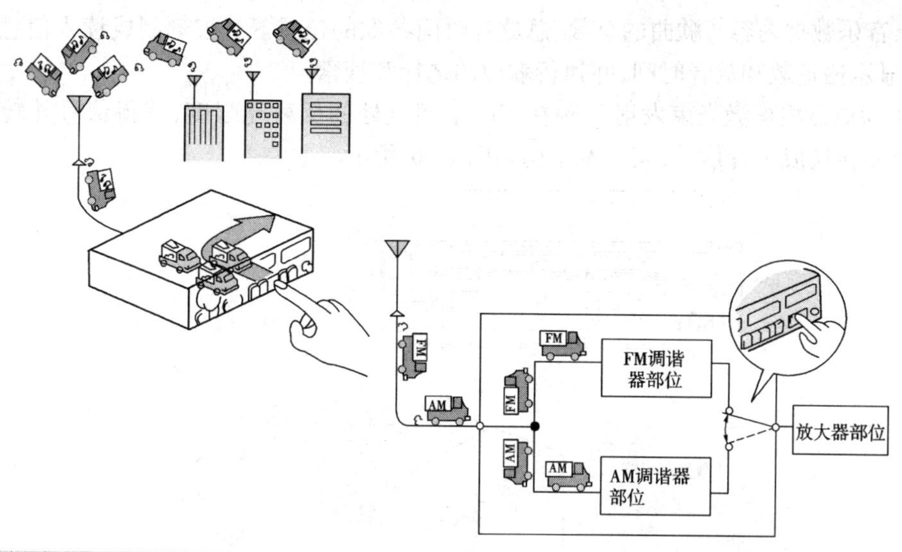

图 10-4　收音机

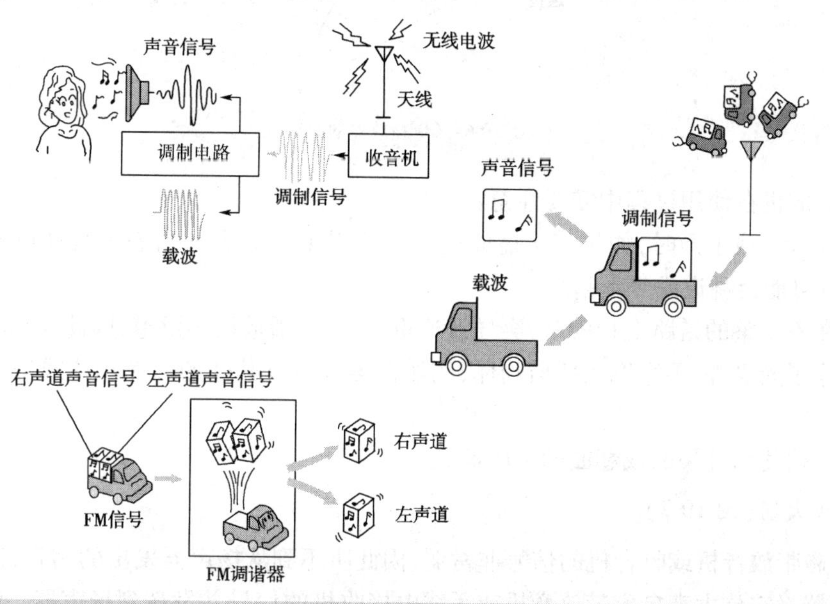

图 10-5　收音机的工作原理

❷ CD 播放器

如今,汽车上开始越来越多地使用 CD 播放机。CD 播放机的核心是 CD 机芯。它将 CD 盘上所刻录的音乐或声音数字信号转变成原来的模拟信号。CD 盘是一只圆盘,其形状为外径 120mm(或 80mm),厚 1.2mm,是一种尺寸紧凑的、由透明板（聚碳酸盐）、铝反射薄膜和保护膜（塑料）三层组成的唱片。

声音信号被刻制成有、无凹点表示的数字信号。这些凹点 为 0.5μm 宽、0.9 ~ 3.3μm 长和 0.11μm 深,并形成从圆盘内部到外面反时针方向盘旋的轨道。在轨道的开始位置(最

里面），音乐数据内容（歌曲的总数、总放音时间各歌的位置等）被刻制成读入信息。依据此信息显示磁道数和放音时间，并执行歌曲的选择和搜索。

CD 播放器根据激光束发射到刻在 CD 上凹点处的反射光强度，获得信号并转为电信号，再以此转换成声音信号，其基本结构如图 10-6 所示。

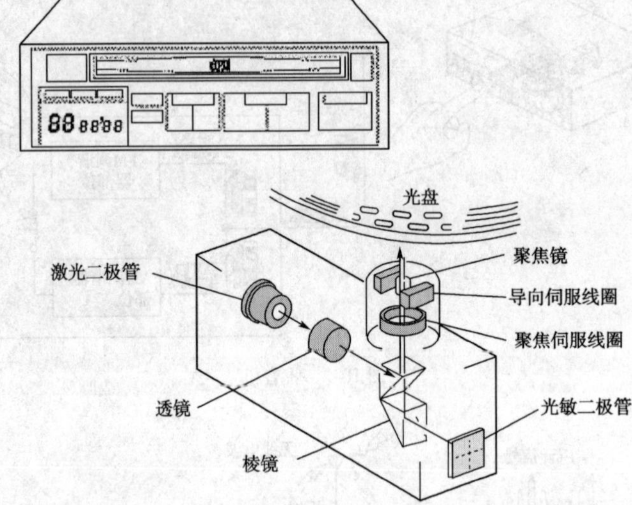

图 10-6　CD 播放器的原理

CD 播放机在使用过程中需要注意：

(1) 当天冷或下雨时，如果 CD 播放机内部结露（有水滴），则需进行通风或除湿。否则，播放机可能会跳道或开不起来。

(2) 在不平整的道路上行驶时，会导致严重的振动，播放机会跳道，因此要小心。

(3) 除了光盘外，不得塞入任何物体，例如将螺丝刀或其他的金属物体或磁铁插入光盘装载槽口。

(4) 不得使用开裂的或翘曲的 CD 盘。

③ 放大器(图 10-7)

来自磁带放音机或收音机的信号非常弱，因此听不到从扬声器发出的声音，这就需要借助于放大器。它放大来自磁带放音机或无线电接收机的信号并发送到扬声器。普通的收音机或磁带放音机内装有放大器，也有很多汽车中的放大器是音响系统中的一个独立组件。

放大器有两种：控制放大器和功率放大器。

(1) 控制放大器。控制放大器是一种控制功率放大器的放大器。控制放大器位于功率放大器之前，在收音机和磁带放音机之间切换输入信号，并控制音量、平衡和音调等。通常音调控制由低音和高音的双音控制组成。在这种情况下，低音和高音的强度可以分别控制。

(2) 功率放大器。功率放大器以固定比率放大来自控制放大器的信号并使喇叭发出声音。因此，如果来自控制放大器的信号弱，喇叭的声音就低；来自控制放大器的信号强，喇叭的声音就高。

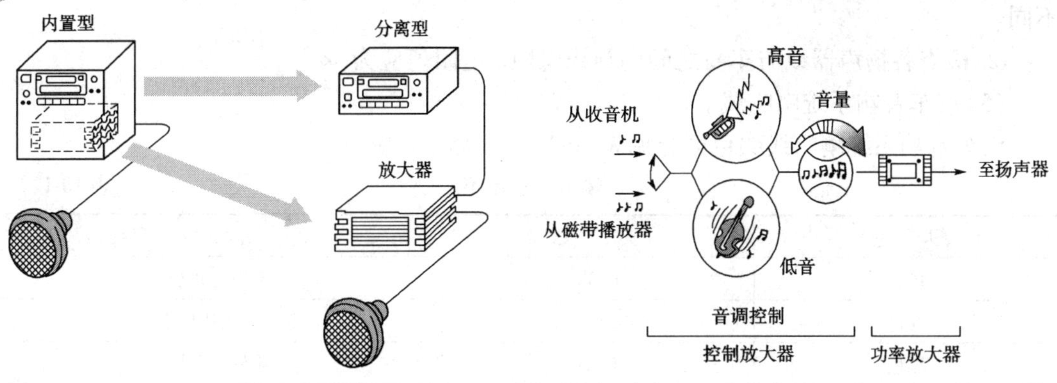

图 10-7　放大器

(3)放大器的输出功率。输出功率表示放大器使喇叭发出多高的声音,使用的单位是W(瓦)。数字越大,放大器可以发出的声音越响。就汽车音响系统而言,用户听的时候,需用功率只是几瓦特,但是一般都使用 20～30W 的放大器。这是因为使用大的输出功率可以产生轻松和舒适的声音。

❹ 扬声器

扬声器将放大器放大的信号转变成声音。扬声器系统包括低音扬声器、中音扬声器和高频扬声器以及全频率扬声器。另外,有双分频和三分频扬声器:前者将放音频率分成两个范围,中低频和高频,并用一只音箱的低音喇叭和高音喇叭发声;后者将频率分离成低、中、和高频范围,使用三只扬声器放音。

(1)扬声器的结构和原理。磁铁产生的磁力作用到板极和中心柱极,在极之间集中有一圆柱形缝隙。另一方面,有一动圈可以在缝隙中上下自由地移动。动圈与振动膜板(纸盆)相连。当动圈流过放大后信号(电流)时,动圈按照电流上下振动,导致纸盆的运动并且发出声音。

(2)扬声器的阻抗。指扬声器对于输入信号的阻抗值,是从输入端一侧看的值。它在低频范围中的某点有最大值,额定阻抗一般为 4 Ω 和 8 Ω 并且必须与放大器的输出阻抗匹配。

(3)最大容许输入。最大容许输入指不会使扬声器破坏的最大瞬时输出极限的指标,单位是 W(瓦)。瓦数越大,装置可以承受的电流越大。如果容许的最大输入值太小,扬声器容易损坏。

(4)扬声器检查。从无线电接收机或放大器拆开扬声器线并检查,如图 10-8 所示。

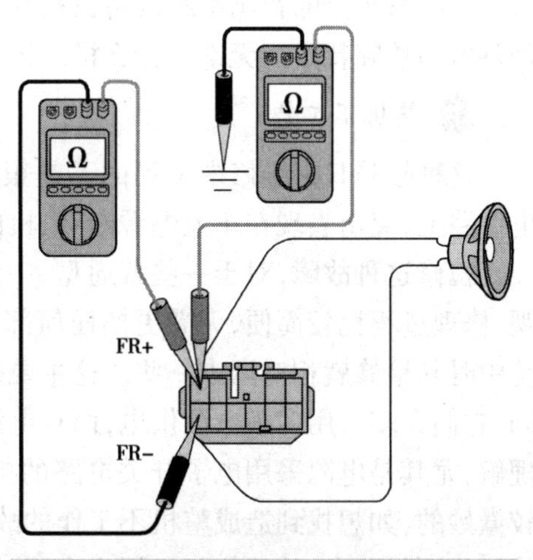

图 10-8　扬声器检查

① 测量每个扬声器的电阻。在正(+)和负(－)端子之间测量扬声器的电阻。阻值为 4～8Ω。

提示:收音机类型不同,连接器端子的位置也

不同。

② 检查各扬声器线与车身之间的绝缘电阻。电阻值应为 ∞ 。

(5)汽车音响系统喇叭线。

汽车音响系统喇叭线颜色区分见表 10-1,一般都比较统一。

喇叭线颜色　　表 10-1

颜　色	英　文	功　能
黄色	BATT	蓄电池正极
红色	ACC	起动点火钥匙正极
黑色	GND	搭铁线负极
橙色	ILL	背光灯控制线
蓝色	ANT	自动天线起动线
绿色	TEL - MUTE	电话静音控制线
蓝色/白条纹	AMP	外部功放起动线
灰色	RF(+)	前喇叭右声道正极
灰色/黑条纹	RF(-)	前喇叭右声道负极
白色	LF(+)	前喇叭左声道正极
白色/黑条纹	LF(-)	前喇叭左声道负极
紫色	RR(+)	后喇叭右声道正极
紫色/黑条纹	RR(-)	后喇叭右声道负极
绿色	LR(+)	后喇叭左声道正极
绿色/黑条纹	LR(-)	后喇叭左声道负极

5 汽车音响系统典型故障分析

不同汽车上的音响系统设备虽然种类繁多,线路以及机械应用各不相同,但它们都存在最基本的故障特点。无论是什么样的机型,总体可以归纳出下面六种典型故障。

1 整机不工作

这种故障日常维修中见到的不是很多,只占整个维修量的 3%。其大多发生在电源供电线路上,突出表现在车上电源断路、机内线路烧断、电位器开关触点烧坏等。

检修这种故障,对于一些普通型、中级型机器不是十分困难,因为这种故障位置较为直观,修理过程比较简便,无需更换任何部件。但是,当这种故障发生在一些高档汽车音响系统中时其检修就相对困难一些。这主要是因为一些高档机器电源供电方式与普通型机器不同,它们大多采用多级电源供电,而且电源供电线路分向到达具体位置的作用很难得到快速理解,尤其是电源采用电子开关电路的机型则更是这样。多级推动开关电路在设计上是比较微妙的,如想找到造成整机不工作的故障点,需经一段曲折的检查过程后,方能得出结论。能够找到故障点,就是修复机器走向成功的标志,剩下的就是面对损坏元件的更换问题,其维修的关键就是能否购置到损坏元件,如贴片三极管等。

2 机械故障

机械故障是汽车音响系统比较常见的故障,约占整个维修量的60%。其突出表现在:放音变调、绞带、不走带。损坏情况有皮带断裂、齿轮牙磨平等。日常维修中机械故障存在的困难突出表现在更换损坏配件方面,因为在电子市场上很难购买到来自不同机器上应用的不同配件,也正是由于在购置配件方面存在一些困难,所以有相当数量的机器因无配件更换而放弃维修。实际维修常采用的一些应急维修方法有:从旧机器上拆件、自制、补齿、穿钉、加垫等。

3 放音走带,收、放音均不响

这种故障在日常维修中较为突出,属于典型机内功放集成电路损坏范例,约占整个维修量的30%。

由于汽车音响系统功放集成电路是收音与放音共用电路,它存在工作时间长、本身功率产生热量大、车体热源烘烤、电源不稳等因素的影响,出现损坏的机会较多。

日常检修功放电路故障时存在购置原型号集成块难的问题,这是维修人员常能遇到的实际问题。从平时接触到的一些机器中不难看出,汽车音响系统功放电路基本采用BTL电路,而且这种集成电路外围件较少,是较容易采用代换方法来修复的。但是,当高档机器上采用的一些较特殊功放集成电路损坏时,由于这种机器控制音量是在电子电路搜索中进行的,它不像电位器控制音量那样能够直观找到信号源,而且功放集成电路外围线路也与BTL电路存在一些差异,因此,采用代换方法修埋需经过一段较细致的判断过程才能使机器恢复正常。

4 收音正常,放音不响

这种故障实际维修中见得不是太多,其故障点多数为供电线路断路,约占整个维修量的3%。这种故障有两种现象,一种为放音走带机器不响,另一种为放音不走带无音响。检修这种故障时,收音正常可确定功放电路是正常的。当遇到放音走带机器不响时,一般故障点仅在放音控制级供电线路断路。如遇到放音不走带机器不响时,一般故障点仅在收、放音转换开关的放音供电位置。

这种故障如发生在一些普通型、中级型机器中则排除难度不大,一般故障点好确定。但是,如这种故障发生在一些高档机器中,如采用电子收、放音转换电路的机型中,排除故障时就较难得到快速定位和确定故障点,这就需要维修人员能够细致地确定电子转换控制电路的具体位置,然后进一步检查故障点。

5 放音正常,收音不响

这种故障日常维修中遇到的也不是很多,故障点多数在收音供电线路上,其中断路比较常见,约占整个维修量的3%。检修这种故障应重点检查机内收、放音转换开关收音点位置,因为该故障表现为AM、FM收音均不响,因此故障点基本在收音供电线路的关键点位置。同样,这种故障能够出现在一些高档机型中,特别是出现在采用电子开关进行收、放音转换的电路和显示屏控制电路中。在排除故障方面相应存在有一些难度,因为这种电路开关连锁控制线路比较繁杂,检查故障点需经过一段曲折的检测过程才能确定转换开关的具体位置。

⑥ 收放音均正常,CD 不响

在 CD 与收放音共用功放电路的高级汽车音响系统中出现这种故障的现象经常遇到,随着安装 CD 机的车型不断普及,其维修量将会逐渐增加。一般单碟 CD 播放器、六碟 CD 播放器、十碟 CD 播放器的故障部位多数在控制电路、供电线路、CD 播放器本身线路和机械部分。当乘用车上使用的 CD 播放器出现故障时一般维修难度较大,因为购置配件基本没有,例如唱头损坏后因难以购置新件将无法完成对 CD 播放器的维修过程。

另外,维修汽车 CD 播放器是最为麻烦的一项工作,因为在整个维修过程中必须把 CD 播放器与控制主机同时从车上拆下来。

复习思考题

一、选择题

1. 汽车音响系统的信号源主要有(　　)。

A. IC 芯片　　B. 放大器

C. 扬声器　　D. CD 唱片

2. 车身计算机可给传感器提供的基准电压大小,除了(　　)。

A. 2V　　B. 6V　　C. 9V　　D. 12V

二、问答题

1. 汽车音响系统有哪些特点?
2. 汽车音响系统由哪几部分组成?
3. 请简述汽车音响系统的工作原理。

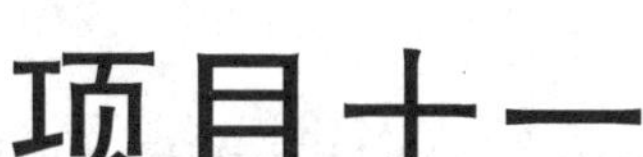

项目十一 汽车防盗及其他智能系统

学习任务一　汽车防盗系统的构造与检修

学习目标

◎　掌握汽车防盗系统主要部件的结构及工作原理；

◎　了解汽车防盗系统的故障与排除方法。

能力要求

◎　能正确识读和分析汽车防盗系统电路图；

◎　能排除汽车防盗系统的常见故障。

任务导入

故障现象：一辆2009款长城哈弗运动版乘用车，行驶不到400 km，发生过两次打不着火的故障。

故障检修：首先询问车主情况，在行驶了一百多公里时，车主到汽车美容店贴膜，半天后取车时打不着火，最后突然打着，并一直很好打火，直到第二次，无论如何也打不着火。把遥控钥匙重新按了一遍开和关，再插入打火，一打就着。由此判断，故障可能发生在防盗系统。

学习指引

为了保护个人财产安全，做好车辆的防盗工作是每一位车主每日必做的事情。自从有

了汽车，盗车贼也应运而生，他们用各种方法来盗取值钱的汽车。据统计，我国每年发生盗车案件10万多起，平均每天被盗车辆300多辆。那么，有什么办法能够防止此类事件的发生呢？

汽车防盗系统

汽车安全与防盗系统电子化始于1994年的发动机防盗(IMMO)，恩智浦半导体(当时的飞利浦半导体)作为第一家半导体公司把RFID的电子标签技术成功地应用于汽车电子发动机锁：通过汽车与钥匙间的125kHz的无线通讯实现电子身份识别，来判断是否起动汽车发动机。这一技术极大的提高了汽车的安全性。

1 汽车防盗系统的分类

汽车防盗系统可分为机械式和电子式两种。

机械式防盗系统是用机械的方法对油路、变速杆、转向盘、制动器等进行控制，如变速杆锁是锁住变速杆使其不能移动，转向盘锁也叫拐杖锁，挂在转向盘和离合器踏板之间等。这些方法，虽费用较低，但使用不便，需与电子防盗系统配合使用。

电子式防盗系统按系统中是否使用微机处理系统，可分为普通电子防盗系统和微机控制防盗系统。目前，中低档汽车上所采用的防盗系统多为振动触发的普通电子防盗系统，中高档汽车采用的防盗系统多为微机控制的电子钥匙式发动机防盗。当电子式防盗系统起动后，如有非法移动车辆、划破玻璃、破坏点火开关锁芯、拆卸轮胎、打开车门、打开燃油箱加注盖、打开行李舱门等，防盗器立刻报警，如图11-1所示。

报警方式有灯光烁、警笛长鸣、发射电波报警。有些车还可以在报警同时切断起动电路、切断燃油供给或点火系统、切断喷油控制电路、切断发动机ECU搭铁电路，使汽车发动机不能起动和运转，使车辆处于完全瘫痪状态。

图11-1　汽车防盗系统的作用

电子式防盗系统按功能分为三类：

(1)防止非法进入车辆的防盗系统。防盗系统启用后，通过监视是否有移动物体进入车内进行防盗。

(2)防止破坏或非法搬运车辆的防盗系统。防盗系统启用后，通过超声波传感器、振动传感器或倾斜传感器监测是否有人破坏或搬动车辆。

(3)防止车辆被非法开走的防盗系统。此类防盗系统多采用带密码锁的遥控系统，通过校验密码，确定是否容许接通起动机、点火电路等，防止车辆被非法开走。

现代防盗系统采用电子应答的方法来判断使用的钥匙是否合法,并以此确定是否容许发动机 ECU 工作。水平较高的防盗系统还具备遥控器报警、遥控起动等功能。

❷ 汽车电子防盗系统的组成和工作原理

电子防盗系统的组成有三个部分:开关和传感器、防盗 ECU 和执行机构。如图 11-2 所示,防盗系统主要组成部件有:电脑和天线、振动传感器、报警喇叭、点火系统切断电路、转向灯控制电路、防盗指示灯、遥控器、制动控制电路、中控门锁控制电路。当用钥匙锁好车门时,系统进行自检,防盗灯点亮,30s 后防盗灯开始闪烁,表明系统起动进入警戒状态。当第三方试图开启门锁或打开车门时系统则发出警报。

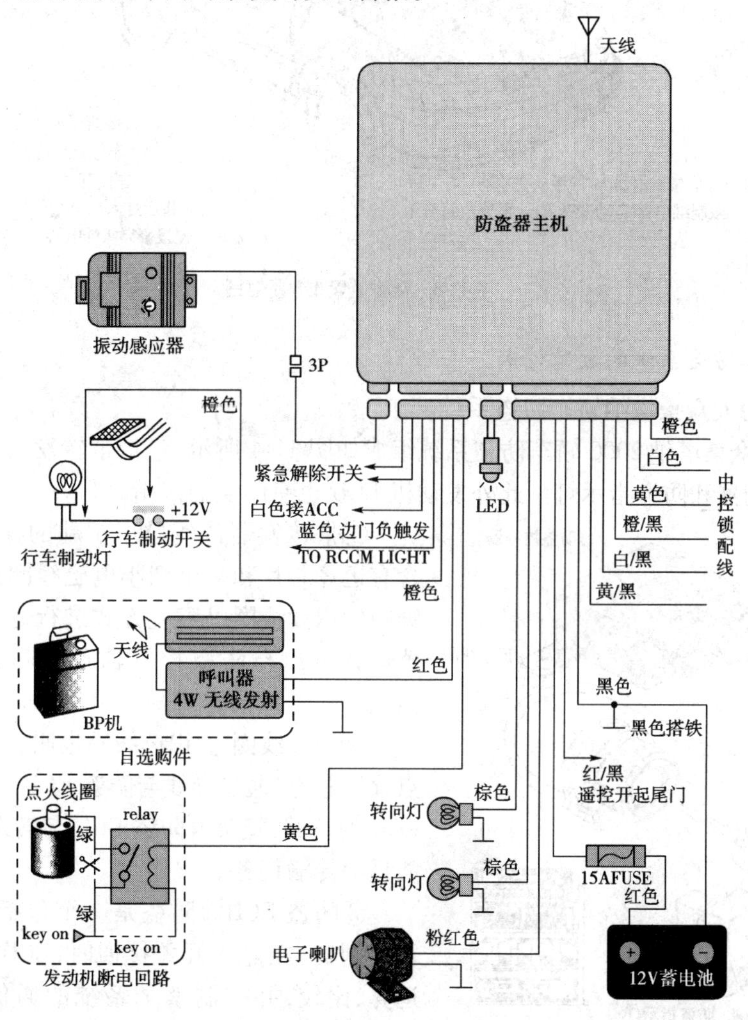

图 11-2 防盗系统组成

汽车电子防盗系统的基本工作原理是防盗控制电脑的主要输入信号由遥控模块、左右车门锁芯开关和 4 个车门微开开关提供。如果有人非法开启车门,使车门微开开关接通并将此信号送给防盗控制电脑,而遥控模块和车门锁芯开关并没将开门信号送给防盗控制电

脑,所以防盗控制电脑即判断为非法进入,于是接通防盗扬声器和报警灯的电路。图 11-3 为常见车辆防盗装置在车上的布置示意图。

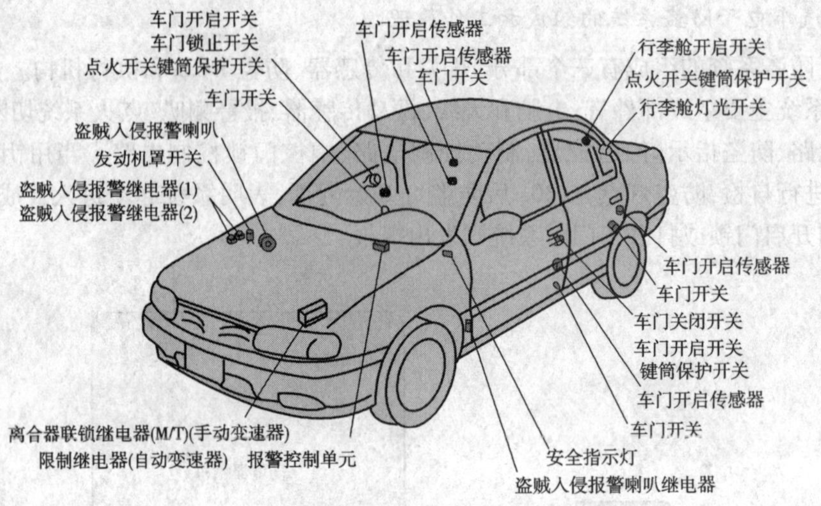

图 11-3　防盗装置布置示意图

❸ 汽车防盗系统的故障诊断

(1)上海大众桑塔纳轿车防盗系统。

上海大众桑塔纳 2000 轿车防盗系统组成如图 11-4 所示,包括带转发器的钥匙、识读线圈、防盗控制器和防盗指示灯。此外发动机 ECU 也有防盗的作用。

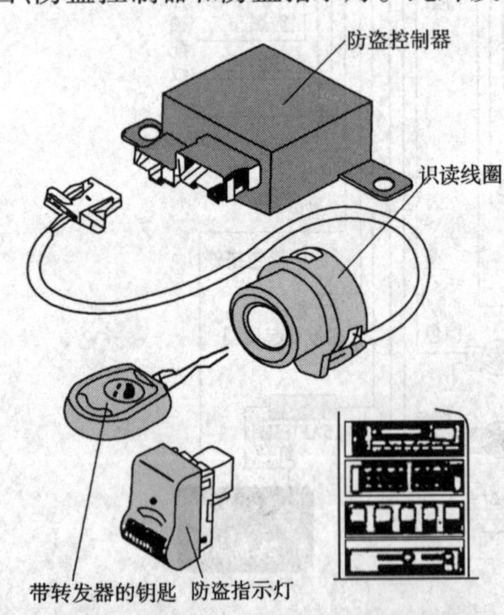

图 11-4　桑塔纳 2000 轿车防盗系统组成

①带转发器的钥匙。钥匙的棒状转发器内都含有运算芯片和一个细小电磁线圈,该线圈与点火锁中的识读线圈以感应方式进行通讯,以便在转发器运算芯片与防盗控制器(ECU)之间传输各种信息。

②识读线圈 。识读线圈也叫收发线圈,安装在点火锁芯上,通过导线与防盗 ECU 相连。作为防盗 ECU 的负载,担负着防盗 ECU 与转发器之间信号及能量的传输任务。

③防盗 ECU。防盗是一个包括微处理器的电子控制器,在点火开关接通时,ECU 用于系统密码运算、比较,并控制整个系统的通信,包括与转发器、发动机 ECU 的通信,同时还可以与诊断仪进行通讯。

④基本工作原理。汽车出厂匹配后,防盗 ECU 便存储了该车发动机 ECU 的识别密码以及 3 把钥匙中转发器的识别密码,同时每个转发器也存储了相应的防盗 ECU 的有关信息。将钥匙插入点火锁芯并接通点火开关时,防盗 ECU 首先通过锁芯上的识读线圈将一随机数

据传输给钥匙中的转发器，经特定运算后，转发器将结果反馈会控制器，控制器将其与 ECU 中存储的识别密码相比较，若密码吻合，系统即认定该钥匙为合法钥匙。防盗 ECU 还要对发动机 ECU 进行识别。只有钥匙（转发器）、发动机 ECU 的密码都吻合时，防盗 ECU 才容许发动机 ECU 工作。

防盗 ECU 通过一根串行通讯线（W 线）将经过编码的工作指令传到发动机 ECU，发动机 ECU 根据防盗 ECU 的数据来决定是否起动汽车。同时，诊断仪可通过串行通信接口（K 线）对系统进行故障诊断、编码等操作。在识别密码的过程（2s）中，防盗指示灯会保持点亮状态。如果有任何错误发生，发动机 ECU 将停止工作，同时指示灯会以一定频率闪动，防盗控制原理如图 11-5 所示，控制电路如图 11-6 所示 。

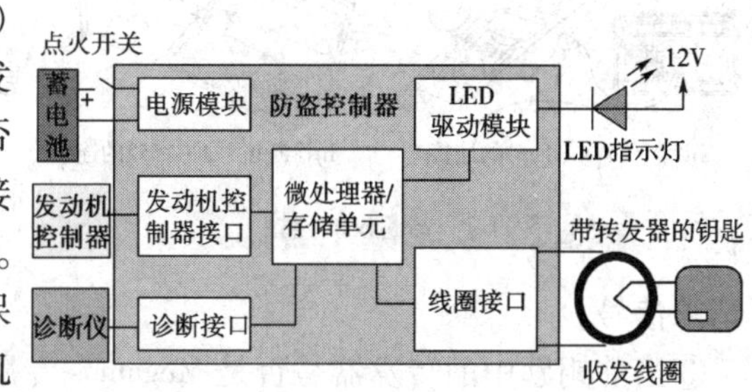

图 11-5　防盗控制原理图

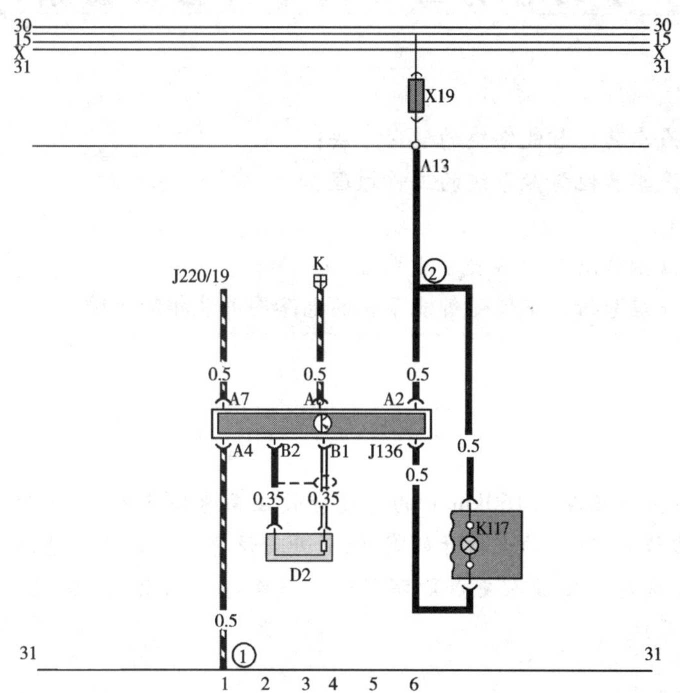

图 11-6　控制电路图

（2）故障诊断。工作过程中如果发生错误，指示灯会以相应的频率闪动以提醒操作者；同时防盗控制器会将相应的故障信息存储起来，通过指定的诊断仪 V. A. G1551 或 V. A. G1552可以对防盗系统进行故障诊断以及修复。诊断仪的连接如图 11-7 所示。

系统可以记录的故障有以下几类：

①是否试图用非法钥匙起动；

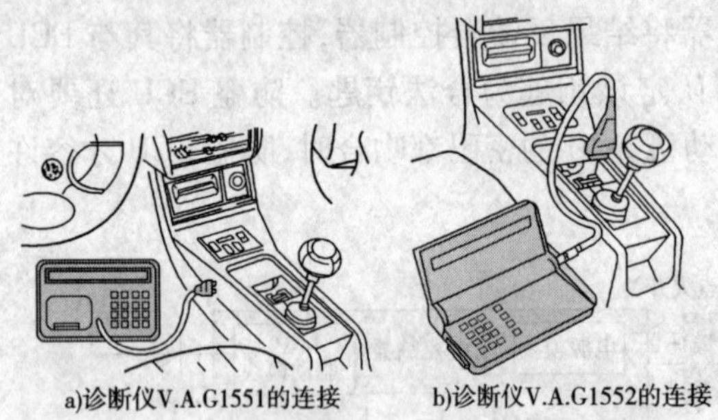

a)诊断仪V.A.G1551的连接 b)诊断仪V.A.G1552的连接

图 11-7 诊断仪的连接

②发动机控制器是否经过正确匹配；

③钥匙中是否有 megamos 专用的转发器；

④操作过程是否完全正确。

防盗控制器内还记录有当前系统状态信息，可以查询以下状态：

①防盗控制器是否容许发动机控制器起动；

②发动机控制器是否向防盗控制器发出了请求信号；

③当前钥匙中的转发器是否是 Megamos 专用的转发器；

④共有几把钥匙可以合法起动该车。

学习任务二 汽车其他智能系统

学习目标

◎ 了解汽车其他智能系统的使用方法；

◎ 了解汽车其他智能系统的工作原理。

能力要求

◎ 能独立操作汽车的各种智能系统；

◎ 能够正确分析汽车其他智能系统的电路图并能排除故障。

任务导入

一辆雷克萨斯汽车正在以 160km/h 的速度行驶在高速公路上，汽车开始渐渐地左移并在即将穿越马路中线时，汽车的坐椅开始震动，并开始语音提示由于疲惫而打起瞌睡的驾驶人。是什么让车子变得比驾驶人更加聪明了呢？汽车除了有防盗、夜视、避障等智能系统外，还有哪些智能系统？

学习指引

随着电子信息技术的飞速发展，各种智能技术在汽车上得到广泛应用，这些智能系统有汽车导航系统、汽车智能避撞系统、汽车智能“黑匣子”系统、汽车智能轮胎系统、汽车智能悬架和汽车智能钥匙以及驾驶人分神监视系统等，它们的应用大大增加了汽车的安全性、舒适性和便捷性。

1 汽车导航系统

1 基本组成

汽车导航系统又叫汽车 GPS 导航系统，是指车辆道路交通信息通讯系统。GPS 技术以前用于军事上，主要用于陆、海、空导航，定点轰炸以及舰载导弹制导。该技术在海湾战争及近期反恐战争中发挥了巨大威力。GPS 是以全球 24 颗定位人造卫星作基础，向全球各地全天候地提供三维位置、三维速度等信息的一种无线电导航和定位系统。

GPS 的定位原理是：用户接收卫星发射的信号，从中获取卫星与用户之间的距离、时钟校正和大气校正等参数，通过数据处理确定用户的位置。民用 GPS 的定位精度可达 10m 以内。GPS 具有的特殊功能很早就引起了汽车界人士的关注，当美国在海湾战争后宣布开放一部分 GPS 的系统后，汽车界立即抓住这一契机，投入资金开发汽车导航系统，对汽车进行定位和导向显示，并迅速投入使用，汽车导航系统如图 11-8 所示。

图 11-8 汽车导航系统

汽车导航系统由两部分组成：一是安装在汽车上的 GPS 接收机和显示设备；二是计算机控制中心。两部分通过定位卫星进行联系。计算机控制中心是由机动车管理部门授权和组建的，它负责随时观察辖区内指定监控的汽车的动态和交通情况。

2 汽车导航系统的两大基本功能

(1)汽车踪迹监控功能。只要将已编码的 GPS 接收装置安装在汽车上，该汽车无论行驶到任何地方都可以通过计算机控制中心的电子地图上指示出它的所在方位。

(2)驾驶指南功能。驾驶指南功能如图 11-9 所示。车主可以将各个地区的交通线路电

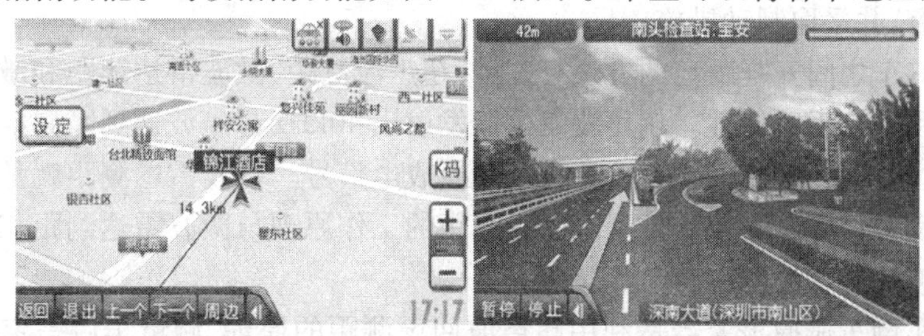

图 11-9 驾驶指南功能

子图存储在软盘上，只要在车上接收装置中插入软盘，显示屏上就会立即显示出该车所在地区的位置及目前的交通状态，既可输入要去的目的地，预先编制出最佳行驶路线，又可接受计算机控制中心的指令，选择汽车行驶的路线和方向。导航系统的显示屏是一个地图画面，输入目的地后，一个红色的箭头指示汽车要走的方向。接下来，导航系统的地图变成了立体地图，让人一目了然，到了该拐弯的时候，有声音提醒。新导航系统更加先进，在停车场行走的时候可以告诉驾驶人哪里有停车位，前面的行车路线哪里堵车，塞车有多远，如果改变路线的话应该走哪条路等。

❸ 汽车导航系统的工作过程

(1)用户输入目的地：在出发前，用户通过系统的输入方法将目的地输入到导航设备中。除了在系统显示的电子图上直接点击选取地点外，更多时候是借某种输入方法，将目的地名输入到系统中。国内汽车自主导航产品基本都是基于PC机构，或者借助外接键盘，以类似PC机的中文输入法作为地名输入方法的汽车导航系统，或者利用触摸屏借助日益成熟的手写识别技术进行中文输入。依靠键盘或触摸屏同时也可以实现几乎所有的功能按键的功能。基于“以人为本”的设计思想，特别是考虑到安全性能要求，目前人们也在开发基于语音技术的产品。

(2)行驶路线：汽车导航主机从GPS接收机得到经过计算确定的当前经纬度，通过与电子地图数据的对比，就可以随时确定车辆当前所在的地点。一般汽车导航系统将车辆当前位置默认为出发点，在用户输入了目的地之后，导航系统根据电子地图上存储的地图信息，就可以自动算出一条最合适的路线，作为新的路线。

(3)行驶中的导航：汽车自动导航系统的输出设备包括显示屏幕和语音输出设备。在行驶过程中，驾驶人必须全神贯注于驾驶，而不能经常查看显示屏幕，因此，一个实用而人性化的车辆自动导航的车辆自动导航系统利用语音输出，在必要时刻向驾驶人提示信息。比如，车辆按照系统推荐路线行驶到应该转弯的路口前，语音输出设备提示驾驶人“300m后请向左转”，这样驾驶人根本不必要关注屏幕的显示，也可以按照推荐路线正确快捷地到达目的地。

2 汽车智能避撞系统

汽车避撞技术首先解决的问题是汽车之间的安全距离。汽车之间的安全距离不够，就应该能自动报警，并采取制动措施。

目前测定汽车之间安全距离的方法有三种：超声波测距、微波雷达测距和激光测距。超声波测距就是利用其反射特性。超声波发生器发射出40kHz超声波遇到障碍物后产生反射波，超声波接收器接收到发射波信号，并将其转换成电信号。微波雷达测距就是利用目标对电磁波反射来发现目标并测定其位置。激光测距的工作原理与微波雷达测距相似具体的测距方式有连继波和脉冲波两种。

超声波汽车倒车避撞报警器是利用超声波回声测距的原理，测量车后一定距离内的物体，这种新型避撞报警器可以及时显示车后障碍物的距离和方位，显示范围为0.5～9.9m，当距离大于2m时显示车后障碍物的位；当距离小于2m时，除了显示其方位外，还可按照三

段距离分别给出三种报警信号，以警示驾驶人三种不同程度的紧急状态，使驾驶人据此作出相应措施，防止事故的发生。

汽车避撞雷达是通过对电磁波发射后遇到障碍物反射的回波进行不断检测和计算，经过分析判断，对构成危险的目标按程度不同进行报警，控制车辆自动减速，直到自动制动。

汽车避撞雷达的主要功能有：测速测距；对前方100m内危险目标提供声光报警；兼备汽车黑匣子功能；自动巡航系统；紧急情况下自动制动。装有避撞雷达的汽车上了高速公路以后，驾驶人就可以起动车上的撞避雷达。雷达选定好跟随的汽车以后，被跟随的汽车就成了后面汽车的“目标车”，无论是加速、减退，还是停车、起动，后面的汽车都能在瞬间之内予以模仿。如果前面的汽车在行驶一段时间之后，不再适合于作为自己的“目标车”，则可以重新选择另一辆“目标车”。

激光雷达避撞装置是防追尾碰撞激光报警装置，该装置结构包括发光部、受光部、计算车间距离的激光雷达、信号处理电路、显示装置、车速传感器等。激光镜头使脉冲的红外激光束向前方照射，并利用汽车后部分反光镜的反射光通过受光装置检测其距离，使用汽车反光镜，检测距离约为100m，最大检测宽度在3.5m以上。控制部分微机进行下列运算：本车车速、前方行驶车辆车速和车间距离、根据车间距离和安全车间距离的比较发出警报声和报警灯闪烁，显示装置可在仪表盘上进行距离显示。

最早的前方用激光雷达都是发出多股激光光束，并依靠前行车反光镜的反射时间来测定其距离。但是由于要对前方车辆进行辨别，因此开始采用扫描式激光雷达。这样不但可测出前方车的距离，而且其横向位置也可以检测出来。随着此项技术的进一步发展，可使扫描角度达到360°。如果在车辆四角设置类似的扫描式激光雷达，那么车辆四周的障碍物都可以测出，汽车智能避撞系统如图11-10所示。

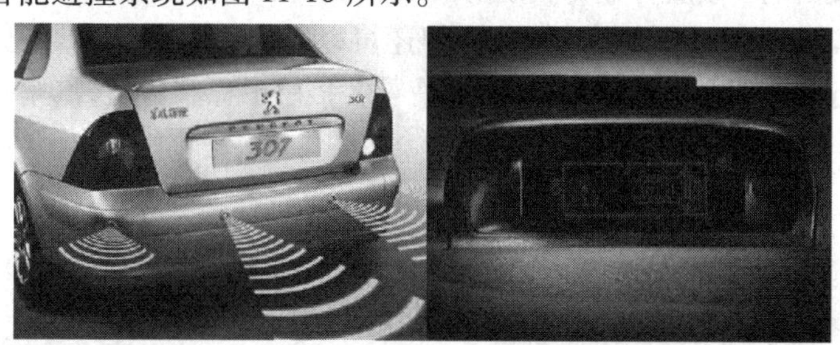

图11-10　汽车智能避撞系统

3 汽车智能“黑匣子”

汽车智能“黑匣子”能客观地记录机动车辆发生事故前驾驶人的操作过程，有效地提供驾驶人在事故发生前作出的种种反应。据称，交通事故处理部门安装这种系统后，可随时对穿行在各条公路上的所有汽车进行实时监控，一旦发生事故，离事故发生地点最近的交通事故处理中心可以在几秒钟之内获取撞车时的驾驶速度、车内乘客伤亡情况等信息。这种黑匣子与普遍烟盒差不多大，构件包括可以储存、收集和传输数据的蜂窝电话装置和外部的保险装置，汽车行车记录仪如图11-11所示。事故发生后，黑匣子会自动打开，利用传感器记

图 11-11　汽车行车记录仪

录下汽车的行驶速度以及出事故时汽车的撞击位置，然后将这些信息传输给中央通信系统。黑匣子内部嵌有全球定位系统，该系统负责数据处理与传输功能。

4 汽车智能驾驶系统

汽车智能驾驶系统相当于机器人，能代替人驾驶汽车。它主要通过安装在前后保险杠及两侧的红外线摄像机，对汽车前后左右的一定区域进行不停的扫描和监视，车内计算机、电子地图、光化学传感器等对红外线摄像机传来的信号进行分析计算，并根据道路交通信息管理系统传来的交通信息，代替人的大脑发出指令，指挥执行系统操作汽车。

5 汽车智能轮胎

汽车智能轮胎是在轮胎内装有计算机芯片或将芯片与轮胎相连接。计算机芯片能自动监控并调节轮胎的行驶温度和气压，使轮胎在不同条件下都能保持最佳的运行状况，既提高了安全系数又节省了开支。更先进的智能轮胎还能在探测出结冰的路面后变软，使牵引力更好；在探测出路面的潮湿程度后，还能自动改变轮胎的花纹，以防打滑，汽车智能轮胎如图 11-12 所示。

6 汽车智能悬架装置

智能悬架装置由电子装置控制，可根据路面情况，调节悬架弹性元件的刚度和减振器的阻力，使振动和冲击迅速消除。此外，智能悬架还可以自动调节车身的离地高度，即使汽车在崎岖的路面上行驶也不会出现路面障碍，而使乘客倍感平稳和舒适，汽车智能悬架装置如图 11-13 所示。

图 11-12　汽车智能轮胎

图 11-13　汽车智能悬架装置

7 汽车智能钥匙

奔驰 CLK 双门轿车已采用了智能钥匙，如图 11-14 所示。这种智能钥匙能发射出红外线信号，既可打开车门、行李舱和燃油加注孔盖，也可以操纵汽车的车窗和天窗。更先进的智能钥匙则像一张信用卡，当驾驶人触到车门把手时，中央锁控制系统便开始工作，并发射一种无线查询信号，智能钥匙作出正确反应后，车锁会自动打开。同时，只有当中央处理器感到钥匙卡在汽车内时，发动机才会起动。

8 汽车智能安全气囊

汽车智能安全气囊如图11-15所示，是在普遍安全气囊的基础上增设传感器和与之相配套的计算机软件而成。其重量传感器能根据重量感知是大人还是小孩；其红外线传感器能根据热量探测座椅上是人还是物体；其超声波传感器能探明乘员的存在和位置等。计算机的软件则能根据乘客的身体、体重、所处的位置和是否系安全带以及汽车碰撞速度及碰撞程度等及时调整气囊的膨胀时机、膨胀速度、膨胀程度，使安全气囊为乘客提供最合理和最有效地保护。

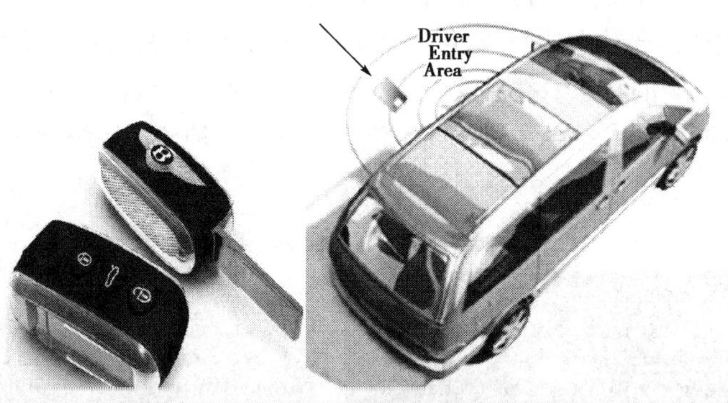

图11-14 汽车智能钥匙

9 汽车智能空调系统

智能空调系统如图11-16所示，其能根据外界气候条件，按照预先设定好的指标对车内的温度、湿度、空气清洁度进行分析、判断，及时自动地打开制冷、加热、去湿及空气净化装置并调节出适宜的车内空气环境。

图11-15 汽车智能安全气囊

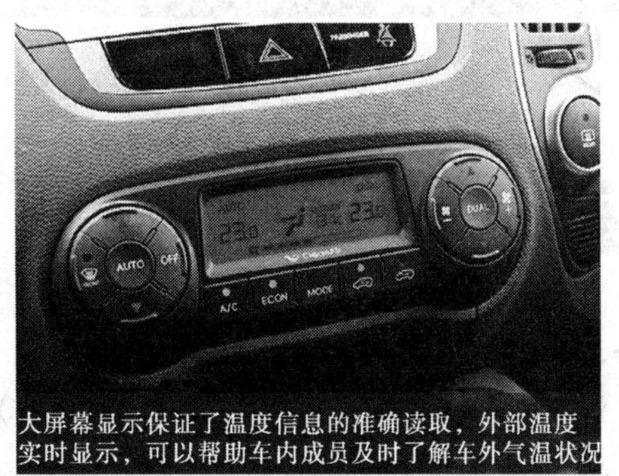

图11-16 汽车智能空调系统

10 汽车夜视系统

英国牛津大学发明了汽车夜行器，本系统利用红外线技术能将黑暗变得如同白昼，使驾驶人在黑夜里看得更远更清楚。夜视系统的结构由两部分组成:一部分是红外摄像机,另一部分是风窗玻璃上的光显示系统。装上这种夜行器后,驾驶人通过光显示系统可像白天一样看清路况。当两车交会时,它可以大大降低前方汽车前灯强光对驾驶人视觉的不良刺激,还可以提高驾驶人在雾中行车的辨别能力。为看清车后的情况,研制人员又研制出一种新型后视镜,当后方车的前照灯照在前方车的后视镜上时,自动感应装置可随之使液晶玻璃反光镜表面反光柔和使驾驶者不炫目。汽车夜视系统如图 11-17 所示。

11 驾驶人分神监视系统

澳大利亚一家公司研制出一种装在汽车仪表盘上的监视系统。它能利用目光跟踪技术判断驾驶人是否在注意路况,在驾驶人打瞌睡时及时发出提醒。这种监视系统采用两个摄像机,可持续不断地观察驾驶人的面部,包括耳朵、鼻子和下巴的方位,据此来计算眼睛所处的位置,追踪其眼白和虹膜的状态。然后这一系统将当前虹膜的形状与计算机模型对比,分析驾驶人的视线方向,判断驾驶人是否注意路面。汽车驾驶人分神监视系统如图 11-18 所示。

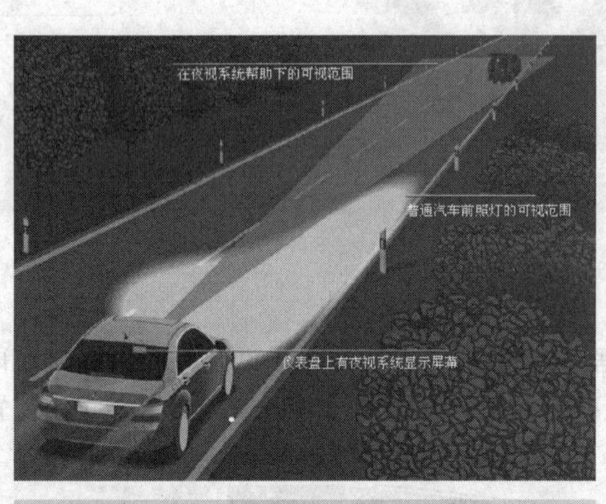

图 11-17　汽车夜视系统

图 11-18　驾驶人分神监视系统

复习思考题

一、选择题

1. 汽车防盗报警系统常用的技术是(　　)。

A. 电磁感应监测技术　　B. 芯片阻值识别技术

C. 红外线识别技术　　D. 激光监测技术

2. 电动车窗采用的是(　　)电动机。

A. 直流单向　　B. 直流双向

C. 交流电动机　　D. 都可以

3. 超声波雷达倒车防撞系统中超声波发生器产生的超声波的频率一般为(　　)。

A. 20kHz　　B. 30kHz　　C. 40kHz　　D. 50kHz

4. 全球定位系统简称(　　)。

A. AHS　　B. ITS　　C. GPS

5. 汽车车身计算机控制模块可用(　　)表示。

A. ECU　　B. ECM

C. BCM　　D. CPU

6. (　　)不是电控系统的执行器。

A. 液晶显示屏　　B. 继电器　　C. 伺服电动机　　D. 空调压缩机

7. 中央门锁控制系统有车外同时开启与锁止车门的功能,它是由(　　)实现的。

A. 门锁开关　　B. 门控开关

C. 钥匙控制开关　　D. 中央控制门锁开关

8. 电动车窗升降系统电路设置的断路保护器结构是采用(　　)。

A. 熔断器　　B. 双金属片　　C. 继电器　　D. 熔断丝

9. 确定汽车绝对位置用到的检测装置是(　　)。

A. GPS 系统　　B. 光纤陀螺仪

C. 方向传感器　　D. 地磁传感器

10. (　　)不是汽车电子防盗报警系统的设定条件。

A. 关闭所有车门　　B. 关闭发动机罩盖

C. 从点火开关锁芯拔出点火钥匙　　D. 输入正确的密码

11. 激光扫描雷达防撞系统临界距离的计算与(　　)无关。

A. 车速　　B. 转角

C. 横向摆动速率　　D. 路面干湿情况

12. 智能化汽车运输系统 ITS 主要组成不包括(　　)。

A. 卫星通信系统　　B. 卫星地面站

C. 汽车自动驾驶系统　　D. CAN 总线

二、判断题

1. 对于一个汽车防盗系统,合法钥匙最多不能超过 6 把。　　(　　)
2. 打开点火开关,防盗警告灯闪亮后熄灭,说明防盗装置有故障。　　(　　)
3. 倒车雷达主机电源是从汽车小灯接出来的。　　(　　)
4. 中控门锁的操作受点火开关的控制。　　(　　)
5. 中控门锁双线圈门锁执行机构的工作电压为直流 12V。　　(　　)

三、问答题

1. 汽车电子导航系统有何特点?
2. 汽车黑匣子由哪几部分组成?
3. 汽车故障自诊断系统是什么?
4. 简述汽车防盗报警系统中,车主身份识别系统的工作原理。

复习思考题答案

项目三

一、选择题

1. C;2. A;3. C;4. A;5. B;6. B;7. C;8. B;9. B;10. C;11. C;12. B。

二、判断题

1. ×;2. ×;3. ×;4. ×;5. ×6. √;7. ×;8. √;9. √;10. √;11. ×;12. ×;13. ×;14. √;15. √。

项目四

一、选择题

1. B;2. C;3. B;4. A。

二、判断题

1. ×;2. √;3. √;4. ×;5. √;6. √;7. ×;8. √;9. √。

项目五

一、选择题

1. B;2. B;3. B;4. A。

二、判断题

1. √;2. √;3. √;4. √;5. ×;6. √;7. √;8. ×;9. √;10. ×;11. ×;12. ×;13. ×。

项目六

一、选择题

1. C;2. A;3. C;4. B;5. B。

二、判断题

1. ×;2. √;3. ×;4. √;5. √;6. √;7. √;8. ×。

项目七

一、选择题

1. C;2. B;3. C;4. B;5. C;6. D;7. D;8. B;9. A;10. D;11. A;12. C;13. C;14. B;15. C。

项目八

一、选择题

1. C;2. A;3. A;4. B;5. B;6. A;7. A;8. B。

二、判断题

1. √;2. √;3. √;4√;5. √;6. ×。

项目九

一、选择题

1. C;2. B;3. B;4. B;5. B;6. D;7. A;8. C;9. C;10. C;11. C。

二、判断题

1. ×;2. ×;3. ×;4. ×;5. √。

项目十

一、选择题

1. D;2. A 。

项目十一

一、选择题

1. C;2. B;3. C;4. C;5. A;6. A;7. D;8. B;9. A;10. B;11. D;12. D。

二、判断题

1. ×;2. √;3. ×;4. ×;5. √。

参考文献

[1] 裘玉平.汽车电气设备[M].北京:人民交通出版社,1999.
[2] 席金波.奥迪 A6/奥迪/红旗轿车电控与电气系统检修图解[M].北京:机械工业出版社,2001.
[3] 陈家瑞.汽车构造[M].北京:人民交通出版社,1995.
[4] 何丹娅.汽车电器与电子设备[M].北京:人民交通出版社,1998.
[5] 毛峰.汽车电器设备与维修[M].北京:机械工业出版社,2005.
[6] 周建平.汽车电气设备构造与维修[M].北京:人民交通出版社,2010.
[7] 崔选盟.汽车车身电气设备维修专门化[M].北京:人民交通出版社,2002.
[8] 林平.汽车电系故障速查快修[M].北京:电子工业出版社,2003.
[9] 赵凤杰.汽车电气设备构造与维修[M].北京:人民交通出版社,2005.